A LEARNER'S LEXICON: English Etymology

語源中心英単語辞典

Masao Tashiro

田代正雄

★ は し が き ★

　母国語たると外国語たるとを問わず，豊富な語彙力を有することは単に望ましいばかりでなく，今や必須の条件である。もちろん豊富な語彙力が必ずしもそのまま語学力につながるものではないかもしれないが，少なくともその重要な部分であることはすでに周知の通りである。事実，英語力の不足を訴える英語学習者の多くについて第一に指摘できる弱点の一つは，単語力のおぼつかなさである。英語を通してある言語活動をしようとする時，直接の障害として大きく立ちはだかるものは多くの場合未知の単語である。単語力の強化拡充こそ語学力増進の不可欠な一面であると考えるゆえんである。

　中学校において英語の学習が始められてからある時期までは，機械的な暗記によって単語を習得することが可能である。使用頻度の高い単語はまたそれだけに重要基本単語であるわけだが，これらの単語は特に記憶しようとしなくとも，多くはごく自然に吸収することができる。たとえば book, desk などによって代表される基本語をおよそ2000語と考えてみた時，語彙力の差は，極端に弱い場合は別として，ほとんど現われない。問題はむしろその2000語の上に積み重ねられるべきおよそ4000～5000語である。一般に大学の入学試験を目ざして英語を学習している受験生諸君に期待される語数は，この6000～7000語である。しかし受験生諸君が栄冠を見事自らのものとして大学の門をくぐった途端に，受験英語という枠から解き放たれた単語が，諸君を目がけてどっと押し寄せるのである。専門研究書は無論のこと，英字新聞や英文雑誌などに目を通す時，諸君は再び単語力の不足を痛感させられるのである。

はしがき

　ほとんど無限とも思われる英単語を，どれだけ覚えたら足りることになるのだろう。現代英語の標準語彙はおよそ20万語と言われているが，これを全部覚えてしまうことは不可能でもあるし，不必要でもある。普通，英米人が日常生活において使用する語彙の平均は2万語前後と考えられているので，できることならわれわれもこの位は覚えておきたい所だが，これとて至難の業であろうし，またわれわれにとってそれだけの語彙が果たして必要かどうかも疑問である。頭の中で死蔵させておく位なら，最初から覚えない方が無駄がなくてよいという考え方もある。だが問題は，具体的にどの語がわれわれにとって必要であるかないかということである。ある語にどこかでお目にかかった時，それは必要な語だと言えようし，またそうだとしても，一生に一度か二度しかお目にかからないかもしれない語を，どの程度まで必要と認めるかということもある。このような議論は果てしがない。

　そこで私は次のように考えたい。英語の学習者たる以上，とにかく基本になる2000語を完全に覚えよう。これは理屈ぬきである。次にこの2000語を土台にしてその上に積み重ねるべき語の構成を綿密に観察してゆくのである。つまり既知の語の構成と未知の語の構成を結びつけてゆくのである。そうすることによって，未知の単語の意味を類推する力――これを**潜在性語彙力**と呼んでいるのであるが――を十分強化しておけば，諸君は諸君が実際に知っている語彙の何倍かの語彙力を発揮することも可能となるのである。そして英単語学習の壁

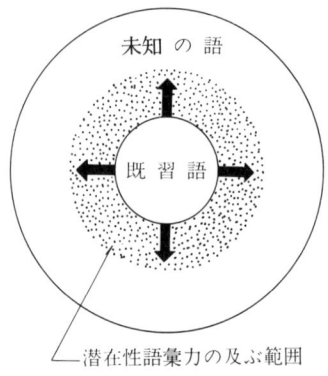
潜在性語彙力の及ぶ範囲

を突き破るためには，この潜在性語彙力の強化拡充しかないと言ってもよいと思うのである。本書の目的はまさにこの二点——**語彙力の核ともなるべき既習語の再確認と潜在性語彙力の強化拡充**——にあって，そのためには，語源を中心とする研究こそ，もっとも科学的かつ能率的学習法であると信ずるのである。

英単語の構成を注意深くながめてゆくと，それが漢字の構成とよく似ていることに容易に気がつく。たとえば往時中国で[貝]が貨幣の役割をしていたことを知れば，「**財**」「**貨**」「**買**」「**賣→売**」「**購**」「**販**」「**資**」など「金銭」にかかわりのある多くの語が「貝」を含むことが理解できるし，また，発音が同じであっても「**購**」「**講**」「**構**」「**溝**」などその部分の意味を知ることによって，語義を識別することができる。英単語についても同様なことが考えられるのである。本書は英単語を分析し，それぞれの部分がもつ意義を語源に遡及して研究し，英単語の多くがそのような意義の組み合わせであることを理解し，それによって語彙力の飛躍的増大を期すことを願って書かれたものである。本書によって英単語を研究した諸君は，単に語彙が増加しただけではなく，一語が持つ一見無関係とも思えるいくつかの訳語も，その語義を知ることによって

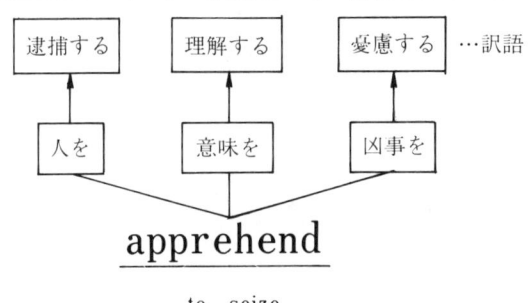

つながりを見出すことができ，さらには単語の綴り字に対しても，これまでになく確信に満ちている自分自身に気がつくはずである。

　昭和59年4月

田　代　正　雄

本 書 の 特 色

1. 本書は"100"の接頭語,"118"の接尾語,"240"の語根をとりあげ,それらの研究を通して,英単語が無味乾燥な文字の集まりではなく,生きている部分と部分の有機的な結合であることを示し,英単語に対する学問的興味を喚起し,学習上の効果をあげようとするものである。
2. 本書の収録語彙数は重複するものを除いて,約5000語であるが,その中にはかなりの難語も入っている。語の構成を理解する上に必要な材料と認めたからでもあり,難語征服の良い機会であると思ったからでもある。
3. 同様な理由で,語の重複を特に避けることをしなかった。反復は語学の要諦である。
4. 各項目の見出しとして ☐ の中で語源的意味を示し,語根篇ではその根拠となるべきラテン語またはギリシア語その他を❸として掲げた。
5. 各語の語源的解釈は音標文字の次の [ ] の中で示し,語源的解釈から訳語につなぐための説明を ( )→で示した。(ただし前後の関係で自明の場合は,そのいずれか一方または両方を省略した。また ( )→の中の説明は語の構成または訳語を印象づけるために,意識的に不自然な日本語にしたところもある。そのため ( )→の中の説明の方法は必ずしも統一がとれていない。形式的な統一よりも学習上の効果を第一義と考えたからである。)

6. 訳語の次に必要に応じて ☞ で語源的理解を深めるのに参考となる語を, cf. で用法上関連のある語を示した。
7. 語形または語義について特に興味ある背景をもつ語には〚解説〛をつけた。
8. 索引として見出し語及び関連する語をアルファベット順に配列し,それぞれページ数をつけた。語彙力の整理に活用して欲しい。

目　　次

はしがき……………………………………………………iii
本書の特色…………………………………………………vii

第 1 篇：接頭語 (Prefix) ……………………… 1

第 2 篇：接尾語 (Suffix) ……………………… 79

[1]　名詞接尾語………………………………………… 79
[2]　形容詞接尾語……………………………………… 102
[3]　副詞接尾語………………………………………… 117
[4]　動詞接尾語………………………………………… 119

第 3 篇：語根 (Root) ………………………… 124

INDEX ……………………………………………… 317

第1篇　接頭語 (Prefix)

　接頭語は，機能的には主として本体 (＝語根) の意味を制約する，あるいは方向づけるもので，語の意味の形成に重要なかかわりを持つものである．本篇ではいちおう心得ておくべきものとして 100 の接頭語を取り上げてみた．

1　a-＝of

adown [ədáun]＝of down. 副 前 下方へ．
afresh [əfréʃ]＝of fresh. 副 改めて (＝anew).
akin [əkín]＝of kin. 形 同族の；類似した．
anew [ənjú:]＝of new. 副 改めて (＝afresh).

2　a-＝on

🔴 古代英語の an (＝on) は，現代英語ではしばしば in の意味に近い．

aback [əbǽk]＝on back＝backwards. 副 うしろへ．
abed [əbéd]＝in bed. 副 寝床に；病床に．
ablaze [əbléiz]＝in a blaze＝on fire. 副 形 燃え立って；熱中して．
aboard [əbɔ́:rd]＝on board. 副 船に；汽車に．
abroad [əbrɔ́:d]＝on broad. 副 広く；海外へ．
afar [əfá:r]＝on far. 副 遠く．
afloat [əflóut]＝on float. 副 浮かんで；流布して．
afoot [əfút]＝on foot. 副 徒歩で．
aground [əgráund]＝on ground. 副 浅瀬に．
ahead [əhéd]＝on head＝in front. 副 先んじて；前方に．
alive [əláiv]＝in life. 形 生きて；敏感な．
aloof [əlú:f]＝on loof. [loof＜luff《船を風上に走らすこと》]
　　副 風上へ離れて；離れて．
asleep [əslí:p]＝in sleep. 副 形 眠って．

away [əwéi]＝on way. 副 去って；離れて．

3 　a－＝Intensive（強意）

abide [əbáid] 動 留まっている；待つ；耐え忍ぶ．
alight [əláit] 動 （車・馬などから）降りる．
amaze [əméiz] 動 びっくり仰天させる．
arise [əráiz] 動 起こる；起きる．
arouse [əráuz] 動 起こす；奮起させる．
athirst [əθə́ːrst] 形 渇(望)して．
awake [əwéik] 動 目ざめる；目ざます．形 目ざめて．

4 　a－＝ad－（＝to, at, for）

abandon [əbǽndən]＝[**a-** (to)＋**bandon** (order)]＝at one's disposal. 動 なすがままに任せる；すてる． ☞ **ban**（禁止する；禁制）．
abase [əbéis]＝[**a-** (to)＋**base** (lower)]（低い位置へ持ってゆく）──→動 品格・地位などをおとす；面目を失墜する．
abate [əbéit]＝[**a-** (to)＋**bate** (to beat)]（たたいて）──→動 (大きさ・量などを)低くする；減ずる；弱める．
abridge [əbrídʒ]＝[**a-** (to)＋**bridge** (short)] 動 短縮する；摘要する．
achieve [ətʃíːv]＝[**a-** (to)＋**chieve** (chief)]＝to come to a head. 動 成し遂げる．
amass [əmǽs]＝[**a-** (to)＋**mass** (a mass 集まり)] 動 蓄える．
amount [əmáunt]＝[**a-** (to)＋**mount** (a mountain)]（山に登る）──→動 ある数量に達する．名 数量の高．
avenge [əvéndʒ]＝[**a-** (to)＋**venge** (to revenge 復讐する)] 動 〜の仇を討つ；報復する．
avenue [ǽvinjuː]＝[**a-** (to)＋**venue** (to come)] 名 近づく道；並木道；街路．
avow [əváu]＝[**a-** (to)＋**vow** (to call)]（声を出して）──→動 公言する；承認する；自白する． ☞ **avouch**（公言する），**advocate**（唱道する）．

第1篇 接頭語 (Prefix)

5 a-＝ab-（＝from, away）

avert[əvə́:rt]＝[**a-** (away)＋**vert** (to turn)] 動 回避する.
avocation [æ̀voukéiʃən]＝[**a-** (away from)＋**vocation** (仕事)] 图 仕事から離れること；内職.

6 a-＝ex-（＝out, extremely）

abash [əbǽʃ]＝[**a-** (extremely)＋**bash** (to express astonishment)] （非常な驚きが）—→動 度を失なわせる.
amend [əménd]＝[**a-** (out)＋**mend** (a fault)] （欠点を外へ出してしまう）—→動 修正する；改善する.
avoid [əvɔ́id]＝[**a-** (out)＋**void** (to empty)] （空(くう)にする）—→動 避ける；無効にする.

7 a-＝Negative（否定）（＝not, without）　注 母音の前ではan-（第1篇13参照）

abyss [əbís]＝[**a-** (without)＋**byss** (bottom)] （底なしの）—→图 深海；深淵；奈落.
achromatic [æ̀kroumǽtik]＝[**a-** (without)＋**chromat** (colour)＋**ic** (形容詞語尾)]＝colourless. 形 色消しの. ☞ **chromatic** (色の).
Amazon [ǽməzùn]＝[**A-** (without)＋**mazon** (breast)] （乳房を持たない）—→图 アマゾン族の女, 女戦士；アマゾン族；[the～] アマゾン川.
〚解説〛 ギリシア軍を大いに苦しめた勇猛な女性軍団の戦士たちが弓を引くのに邪魔とばかり, 右の乳房を切り取っていたという伝説からギリシア人が造り出した語.
1541年スペインの探険家 Orellana が当時 Rio Santa Maria de la Mar Dulce と呼ばれていた川の流域に住む部族との戦闘で, 部族の女たちが勇敢に戦ったことに強い印象を受けて, その川を **the Amazon** と命名した.
amnesty [ǽmnəsti]＝[**a-** (not)＋**mnesty** (to remember)] （記憶にない）—→罪を忘れてやる）—→图 大赦, 戦争犯罪の赦免.

☞ **amnesia** (健忘症，記憶喪失).

apathy [ǽpəθi] = [**a-** (without) + **pathy** (feeling)] = want of feeling. 名 無感覚；冷淡.

aphasia [əféiziə] = [**a-** (without) + **phas** (to speak) + **ia** (病名を示す語尾)] 名 失語症.

asylum [əsáiləm] = [**a-** (without) + **syl** (a right of seizure) + **um** (場所を示す語尾)] (捕える権利のない場所) ⟶ 名 避難所；療養所；保護収容所.

atheism [éiθiizəm] = [**a-** (without) + **theos** (a god) + **ism** (主義・学説などを示す語尾)] 名 無神論.

atom [ǽtəm] = [**a-** (not) + **tom** (to cut；divide)] (それ以上わかちえないもの) ⟶ 名 原子；微少量.

8 | ab- = from, away from, off

〔変化形〕 a-(第1篇5参照), abs-(c と t の前), adv-, av-.

abdicate [ǽbdikeit] = [**ab-** (from) + **dicate** (to proclaim 宣言する)] (離れることを宣言する) ⟶ 動 廃嫡する；(権利を)放棄する；退位する.

abduce [æbdjú:s] = [**ab-** (away) + **duce** (to lead)] 動 外転[外旋]させる.

abhor [əbhɔ́:r] = [**ab-** (away) + **hor** (to bristle 毛を逆立てる)] (ぞっとしてのがれる) ⟶ 動 いみきらう；嫌悪する.

abject [ǽbdʒekt] = [**ab-** (away) + **ject** (to throw)] (投げ棄てられた) ⟶ 形 零落した；みじめな.

abnormal [æbnɔ́:rməl] = [**ab-** (away from) + **norm** (rule) + **al** (形容詞語尾)] (標準からはずれて) ⟶ 形 異常な；変態の.

abortion [əbɔ́:rʃən] = [**ab-** (away from) + **or** (to arise, grow) + **tion** (名詞語尾)] (発育から離れること) ⟶ 名 流産；堕胎.
☞ **orient** (東方).

abrupt [əbrʌ́pt] = [**ab-** (off) + **rupt** (to break)] (突然に破れる) ⟶ 形 突然の；唐突な.

absolve [əbzɔ́lv] = [**ab-** (away) + **solve** (to loosen 解く)] (解き放つ) ⟶ 動 赦免する；免除する.

absorb [əbsɔ́:rb] = [**ab-** (off) + **sorb** (to suck up 吸う)] 動 吸収

第1篇 接頭語 (Prefix)

する；熱中させる.

abuse [əbjúːz]＝[**ab-** (from)＋**use** (to use)]　（正しい用法からはずれる）──→動 乱用する；悪用する.

abscess [ǽbsis]＝[**abs-** (away)＋**cess** (to go)]　（身体から離れてゆくもの）──→名 はれもの；腫物.

abstain [əbstéin]＝[**abs-** (from)＋**tain** (to hold)]　（〜から手を離す）──→動 さし控える；禁酒する.

abstract [æbstrǽkt]＝[**abs-** (from)＋**tract** (to draw)]　（引き抜く）──→動 取り去る；抽象する；抜粋する.

abstruse [æbstrúːs]＝[**abs-** (away)＋**truse** (to thrust 押す)]　（押し出されて行方がわからない）──→形 難解な.

advance [ədvɑ́ːns]＝[**adv-** ＝**ab-** (from)＋**ance** (before)]　（前から進む）──→動 名 前進(させる).

avaunt [əvɔ́ːnt]＝[**av-** ＝**ab-** (from)＋**aunt** (before)]　感 去れ.

9　ad-＝to, at, for

⊛ 方向・変化・完成・付加・増加・開始または単に強意を示すきわめて重要な接頭語である. 大づかみに語幹が持つ意味に「**向かって**」という気持で覚えておけばよい.

〔**変化形**〕 後に続く音との同化作用によって次のように変化する.

a- (第1篇4参照), ab-, ac-, af-, ag-, al-, an-, ap-, ar-, as-, at-.

abbreviate [əbríːvieit]＝[**ab-** ＝**ad-** (to)＋**brevi** (brief, short)＋**ate**(動詞語尾)]　動 短縮する.

accede [æksíːd]＝[**ac-** ＝**ad-** (to)＋**cede** (to go, come)]　動 職につく；仲間に入る；同意する.

accelerate [ækséləreit]＝[**ac-** ＝**ad-** (to)＋**celer** (quick)＋**ate** (動詞語尾)]　動 速度を増す.

accept [əksépt]＝[**ac-** ＝**ad-** (to)＋**cept** (to take)]　動 受け入れる；認容する.

accumulate [əkjúːmjuleit]＝[**ac-** ＝**ad-** (to)＋**cumulate** (to heap up 積み重ねる)]　動 蓄積する.

acquire [əkwáiər]＝[**ac-** ＝**ad-** (to)＋**quire**(to seek)]　動 獲得する.
　☞ **inquire** (調べる；問う), **require** (要求する；必要とする).

adapt [ədǽpt]＝[**ad-** (to)＋**apt** (to fit)]　（適当にする）──→動 適応させる；改作する.

addict [ədíkt]＝[**ad**-(to)＋**dict** (to say)] (言うとおりに)──→動 ふけらせる；専心させる.

adhere [ədhíər]＝[**ad**-(to)＋**here** (to stick くっつく)] 動 粘着する；固執する.

admire [ədmáiər]＝[**ad**-(at)＋**mire** (to wonder)] 動 嘆賞する.

advent [ǽdvənt]＝[**ad**-(to)＋**vent** (to come)] 名 到来；(A-) キリストの降臨.

adverse [ǽdvəːrs]＝[**ad**-(to)＋**verse** (to turn)] (〜に対して向きなおる)──→形 さからう；逆の；都合の悪い.

advocate [ǽdvəkit]＝[**ad**-(to)＋**vocate** (called)]＝one 'called to' the bar＝弁護士の免許を得た人. 名 弁護士；唱道者. 動 擁護する；唱道する.

affirm [əfə́ːrm]＝[**af**-＝**ad**-(to)＋**firm**(堅い)] (堅固にする)──→動 確言する；肯定する.

afflict [əflíkt]＝[**af**-＝**ad**-(to)＋**flict** (to strike)] (打ちのめす)──→動 (心身を)悩ます ☞ **conflict** (共に打つ──→闘う).

aggress [əgrés]＝[**ag**-＝**ad**-(to)＋**gress** (to walk)] (〜に向かって行く)──→動 攻撃する；侵略する. ☞ **progress** (前に行く──→進歩する).

aggrieve [əgríːv]＝[**ag**-＝**ad**-(to)＋**grieve** (to weigh down)] (重くのしかかる)──→動 苦しめる.

allocate [ǽləkeit]＝[**al**-＝**ad**-(to)＋**locate** (to place)] (場所を定める)──→動 割り当てる；位置を定める.

allude [əl(j)úːd]＝[**al**-＝**ad**-(to)＋**lude** (to play)] (考えをちらつかせる)──→動 ほのめかす；言及する.

annex [ənéks]＝[**an**-＝**ad**-(to)＋**nex** (to bind)] (結びつける)──→動 付加する；併合する.

annihilate [ənáiəleit]＝[**an**-＝**ad**-(to)＋**nihil** (nothing)＋**ate**(動詞語尾)] (ゼロにする)──→動 絶滅させる. ☞ **nihil** (虚無), **nihilism** (虚無主義).

append [əpénd]＝[**ap**-＝**ad**-(to)＋**pend** (to hang)] (〜にぶらさげる)──→動 付加する；付記する.

apply [əplái]＝[**ap**-＝**ad**-(to)＋**ply** (to fold)] (重ね合わす)──→動 応用する；適用する.

arrest [ərést]＝[**ar**-＝**ad**-(to)＋**re**-(back)＋**st** (to stand)] （とどまらせる）──→動 名 逮捕(する)；阻止；抑留.

arrogant [ǽrəgənt]＝[**ar**-＝**ad**-(to)＋**roga** (to ask)＋**ant** (形容詞語尾)] （厚かましく求めるときの態度）──→形 尊大な；おうへいな.

ascertain [æsətéin]＝[**as**-＝**ad**-(to)＋**certain**]＝to make certain. 動 確かめる.

assert [əsə́ːrt]＝[**as**-＝**ad**-(to)＋**sert** (to join or bind together)] （自己の権利を結びつける）──→動 (権利を)主張する． ☞ series (連続).

assume [əsjúːm]＝[**as**-＝**ad**-(to)＋**sume** (to take)]＝to take to oneself. 動 身につける；わがものとする；思う，考える，仮定する.

attain [ətéin]＝[**at**-＝**ad**-(to)＋**tain** (to touch)]＝to reach. 動 達する；遂げる.

attract [ətrǽkt]＝[**at**-＝**ad**-(to)＋**tract** (to draw)] （～に引きつける）──→動 引きつける；魅惑する.

10 | al-－＝all

almighty [ɔːlmáiti]＝all-powerful. 形 全能の.
almost [ɔ́ːlmoust]＝nearly. 副 ほとんど.
alone [əlóun]＝quite by oneself. 形 副 ただひとり.

11 | ambi-－＝on both sides, about, around　〔変化形〕amb-.

ambidextrous [æmbidékstrəs]＝[**ambi**-(both)＋**dexter** (the right hand)＋**ous** (形容詞語尾)] (両手が右手のようによくきく)──→形 両手利きの；非常に器用な；二心ある． ☞ **dexter**(右方の), **dexterity**(器用), **dexterous**(器用な).

ambient [ǽmbiənt]＝[**amb**-＝**ambi**-(around)＋**ient** (to go)] （周囲を行く）──→形 とりまいた.

ambiguous [æmbígjuəs]＝[**amb**-＝**ambi**-(about)＋**igu** (to drive)＋**ous**(形容詞語尾)]＝driving about. （あたりにさまよう）──→形 あいまいな；不確かな.

ambition [æmbíʃən]＝[**amb**-＝**ambi**-(about)＋**it**(to go)＋**(t)ion**
(名詞語尾)] (歩き回る)──→图 野心；大望.
【解説】 昔ローマではこの語を政治家に関してのみ用いていた．官職を求める者はいつも白衣をまとって歩き回り，演説をし投票を求めた．このように「歩き回ること」(**ambire**) は「権勢への強い希求」を意味したが，その後英語の中に入るとともに広く一般的な意味に用いられるようになった．なお「候補者」(**candidate**) は「白い」(**candid**)「人」(**ate**) の意味である．

12 amphi－＝on both sides, around

amphibian [æmfíbiən]＝[**amphi**-(on both sides)＋**bi**(life)＋**an**
(形容詞語尾)] (水陸両方で生活する)──→形 水陸両生の；水陸両用の．图 両生動物.
amphitheater [ǽmfiθiətə]＝round theater. 图 円形劇場.

13 an－＝Negative (否定)(＝not, without)

〔変化形〕 a-. (第1篇7参照), am-.

an(a)emia [əníːmiə]＝[**an**-(without)＋**aem**(blood)＋**ia**(病名を示す語尾)]＝want of blood. 图 貧血症.
an(a)esthetic [ænisθétic]＝[**an**-(not)＋**aesthetic**(perceptive)]
(知覚のない)──→形 無感覚な；麻酔の．图 麻酔剤．☞ **aesthetic**
(審美の).
anarchy [ǽnəki]＝[**an**-(without)＋**arch**(ruler)＋**y**(名詞語尾)]
 图 無政府；無秩序．☞ **monarch** (君主).
anecdote [ǽnikdout]＝[**an**-(not)＋**ec**-＝**ex**-(out)＋**dote**(given)]
＝not given out＝a story in private life. (発表されていない話)──→图 逸話.
ambrosia [æmbróuzjə]＝[**am**-＝**an**-(not)＋**brosia**(mortal)](不滅なもの)──→图 神々の食物；美味芳香の物.

14 ana－＝upon, on, up 〔変化形〕 an-.

anabaptist [ǽnəbǽptist]＝one who baptises again. (洗礼の上に洗礼を重ねる)──→图 再洗礼主義者.

anachronism[ənǽkrənizəm]＝[**ana**- (sometimes used in the sense of 'backwards') ＋**chron** (time)＋**ism**(名詞語尾)〕(時がずれていること)──→图 時代錯誤.

analogy [ənǽlədʒi]＝[**ana**- (upon)＋**logy** (a statement)〕(言葉の上をながめて似たものを考える)──→图 類似；類推.

---

15 | **ante──＝before** ((**post**-の対)) 〔変化形〕anti-, ant-, anci-, an-.

antecedent [æntisíːdənt]＝[**ante** (before)＋**ced** (to go)＋**ent** (形容詞語尾)〕 形 图 先立つ(もの)；先行詞.

antechamber[ǽntitʃèimbər]＝anteroom. 图 控えの間.

antedate [ǽntidéit]＝to date before. 图 動 実際よりも以前の日付(にする).

anticipate [æntísipeit]＝[**anti** (beforehand)＋**cipate** (to take)〕＝to take before the time. (前もって取る)──→動 先を見越す；予期する.

anterior[æntíəriər] anteの比較級＝more in front. 形 前の.
 cf. **posterior** (後部の).

ancient [éinʃənt]＝old. 形 图 古代の(人).

ancestor [ǽnsistər]＝[**an**-＝**ante**- (before)＋**ces** (to go)＋**or** (人を示す語尾)〕＝forefather. (先を行く人)──→图 先祖. *cf.* **posterity** (子孫).

---

16 | **anti──＝against, opposite to** ((**pro**-の対)) 〔変化形〕ant-.

antibiotic [æntibaiɔ́tik]＝[**anti**- (against)＋**bio** (life)＋(**t**)**ic** (形容詞語尾)〕 形 抗生の. 图 抗生物質.

anti-communist [ǽntikɔ́mjunist] 形 反共の.

antipathy [æntípəθi]＝[**anti**- (against)＋**pathy** (feeling)〕(反対の感情)──→图 反感. *cf.* **sympathy** (共感；同情).

antithesis [æntíθisis]＝[**anti**- (against)＋**thesis** (a setting, placing〕(反対にすえられたもの)──→图 対句；対照；反対(物).

antagonist [æntǽgənist] = [**ant-** = **anti-** (against) + **agony** (a struggle) + **ist**(人を示す語尾))] (反対して争う者) ──→图 敵対者. ☞ **agony** (苦悶).

antarctic [æntá:rktik] = [**ant-** = **anti-** (opposite to) + **arctic**(北極)] (北極の反対) ──→形 图 南極(の).

antonym [ǽntənim] = [**ant-** = **anti-** (opposite) + **onym** (name)] (反対の名称) ──→图 反意語. *cf.* **synonym** (同意語).

---

17 **arch—** = **chief**   〔変化形〕 archi-, arche-.

archangel [á:rkeindʒəl] = chief angel. 图 大天使.
archbishop [á:rtʃbíʃəp] [**bishop** = 司教] 图 大司教.
archenemy [á:rtʃénimi] = satan. 图 大敵；魔王, サタン.
architect [á:rkitekt] = [**archi-** (chief) + **tect** (a builder)] = a chief carpenter. (大工の棟梁) ──→图 建築家. ☞ **technical** (工芸の), **texture** (構造).
archetype [á:rkitaip] = the original type. 图 原型.

---

18 **auto—** = **self**   〔変化形〕 auth-.

autobiography [ɔ̀:toubaiɔ́grəfi] = [**auto-**(self) + **bio**(life) + **graphy** (writing)] (自分自身の生活を書いたもの) ──→图 自叙伝.
autocracy [ɔ:tɔ́krəsi] = [**auto-** (self) + **cracy** (rule)] 图 専制政治. *cf.* **democracy** (民主主義).
autogenous [ɔ:tɔ́dʒinəs] = [**auto-** (self) + **gen** (born) + **ous**(形容詞語尾)] (自身で生れた) ──→形 自生の.
autonomy [ɔ:tɔ́nəmi] = self-government. 图 自治(体).
autonym [ɔ́:tənim] = [**auto-** (self) + **onym** (name)] (自身の名前) ──→图(著者の)本名. 形 本名の. ☞ **antonym** (反意語), **synonym** (同意語).
authentic [ɔ:θéntik] = one who does things with his own hands. (自分自身の手でするから) ──→形 確実な；信ずべき；真正な.

第1篇　接頭語 (Prefix)

19 | **be—＝to make** | ● 形容詞・名詞を他動詞にする．

becalm [bikɑ́ːm]＝[**be-**＋**calm**(静かな)] 動 静かにする．
befool [bifúːl]＝[**be-**＋**fool**(馬鹿者)] 動 愚弄する．
befoul [bifául]＝[**be-**＋**foul**(きたない)] 動 汚す．
beguile [bigáil]＝[**be-**＋**guile**(姦計)] (姦計をめぐらす)—→動 欺く．
benumb [binʌ́m]＝[**be-**＋**numb**(無感覚な)] 動 かじかませる．
betroth [bitróuð]＝[**be-**＋**troth** (truth 真実)] (真実を誓う)—→
　動 婚約する．

20 | **be—＝to cover with** | ● 名詞を他動詞にする．

becloud [bikláud]＝[**be-**＋**cloud**(雲)] 動 曇らす．
bedew [bidjúː]＝[**be-**＋**dew**(露)] 動 湿らす．
befog [bifɔ́g]＝[**be-**＋**fog**(霧)] 動 霧でつつむ；当惑させる．
bestar [bistɑ́ːr]＝[**be-**＋**star**(星)] 動 星でおおう．

21 | **be—＝upon**

become [bikʌ́m]＝to come upon. 動 ～になる；似合う．
befall [bifɔ́ːl]＝to fall upon. 動 (身に)ふりかかる．
behold [bihóuld]＝to hold upon. 動 見る；注意する．
bemoan [bimóun]＝to moan upon. 動 悲しむ．
beset [bisét]＝to set upon. 動 とりまく；つきまとう．
bespeak [bispíːk]＝to speak upon. 動 予約する；話しかける．

22 | **be—＝by**

because [bikɔ́ːz]＝[**be-**＋**cause**(理由)] 接 ～の故に．
bequeath [bikwíːð]＝[**be-**＋**queath** (saying)] (遺言によって)
　—→動 遺贈する；後世に伝える．
beside [bisáid]＝[**be-**＋**side**] 前 側に；外れて．

23 | be- = Intensive (強意)

bedrench [bidréntʃ] = to drench all over. 動 ずぶぬれにする.
beloved [bilʌ́vd] 形 图 最愛の(者).
bereave [birí:v] = [be- + reave (to rob)] 動 奪う；失なわせる.

24 | bene- = well, good 《male-の対》

《類語》 bon- < bonus = good.

benediction [bènidíkʃən] = [**bene-** (well) + **dic** (to say) + **tion** (名詞語尾)] 图 祝福の祈禱(きとう).
benefaction [bènifǽkʃən] = [**bene-** (well) + **fac** (to do) + **tion** (名詞語尾)] (良く為すこと)──→图 恩恵.
benefactor [bénifæktər] = [**bene-** (well) + **factor** (doer)] (良く為す人)──→图 恩人；後援者.
beneficent [binéfisənt] = [**bene-** (well) + **fic** (to do) + **ent** (形容詞語尾)] 形 善を行なう；慈悲深い.
beneficial [bènifíʃəl] = [**bene-** (well) + **fic** (to do) + **ial** (形容詞語尾)] 形 有利な；有益な.
benefit [bénifit] 图 動 益(する).
benevolent [binévələnt] = [**bene-** (good) + **vol** (wish) + **ent** (形容詞語尾)] 形 慈善心に富んだ. ☞ voluntary (随意の).
bonus [bóunəs] (貰って良きもの)──→图 ボーナス；特別配当金.
boon [bu:n] 图 恩恵；賜わり物.
bounty [báunti] 图 奨励金；補助金.

25 | bi- = double, two   〔変化形〕 bin-.

bicoloured [báikʌlərd] 形 二色の.
biennial [baiéniəl] = [**bi-** (two) + **enni** (year) + **al** (形容詞語尾)] 形 二年間続く；二年毎の.
bigamy [bígəmi] = [**bi-** (double) + **gamy** (marriage)] 图 重婚. *cf.* monogamy (一夫一婦制).
bilingual [bailíŋgwəl] = [**bi-** (two) + **lingua** (language) + **al** (形容詞語尾)] 形 二ヵ国語を用いる；二ヵ国語で書いた.

第1篇　接頭語 (Prefix)　　　　　　　　　　13

bimonthly [baimʌ́nθli]　形　隔月の.
bisexual [baiséksjuəl]　形　両性を有する.
binocular [binɔ́kjulər]＝[**bin**- (two) ＋**ocul** (an eye) ＋**ar**(形容詞語尾)]　形　両眼用の. 名 双眼鏡. ☞ **ocular** (目の), **oculist**(眼科医).

26　cata－＝down, downwards, fully　　〔変化形〕cat-.

catalog(ue) [kǽtəlɔg]＝[**cata**- (down, fully) ＋**logue** (to say, tell)]　(十分に述べられた)──→名 動 目録(に作る).
catapult [kǽtəpʌlt]＝[**cata**- (down) ＋**pult** (to brandish 振り回す)]　(振り飛ばして落とす)──→名 動 石弓(で射る)；カタパルト.
cataract [kǽtərækt]＝[**cata**- (down) ＋**ract** (to break)]＝rushing down. (破れてどっと落ちる)──→名 大滝；大雨；奔流.
catastrophe [kətǽstrəfi]＝[**cata**- (down) ＋**strophe** (turning)]＝turning down. (落ち目に向かう)──→名 破局；大変災.
category [kǽtigəri]＝[**cat**- (down) ＋**egory** (an assembly 集り)]　(集りを見おろす──集りと見なす)──→名 範疇；部類.

27　circum－＝around, round about　　〔変化形〕circu-.

circumambulate [sə̀:rkəmǽmbjuleit]＝[**circum**- (around) ＋**ambulate** (to walk)]　(回りを歩く)──→動 歩いて回る；遠回しに言う.
circumference [sərkʌ́mfərəns]＝[**circum**- (around) ＋ **fer** (to carry) ＋ **ence** (名詞語尾)]　(周囲をめぐること)──→名 周囲；円周.
circumfuse [sə̀:rkəmfjú:z]＝[**circum**- (around) ＋**fuse** (to pour)]　動 (液体を)周囲に注ぐ.
circumjacent [sə̀:rkəmdʒéisnt]＝[**circum**- (around) ＋**jacent** (to lie where thrown)]　形 周辺の.
circumlocution [sə̀:rkəmləkjú:ʃən]＝[**circum**- (around) ＋ **locu** (to speak) ＋**tion**(名詞語尾)]　名 遠回しに言うこと；婉曲、
circumspect [sə̀:rkəmspekt]＝[**circum**- (around) ＋ **spect** (to

look)〕〈周囲をよく見る〉——→形 用心深い.

circumstance[sə́:rkəmstəns]=[**circum**-(around)+**stan**(to stand)+**ce**(名詞語尾)] （周囲に立っているもの）——→名 環境；事情.

circuit[sə́:rkit]=[**circu**-=**circum**-(around)+**it**(to go)] （周囲を行く）——→名 範囲；迂回；巡回.

circulate[sə́:rkjuleit]=[**circul**-=**circle**(円)+**ate**(動詞語尾)] （円のようにする）——→動 循環する；流布させる.

28　com-＝together, with, wholly

〔変化形〕 co-, col-, comb-, con-, cor-, coun-.

combat [kɔ́mbət]=[**com**-(together)+**bat**(to beat)] （共に打ち合う）——→名 決闘；戦闘. 動 戦う.

combine [kəmbáin]=[**com**-(together)+**bine**(two)] （二つのものを共にする）——→動 結合する.

comfort[kʌ́mfərt]=[**com**-(together)+**fort**(strong)]=strengthen. （力づける）——→動 慰める. 名 慰め；安楽.

commemorate [kəmémərit]=[**com**-(together)+**memorate**(to mention)] （共に述べ合う）——→動 ほめたたえる；記念する.

commend [kəménd]=[**com**-(with)+**mend**(to put into the hands of)] （～を人の手に）——→動 託する；推賞する.

commotion [kəmóuʃən]=[**com**-(together)+**motion**] （いっしょになって動く）——→名 動揺；混乱；暴動.

commute [kəmjú:t]=[**com**-(together)+**mute**(to change)] 動 転換する；減刑する.

compose [kəmpóuz]=[**com**-(together)+**pose**(to place)] （共に置く）——→動 組み立てる；ととのえる.

coeducation [kóuèdjukéiʃən]=[**co**-=**com**-(together)+**education**(教育)] 名 男女共学.

cohere[kouhíər]=[**co**-=**com**-(together)+**here**(to stick くっつく)]（共にくっつく）——→動 ひっつき合う；筋道が通っている.

coincide [kòuinsáid]=[**co**-=**com**-(together)+**incide**(to fall upon)] （共に落ちかかる）——→動 同一の空間・時間を占める；一致する；符合する.

co-operate [kouɔ́pəreit]=[**co**-=**com**-(together)+**operate**(to work)〕 (共に働く)——→動 協同する.

collaborate [kəlǽbəreit]＝[**col-**＝**com-** (together) +**laborate**(to work)〕 動 合作する.

collapse [kəlǽps]＝[**col-**＝**com-** (together) + **lapse** (to glide down)〕 (共にすべり落ちる)——→名 動 崩壊(する).

colleague [kɔ́liːg]＝[**col-**＝**com-** (together) +**league**(to choose)〕 (共に選ばれた者)——→名 同僚；仲間.

collide [kəláid]＝[**col-**＝**com-** (together) +**lide** (to strike, dash)〕 (共に打つ)——→動 衝突する；抵触する.

combustion [kəmbʌ́stʃən]＝[**comb-**＝**com-** (wholly) +**ust** (to burn) +**tion**(名詞語尾)〕 (すっかり燃やす)——→名 燃焼；酸化作用.

concentrate [kɔ́nsentreit]＝[**con-**＝**com-** (together) +**centr** (a center) +**ate**(動詞語尾)〕 (共に中心へ)——→動 一点に集中する.

conclude [kənklúːd] ＝ [**con-** ＝ **com-** (together) + **clude** (to shut)〕 (共に閉じる——終りにする)——→動 結末をつける；終結する. ☞ **exclude** (除外する), **include** (包含する).

concord[kɔ́nkɔːrd]＝[**con-**＝**com-** (together) +**cord** (heart)〕(心を共に)——→名 和合；講和；調和. ☞ **cordial** (心からの).

concourse [kɔ́nkɔːrs]＝[**con-** ＝ **com-** (together) + **course** (to run)〕 (共に流れる)——→名 群衆；合流；大通り. ☞ **concur** (一緒に起こる), **current** (流れ).

condescend [kɔ̀ndisénd]＝[**con-**＝**com-** (together) +**descend**(下る)〕 (相手と共に下る)——→動 (目下の者に対して)へりくだる；恩に着せる.

confer[kənfə́ːr]＝[**con-**＝**com-** (together) +**fer**(to bear, carry)〕 (共に持ち寄る)——→動 協議する；授与する.

congenial [kəndʒíːniəl]＝[**con-**＝**com-** (together) + **geni** (inborn nature 生まれながらの性質)+ **al** (形容詞語尾)〕 (気質を共にする)——→形 同じ気質の；性に合った.

consent [kənsént] ＝ [**con-**＝**com-** (together) + **sent** (to feel)〕 (感情を共にする)——→動 名 同意(する). ☞ **sense** (感覚), **sentiment** (情感).

consume [kənsjúːm]＝[**con-**＝**com-** (wholly) +**sume** (to take)〕 (すっかり取る)——→動 用い尽くす；消費する.

correct [kərékt]=[**con**=**com**- (thoroughly) +**rect** (to rule)] (完全に規則通りにする)──→動 正す. 形 正しい.

corrupt [kərʌ́pt]=[**cor**-=**com**- (together) +**rupt** (to break)] (わいろを贈る方も受ける方も共に破れる)──→形 腐敗した；堕落した. 動 わいろをつかう；堕落する.

council [káunsil]=[**coun**-=**com**- (together) +**cil** (to summon)] (共に召集する)──→名 会議；(自治体の)議会.

counsel [káunsəl]=[**coun**-=**com**- (together) +**sel** (to take)] (共に取り上げる)──→名 協議；相談；助言.

29 | contra-−=against | 〔変化形〕 contro-, counter-.

contradict [kɔ̀ntrədíkt]=[**contra**- (against) +**dict** (to speak)] (反対のことを言う)──→動 否定する；矛盾する.

contraposition [kɔ̀ntrəpəzíʃən] 名 対置；対照.

contrast [kəntrǽst]=[**contra**- (against) +**st** (to stand)] 動 対照する. 名 [kɔ́ntræst] 対照.

contravene [kɔ̀ntrəvíːn]=[**contra**- (against) +**vene** (to come)] (反対に来る)──→動 違反する；反対する；抵触する.

controvert [kɔ́ntrəvəːrt]=[**contro**-=**contra**- (against) +**vert** (to turn)] (反対して向きなおる)──→動 論争する.

counteract [kauntərǽkt]=[**counter**-=**contra**- (against) +**act**] =to act against. (反対に作用する)──→動 防ぐ；中和する.

counterfeit [káuntərfit]=[**counter**-=**contra**- (against) +**feit** (to make)] (反して作る)──→名 形 偽造(の). 動 偽造する.

counterlight [káuntərlait] 名 逆光線.

countermeasure [káuntərmèʒə] [**measure**=手段] 名 対策.

30 | de-−=down, downward | ❸ 「下へ」の意味から分離・否定・強意などを表わして広く用いられる重要な接頭語である.

debase [dibéis]=[**de**- (down) +**base** (low)] (低く下げる)──→動 品質を悪くする.

debate [dibéit]=[**de**- (down) +**bate** (to beat)] (打ち倒す)──→

動 **名** 討論(する).

decadence [dékədəns]＝[**de**- (down) +**cadence** (a falling)] (落ちること)──→**名** (文芸美術の)頽廃；デカダンス.

decapitate [dikǽpiteit]＝[**de**- (down, off) +**capit** (head) +**ate** (動詞語尾)] (頭を胴から離す)──→**動** 斬首する；解雇する.

decay [dikéi]＝[**de**- (down) + **cay** (to fall)] (落ちる)──→**動** **名** 衰微(する)；腐朽(する).

decease [disíːs]＝[**de**- (from, away) +**cease** (to go)] (行ってしまう)──→**動** **名** 死亡(する).

deceive [disíːv]＝[**de**- (from, away) +**ceive** (to take)] (取り上げるために)──→**動** 欺く.

decide [disáid]＝[**de**- (off) +**cide** (to cut)] (切り離す)──→**動** 決定する；決断を下す. ☞ **suicide** (自殺).

decipher [disáifər]＝[**de**- (off) +**cipher**(暗号)] **動** 暗号文を解読する. **名** 暗号文の解読.

declaim [dikléim]＝[**de**- (fully) + **claim** (to cry out)] (強く叫ぶ)──→**動** 演説する；熱弁をふるう.

declare [dikléər]＝[**de**- (fully) +**clare** (clear)] (十分に明らかにする)──→**動** 明らかに示す；言明する.

deduce [didjúːs]＝[**de**- (down) +**duce** (to lead)] (下がって導く)──→**動** 演繹する.

defect [difékt]＝[**de**- (down, from) +**fect** (to do, make)] (為されていない)──→**名** 欠如；欠陥.

defer[difə́ːr]＝[**de**- (down) +**fer** (to carry)] (自分を下へ持ってゆく)──→**動** (意見などに)従う；譲る.

deflower [di:fláuər]＝[**de**- (from, away) +**flower**] (花を奪う)──→**動** 花を散らす；処女を犯す.

deform[difɔ́ːrm]＝[**de**- (away) +**form** (beauty, form)] (美を奪う)──→**動** 醜くする；不具にする.

deliberate [dilíbəreit]＝[**de**- (thoroughly) +**liberate**(to weigh)] (じっくりと重さを計る)──→**動** 熟慮する；討議する. **形** [dilíbərit] 熟慮した；慎重な.

delinquency [dilíŋkwənsi]＝[**de**- (away, from) +**linqu** (to leave) +**ency**(名詞語尾)] (務めから離れ去ること)──→**名** 職務怠慢；犯罪；非行.

demonstrate [démənstreit]＝[**de**-(fully)＋**monstrate**(to show)]（十分に示す）──→動 表示する；論証する；示威運動をする．

depict [dipíkt]＝[**de**-(down, fully)＋**pict** (to paint)]（十分に描く）──→動 絵にかく；描写する．☞ **picture**（絵画）．

derive [diráiv]＝[**de**-(away)＋**rive** (stream)]（川から水を引く）──→動 引き出す；由来する；派生する．

despise [dispáiz]＝[**de**-(down)＋**spise**(to look)]（見下す）──→動 軽蔑する．

detail [dí:teil]＝[**de**-(fully)＋**tail** (to cut)]（十分に細かく切る）──→ 動 名 詳細(に扱う)．☞ **tailor**（洋服屋）．

detain [ditéin]＝[**de**-(from, away)＋**tain** (to hold)]（離して保つ）──→動 拘禁する；抑留する．

devastate [dévəsteit]＝[**de**-(fully)＋**vast** (waste)＋**ate** (動詞語尾)（完全に荒地にする）──→動 荒廃させる．

devour [diváuər]＝[**de**-(fully)＋**vour** (consume)]（十分に食べ尽す）──→動 むさぼり食う；滅ぼし尽くす；むさぼり読む．

---

31 | **de**-＝apart, from | ❸ dis- の変化形の一つで，主として分離・除去の意味を表わす．

debark[dibá:rk]＝[**de**-＝**dis**- (apart)＋**bark** (ship)]（船から離れる）──→動 上陸する．☞ **bark**（帆船），**barque**（帆船），**barge**（屋形船；はしけ）．

decamp [dikǽmp]＝[**de**-＝**dis**- (apart)＋**camp** (field)]（戦野を離れる）──→動 陣を払う；出奔する．

deface [diféis]＝[**de**-＝**dis**- (apart)＋**face**] 動（外観，美観を)損ねる．

defrost [di:fróst]＝[**de**-＝**dis**- (apart)＋**frost**(霜)]（霜から離れる）──→動 霜・雪を除く．

defer[difə́:r]＝[**de**-＝**dis**- (apart)＋**fer** (to carry)]（離れたところへ持ってゆく）──→動 あと回しにする．

defy [difái]＝[**de**-＝**dis**- (apart)＋**fy** (to trust)]（信頼から離れる）──→動 反抗する；無視する；いどむ．

dehydrate [di:háidreit]＝[**de**-＝**dis**-(apart)＋**hydro** (water)＋**ate** (動詞語尾)] 動 脱水する；水分を抜く．☞ **hydrogen**（水素）．

detour [déituər]＝[**de**-＝**dis**- (apart)＋**tour** (to turn)]（離れて

回る）──→名 動 回り道（する）．

32 | deca— = ten |

❸ deci- は「十分の一」の意味を表わす．

decade [dékeid]＝a company of ten. 名 十個一組のもの；十年（間）．
decagon [dékəgən]＝[**deca**-(ten)＋**gon** (angle)] 名 十角形．
Decalogue [dékəlɔg]＝[**Deca**-(ten)＋**logue** (speech)]＝Ten Commandments. 名 十戒．
Decameron [dikǽmərən]＝[**Deca**-(ten)＋**meron** (day)] 名『十日物語』(ボッカチオ1353年の作).
decapod [dékəpɔd]＝[**deca**-(ten)＋**pod** (foot)] 名 十脚類．
decimal [désiməl]＝[**decima**(a tithe 十分の一)＋**al** (形容詞語尾)] 形 十進法の；十の；十分の一の．名 小数．*cf.* **decimal point**（小数点）．
decimeter [désimi:tər]＝$\frac{1}{10}$meter＝10cm. 名 デシメートル．

33 | demi— = half |

demigod [démigɔd] 名 半神半人．

34 | di— = double, twice |

dilemma [dilémə]＝[**di**-(double)＋**lemma** (assumption)] (二つの仮説の間)──→名 ジレンマ，進退両難．
diphthong [dífθɔŋ]＝[**di**-(double)＋**phthong** (sound)] (二つの音)──→名 二重母音．
diploma [diplóumə]＝[**di**-(double)＋**ploma** (folded)]＝paper folded double. (二つ折りになっている紙)──→名 公文書；免許状；卒業証書；学位証書．

35 | dia— = through, between, across |

❸ di- と密接なつながりを持つ接頭語で，「二つのものの間」という意味を表わす．

diagnosis [daiəgnóusis] = [**dia-** (between) + **gnosis** (knowledge)] (両者の違いを知る) ——→图 診断. ☞ **ignorant** (無知な).

diagonal [daiǽgənəl] = [**dia-** (through, across) + **gon** (angle) + **al** (形容詞語尾)] 形 图 対角線(の).

diagram [dáiəgræm] = [**dia-** (through) + **gram** (to write)] 图 図表.

dialect [dáiəlekt] = [**dia-** (between) + **lect** (to choose)] (特に選ばれた言葉) ——→图 特殊の語風;訛, 方言.

dialog(ue) [dáiəlɔg] = [**dia-** (between) + **logue** (speech)] (二人の間の言葉) ——→图 対話;会話. *cf.* **monolog(ue)** (独白).

diameter [daiǽmitər] = [**dia-** (through) + **meter** (to measure)] (まっすぐ通して測る) ——→图 直径.

---

36 | **dis—** = **apart, away** | ● dis- はラテン語 **duo** = two の変化形である **duis** から生じた形で, 元来 'in two' (二つに分かれて)の意味である. **分離から除去・剥奪・反対・否定**, さらには**強意**などを表わす非常に重要な接頭語である.

〔変化形〕 de-, (第1篇 31 参照), des-, di-, dif-, s-.

disannul [dìsənʌ́l] = [**dis-** (Intensive) + **an-** = **ad** (to) + **nul** (nothing)] (ゼロにする) ——→動 取り消す.

disband [disbǽnd] = [**dis-** (apart) + **band** (to band together)] (団体をばらばらにする) ——→動 解散する.

disbelieve [dísbilí:v] = [**dis-** (Negative) + **believe**] 動 信じない.

discern [disə́:rn] = [**dis-** (apart) + **cern** (to separate)] (別々に分ける) ——→動 識別する;見分ける.

disclose [disklóuz] = [**dis-** (apart, away) + **close** (to shut)] = to unclose, reveal. 動 暴露する;打ち明ける.

discord [diskɔ́:rd] = [**dis-** (apart) + **cord** (heart)] (心が離れている) ——→動 一致しない;調和しない. 图 [dískɔ:d] 不和;不調和. *cf.* **concord** (和合).

discourse [diskɔ́:rs] = [**dis-** (apart) + **course** (to run)] = to run about. (話題の間を走り回る) ——→图 談話;論説;説教. 動 語る;論ずる.

discreet [diskríːt]＝[**dis**-(apart)＋**creet** (to separate)]　(別々に分ける)──→形 思慮・分別のある.

discrete [diskríːt]＝[**dis**-(apart)＋**crete** (to separate)]　(別々に分かれている)──→形 個々に分離した.

discriminate [diskrímineit]＝[**dis**-(apart)＋**crimin**(space)＋**ate** (動詞語尾)]　(間に空間を作る)──→動 区別する；差別する；識別する.

disease [dizíːz]＝[**dis**-(apart)＋**ease**]　(安楽から離れている)──→名 病気.

disfigure [disfígər]＝[**dis**-(apart, away)＋**figure** (form)]＝deform. 動 醜くする；美観を損なう.

disguise [disgáiz]＝[**dis**-(apart)＋**guise** (manner, fashion)]　(やり方を変える)──→動 名 変装(する).

disgust [disgʌ́st]＝[**dis**-(apart)＋**gust** (to taste)]　(味わえない)──→名 動 胸のむかつき；嫌悪(を感じさせる). ☞ **gust** (味覚；嗜好).

dismember[dismémbər]＝[**dis**-(apart)＋**member** (limb 四肢)]　(四肢を別々にする)──→動 四肢をばらばらに切り離す.

dismiss [dismís]＝[**dis**-(away)＋**miss**(to send)]＝to send away. 動 去らせる；解散する；免職する. ☞ **missile** (飛道具, ミサイル).

display [displéi]＝[**dis**-(apart)＋**play** (to fold)]　(折り重なっているものを広げて見せる)──→動 名 あらわに示す(こと)；誇示(する)；陳列.

dispose [dispóuz]＝[**dis**-(apart)＋**pose** (to place)]　(別々に置く)──→動 配置する；処置する.

disrupt [disrʌ́pt]＝[**dis**-(apart)＋**rupt** (to break, burst)]　(破って分け離す)──→動 引き裂く；引き離す.

dissolve [dizɔ́lv]＝[**dis**-(apart)＋**solve** (to loose)]　(ゆるめて別々にする)──→動 分解する；解散する；解消する.

distract [distrǽkt]＝[**dis**-(apart)＋**tract** (to draw)]　(引き離す)──→動 (注意などを)他に向けさせる；惑乱させる.

distribute [distríbjuːt]＝[**dis**-(apart)＋**tribute** (to give)]　(別々に与える)──→動 分配する；区分する.

despatch [dispǽtʃ]＝[**des**-＝**dis**-(Intensive)＋**patch** (to hasten)]

(急いで事を運ぶ)——動名 急速に送り出す(こと);迅速に処理する;迅速な処理;速達便 = dispatch.

dessert [dizə́ːrt]＝[**des-** ＝**dis-** (apart, away) ＋**sert** (to serve)] (給仕から離れる——給仕を終わる——最後の給仕)——名 デザート

digest [didʒést]＝[**di-** ＝**dis-** (apart) ＋**gest** (to carry)] (きちんと分けて運ぶ)——動 (摘要して)整理する;消化する. 名 [dáidʒest] 摘要.

dimension [diménʃən]＝[**di-** ＝**dis-** (apart) ＋**mension** (measure)] 名 (長さ・幅・厚さなどの)寸法;面積;容積;次元.

diminish [dimíniʃ]＝[**di-** ＝**dis-** (Intensive) ＋**mini** (small) ＋**sh** (動詞語尾)] (小さくする)——動 少なくする(なる);小さくする(なる).

diverge [daivə́ːrdʒ]＝[**di-** ＝**dis-** (apart) ＋**verge** (to incline)] (傾き離れる)——動 離散する(させる);発散する(させる);相違する.

differ [dífər]＝[**dif-** ＝**dis-** (apart) ＋**fer** (to carry)] (別々に運ぶ)——動 違う.

difficult [dífikəlt]＝[**dif-** ＝**dis-** (apart) ＋**ficult** (easy)] (容易ではない)——形 むずかしい. ☞ facile(容易な), facilitate (容易にする).

diffident [dífidənt]＝[**dif-** ＝**dis-** (apart) ＋**fid** (to trust) ＋**ent** (形容詞語尾)] (自分に対する信頼から離れている)——形 自信のない;内気な.

diffuse [difjúːz]＝[**dif-** ＝**dis-** (apart) ＋**fuse** (to pour)] (あちこちに注ぐ)——動 散乱する;流布させる;普及する.

spend [spend]＝[**s-** (dis-の短縮形) ＋**pend** (to weigh)] (少しづつ分けて秤にかける)——動 費やす.

stain [stein]＝[**s-** (dis-の短縮形) ＋**tain** (to dye 染める)] (本来の色を引き離す)——動名 しみ(がつく);よごす;けがす;汚点.

37 | duo－＝two, double 〔変化形〕 do-, dou-, du-.

duodecimal [djùː)oudésiməl]＝[**duo-** (two) ＋**decimal**] 形 十二進法の. 名 十二分の一.

duologue [djúː)əlɔɡ]＝[**duo-** (two) ＋**logue** (speech)] 名 二人の対話(劇).

dodecagon [doudékəgən]＝[**do-** ＝**duo-** (two) ＋ **deca-** (ten) ＋

gon (angle)〕 图 十二角形.
dozen [dʌ́zn]＝[**do-**＝**duo-** (two)＋**zen** (ten)〕 图 十二；ダース.
double [dʌ́bl]＝[**dou-**＝**duo-** (two)＋**ble** (to fold)〕 形 二重の. 副 二重に. 图 二重. 動 二重にする.
doubt [dáut]＝to be of two minds.(二様に思える)──→動 疑う；思い惑う. 图 疑念；疑惑.
dual [djú(:)əl]＝[**du-**＝**duo-** (two)＋**al**(形容詞語尾)〕 形 二つの，二重の；二元的の.
dubious [djú:biəs]＝moving in two directions. (二つの方向に動く)──→形 疑わしい；判然としない.
duel [djú(:)əl]＝a combat between two. 图 動 決闘(する).
duet(**t**) [dju(:)ét]＝a piece of music for two. 图 二部合唱(曲)；二部合奏(曲).
duplicate [djú:plikit]＝[**du-**＝**duo** (two)＋**plic** (to fold)＋**ate**(形容詞語尾)〕 (二つ重ねる)──→形 二重の；二倍の；複製の.

| 38 | e— | ❸ 単に音声上の便宜のためにS音の前に付加される. |

escalade [èskəléid] [**scala**＝a ladder(はしご)〕 動 图 はしごを用いて(城壁を)よじのぼる(こと).
escort [éskɔ:rt] [**scorta**＝a guide〕 图 警護者；案内者. 動 [iskɔ́:rt] 警護する；お供をする.
especial [ispéʃəl] 形 特別の.
espouse [ispáuz] [**a spouse**＝a wife〕 動 めとる；とつがせる.
espy [ispái] 動 見つける；探しだす.
esquire [iskwáiər]＝a gentleman. 图 紳士とみなされる人に対する敬称 '殿'.
establish [istǽbliʃ]＝[**e**＋**stabli** (firm)＋**sh**(動詞語尾)〕 動 安定させる；確立する；設立する.

| 39 | **en—**＝in, into, on, at, near | ❸ 「中に」の意味から |

「ある状態の中に入れる──→～にする；～にならせる」など 'to make' の意味を表わして名詞・形容詞を他動詞化することが多い.
〔変化形〕 em-.

第1篇 接頭語 (Prefix)

enact [inǽkt] [**act**=法令](法令にする)──→動 (法律を)制定する.
enamo(u)r [inǽmər]=[**en**- (in) +**amour** (love)] 動 恍惚とさせる.
encase [inkéis]=to put into a case. 動 (箱などに)入れる.
enchant [intʃɑ́:nt]=[**en**- (in) +**chant** (to sing)] (歌って引きずりこむ)──→動 魔法をかける；魅する.
encounter [inkáuntər]=[**en**- (in) +**counter**=**contra** (against)] (ぶつかる状態の中へ)──→動 名 会戦(する)；遭遇(する).
encumber [inkʌ́mbər]=[**en**- (in) +**cumber** (obstacle)] (障害物を入れる)──→動 邪魔する；場所を塞ぐ. ☞ **cumber** (妨げる).
endeavo(u)r [indévər] = [**en**- (in) +**deavour** (duty)] (本分の中で)──→動 名 努力(する).
endorse [indɔ́:rs]=[**en** (in) +**dorse** (back)] (裏に書く)──→動 裏書する，保証する.
endure [indjúə]=[**en**-(in)+**dure** (to last)](続く状態の中へ)──→動 存続する；耐え忍ぶ. ☞ **during** (〜が継続する間).
enfold [infóuld]=to enclose, embrace. 動 包む；抱く.
enhance [inhɑ́:ns]=[**en**- (in) +**hance** (high)] 動 高める；騰貴させる.
enlarge [inlɑ́:rdʒ]=to make large. 動 増大する；拡張する.
enlighten [inláitn]=to give light to. (照らす)──→動 啓発(啓蒙)する.
enrage [inréidʒ] [**rage**=怒り] (怒りの中に入れる)──→動 激怒させる，憤らせる.
enrich [inrítʃ]=to make rich. 動 豊富にする；濃厚にする.
enrol(l) [inróul][**roll**=名簿](名簿の中に)──→動 登録する；会員にする
enslave [insléiv]=to make a slave to. 動 奴隷にする；魅惑する.
entitle [intáitl]=to give a title to. 動 表題をつける；称号を与える；正当な権利を与える.
envelop [invéləp]=[**en**- (in) + **velop** (to wrap)] =to wrap in. 動 包む.
envelope [énviloup] 名 包むもの；封筒.
embank [imbǽŋk] 動 堤防 (bank) で囲む.
embark [imbɑ́:rk]=[**em**-=**en**- (in) +**bark** (ship)] 動 船に積み込む；乗り込む.
embarrass [imbǽrəs] [**bar**=横棒](横槍を入れる)──→動 妨げる；困

らす；当惑させる.

embellish[imbéliʃ]＝[**em**-＝**en**- (in)＋**bel** (beautiful)＋**ish** (動詞語尾)] (美しい状態にする)──→動 美化する；飾る.

embody [imbɔ́di]＝to make into a body. 動 形体を与える；具体化する.

embrace [imbréis]＝[**em**-＝**en**- (in)＋**brace** (two arms)] (両腕の中に)──→動 名 抱擁(する). ☞ **brace**(引き締める), **bracelet**(腕環).

empower[impáuər]＝to give power to. 動 権限〔能力〕を与える.

40 | epi-─＝upon, to, besides, among 〔変化形〕 ep-.

epic [épik]＝[**epi**- (upon)＋**c**＝**cus** (narrative)] (〜についての物語)──→名 形 叙事詩(の).

epidemic [èpidémik]＝[**epi**- (among)＋**dem** (people)＋**ic**(形容詞語尾)] (民衆の間にある)──→形 名 流行病(の).

epigram [épigræm]＝**epi**- (upon)＋**gram** (to write)] (書き加えられたもの)──→名 短詩；警句.

epigraph [épigrɑːf]＝[**epi**- (upon)＋**graph** (to write)] (碑の上に書かれたもの)──→名 碑銘；題辞.

epilog(ue) [épilɔg]＝[**epi**- (upon)＋**logue** (speech)] (終りにつけ加えられた言葉)──→名 結語；劇の終りの口上. *cf.* **prolog(ue)**(前置き).

episode [épisoud]＝[**epi**- (besides)＋**sode** (coming in)] (他の傍に入ってくるもの)──→名 挿話；エピソード.

epistle [ipísl]＝[**epi**- (to)＋**stle**(to send)] (〜に書き送られたもの)──→名 手紙；書簡.

epitaph [épitɑːf]＝[**epi**- (upon)＋**taph** (tomb)] (墓石の上に)──→名 墓石の銘；碑文.

epoch [íːpɔk]＝[**ep**-＝**epi**- (upon)＋**och** (to hold)] (今までのものを抑える)──→名 新紀元；新時代.

41 | eu-─＝well 〔変化形〕 ev-.

eugenics [juːdʒéniks]＝[**eu**- (well)＋**gen** (to bear)＋**ics**(学問を

表わす語尾)〕 名 優生学.

eulogy [júːlədʒi]＝[**eu-** (well) +**logy** (to speak)〕 (良く言う)—→ 名 賛辞；称揚.

euphemism [júːfimizəm]＝[**eu-** (well) +**phemi** (to speak) +**ism** (名詞語尾)〕 (聞こえをよくする)—→名 婉曲語法；婉曲な言葉.

euphony [júːfəni]＝[**eu-** (well) + **phony** (sound)〕＝a pleasing sound. 名 快い音；佳調.

euthanasia [jùːθənéiziə]＝[**eu-** (well) +**thanas** (to die) +**ia**(医学関係を示す語尾)〕＝easy death. 名 安楽死.

evangel [ivǽndʒel]＝[**ev-**＝**eu-** (well) +**angel** (tidings 通知)〕＝ good news. 名 福音；吉報；信条；伝道者.

42 | ex-—＝out of, fully

〔変化形〕 a-(第1篇6参照), e-, ec-, ef-, es-, iss-, s-.

exact [igzǽkt]＝[**ex-** (out) +**act** (to drive)〕 (駆り立てる)—→ 動 きびしく～する；要求する. 形 きびしい；正確な.

exaggerate [igzǽdʒəreit]＝[**ex-** (out) +**ag-**＝**ad-** (to) +**gerate** (to carry)〕 (外へ拡げる)—→動 誇張する.

example [igzáːmpl]＝[**ex-** (out) +**ample** (to take)〕＝to take out. (取り出す)—→名 実例；手本.

exceed [iksíːd]＝[**ex-** (out) + **ceed** (to go)〕 (越えて外へ行く) —→動 越える；凌駕(りょうが)する.

except [iksépt]＝[**ex-** (out) +**cept** (to take)〕 (取って外へ)—→動 除く. 前 接 除いて.

exclude [iksklúːd]＝[**ex-** (out) +**clude** (to shut)〕 (しめ出す) —→動 はいらせぬ；追い払う；除外する. *cf.* include (包含する).

execute [éksikjuːt]＝[**ex-** (out) +**secute** (to follow)〕 (外へ続いて行く)—→動 実施する；実行する；履行する；死刑を執行する.

exempt [igzém(p)t]＝[**ex-** (out) +**empt** (to take)〕 (取り除かれた)—→動 免除する. 名 免除された人. 形 免除された.

exert [igzə́ːrt]＝[**ex-** (out) + **sert** (to put together)〕 (全ての力を集めて外へ)—→動 発揮する. **exert oneself** (全力を尽す). ☞ series (連続).

exhale [ekshéil]＝[**ex-** (out) +**hale** (to breathe)〕 (息を吐き出

第1篇 接頭語 (Prefix)

す)——→動 蒸発する(させる);発散する;吐き出す. *cf.* **inhale** (吸い込む).

exhaust [igzɔ́ːst]＝[**ex**‐(out)＋**haust**(to draw)] (引き出す)——→動 排出する;用い尽す;疲れ果てさせる. 名 排気;放出(装置).

exhibit [igzíbit]＝[**ex**‐(out)＋**hibit**(to have)] (手に持って出す)——→動 与える;示す, 出品する. 名 証拠物件;展示物. ☞ **habit** (習慣).

exhume [eksjúːm]＝[**ex**‐(out)＋**hume** (ground)] (地の外へ)——→動 掘り出す. *cf.* **inhume** (埋める). ☞ **humble** (卑しい).

exit [éksit]＝[**ex**‐(out)＋**it** (to go)] (外へ行く)——→名 出口;退場, 死去.

exotic [egzɔ́tik]＝outward, foreign. 形 名 外来の(もの), 異国風の.

expect [ikspékt]＝[**ex**‐(out)＋**spect** (to look)] (待ちかねて外を見る)——→動 期待する;予想する.

expel [ikspél]＝[**ex**‐(out)＋**pel** (to drive)] (外へ駆り立てる)——→動 追い出す;発射する.

expire [ikspáiər]＝[**ex**‐(out)＋**spire**(to breathe)] (息を吐き出す)——→動 息を引きとる;(期間が)終わる;(効力が)消滅する. *cf.* **inspire** (鼓吹する).

explain [ikspléin]＝[**ex**‐(fully)＋**plain** (to flatten)] (十分平坦にする)——→動 説明する;弁明する.

explicit [iksplísit]＝[**ex**‐(out)＋**plicit** (folded)] (外に重ねられた——→外に現われている)——→形 明白な. *cf.* **implicit** (暗黙の).

expose [ikspóuz]＝[**ex**‐(out)＋**pose** (to place)] (外に置く)——→動 さらす;露出する;陳列する;あばく.

expound [ikspáund]＝[**ex**‐(out)＋**pound**(to put)] (外へ出す)——→動 説明する;解説する. ☞ **exponent** (説明者).

exquisite [ékskwizit]＝[**ex**‐(out)＋**quisite** (sought)] (求め出された)——→形 絶妙な;この上もない;繊細な. ☞ **query** (質問), **quest** (探求).

exterminate [ekstə́ːrmineit]＝[**ex**‐(out, beyond)＋**termin** (boundary)＋**ate** (動詞語尾)] (境界の外へ)——→動 根絶する;絶滅する. ☞ **term** (限界;期間;条件).

extinguish [ikstíŋgwiʃ]＝[**ex**‐(out)＋**stinguish** (to prick)]

(突いて消す)──動 (火などを)消す;消滅させる;鎮める.

extort [ikstɔ́:rt]=[**ex-** (out)+**tort** (to twist)] (ねじり出す)──動 強制して取る;ねだって取る. ☞ **torsion**(ねじれ), **torture**(拷問).

extrude [ekstrú:d]=[**ex-** (out)+**trude** (to thrust)] (押し出す)──動 押し出す;突き出る. cf. **intrude** (突き込む,侵入する).

edit [édit]=[**e-** =**ex-** (out)+**dit** (to give)]=to give out=to publish. 動 刊行する;編集する.

educate [édju(:)keit]=[**e-** =**ex-** (out)+**ducate** (to lead)] (才能・素質を導き出す)──動 教育する.

egress [í:gres]=[**e-** =**ex-** (out)+**gress** (to go, walk)] (出て行く)──名 出て行くこと;出口. 動 [i(:)grés] 出て行く. cf. **progress** (進歩).

eject [i(:)dʒékt]=[**e-** =**ex-** (out)+**ject** (to throw)] (投げ出す)──動 放出する;追い払う;吐き出す.

elaborate [ilǽbərit]=[**e-** =**ex-** (fully)+**labor** (to work)+**ate** (形容詞語尾)] (十分に仕事された)──形 入念な;精巧な;丹念な. 動 [ilǽbəreit] 骨折って作る;細密に仕上げる.

elapse [ilǽps]=[**e-** =**ex-** (away)+**lapse** (to glide)] (すべって行く)──動 (時が)経過する. ☞ **collapse** (崩壊).

elect [ilékt]=[**e-** =**ex-** (out)+**lect** (to choose)] (選び出す)──動 選ぶ. 形 選ばれた. ☞ **collect** (集める).

eliminate [ilímineit]=[**e-** =**ex-** (out)+**limin** (threshold 敷居,境界)+**ate**(動詞語尾)] (境界の外へ)──動 除去する;消去する. ☞ **limit** (限界).

elocution [èləkjú:ʃən]=[**e-** =**ex** (out)+**locu** (to speak)+**tion** (名詞語尾)] (話し方)──名 演説法;雄弁術. cf. **eloquent** (雄弁な).

emancipate [imǽnsipeit]=[**e-** =**ex-**(out)+**man**<**manus** (hand)+**cipate** (to take)] (手中のものを外へ)──動 解放する;自由を与える.

eruption [irʌ́pʃən]=[**e-** =**ex-** (out)+**ruption** (breaking)] (破れ出ること)──名 噴出;勃発;発疹. ☞ **rupture** (破裂).

event [ivént]=[**e-** =**ex-** (out)+**vent** (to come)] (生じたこと)

―→ 图 出来事；行事；事件(の発生)；結果.

evident [évidənt]＝[**e-** ＝**ex-** (out) ＋**vid** (to see) ＋**ent**(形容詞語尾)]　(外に見えている)―→形 明白な．☞ **vision** (幻)．

evince [ivíns]＝[**e-** ＝**ex-** (fully) ＋**vince** (to conquer)]　(十分に打ち勝つ―→疑問の余地を残さない)―→動 明白にする．☞ **convince** (確信させる)．

evoke [ivóuk]＝[**e-** ＝**ex-** (out) ＋**voke** (to call)]　動 呼び出す．☞ **vocation** (召出し；職業)．

eccentric [ikséntrik]＝[**ec-** ＝**ex-** (out) ＋**centr** (center) ＋**ic** (形容詞語尾)]　(中心をはずれている)―→ 形 円形でない；風変りな．图 変人；奇人．

eclipse [iklíps]＝[**ec-** ＝**ex-** (out) ＋**lipse** (to leave)]　(略す)―→图 (天体の)食．動 食する．

ecstasy [ékstəsi]＝[**ec-** ＝**ex-** (out) ＋**stasy** (standing)]　(立つべき場所の外へ―→我を忘れる)―→图 無我夢中の状態；有頂天；恍惚．

efface [iféis]＝[**ef-** ＝**ex-** (out) ＋**face**(表面)]　(表面の外へ)―→動 抹消する；削除する；目につかなくする．

effort[éfɔrt]＝[**ef-** ＝**ex-** (out) ＋**fort** (to force)]　(力を外へ)―→图 努力(の結果)．

effuse [efjúːz]＝[**ef-** ＝**ex-** (out) ＋**fuse** (to pour)]　(注ぎ出す)―→動 放出する；発散する；流れ出る．☞ **confuse** (混乱させる)，**diffuse** (普及する)，**refuse** (拒絶する)．

escape [iskéip]＝out of one's cape. [**cape**＝袖無しの短い外套]　(外套からするりと抜け出る)―→動 图 逃れる(こと)．形 逃避の．

issue [ísjuː] ＜**exire** (to go out)．　图 流出；河口；子孫；成り行き；発行．動 発行する．

sample [sáːmpl]＝[**s-** ＝**ex-** (out) ＋**ample** (to take)]　(取り出す)―→图 動 見本(になる)．

43　extra-＝beyond

extra [ékstrə]＝beyond what is necessary.　形 余分の；臨時の．副 格別に．图 特別料金；号外；エキストラ．

extraordinary[ikstrɔ́ːrdnri]＝beyond ordinary.　形 通常でない；非常の；臨時の；異常な．

extravagant [ikstrǽvigənt] = [**extra**-(beyond) + **vagant** (to wander)] （限界を越えてさまよう）──形 法外な；途方もない；奢侈な． ☞ vagabond（放浪する），vagary（きまぐれ）．

44 | for— = away from |

❸ 「離れる」という気持から「禁止・除外・無視」などの否定的意味，「破壊」の意味，強意的意味を表わす．

forbid [fərbíd] = to bid away from. （～から離れるように言う）──動 禁ずる；許さぬ．

forget [fərgét] = to get away from. （～から離れてしまう）──動 忘れる；怠る；無視する．

forgive [fərgív] = to give away. （やってしまう）──動 許す．

forgo [fɔːrgóu] = to pass over. （パスする）──動 ～なしで済ませる，控える；捨てる．

forlorn [fəlɔ́ːrn] = [**for**-(utterly) + **'orn** (to lose)] （すっかり失っている）──形 見放された；わびしい；絶望した．

forswear [fɔːrswéər] = to deny an oath. 動 偽証する；誓って断つ．

45 | fore— = before | 〔変化形〕 for-．

forecast [fɔ́ːrkæst] 名 先見；予報．動 [fɔːkǽst] 予報する．
foredated [fɔːrdéitid] 形 さき日付の．
forefather [fɔ́ːrfɑ̀ːðər] 名 父祖．
forefinger [fɔ́ːrfìŋgər] 名 人さし指．
foreground [fɔ́ːrgraund] 名 前景．
forehead [fɔ́rid] 【発音に注意】 名 前額部；ひたい．
foreknowledge [fɔ́ːrnɔ́lidʒ] 名 予知；先見．
foreman [fɔ́ːrmən] （先頭に立つ男）──名 職工長；取り締り．
foremost [fɔ́ːrmoust] 形 副 まっ先の(に)．
forerun [fɔːrrʌ́n] 動 先駆する；追い越す；出し抜く．
foresee [fɔːrsíː] 動 先見する；見越す．
foretell [fɔːrtél] 動 予言する．
foretime [fɔ́ːrtàim] 名 昔日；往時．
foreword [fɔ́ːrwə̀ːrd] 名 序文，緒言．
forward [fɔ́ːrwərd] 形 さきの；先だった．副 さきへ；前方へ．名 前

衛. **動** 促進する；送達する.

46　forth— =towards

forthcoming [fɔ:θkʌ́miŋ] **形** やがて来ようとする；手近に用意されて.
forthright [fɔ:rθráit] **形** 直進の；卒直な．**副** まっすぐ前に；直ちに．**名** [fɔ́:rθrait]まっすぐな道.
forthwith [fɔ́:θwíð] **副** ただちに.

47　hemi— =half

hemicycle [hémisaikl] **名** 半円形.
hemisphere[hémisfiər]＝[**hemi**-(half)＋**sphere** (ball)] **名** 半球.

48　hetero— =other, different

heterodox [hétərədɔks]＝[**hetero**-(other)＋**dox** (opinion)]＝of strange opinion. **形** 異端の．*cf.* **orthodox** (正統の).
heterogeneous [hétəroudʒí:njəs]＝[**hetero**-(other)＋**gene** (kind, kin 種類)＋**ous**(形容詞語尾)] (他の種類の)──→**形** 異質の；雑多の.
heteronym [hètərɔ́nim] ＝ [**hetero**-(other)＋**onym** (name)] (綴りは同じだが他の物の名前)──→**名** 同綴異音異義語.

49　hexa— =six

hexad [héksæd] **名** 六個一組.
hexagon [héksəgən]＝[**hexa**-(six)＋**gon** (angle)] **名** 六角形.
hexagram [héksəgræm] **名** 六線星形.
hexangular[heksǽŋgjulər] **形** 六角の.
hexapod [héksəpɔd]＝[**hexa**-(six)＋**pod** (foot)] **形名** 六足の(動物).

50　homo— =same 《hetero—の対》

homocentric [hòumouséntrik]＝[**homo**-(same)＋**centr (center)**＋**ic**(形容詞語尾)]　(中心が同じ)──→形 同一中心の；同心の.

homogeneous [hɔmədʒíːniəs]＝[**homo**-(same)＋**gene** (kind, kin)＋**ous**(形容詞語尾)]　(同じ種類の)──→形 同質的；均質の. *cf.* **heterogeneous** (異質の).

homologous [hɔmɔ́ləgəs]＝[**homo**-(same)＋**log** (saying)＋**ous** (形容詞語尾)]＝saying the same.　形 価値・関係などが同一な.

homonym [hɔ́mənim]＝[**homo**-(same)＋**onym** (name)]　(名前が同じ)──→名 同音異義語；同名の人・物. *cf.* **synonym** (同意語), **heteronym** (同綴異音異義の語).

homosexual [hóumouséksjual]　形 名 同性愛の(人).

51　hyper--＝above, beyond
❸ 'excess'「過度」の意味がある.

hyperacidity [háipərrəsídəti] [**acid**＝酸]　名 胃酸過多症.

hyperbole [haipə́ːrbəli]＝[**hyper**-(beyond)＋**bole** (to throw)] (遠くまで投げる)──→名 誇張法.

hyperborean [hàipə(ː)rbəríː(ː)ən]＝[**hyper**-(beyond)＋**bore´as** (the north wind)＋**an**(形容詞語尾)]　(北風をさらに越えた)──→形 名 極北の(住民).

hypercriticism [hàipərkrítisizəm] [**criticism**＝批評]　名 酷評.

hypersensitive [háipərsénsitiv]　形 神経過敏な.

52　hypo--＝under ((hyper-の対))

hypocrisy [hipɔ́krəsi]＝the playing of a part on the stage. (舞台で役を演ずること──→ふりをすること)──→名 偽善.

hypostasis [haipɔ́stəsis]＝[**hypo**-(under)＋**stasis** (placing, standing)]　(現象の下に在る)──→名 本質；実体；実在.

hypothesis [haipɔ́θisis]＝[**hypo**-(under)＋**thesis** (placed)] (基礎となるもの)──→名 仮説.

53　in--＝in, into, on　〔変化形〕il-, im-, ir-.

inbeing [ínbiːiŋ]　名 内在；本質.

inborn [ínbɔ́:rn] 形 生まれながらの；先天的な.

incarnate [ínkɑ:rneit] ＝[**in**-(in)＋**carn**(flesh 肉)＋**ate**(動詞語尾)]（肉の中に入れる）→動 肉体を具えさせる；体現する；〜の化身となる. 形[inká:rnit] 肉体を具えた.　☞ **carnival**（謝肉祭）.

inceptive [inséptiv] ＝[**in**-(on)＋**cept**(to take)＋**ive**（形容詞語尾)]（取りかかる）→形 開始の；発端の.

incident [ínsidənt] ＝[**in**-(on)＋**cid**(to fall)＋**ent**(形容詞語尾)]（上に降りかかる）→形 名 起こりがちな；付随的の（事件）.

incipient [insípiənt] ＝[**in**-(on)＋**cipi**(to take)＋**ent**（形容詞語尾)]＝inceptive. 形 初期の；発端の.

incise [insáiz] ＝[**in**-(in)＋**cise**(to cut)] 動 切り込む.

incline [inkláin] ＝[**in**-(towards)＋**cline**(to lean)]（〜の方にもたれかかる）→動 傾ける, 傾く；〜する傾向がある.　☞ **decline**（傾く）, **recline**（寝かす）.

include [inklú:d] ＝[**in**-(in)＋**clude**(to shut)]（閉じ込める）→動 包含する. *cf.* **exclude**（除外する）.

income [ínkʌm] （入ってくるもの）→名 所得；収入.

increase [inkrí:s] ＝[**in**-(in)＋**crease**(to grow)] 動 名 増加（する）. *cf.* **decrease**（減少する）.

incur [inká:r] ＝[**in**-(upon)＋**cur**(to run)]（〜に流れ来る）→動 身に招く；こうむる.　☞ **current**（流れ）.

indoor [índɔ:r] 形 屋内の.

induce [indjú:s] ＝[**in**-(towards)＋**duce**(to lead)]（〜に導く）→動 誘引する；惹き起こす；帰納する.

indulge [indʌ́ldʒ] ＝[**in**-(towards)＋**dulge**(to be kind)]（〜に対してやさしい）→動（欲望などを）満足させる；(子供を) 甘やかす；ほしいままにする, ふける.

infect [infékt] ＝[**in**-(in)＋**fect**(to make, put)]＝to put in.（病菌を入れる）→動 感染させる.

inflame [infléim] ＝[**in**-(in)＋**flame**(炎)] 動 燃える；燃え立たせる；激昂させる；炎症を起こす.

influence [ínfluəns] ＝[**in**-(in)＋**flu**(to flow)＋**ence**（名詞語尾)] 名 動 影響（を及ぼす）；感化（する）；声望；勢力.　☞ **fluid**（流体）.

infuse [infjú:z] ＝[**in**-(into)＋**fuse**(to pour)] 動 注入する；吹

き込む. *cf.* **effuse** (放出する).

inhale [inhéil]＝[**in-** (in) +**hale** (to breathe)]　🈸 吸い込む. *cf.* **exhale** (吐き出す).

inherit [inhérit]＝[**in-** (in) +**herit**(相続する)]　🈸 相続する；受け継ぐ. ☞ **hereditary**(遺伝の), **heritage**(相続財産), **heir**(相続人).

inhibit [inhíbit]＝[**in-** (in) +**hibit** (to have)]　(手に持つ──→おさえる)──→🈸 禁止する；停止する. ☞ **habit** (習慣).

inject [indʒékt]＝[**in-** (into) +**ject** (to throw)]　🈸 注射する；注入する.

innate [ínneit]＝[**in-** (in) +**nate** (to be born)]＝inborn. 🈡 生得の；生まれつきの. ☞ **native** (生れの).

innovate [ínouveit]＝[**in-** (in) +**novate** (to make new)]　🈸 新生面を開く；刷[革]新する. ☞ **novel** (新奇な；小説).

inquire[inkwáiər]＝[**in-** (into) +**quire** (to search)]　(探し求める)──→🈸 調査する；問う.

inscribe [inskráib]＝[**in-** (upon) +**scribe** (to write)]　🈸 (石碑などに)文字をしるす；(心に)銘ずる；献呈の辞をしるす.

insect [ínsekt]＝[**in-** (into) +**sect** (to cut)]　(切りこまれている──→昆虫の体の切れ目)──→🈔 昆虫. ☞ **section**(切断；部分).

insert [insə́ːrt]＝[**in-** (into) +**sert** (to join)]　(中に加える)──→🈸 挿入する. 🈔 挿入したもの.

insight [ínsait]＝the power of seeing into. 🈔 洞察(力)；眼識.

inspect [inspékt]＝[**in-** (in) + **spect** (to look)]　(中を見る)──→🈸 検査する；検閲する；視察する.

intoxicate [intɔ́ksikeit]＝[**in-** (into) +**toxic** (poison 毒) +**ate**(動詞語尾)]　(毒を入れる)──→🈸 酔わせる.

intricate [íntrikit]＝[**in-** (in) +**trica** (hindrances 邪魔) +**ate**(形容詞語尾)]　(邪魔なものが入っている)──→🈡 こみ入っている；錯雑した.

invade [invéid]＝[**in-** (into) +**vade** (to go)]　🈸 侵入する；侵害する；襲う. ☞ **wade** (徒渉する).

invest [invést]＝[**in-** (in) + **vest** (to clothe)]　(衣服の中へ)──→🈸 衣服をきせる；包囲する；投資する.

investigate [invéstigeit]＝[**in-** (in) +**vestigate** (to trace たどる)]　(中をたどる)──→🈸 調査する；研究する.

第1篇 接頭語 (Prefix)

involve [invɔ́lv]＝[**in**-(in)＋**volve** (to roll 巻く)] (中に巻く)——→動 巻きこむ；包む；からむ.

illation [iléiʃən]＝[**il**-＝**in**-(in)＋**lat**(brought)＋**ion**(名詞語尾)]＝inference. (中に運び込まれた)——→名 推論；結論.

illuminate [il(j)úːmineit]＝[**il**-＝**in**-(on, upon)＋**lumin** (light)＋**ate**(動詞語尾)]＝to enlighten, light up. (〜に光をあてる)——→動 照らす；啓発する；説明する. ☞ **luminary** (発光体).

illusion [il(j)úːʒən]＝[**il**-＝**in**-(on)＋**lus** (to play, jest)＋**ion** (名詞語尾)] (〜の上にたわむれる)——→名 幻影，幻想；錯覚.

illustrate [íləstreit]＝[**il**-＝**in**-(upon)＋**lustr**(light)＋**ate**(動詞語尾)]＝to throw light upon. (〜に光をあてる)——→動 明らかにする；(図解などで)説明する；さし絵を加える. ☞ **lustre** (光沢).

immerge [imə́ːrdʒ]＝[**im**-＝**in**-(into)＋**merge** (to sink)] (中に沈める)——→動 浸す；沈める. cf. **emerge** (現われ出る).

immigrate [ímigreit]＝[**im**-＝**in**-(into)＋**migrate**(to wander)] (さまよい込む)——→動 (他国から)移住する. cf. **emigrate**(他国へ移住する).

impact [ímpækt]＝[**im**-＝**in**(on)＋**pact**(to strike)]＝a striking against. 名 衝撃；衝突. 動 [impǽkt] 詰め込む. ☞ **compact** (簡潔な).

impart[impáːrt]＝[**im**-＝**in**-(on, upon)＋**part** (to share 分ける)]＝to give a part of. 動 頒つ；伝える.

impediment [impédimənt]＝[**im**-＝**in**-(in)＋**ped** (foot)＋**ment** (名詞語尾)] (踏み込むこと)——→名 妨害；障害.

impenetrate [impénitreit]＝[**im**-＝**in**-(into)＋**penetrate** (to pierce 突き通す)] 動 深く突き通す，はいりこむ.

impersonate[impə́ːrsəneit]＝[**im**-＝**in**-(in)＋**person**＋**ate**(動詞語尾)] 動 擬人する；具現する；ある役に扮する.

implement [ímplimənt]＝[**im**-＝**in**-(in)＋**ple**(to fill)＋**ment**(名詞語尾)] (中を満たすもの)——→名 道具；家具.

implicate [ímplikeit]＝[**im**-＝**in**-(in)＋**plicate** (to fold)] (折り曲げ込む)——→動 からみ合う；意味を含む；連座する. cf. **ex-**

plicate (説明する).

imply [implái]＝[**im**-＝**in**-(in)＋**ply** (to fold)]（中に折り重ねる）——→動 包含する；暗に意味する.

import [impɔ́:rt]＝[**im**-＝**in**-(in)＋**port** (to carry)]（運び入れる）——→動 輸入する；意味を含む. 名 [ímpɔ:t] 意義；重要さ. *cf.* **export** (輸出する).

impose [impóuz]＝[**im**-＝**in**-(on, upon)＋**pose** (to place)]（上に置く）——→動 (税などを)課する；強いる；つけ込む.

impoverish [impɔ́vəriʃ]＝[**im**-＝**in**-(in)＋**pover** (poor)＋**ish** (動詞語尾)]＝to make poor. 動 貧乏にする；不毛にする；疲弊させる.

impregnate [imprégneit]＝[**im**-＝**in**-(in)＋**pregn** (to be before a birth)＋**ate** (動詞語尾)]＝to make pregnant.（産む前の状態にする）——→動 受胎[精]させる；鼓吹する.

imprison [imprízn]＝to put in prison. 動 投獄する.

irradiate [iréidieit]＝[**ir**-＝**in**-(on)＋**radi** (a ray 光線)＋**ate** (動詞語尾)]＝to throw rays of light upon. 動 照らす；明らかにする；輻射する.

irrigate [írigeit]＝[**ir**-＝**in**-(upon)＋**rigate** (to wet)]（~を濡らす）——→動 灌漑する；灌注する.

irruption [irʌ́pʃən]＝[**ir**-＝**in**-(in)＋**rupt** (to burst)＋**ion** (名詞語尾)]（破って入る）——→名 侵入.

54 | **in**-—＝**Negative**（＝**not**） | 〔変化形〕 en-, i-, il-, im-, ir-.

inaccessible [ìnæksésəbl]＝[**in**-(not)＋**accessible** (接近し得る)] 形 近づきがたい；得がたい.

inadequate [inædikwit]＝[**in**-(not)＋**adequate** (適切な)] 形 不適切な；不十分な.

inaudible [inɔ́:dəbl]＝[**in**-(not)＋**audible** (聞きとれる)] 形 聞きとれない.

incautious [inkɔ́:ʃəs]＝[**in**-(not)＋**cautious** (用心深い)] 形 不注意な；軽率な.

incomparable [inkɔ́mpərəbl]＝[**in**-(not)＋**comparable** (比較され得る)] 形 比類のない.

incons'istent[ìnkənsístənt]＝[**in-** (not) ＋**consistent**(矛盾しない)]
形 矛盾した；つじつまの合わない．

indecisive [ìndisáisiv]＝[**in-** (not) ＋**decisive**(決定的な)] 形 決定的でない；優柔不断の．

indigestion [ìndidʒéstʃən]＝[**in-** (not) ＋**digestion**(消化)] 名 消化不良；未熟．

indispensable [ìndispénsəbl]＝[**in-** (not) ＋**dispensable** (なくても済む)] 形 不可欠の．

inequality [ìni(ː)kwɔ́liti]＝[**in-** (not) ＋**equality** (平等)] 名 不平等．

infallible [infǽləbl]＝[**in-** (not) ＋**fallible** (誤りやすい)] 形 絶対に誤らない．

infamous [ínfəməs]＝[**in-** (not) ＋**famous**(有名な)] 形 【発音・意義に注意】悪名の高い；破廉恥の．

innutrition[ìnju(ː)tríʃən]＝[**in-** (not) ＋ **nutrition** (栄養を取ること)] 名 栄養不良．

insane [inséin]＝[**in-** (not) ＋**sane**(正気の)] 形 気の狂った．

invaluable [invǽljuəbl]＝[**in-** (not) ＋**valuable**(価値のある)] (評価できないほど)→形 非常に貴重な．【意義に注意】

enemy [énimi]＝[**en-**＝**in-**(not)＋**emy** (friend)] (友達ではない)→名 敵．☞ **amicable** (親しみある)．

ignoble [ignóubl]＝[**i-**＝**in-** (not) ＋**gnoble**(noble)] 形 卑賤な；下劣な．

ignominy [ígnəmini]＝[**i-**＝**in-** (not) ＋**gnominy** (something by which one is known 名声)] (名声ではない)→名 不面目．

ignorant [ígnərənt]＝[**i-**＝**in-** (not) ＋**gno** (to know) ＋**ant**(形容詞語尾)] 形 無知な；無学な．☞ **gnosis** (霊界の知識)．

illegal [ilíːgəl]＝[**il-**＝**in-** (not) ＋**legal**(合法的の)] 形 非合法の．

illegitimate [ìlidʒítimit]＝[**il-**＝**in-** (not) ＋**legitimate** (適法の)] 形 違法の；庶出の；異例の．

illiterate [ilítərit]＝[**il-**＝**in-** (not) ＋ **literate** (読み書きできる)] 形 名 無教育な(人)；読み書きのできない(人)．

illogical [ilɔ́dʒikəl]＝[**il-**＝**in-** (not) ＋**logical**(論理的な)] 形 非論理的な；不条理な．

immaculate [imǽkjulit]＝[**im-**＝**in-** (not) ＋ **maculate** (to be spotted)]=spotless. (斑点のない)──→形 清浄無垢な.

immature [imətjúə*r*]=[**im**-=**in**-(not)+**mature**(成熟した)] 形 未熟な.

immeasurable [imézərəbl]=[**im**-=**in**-(not)+**measurable**(測り得る)] 形 測り得ない.

immediate [imí:diit]=[**im**-=**in**-(not)+**mediate**(middle)] (間がない)──→形 直接の;即時の. ☞ medium (媒体).

immense [iméns]=[**im**-=**in**(not)+**mense**(to measure) (測り知れない)──→形 莫大な. ☞ mete (量る).

immodest [imɔ́dist]=[**im**-=**in**-(not)+**modest**(控え目な)] 形 無遠慮な;不謹慎な;みだらな.

immortal [imɔ́:rtəl]=[**im**-=**in**-(not)+**mortal**(死すべき)] 形 名 不滅の(もの).

immutable [imjú:təbl]=[**im**-=**in**-(not)+**mutable**(changeable)] 形 不変の.

impalpable [impǽlpəbl]=[**im**-=**in**-(not)+**palpable**(容易に感知し得る)] 形 感知し難い;捕捉し難い.

imparity [impǽriti]=[**im**-=**in**-(not)+**parity**(平等)] 名 不等;不均等. ☞ par (同価).

impartial [impá:rʃəl]=[**im**-=**in**-(not)+**partial**(不公平な)] 形 公平(無私)な.

impenetrable [impénitrəbl]=[**im**-=**in**-(not)+**penetrable**(貫き得る)] 形 貫き難い;測り知れない.

impenitent [impénitənt]=[**im**-=**in**-(not)+**penitent**(悔悟した)] 形 名 悔悟せぬ(人).

impertinent [impə́:rtinənt]=[**im**-=**in**-(not)+**pertinent** (適切な)] 形 不適切な;生意気な.

impious [ímpiəs]=[**im**-=**in**-(not)+**pious**(敬虔な)] 形 不信心の;不敬の.

implacable [implǽkəbl]=[**im**-=**in**(not)+**placable**(温和な)] 形 執念深い;無情な.

impotent [ímpətənt]=[**im**-=**in**-(not)+**potent**(強力な)] 形 無力な;無気力な.

imprudent [imprú:dənt]=[**im**-=**in**-(not)+**prudent**(思慮分別のある)] 形 無分別な;向こう見ずな.

irrational [iræʃənəl]＝[**ir**-＝**in**-(not)＋**rational**(理性的な)] 形 名 理性のない(もの)；分別のない；不合理な.

irredeemable [iridí:məbl]＝[**ir**-＝**in**-(not)＋**redeemable**(買戻し得る)] 形 買戻し得ない；如何ともし難い.

irregular [irégjulər]＝[**ir**-＝**in**-(not)＋**regular**(規則的な)] 形 不規則な；変則な；ふしだらな.

irrelevant [irélivənt]＝[**ir**-＝**in**-(not)＋**relevant**(適切な)] 形 不適切な；見当違いの.

irresponsible [irispɔ́nsəbl]＝[**ir**-＝**in**-(not)＋**responsible**(責任ある)] 形 無責任な.

55 | inter-＝between, among | 〔変化形〕 enter-, intel-.

intercept [intə(:)rsépt]＝[**inter**-(between)＋**cept**(to catch)] (間で捕える)──→動 途中で奪う；さえぎる；傍受する.

interchange [intə(:)rtʃéindʒ]＝[**inter**-(between)＋**change**] 動 互に交換する；置き換える.

interfere [intərfíər]＝[**inter**-(between)＋**fere**(to strike)] (互いに打ち合う)──→動 抵触する；互に干渉する.

interfuse [intə(:)rfjú:z]＝[**inter**-(between)＋**fuse**(to pour)] (二つの間に注ぐ)──→動 混ざる；浸透させる.

interjacent [intə(:)rdʒéisənt]＝[**inter**-(between)＋**jac**(to lie)＋**ent**(形容詞語尾)]＝lying between. 形 中間にある，介在する.

interlude [íntə(:)rl(j)ù:d]＝[**inter**-(between)＋**lude**(play)] (劇の間)──→名 間奏(曲)；中間. *cf.* **prelude**(前奏曲).

intermit [intə(:)rmít]＝[**inter**-(between)＋**mit**(to send)] (間を入れる)──→動 とぎらせる；とぎれる；間歇する.

interpose [intə(:)rpóuz]＝[**inter**-(between)＋**pose**(to put)] 動 間に置く；干渉する；調停に立つ；挿入する.

interrupt [intərrʌ́pt]＝[**inter**-(between)＋**rupt**(to break)] (間を破る)──→動 中断する；遮断する.

intersect [intə(:)rsékt]＝[**inter**-(between)＋**sect**(to cut)] (間を切る)──→動 横断する；交差する.

interstellar [íntə(:)rstélə]＝[**inter**-(between)＋**stellar**(star)] 形 恒星間の.

intervene[ìntə(:)rvíːn]=[**inter-** (between) + **vene** (to come)] 動 間に来る；介入する；介在する；干渉する；調停する.

enterprise[éntərpraiz]=[**enter-** = **inter-** (among) + **prise** (to take in hand)] （多くのものの中から着手したもの）──→名 事業；企業；進取の気象. ☞ prize (捕獲物).

entertain[èntərtéin]=[**enter-** = **inter-** (among) +**tain** (to hold)] （間を保つ）──→動 楽しませる；心にいだく；歓待する.

intellect [íntilekt]=[**intel-** =**inter-** (between)+**lect** (to choose)] （多くのものの間から選び分ける力）──→名 知性；知力；理解力；知識人.

intelligence [intélidʒəns]=[**intel-** =**inter-** (between) + **ligence** (to choose)] 名 知能；知力；理解力；情報.

56 | intra−
intro− } =within, inward 《extra−の対》

intra-party [ìntrəpáːrti] 形 党内の.

intra-school [ìntrəskúːl] 形 校内の.

introduce [ìntrədjúːs]=[**intro-** (inward) +**duce** (to lead)] 動 導き入れる；採り入れる；紹介する.

introspect [ìntrouspékt] = [**intro-** (within) + **spect** (to look)] （内側を見る）──→動 内省する.

introvert [ìntrouvə́ːrt]=[**intro-** (within) +**vert** (to turn)] 動 内に向ける；内翻させる.

57 | mal(e) −−=badly, ill 《bene−の対》

maladjustment [mælədʒʌ́stmənt]=[**mal-** (badly) +**adjustment** (調節)] 名 不調節；不調整.

maladroit [mælədrɔ́it]=[**mal-** (badly) +**adroit**(巧妙な)] 形 不器用な.

malady [mǽlədi]=[**mal-** (badly) + **ady** (held, kept)] = to be kept badly. （悪い状態）──→名 疾病；病弊.

malediction [mæ̀lidíkʃən]=[**male-** (badly) +**dict** (to speak) + **ion** (名詞語尾)] （悪く言うこと）──→名 呪い；悪口.

第 1 篇　接頭語 (Prefix)

malefactor [mǽlifæktər] = [**male**- (badly) + **factor** (doer)] = an evil-doer. (悪いことを為す人)──→名 犯罪者；悪徒. *cf*. **benefactor** (恩人).

malevolent [məlévələnt] = [**male**- (badly) + **vol** (to wish) + **ent** (形容詞語尾)]　(悪い意志を持った)──→形 悪意のある. *cf*. **benevolent** (慈善心に富んだ).　☞ **voluntary** (随意の).

malice [mǽlis] < **malitia** = badness, ill will.　名 悪意；意地悪.

malignant [məlígnənt] = [**mali**- (bad) + **gn** = **gen** (to produce) + **ant** (形容詞語尾)]　(悪いものを生み出す)──→形 悪性の；悪意をいだく；不吉な. *cf*. **benignant** (悪性でない，健康によい).

maltreat [mæltríːt] = to treat ill.　動 虐待する.

58　meta-- = among, with, after

㊟　一般に「変化」の意を表わして，主に科学用語に用いる.
〔変化形〕 met-, meth-.

metabolism [metǽbəlizəm] = [**meta** (after) + **bol** (to throw) + **ism** (名詞語尾)]　(～のあいだ後に投げる)──→名 物質交代；新陳代謝.

metamorphosis [mètəmɔ́ːrfəsis] = [**meta**- (「変化」の意) + **morphosis** (formation)] = transformation.　名 変形；一変；(昆虫などの) 変態.

metaphor [métəfər] = [**meta**- (「変化」の意) + **phor** (to carry)]　名 隠喩.

metaphysical [mètəfízikəl] = [**meta**- (after) + **physics** (物理学) + **al** (形容詞語尾)]　(物理学の後に続く学問と考えられたことから)──→形 形而上(学)の；非物質的の；きわめて抽象的な.

metastasis [metǽstəsis] = [**meta**- (「変化」の意) + **stasis** (position)] = a change of condition.　名 変形；変体；転移；新陳代謝；(話題の) 急変転.

meteor [míːtiər] = [**met**- = **meta**- (among) + **eor** (anything suspended (空中にあるもの)] = an apparition in the sky.　名 大気中の現象；流星；隕石.

metonymy [mitɔ́nimi] = [**met**- = **meta**- (「変化」の意) + **onym** (name) + **y** (名詞語尾)]　名 換喩.　☞ **antonym** (反意語), **synonym** (同意語).

method [méθəd]＝[**meth**-＝**meta**-(after)＋**od** (way)]＝a way after, a following after. (後を追って行くこと)——名 方法；体系；秩序.

59 | **mis**－＝**wrong(ly), bad(ly), ill** | 注 一般に「けなす」ような気持で「誤まって」の意を表わすが，単に「否定」を表わすこともある.

misapply [mísəplái] 動 誤用する；悪用する.
mischance [mistʃáːns] 名 不幸；不運.
mischief [místʃif]＝an ill result. 名 災；いたずら.
misdeed [mísdíːd] 名 悪行；犯罪.
misfortune [misfɔ́ːrtʃən] 名 不運；災難.
misplace [míspléis] 動 置き場を誤る.
misunderstand [mísʌndərstǽnd] 動 誤解する.

60 | **mono**－＝**single, sole, alone** | 〔変化形〕mon-.

monochrome [mɔ́nəkroum]＝[**mono**-(single)＋**chrome** (colour)] 名 単色画. 形 単色の. ☞ **achromatic** (色消しの).
monocracy [mounɔ́krəsi]＝[**mono**-(alone)＋**cracy** (rule)]＝autocracy. 名 独裁政治.
monogamy [monɔ́gəmi]＝[**mono**-(alone)＋**gamy** (marriage)]＝marriage to one wife only. 名 一夫一婦制；単婚制.
  cf. **polygamy** (一夫多妻).
monolog(ue) [mɔ́nəlɔg]＝[**mono**-(alone)＋**logue** (to speak)]＝soliloquy. 名 独白；長談議.
monopoly [monɔ́pəli]＝[**mono**-(sole)＋**poly** (to sell)] 名 独占(権)；専売(権).
monotonous [monɔ́tənəs]＝[**mono**-(single)＋**tone** (調子)＋**ous** (形容詞語尾)] 形 単調な；退屈な.
monarch [mɔ́nərk]＝[**mon**-＝**mono**-(alone)＋**arch** (ruler)] 名 独裁君主；帝王.
monk [mʌŋk]＜**monachus** (solitarty). 名 修道士；僧. *cf.* **nun** (修道女).

61 | mult(i)- = many, much

multifarious [mʌltifέəriəs] = [**multi**- (much) + **fari** (to speak) + **ous** (形容詞語尾)] (色々多くを語る)——→形 種々様々の;千差万別の.

multiply [mʌ́ltiplai] = [**multi**- (much) + **ply** (to fold)] (たくさん折り重ねる)——→動 増加する;倍加する;(数を)乗ずる.

multitude [mʌ́ltitju:d] = [**mult**- (many, much) + **itude** (名詞語尾)] 名 多数;群衆;民衆.

multivocal [mʌltívəkəl] = [**multi**- (many) + **voc** (voice) + **al** (形容詞語尾)] (多くの声を持つ)——→形 多種の意義を表わす.

multocular [mʌltɔ́kjulər] = [**mult**- (many) + **ocul** (eye) + **ar** (形容詞語尾)] 形 多眼の. ☞ ocular (目の), oculist (眼科医).

62 | ne- = Negative (= not)   〔変化形〕 na-, n-, neg-.

nefarious [nifέəriəs] = [**ne**- (not) + **fari** (to speak) + **ous** (形容詞語尾)] (神の言葉にそむく)——→形 不正な;極悪な. ☞ fate (運命).

nescience [nésiəns] = [**ne**- (not) + **science** (knowing)] = ignorance. 名 無知, 無学;不可知論. ☞ science (科学).

neuter [njú:tər] = [**ne**- (not) + **uter** (whether of the two 二つのうちのどちらか)] (二つのうちのどちらでもない)——→形 中性の;中立の;無性の.

naught [nɔ:t] = **nought** = [**na**- (not) + **ught** (thing)] = nothing. 名 零;破滅.

nay [nei] = **no**. 副 否それどころか. 名 否定;拒絶;禁止.

neither [náiðər; ní:ðər] = [**n**- (not) + **either**] 副 接 形 代 どちらも〜でない.

never [névər] = [**n**- (not) + **ever**] 副 決して〜でない.

none [nʌn] = [**n**- (not) + **one**] 代 形 副 誰も[何も;少しも]〜でない.

null [nʌl] = [**n**- (not) + **ull** (any)] = not any. 形 無効の;無価値の;無の.

negate [nigéit] < **negare** (to deny). 動 否定する;否認する.

neglect [niglékt]＝[**neg**-＝**ne**-(not)＋**lect** (to gather, collect, elect)] （集めるべきものを集めない）——→動 名 無視(する)，怠る；怠慢．

negligence [néɡliʒəns]＝neglect． 名 怠慢；無頓着；過失；投げやり．

negotiate [niɡóuʃieit]＝[**neg**-＝**ne**-(not)＋**oti** (leisure)＋**ate**(動詞語尾)] （暇のないこと）——→動 交渉する；協定する；折衝する．
☞ otiose (ひまな)，otiosity (怠惰)．

63　ob-＝as, towards, at, before, upon, over, about, near, against

〔変化形〕 後に続く音との同化作用によって次のように変化する．o-, oc-, of-, op-, os-.

obedient [əbíːdjənt]＝[**ob**-(ほとんど無意味)＋**edi** (to hear)＋**ent** (形容詞語尾)] （人の言うことに耳を傾ける）——→形 従順な．☞ audience (聴衆)．

obfuscate [ɔ́bfʌskeit]＝[**ob**-(over)＋**fuscate** (to darken)] （一面暗くする）——→動 (心を)暗くする；困惑させる．

obituary [əbítjuəri]＝[**ob**-(near)＋**it** (to go)＋**uary**(名詞語尾)] （死に近づく）——→名 死亡記事；過去帳．形 死亡の；死者の．

object [ɔ́bdʒikt]＝[**ob**-(towards, against)＋**ject** (to throw)] （～に対して投げられた物）——→名 物体；目的；対象．動 [əbdʒékt] 反対する；異議を唱える．

oblige [əbláidʒ]＝[**ob**-(to)＋**lige** (to bind)]＝to bind together. （縛りつける）——→動 義務をおわせる；余儀なく～させる；好意を示す．

oblique [əblíːk]＝[**ob**-(towards)＋**lique** (bent)] （～の方に曲っている）——→形 斜の；歪んだ；不正な．動 斜めに傾く；曲がる．

oblong [ɔ́blɔŋ]＝[**ob**-(across, over)＋**long**] （ずっと長い）——→形 名 長方形(の)．

obscure [əbskjúər]＝[**ob**-(over)＋**scure** (covered)] （一面覆われた）——→形 暗い；くすんだ；無名の；不明瞭な．動 暗くする；覆いかくす；あいまいにする．

obstacle [ɔ́bstəkl]＝[**ob**-(over against)＋**sta** (to stand)＋**cle**(物を示す名詞語尾)]＝a thing standing in the way. （反対して立

第1篇 接頭語 (Prefix)

てる物)——→名 障害物；妨害.

obstinate [ɔ́bstinit]＝[ob- (over against)＋stinate (to cause to stand)] (がんとして反対する)——→形 名 強情な(人)；(疾病の)難治な.

obstruct [əbstrʌ́kt]＝[ob-＝(over against)＋struct (to build)] (反対して築く)——→動 ふさぐ；はばむ；妨害する. ☞ structure (構造).

obtain [əbtéin]＝[ob- (near, close to)＋tain (to hold)] (手近に保つ)——→動 獲得する；行われる. ☞ tenable (保有しうる).

obvious [ɔ́bviəs]＝[ob- (near)＋vi＜via (a way)＋ous(形容詞語尾)]＝lyng in the way. (道に横たわっている——人目につく)——→形 明白な；一目瞭然たる.

omit [oumít]＝[o-＝ob-(ほとんど無意味)＋mit(to send)]＝to let go. (行かせる)——→動 抜かす；漏らす；怠る. ☞ mission (派遣；使節団).

occasion [əkéiʒən]＝[oc-.＝ob- (before)＋cas (to fall)＋ion(名詞語尾)] (目前に落ちた)——→名 機会；場合；原因；事件. 動 ひき起こす.

occupy [ɔ́kjupai]＝[oc-＝ob- (at)＋cupy (to seize)] (～を捕える)——→動 占有する；占領する；住む；(心・注意などを) 占める. ☞ captive (いけどりの).

occur [əkə́:r]＝[oc-＝ob- (towards)＋cur (to run)] (～に向かって流れる)——→動 起こる；生ずる；現われる；心に浮かぶ. ☞ current (流れ).

offend [əfénd]＝[of-＝ob- (against)＋fend (to strike)] (～を打つ)——→動 犯す；(人の)感情を傷つける.

offer [ɔ́fər]＝[of-＝ob- (near)＋fer (to bring)] (近くまで持っていって)——→動 差し出す；申し出る；提出する；示す. 名 申し出；売り物.

opponent [əpóunənt]＝[op-＝ob- (against)＋pon (to place)＋ent(形容詞語尾)] (反対して置く)——→形 対立する；敵対する. 名 敵対者. cf. oppose (反対する).

oppress [əprés]＝[op-＝ob- (against)＋press]＝to press against. (押しつける)——→動 圧迫を加える；押しひしぐ.

ostentation [ɔ̀stentéiʃən]＝[os-＝ob- (before)＋tent (to stretch)＋ation(名詞語尾)] (前に張りめぐらす)——→名 見え張り.

64 | octa-, octo- = eight, eighth

octagon [ɔ́ktəgən] = [**octa**-(eight) + **gon** (angle, corner 角)] 名 八角形.

octave [ɔ́kteiv] = eight days after a festival. 名 祭節後の八日間.
名 [ɔ́ktiv] = eighth note in music. オクターヴ, 八度.

October [ɔktóubər] = the eighth month of the Roman year. 名 十月.

〚解説〛 ジュリアス・シーザー以前の時代のローマ暦は March (三月) から始まる十カ月であった. その時の八月が October である. その後 January (一月), February (二月)が加えられて十二カ月になったが, October という名前は変らないまま, 二カ月ずれて「十月」になった. September (七月→九月), November (九月→十一月), December (十月→十二月)についても同じである.

octopus [ɔ́ktəpəs] = [**octo**-(eight) + **pus** (foot)] (八本足)—→名 たこ; 各方面にわたって有害な勢力をふるう団体・人.

octuple [ɔ́ktju(ː)pl] = [**octu**- = **octo**-(eight) + **ple** (to fold)] (八つ重ねる)—→形 八倍の. 名 八倍のもの. 動 八倍にする.

65 | omni- = all

omnifarious [ɔ̀mnifέəriəs] = [**omni**-(all) + **fari** (to speak) + **ous** (形容詞語尾)] (あらゆることを語る)—→形 あらゆる種類の, あらゆる形の. *cf.* multifarious (千差万別の).

omnipotent [ɔmnípətənt] = [**omni**-(all) + **potent** (powerful)] = almighty. 形 全能の.

omnipresent [ɔ̀mniprézənt] = everywhere present. 形 同時にいたる所に存在する, 遍在する.

omniscient [ɔmnísiənt] = [**omni**-(all) + **scient** (knowing)] = all-knowing. 形 全知の. ☞ science (科学).

omnivorous [ɔmnívərəs] = [**omni**-(all) + **vorous** (to devour むさぼり食う)] 形 何でも食う. ☞ voracious (大食な).

66 | out- = out, beyond

❸ 「外へ」から「越えて」「～においてまさる」などの意味を表わす.

第1篇　接頭語 (Prefix)

outargue[autáːrgjuː]　(議論においてまさる)──→動 論破する.
outbreak [áutbreik] break out (勃発する) の名詞形. 名 勃発；暴動.

〖解説〗 動詞句 ～ out の順序を入れかえて一語にすると，その名詞形になるものが多い．以下はその例である．
cast out (家などから追い出す)──→ outcast (浮浪者；廃棄物)
come out (生じる)──→ outcome (結果，成行き)
fit out (装備する)──→ outfit (装備；支度)
flow out (流れ出る)──→ outflow (流出；流出量)
go out (外出する)──→ outgo (外出；支出)
lay out (金を使う)──→ outlay (支出；出費)
let out (外へ出す)──→ outlet (出口；放出)
look out (外を見る；警戒する)──→ outlook (展望；見解；見張り)
pour out (外に注ぐ)──→ outpour (流出；流出物)
set out (出発する；始める)──→ outset (着手；最初)

outdo [autdúː]　(まさって為す)──→動 凌駕する；負かす.
outlandish [autlǽndiʃ]　(外の土地の)──→形 異国風の；異様な.
outlaw [áutlɔː]　(法律の外に)──→名 法律の保護を奪われた人；無法者；ならず者. 動 法律の保護を奪う.
outline [áutlain]　(外の線)──→名動 外形・輪郭 (を描く)；概要 (を述べる).
outlive [autlív]=survive.　(まさって生きる)──→動 ～よりも生き延びる.
outnumber[autnʌ́mbər]　動 数でまさる.
outrage [áutreidʒ]=[**outr-** =**ultra-** (beyond) +**age**(名詞語尾)]　(度を越してる)──→名 動 暴行(する)；凌辱(する).
outrival [autráivəl]　動 敵に勝つ.
outrun [autrʌ́n]　動 走り勝つ；行き過ぎる.
outwit [autwít]　(才知においてまさる)──→動 出し抜く.

67　over-＝above, across, beyond　㊜ 「おおう」「越す」「まさる」から「度が過ぎる」「余りに」などの意味を表わす.

overact [óuvərrǽkt]　動 やり過ぎる.
overburden [òuvərbə́ːrdn]　動 過度に負担させる.

overcome [òuvərkʌ́m] 動 うち勝つ；圧倒する．
overcredulous [óuvərkrédju:ləs] 形 過信しやすい．
overcrowd [òuvərkráud] 動 人を詰め込みすぎる．
overcrust [óuvərkrʌ́st] 動 外皮 [外殼] で包む．
overdo [òuvərdú:] 動 やりすぎる；煮すぎる，焼きすぎる．
overeat [òuvərí:t] 動 食べすぎる．
overestimate [óuvərréstimeit] 動 高く見積りすぎる．
overlook [òuvərlúk] (〜を越して見る)──動 向こうを見る；見落とす；監視する．
overpay [óuvərpéi] 動 (報酬を)与えすぎる；払いすぎる．
overpeopled [óuvərpí:pld] 形 人口過剰の．
overrate [óuvərréit] 動 過大に見積もる．
overseas [óuvərsí:z] 形 副 海外の，海外に．
oversleep [óuvərslí:p] 動 寝すごす．
overtake [òuvərtéik] 動 追いつく；(おくれた分を)取り戻す；突然に襲い来る．
overthrow [òuvərθróu] 動 転倒させる；破滅させる；打倒する．
overwhelm [òuvər(h)wélm] 動 上からおおいかぶさる；圧倒する；覆滅する．

68 | pan(to) ──= all

panacea [pæ̀nəsíə] = [**pan**-(all) + **acea** (**cure, remedy** 治療)] = all-healing. 名 万能薬．
pan-American [pǽnəmérikən] 形 全米の；全米主義の．
panchromatic [pæ̀nkroumǽtik] = [**pan**-(all) + **chromat** (colour) + **ic** (形容詞語尾)] 形 全色の；パンクロの． ☞ **chromatic** (色の)．
pandemonium [pæ̀ndimóuniəm] = [**pan**-(all) + **demon** (悪魔) + **ium** (場所を示す名詞語尾)] = the home of all the demons. 名 地獄の首都；伏魔殿．
panorama [pæ̀nərά:mə] = [**pan**-(all) + **orama** (view)] (全体の眺め)──名 全局にわたる展望；パノラマ；連続的光景．
pantheism [pǽnθi(:)izəm] = [**pan**-(all) + **the** < **theos** (god) + **ism** (主義などを示す名詞語尾)] 名 汎神論． *cf.* **atheism** (無神論)．

pantomime [pǽntəmaim]＝[**panto-** (all)＋**mime** (an imitator まねる人)]（すべてをまねる人）──名 無言劇俳優. 動 身振り手まねで意を表わす. 形 無言劇の. ☞ **mimic**（真似の）.

69 | para－＝beside, beyond, against, contrary

〔変化形〕 par-, pa-.

parable [pǽrəbl]＝[**para-** (beside)＋**ble** (to throw)]（そばに並べる）──名 たとえ話.

parachute [pǽrəʃuːt]＝[**para-**(against)＋**chute** (fall)]（落ちるのを防ぐもの）──名 落下傘.

paradox [pǽrədɔks]＝[**para-** (contrary to)＋**dox** (notion, opinion)]＝that which is contrary to received opinion.（一般に認められている意見とは反対の）──名 逆説.

paragraph [pǽrəgrɑːf]＝[**para-** (beside)＋**graph** (to write)]（意味のまとまりを示すために行のかたわらに書かれた符号）──名 動 文節（に分ける）；(新聞などの)短い記事(を書く).

parallel [pǽrəlel]＝[**par-**＝**para-** (beside)＋**allel** (one another)]＝side by side.（お互のかたわらに）──形 平行の；酷似した. 名 平行線；並列；類似；比較. 動 対比する.

paralogism [pərǽlədʒizəm]＝[**para-** (contrary to)＋**logism** (論理)]（論理に反する）──名 背理；反理.

paralyse; -lyze [pǽrəlaiz]＝[**para-** (beside)＋**lyse** (to loosen)]（ゆるめて離れさす）──動 麻痺させる；(勢力・活動力などを)失わす.

paraphrase [pǽrəfreiz]＝[**para-** (beside)＋**phrase** (to speak)]（別の言い方をする）──名 言いかえ；意訳. 動 原文の意味を言いかえる；意訳する.

parasite [pǽrəsait]＝[**para-** (beside)＋**site** (food)]（食物のそばに寄り来る）──名 寄食者，居候；取巻き；寄生虫.

parasol [pǽrəsɔ́l]＝[**para-** (against)＋**sol**＜**sole** (the sun)]（太陽の熱を防ぐ）──名 パラソル；日傘. ☞ **solar**（太陽の）.

parody [pǽrədi]＝[**par-**＝**para-** (beside)＋**ody** (ode 詩歌)]（別の歌い方）──名 狂詩文. 動 もじる；へたな模倣をする.

palsy [pɔ́ːlzi]＝[**pa-**＝**para-** (beside)＋**lsy** (to loosen)]（ゆるめて離れさす）──名 中風. 動 麻痺させる (＝paralyse).

70 | pen-- = almost

peninsula [pinínsjulə] = [**pen**-(almost) + **insula** (island)] （ほとんど島である）——→名 半島.

penultimate [pinʌ́ltimit] = [**pen**-(almost) + **ultimate** (last)] （ほとんど最終である）——→形 語尾から二番目の.

penumbra [pinʌ́mbrə] = [**pen**-(almost) + **umbra** (shadow)] （ほとんど影である）——→名 半影；明暗濃淡の境. ☞ **umbrella** (傘).

71 | penta-- = five

pentagon [péntəgən] = [**penta**-(five) + **gon** (angle)] 名 五角形；五稜堡； *cf.* **the Pentagon** (米国 Virginia 州 Arlington にある外郭五角形の国防総省の建物；国防総省).

pentagram [péntəgræm] = [**penta**-(five) + **gram** (to write)] 名 星形(☆).

pentarchy [péntɑːrki] = [**pent**- = **penta**-(five) + **archy** (rule)] 名 五頭政治；五国連合. *cf.* **monarchy** (君主政治).

72 | per-- = through, thoroughly, away   〔変化形〕par-, pel-, pil-.

perceive [pərsíːv] = [**per** (through) + **ceive** (to take)] （感覚を通して受け取る）——→動 知覚する；感づく.

percussion [pəːrkʌ́ʃən] = [**per**-(thoroughly) + **cuss** < **quatere** (to strike) + **ion** (名詞語尾)] （思い切りたたく）——→名 衝撃；打診. ☞ **quash** (取り消す).

perennial [pəréniəl] = [**per**-(through) + **enni** (year) + **al** (形容詞語尾)] （年を通じてずっと）——→形 年中たえない；多年の；永久の.

perfect [pə́ːrfikt] = [**per**-(thoroughly) + **fect** (to make)] （すっかり作る）——→形 完全な.

perfidy [pə́ːrfidi] = [**per**-(away from) + **fidy** (faith)] （人の信頼に背を向けて去る）——→名 不信；裏切り.

perform [pərfɔ́ːrm] = [**per**-(thoroughly) + **form** < **fournir** (to provide, furnish)] （完全に供給する）——→動 実行する；遂行する.

perfume[pə́ːrfjuːm]=[**per**- (through) +**fume** (to smoke)] （煙のように一面にただよう）──→名 芳香；香料；香水. 動 [pəfjúːm] 香水をつける.

perish [périʃ]=[**per**- (thoroughly) + **ish** (to go)] （完全に行ってしまう）──→動 死滅する；朽ちる；弱らせる.

permit[pərmít]=[**per**- (through) + **mit** (to send)] （ずっと通らせる）──→動 許す. ☞ **mission** (派遣).

perpendicular[pə̀ːrpəndíkjulər]=[**per**- (through) +**pendicu** (to weigh) + **lar** (形容詞語尾)] （真直ぐに垂れている）──→形 垂直の；直立の. 名 垂直面；直立；廉直. ☞ **pendant** (下げ飾り).

perpetual[pərpétjuəl]= [**per**- (throughout) + **pet** (to seek)] （ずっと求め続ける）──→形 永遠の；永久の；絶え間のない；終身の. ☞ **petition** (嘆願).

perplex[pərpléks]= [**per**- (thoroughly) + **plex** (to plait, braid 編む)]（完全に撚る）──→動 当惑させる；もつれさせる.

persecute[pə́ːrsikjuːt]= [**per**- (continually) +**secute** (to follow)] （絶えず後を追いかける）──→動 迫害する；うるさく付きまとう；しつこく求める. ☞ **sequence** (連続).

persevere[pə̀ːrsivíər]=[**per**- (thoroughly) +**severe** (strict)] （徹底的に厳しく）──→動 堅く堪え忍ぶ.

persist [pərsíst]= [**per**- (through) +**sist** (properly to make to stand きちんと立たせる)] （ずっと立たせる）──→動 頑強に固執する；存続する.

perspective[pərspéktiv]=[**per**- (through) +**spect** (to see) +**ive** (形容詞語尾)] （ずっと広く見渡す）──→形 遠近法の. 名 遠近法；遠近法によって描いた画；(風景の)見通し；見込み.

perspiration[pə̀ːrspəréiʃən]=[**per**-(through)+**spira** (to breathe) +**tion**(名詞語尾)] （皮膚を通して呼吸する）──→名 発汗；汗. ☞ **spirit** (精神).

persuade[pərswéid]=[**per**-(thoroughly)+**suade** (to advise)] （十分に忠告する）──→動 説得する；信じさせる. ☞ **suasion**(説得).

pertinent[pə́ːrtinənt]=[**per**- (thoroughly) +**tin** (to hold) +**ent** (形容詞語尾)] （しっかりと保っている）──→形 〜と関係のある，〜に属する；適切な. ☞ **tenable** (保有しうる).

peruse [pərúːz]=[**per**-(thoroughly)+**use**] （完全に使用する）──→

動 精読する；通読する.

pervade[pə:rvéid]=[**per**-(through)+**vade** (to go)] (ずっと行きわたる)──→動 すみずみまでしみとおる；行きわたる；あまねく広がる. ☞ **wade** (徒渉する).

pervert[pərvə́:rt]=[**per**-(thoroughly)+**vert**(to turn)] (すっかり向きを変える)──→動 正路を逸脱させる；堕落させる；曲解する. 名 [pə́:rvə:rt] 背教者；性欲倒錯者.

paramount [pǽrəmàunt]=[**par**-=**per**-(by)+**amount** (to the hill)]=at the top. 形 最高位の；卓絶した；最も重要な.

parboil [pá:rbɔil]=[**par**-=**per**-(thoroughly)+**boil**] 動 半熟にする；暑熱で苦しめる.

〖解説〗 本来「完全に煮る」の意味であったが, 語形からいつのまにか[part+boil] と考えられて「一部分を煮る──→半熟にする」を意味するようになった.

pardon[pá:rdn] = [**par**-=**per**-(thoroughly) + **don** (to give)] (十分に与える)──→動 名 許す(こと). ☞ **donation** (贈与).

pellucid [peljú:sid]=[**pel**-=**per**-(through)+**lucid** (to shine)] (〜を通して光る)──→形 透明な；明瞭な. ☞ **lucid** (透明な).

pilgrim [pílgrim]=[**pil**-=**per**-(through) + **grim**<**ager** (land, country)]= passingh a (foreign) country. 名 旅人；巡礼. ☞ **acre** (エーカー).

73 | peri--=around, round about

period [píəriəd]=[**peri**-(round)+**od**(way)] (一周する期間)──→名 周期；期間；時代；完結；終止符. ☞ **Exodus**『出エジプト記』.

periphrase [périfreiz] = [**peri**-(round) + **phrase** (to speak)] (ぐるりと回って言う)──→動 遠回しに言う.

periscope [périskoup] = [**peri**-(around) + **scope** (to look)] (周囲を眺める)──→名 潜望鏡.

74 | poly--=many

polygamy [pɔlígəmi] =[**poly**-(many)+ **gamy** (marriage)] 名 一夫多妻. *cf.* **monogamy** (一夫一婦制).

polyglot [póliglɔt]＝[**poly**-(many)＋**glot** (tongue)]　形 名 数カ国語に通じた(人)．☞ **glottis** (声門)．

polygon [póligən]＝[**poly**-(many)＋**gon** (angle)]　名 多角形；多辺形．

polyhedron [pɔ̀lihédrən]＝[**poly**-(many)＋**hedron**(base 底辺)]　名 多面体．

polytheism [póliθi(:)izəm]＝[**poly**-(many)＋**the(os)**(god)＋**ism**(主義を示す名詞語尾)]　名 多神教．☞ **theism** (有神論)．

75　post-＝after, behind 《ante- の対》

postdate [póustdéit]　動 事後に日付する．名 事後日付．

posterior [pɔstíəriər]　形 ～より後の；後部の．

posterity [pɔstériti]　(後に続く者)→名 子孫，後裔．

posthumous [póstjuməs]＝[**post**-(after)＋**humous** (ground)]　(死んで土の中に埋められた後の)→形 父の死後に生まれた；死後に出版された；死後の．

postlude [póustlju:d]＝[**post**-(after)＋**lude** (play)]　(劇の後)→名 後奏(曲)．*cf.* **prelude** (前奏曲)．

postmeridian [póustmərídiən]＝[**post**-(after)＋**meridian** (belonging to midday 正午の)]　形 午後の．

post-mortem [póustmɔ́:rtem]＝[**post**-(after)＋**mortem** (death)]　形 死後の．名 検屍．☞ **mortal** (死の)．

postpone [poustpóun]＝[**post**-(after)＋**pone** (to put)]　(後に置く)→動 延期する．☞ **component** (構成している)．

postscript [póusskript]＝[**post**-(after)＋**script** ＜**scribere**(to write)]　(後から書き加えたもの)→名 (手紙の)追伸；(本文の)後記《p.s. と略す》．☞ **script** (筆跡)．

76　pre-＝before

precaution [prikɔ́:ʃən]　(前もってなされた用心)→名 動 用心(させる)．☞ **caution** (用心)．

precede [pri(:)sí:d]＝[**pre**-(before)＋**cede** (to go)]　(前を行く)→動 先行する．

precept [príːsept]＝[**pre**-(before)＋**cept** (to take)]（前もって取っておくべきこと）──→名 命令；教訓；金言；方則；令状(人の目の前に取り出すべきもの). ☞ **capture** (捕獲).

precipice [présipis]＝[**pre**-(before)＋**cipice**＜**caput** (the head)]（頭を先に──→まっさかさまに）──→名 懸崖；絶壁. ☞ **capital** (首都).

preclude [priklúːd]＝[**pre**-(in front)＋**clude** (to shut)]（目の前で閉める）──→動 遮断する；阻止する；入らせぬ. ☞ **exclude** (除外する), **include** (包含する).

precocious [prikóuʃəs]＝[**pre**-(before)＋**coci** (to cook, ripen)＋**ous**(形容詞語尾)]（時機が到来する前に熟す）──→形 早咲きの；早熟の, ませた.

predecessor[príːdisesər]＝[**pre**-(before)＋**de** (away)＋**cess** (to go)＋**or**(人を示す名詞語尾)]（先に役目を退いた人）──→名 前任者；先行するもの. *cf.* **successor** (後継者).

predict [pridíkt]＝[**pre**-(before)＋**dict** (to say)]（前もって言う）──→動 予言する.

predilection [priːdilékʃən]＝[**pre**-(before)＋**dilection** (to choose out from others)]（先に選んでおく）──→名 偏愛；ひいき.

prefabricate [prifǽbrikeit]＝[**pre**-(beforehand)＋**fabricate**(to construct)]（前もって作る）──→動 組立式家屋の各部分を製造する. ☞ **fabric** (構造；織物).

prefer[prifə́ːr]＝[**pre**-(before)＋**fer** (to carry)]（前に運ぶ）──→動 進める；提出する；選ぶ.

pregnant [prégnənt]＝[**pre**-(before)＋**gnant** (to bear 産む)]（産む前の状態）──→形 妊娠した；含蓄のある；重大な.

prehistoric [prìː(h)istɔ́rik] 形 有史以前の.

prejudice [prédʒudis]＝[**pre**-(before)＋**judice** (judgement)]（前もってなされた判断）──→名 動 偏見(をいだかせる). ☞ **judicial** (裁判の).

preliminary [prilím(i)nəri]＝[**pre**-(before)＋**limin** (threshold 敷居)＋**ary** (形容詞語尾)]（敷居の前に置かれた──→始める前の）──→形 準備の；手始めの. 名 準備の手続き；予備試験. ☞ **limit** (限界).

prelude [prélju:d]＝[**pre**-(before)＋**lude** (play)] (劇の前)──→ 图 動 前奏曲(を奏する). *cf*. **interlude** (間奏曲), **postlude** (後奏曲).

premature [prèmətjúər] (熟する前の)──→形 尚早の；早計の.

preoccupy [pri(:)ɔ́kjupai] (前もって占有する)──→動 (心・注意などを)前もってひきつける；夢中にならせる.

prepare [pripέər]＝[**pre**-(before)＋**pare** (to get ready)] (前もって用意する)──→動 準備する；調製する.

prerequisite [pri:rékwizit] 形 あらかじめ必要な. 图 必要条件.

prescribe [priskráib]＝[**pre**-(before)＋**scribe** (to write)] (前もって書く)──→動 規則を定める；処方する.

present [prézənt]＝[**pre**-(before)＋**sent**＜**sens** (being 存在)] (目前に在る)──→形 图 現在(の) *cf.* **absent** (不在の).

preserve [prizə́:rv]＝[**pre**-(beforehand)＋**serve** (to keep)] (前もって保つ)──→動 保存する.

preside [prizáid]＝[**pre**-(before)＋**side** (to sit)] (皆の前にすわる)──→動 会長・座長などになる；主宰する.

presume [prizjú:m]＝[**pre**-(before)＋**sume** (to take)] (先に取る)──→動 僭越にも～する；もちろんのことと思う；推測する；でしゃばる.

pretend [priténd]＝[**pre**-(before)＋**tend** (to stretch, spread)] (前に広げて見せる)──→動 見せかける；ふりをする；主張する；要求する.

prevail [privéil]＝[**pre**-(before)＋**vail** (to be strong)] (ずっと先まで力を伸ばす)──→動 勝つ；効果をあらわす；優勢をしめる；行きわたる. ☞ **valiant** (剛勇の).

prevent [pri:vént]＝[**pre**(before)＋**vent**(to come)] (前に来る)──→動 妨げる；防ぐ. ☞ **advent** (到来).

previous [prí:viəs]＝[**pre**(before)＋**vi**＜**via**(way)＋**ous** (形容詞語尾)] (前の道の)──→形 以前の；前の. ☞ **voyage** (旅).

77 pro-＝for, before, forth, forward

❸ 本来英語の 'for' に相当するラテン語の接頭辞であるので，'for' が表わす気持を土台にして幅広く考えてゆけばよい．「～のために」から「～の代りに」「～に賛成の」「～をひいきして」とか「～に向って」

から「前へ」「前もって」「公に」「～に応じて」など種々の意味を表わす.

〔変化形〕 pur-, pr-(pro の短縮形として). ラテン語 pro が古代フランス語では pur (現代フランス語 pour=英語 for) となった.

problem [prɔ́bləm]＝[**pro**-(forward)＋**blem** (casting)] (前方に投げる)—→图 問題.

proceed [prəsíːd]＝[**pro**-(before)＋**ceed**(to go)] (前に行く)—→動 続けてゆく；前進する；発する. *cf.* precede (先行する).

proclaim [prəkléim]＝[**pro**-(before)＋**claim** (to cry aloud)] (皆の前で叫ぶ)—→動 宣言する；公布する；声明する.
☞ clamour (叫び).

procure [prəkjúər]＝[**pro**-(for, in behalf of)＋**cure** (to take care of)] (～のために気を配る)—→動 (売春婦を) 取り持つ；得る；獲得する.

prodigal [prɔ́digəl]＝[**prod**-(forth)＋**igal**＜**agere** (to drive)] (前へ追いやる—→どんどん出す)—→形 浪費する；惜しみなく与える. 图 道楽者. ☞ agent (行為者).

produce [prədjúːs]＝[**pro**-(forward)＋**duce**(to lead)] (前に導き出す)—→動 出す；産出する. 图 [prɔ́djuːs] 産出；産物；結果.

profane [prəféin]＝[**pro**-(before)＋**fane** (temple 寺院, 神殿)] ＝outside of the temple. (神殿の外に)—→形 宗教に関係のない；不敬な；世俗的な；異教の. 動 神聖を汚す. ☞ fane (神殿).

profess [prəfés]＝[**pro**-(before all, publicly)＋**fess**(to acknow-ledge(認める)] (公に認める)—→動 公言する；(信仰を) 宣言する；教授する；本業とする. ☞ confess (告白する).

proficient [prəfíʃənt]＝[**pro**-(forward)＋**fici** (to make)＋**ent** (形容詞語尾)] (前に作る—→進歩している)—→形 熟達した. 图 達人.

profit [prɔ́fit]＝[**pro**-(before)＋**fit**(to make)] (前進, 進歩)—→图 動 益(する). ☞ fact (事実).

profound [prəfáund]＝[**pro**-(forward →downward)＋**found** (ground, bottom)] (地底深く)—→形 深遠な；深奥の；造詣の深い. ☞ found (創立する), fund (基金).

profuse [prəfjúːs]＝[**pro**-(forth)＋**fuse** (to pour)] (注ぎ出す)

―→形 惜しまずに使う；豊富な；おおまかな.

program(me) [próugræm]＝[**pro**-(before)＋**gram** (to write)]
＝a public notice in writing.（公に書かれたもの）―→名 プログラム，番組；趣意書；綱領；計画. 動 プログラムを作る；計画を立てる.

progress [próugres]＝[**pro**-(forward)＋**gress** (to walk, step, go)]（前方に進む）―→名 進行；進歩；発達. 動 [prəgrés]進歩する. *cf.* **retrogress**（退化する）.

prohibit [prəhíbit]＝[**pro**-(before)＋**hibit**(to have, hold)]（～の前に保つ―→行く手を妨げる）―→動 禁止する. ☞ **habit**（習慣）.

project [prədʒékt]＝[**pro**-(forward)＋**ject** (to throw)]（前方に投げる）―→動 発射する；突き出る；投影する；計画する. 名 [prɔ́dʒekt]計画；提案.

prolog(ue) [próulɔg]＝[**pro**-(before)＋**logue**＜**logos** (speech)]（前の言葉）―→名 前置き；前口上. 動 前置きする；前口上を述べる.

prolong [prəlɔ́ŋ]＝[**pro**-(forward, onward)＋**long**]（先にずっと長く）動 長引かす；引き延ばす.

promenade [prɔ̀miná:d]＝[**pro**-(forward)＋**menade** (to drive on)]（前方に進ませる）―→名 散歩；遊歩道. 動 散歩する. ☞ **menace**（威嚇する）.

prominent [prɔ́minənt]＝[**pro**-(forth)＋**min** (to jut)]（前に突き出す）―→形 突き出た；顕著な. *cf.* **eminent**（卓越した）.

promise [prɔ́mis]＝[**pro**-(forth)＋**mise**(to send)]（前に置く）―→名 動 約束(する)；見込み(がある). ☞ **mission**（派遣；伝道）.

promote [prəmóut]＝[**pro**-(forward)＋**mote** (to move)]（前方へ動かす）―→動 昇進させる；抜擢する；奨励する；助成する；発起する. ☞ **move**（動かす），**motion**（動き）.

pronoun [próunaun]＝[**pro**-(instead of)＋**noun**]（名詞の代り）―→名 代名詞.

pronounce [prənáuns]＝[**pro**-(forth)＋**nounce**(to tell)]（前方に向かって告げる）―→動 宣告する；断言する；言明する；発音する. ☞ **announce**（告知する）.

propel [prəpél]＝[**pro**-(forward)＋**pel** (to drive)]（前方に駆りたてる）―→動 推進する；促進する. ☞ **pulse**（脈搏）.

prophecy [prɔ́fisi]＝[**pro**-(before)＋**phe**＜**phemi** (to speak)＋**cy**(名詞語尾)]（前もって話す）──→名 予言. ☞ **euphemism**（婉曲語法）.

proportion [prəpɔ́ːrʃən]＝[**pro**-(in relation to ～に関して)＋**portion**(部分)]（部分に関して）──→名 割合;釣り合い;比率;関係;調和;比例. 動 比例させる;割り当てる.

propose [prəpóuz]＝[**pro**-(before)＋**pose** (to put)]（前に置く）──→動 提案する;申し込む.

prorogue [prəróug]＝[**pro**-(publicly)＋**rogue**＜**rogare** (to ask)]（公に求める）──→動 (議会を)停会にする;(議会が)停会になる. ☞ **arrogant**（尊大な）.

prosecute [prɔ́sikjuːt]＝[**pro**-(before)＋**secute** (to follow)]（～に続いて前に行く）──→動 続行する;遂行する;経営する;行使する;告訴する;起訴する. ☞ **sequence**（連続）.

prospect [prɔ́spekt]＝[**pro**-(before)＋**spect** (to look)]（前方を眺める）──→名 眺望;見込み;試掘. 動 [prəspékt] 試掘する.

prostitute [prɔ́stitjuːt]＝[**pro**-(forth)＋**stitute**(to place)]（売り物として公衆の面前に立てる）──→名 売春婦;変節漢. 動 身を売る;(才能などを)利益のために売る.

protect [prətékt]＝[**pro**-(before)＋**tect**＜**tegere** (to cover)]（前をおおう）──→動 保護する;防ぐ.

protest [prətést]＝[**pro**-(publicly)＋**test**(to bear witness 証言する)]（公に証言する）──→動 抗議する;主張する. 名 [próutest] 抗議. ☞ **testify**（証言を与える）.

protrude [prətrúːd]＝[**pro**-(forth)＋**trude** (to thrust 突き出す)]（前方に突き出す）──→動 突き出す;伸ばす;出しゃばる. *cf.* **intrude**（侵入する）.

provide [prəváid]＝[**pro**-(before)＋**vide** (to see)]（前もって見る）──→動 用意する;～に備える;条件を設ける. ☞ **vision**（幻）.

provoke [prəvóuk]＝[**pro**-(forth)＋**voke**＜**vocare** (to call)]（声をかけて前方にひっぱり出す）──→動 怒らせる;挑発する;刺激する. ☞ **vocation**（職業）.

purchase [pə́ːtʃəs]＝[**pur**-＝**pro**-(for)＋**chase** (追う)]（～を求めて追う）──→動 取得する;購入する. 名 取得;購買;獲得物. ☞ **pursue**（追う）.

第1篇　接頭語 (Prefix)

purport[pə́:rpərt]＝[**pur**-＝**pro**-(according to)＋**port**(to carry)]
（運ばれているものによれば）──名 趣旨，要旨．動 [pə:pɔ́:t]〜という趣旨である；〜を意味する．

purpose[pə́:rpəs]＝[**pur**-＝**pro**-(before)＋**pose** (to put)]（前に置く）──名 目的；意図；決意；論点．動 目ざす；志ざす．

pursue[pərsjú:]＝[**pur**-＝**pro**-(forth)＋**sue** (to follow)]（続いて前方に行く）──動 追う；追求する；進む；続行する；たずさわる；起訴する．☞ **prosecute** (続行する), **sue** (求婚する)．

purvey[pə:rvéi]＝[**pur**-＝**pro**-(before)＋**vey**＜**voir** (to see)]（前もって見る──備える）──動（食料品を）調達する．☞ **survey** (測量する)．

proffer[prɔ́fər]＝[**pr**-＝**pro**-(before)＋**offer**]（前に提出する）──動 名 提供(する)．

prudent [prú:dənt]＜**prudens** (providens の短縮形)（先を見る）──形 用心深い；慎重な；思慮分別のある．

78　prot(o) -- ＝ first

注 pro- の最上級の形である．「一番前の」から「最初の」「原始の」「原型の」などの意味を表わす．

protocol [próutəkɔl]＝[**proto**-(first)＋**col**＜**kolla** (glue にかわ)]（最初にくっつけられた）──名 原案；議定書．動 原案・議定書を作成する．

protomartyr [pròutəmá:tər]＝[**proto**-(first)＋**martyr** (殉教者)] 名 最初の殉教者．

protoplasm [próutəplæzəm] [**proto**-(first)＋**plasm** (something formed 形成された物)] 名 原形質．

protoplast [próutəplæst]＝[**proto**-(first)＋**plast** (something formed 形成された物)] 名 原人；原本；原物；原形質体．

prototype [próutətaip]＝the original type．名 原型；原形；模範．

79　quadr(i) -- ＝ four

quadrangle [kwɔ́drængl]＝[**quadr**-(four)＋**angle**(角)] 名 四角形；方形の中庭．

quadrennial [kwɔdréniəl]＝[**quadr**-(four)＋**enni** (year)＋**al**(形

容詞語尾）〕 形 四年ごとの；四年間続く．

quadricentennial［kwɔ̀drisenténiəl］＝［**quadri**-(four)＋**cent** (hundred)＋**enni** (year)＋**al**(形容詞語尾)〕 名 形 四百年記念祭(の)．

quadruped ［kwɔ́druped］＝［**quadru**- (fourfold)＋**ped** (foot)〕 名 四足獣．形 四足のある．

quadruple ［kwɔ́drupl］＝［**quadru**- (four times)＋**ple** (to fold)〕 形 四重の；四倍の．名 四重のもの；四倍．動 四倍にする；四倍になる．

80 | re-＝again, back | 〔変化形〕red-, ren-.

rebel ［ribél］＝［**re**- (again)＋**bel**＜**bellum** (war)〕 (再び戦争を起こす)──→動 謀反する；反抗する．形名 [rébl] 謀反する；反抗する(者)．☞ **belligerent** (交戦中の)．

rebuke ［ribjúːk］＝［**re**- (again)＋**buke** (to beat)〕 (再び打つ)──→動 名 叱責(する)；非難(する)．

recall ［rikɔ́ːl］＝［**re**- (back)＋**call**〕 (呼び戻す)──→動 呼び返す；呼び戻す；思い出す；取り消す；解任する．名 召還；撤回；解任．

recede ［ri(ː)síːd］＝［**re**- (back)＋**cede** (to go)〕 (後へ退く)──→動 後退する；手をひく；下落する．

receive ［risíːv］＝［**re**- (back)＋**ceive** (to take)〕 (自分のほうに取る)──→動 受け取る；受け入れる；歓迎する；認める；こうむる．

recite ［risáit］＝［**re**- (again)＋**cite**(引用する)〕 (再び誦する)──→動 暗唱する；復唱する．

reclaim ［rikléim］＝［**re**-(back, again)＋**claim** (to cry out)〕 (叫び返す)──→動 (正しい道または状態に) 立ち返らす；教化する；開墾する．(再び叫ぶ)──→要求する．名 矯正；教化．☞ **clamour** (叫び)．

recline ［rikláin］＝［**re**- (back)＋**cline** (to lean)〕 (後に傾く)──→動 寝かす，寝る；よりかからす，よりかかる．

recognize ［rékəgnaiz］＝［**re**- (again)＋**cognize** (to know)〕 (前に知ったものを再び知る)──→動 承認する；それと認める．☞ **cognizance** (認知)．

recoil ［rikɔ́il］＝［**re**- (back)＋**coil**＜**cul** (hinder part 後部)〕 (後部へ下がる)──→動 退く；ひるむ；(大砲が発射後)後座する；跳

ね返る．图 跳ね返ること；ひるむこと．

reconcile [rékənsail]＝[**re-** (again)＋**concile** (折り合わせる)]
(再び折り合わせる)──→動 和解させる；適合させる；あきらめさせる．☞ **conciliate** (折り合わせる)．

record [rikɔ́:rd]＝[**re-** (again)＋**cord**＜**cor** (heart)] (再び心に)──→動 記録する．图 [rékɔ:rd]記録；録音盤，レコード．☞ **cordial** (心からの)．

recreation [rèkriéiʃən]＝[**re-** (again)＋**creat**(e) (to produce)＋**tion**(名詞語尾)] (再び元気を生み出すための)──→图 娯楽，レクリエーション；気晴らし．

recur [rikə́:r]＝[**re-** (back)＋**cur** (to run)] (元に流れる)──→動 立ち返る；再び心に浮かぶ；再発する．☞ **current** (流れ)．

reduce [ridjú:s]＝[**re-** (back)＋**duce** (to lead)] (導き戻す)──→動 還元する；まとめる；変形する；減じる；縮小する；衰えさせる；余儀なくさせる；ある状態に至らせる；鎮定する；修正する．

refer [rifə́:r]＝[**re-** (back)＋**fer** (to bear, carry)] (運び戻す)──→動 帰する；照会させる；参照させる；言及する；参考にする．

reflect [riflékt]＝[**re-** (back)＋**flect** (to bend)] (曲げ返す)──→動 反射する；跳ね返す；反映する；熟慮する．☞ **flexible** (曲げやすい)．

reform [rifɔ́:rm]＝[**re-** (again)＋**form** (to form)] (形を作り直す)──→動 改正する；改革する；矯正する；改心する．图 改正；改心．

refresh [rifréʃ]＝[**re-**(again)＋**fresh**] (再び新鮮にする)──→動 爽快にする；元気を新たにする；(記憶などを)新たにする．

refrigerator [rifrídʒəreitər]＝[**re-**(again)＋**frigerat**(e) (to cool)＋**or** (物を示す名詞語尾)] (再び冷たくするもの)──→图 冷凍装置；冷蔵庫．☞ **frigid** (寒冷の)．

refuge [réfju:dʒ]＝[**re-** (back)＋**fuge** (to flee 逃げる)] (逃げ返る)──→图 避難(所)；保護；隠れ場；救護所；逃げ口上．☞ **fugitive** (束の間の；逃亡者)．

refuse [rifjú:z]＝[**re-** (back)＋**fuse**(to pour)] (注ぎ返す──→受け入れない)──→動 拒絶する．

regress [rigrés]＝[**re-** (back)＋**gress** (to walk, step, go)] (後へ進む)──→動 逆行する．图 [rí:gres] 後退；復帰；退歩．*cf.* **progress** (進歩)．

reject [ridʒékt]＝[**re-** (back)＋**ject** (to throw)] (投げ返す)──→

動 拒絶する；否認する；受け入れない.

relax [riláeks]＝[**re-** (back)＋**lax** (to loosen)] （ゆるめて元の状態に戻す）──→**動** ゆるめる；ゆるむ；和らげる；和らぐ.

relevant [rélivənt]＝[**re-** (again)＋**lev** (to lift)＋**ant**(形容詞語尾)] （再び持ち上げる──→力になってやれる）──→**形** 当面の問題と関係のある；適切な；要領を得た. ☞ **levitate** (軽く浮かばす).

relieve [rilíːv]＝[**re-** (again)＋**live** (to lift)] （再び起き上がらせてやる）──→**動** 救助する；軽減する；交替する；きわだたせる. ☞ **lever** (てこ).

reluctant [rilʌ́ktənt]＝[**re-** (back, against)＋**luct** (to struggle)＋**ant**(形容詞語尾)] （努力したくない）──→**形** 気の進まない；いやいやながらの；不承不承の.

remedy [rémidi]＝[**re-** (again)＋**medy** (to heal 癒す)] **名** 治療(薬)；矯正；救済(策)；賠償. **動** いやす；矯正する；償う. ☞ **medical** (医学の).

remit [rimít]＝[**re-** (back)＋**mit** (to send)] （元の状態に送り返す）──→**動** 赦免する；取り消す；弛める；減ずる；参照させる；復させる；延期する；送金する.

remonstrate [rimɔ́nstreit]＝[**re-** (against)＋**monstrate** (to show)] （反対の意見を示す）──→**動** 忠告する；抗議する. ☞ **monster** (怪物).

remorse [rimɔ́ːrs]＝[**re-** (again)＋**morse** (to bite)] （再び身を嚙まれる）──→**名** 悔恨；良心の呵責.

Renaissance [rənéisəns]＝[**re-** (again)＋**naissance** (birth)] （再生）──→**名** (十四世紀から十六世紀にかけてヨーロッパに起こった)文芸復興，ルネッサンス，ルネッサンス時代の文芸・建築の様式. **形** 文芸復興(時代)の. ☞ **nascent** (発生期の).

renew [rinjúː]＝to make new again. （再び新しくする）──→**動** 更新する；復興する；くり返す；とり替える.

renounce [rináuns]＝[**re-**(back)＋**nounce** (to bring a message)] （使者を呼び戻す）──→**動** (計画などを)放棄する；否認する.

renown [rináun]＝[**re-** (again)＋**nown**＜**noun** (name)] （名前がくり返される）──→**名** 名声；令名.

repeat [ripíːt]＝[**re-** (again)＋**peat**＜**petere** (to seek)] （再び求める）──→**動** くり返す；復唱する. **名** 反復；再演. ☞ **petition**(嘆願).

第1篇　接頭語 (Prefix)

repel [ripél]＝[**re**-(back)+**pel** (to drive)] (追い返す)──→動 撃退する；反発する；はじく．☞ **pulse** (脈博)．

repent [ripént]＝[**re**-(again)+**pent** (悔やむ)] (再び悔やむ)──→動 後悔する．☞ **penitent** (悔悟した)．

reply [riplái]＝[**re**-(back)+**ply** (to fold)] (重ね返す)──→動 返答する；応戦する．名 返答．

report [ripɔ́:rt]＝[**re**-(back)+**port** (to carry)] (持ち帰る)──→動 報告する；報道する；出頭する．名 風評；報告；記事．

reproach [ripróutʃ]＝[**re**-(again)+**proach** (nearer)] (再び詰め寄る)──→動 とがめる；不面目となる．名 非難；叱責；不面目．☞ **propinquity** (近接)．

repute [ripjú:t]＝[**re**-(again)+**pute** (to think)] (改めて考える)──→動 ～であると見なす．名 世評．☞ **compute** (計算する)．

require [rikwáiər]＝[**re**-(again)+**quire** (to seek)] (再び求める)──→動 要求する；必要とする．☞ **quest** (追求)．

resemble [rizémbl]＝[**re**-(again)+**semble**＜**similare** (to imitate)] (再び同じように見える)──→動 ～に似ている．☞ **similar** (類似の)．

resist [rizíst]＝[**re**-(back, against)+**sist**＜**sistere** (to make to stand)] (～に対して立たせる)──→動 抵抗する；妨害する；耐える．名 防染剤；防腐剤；絶縁塗料．

respect [rispékt]＝[**re**-(back)+**spect** (to look)] (ふり返って眺める)──→動 関係をもつ；尊敬する；斟酌する．名 関係；(特殊の)点；尊重；斟酌；尊敬．

restore [ristɔ́:r]＝[**re**-(again)+**store** (to establish)] (再び確立する)──→動 再建する；修復する；返還する；復帰させる；回復する．

restrain [ristréin]＝[**re**-(back)+**strain**＜**stringere** (to draw tight)] (引き締め返す)──→動 抑止する；制限する．
☞ **stringent** (厳重な)．

resume [rizjú:m]＝[**re**-(again, back)+**sume** (to take)] (再び取り上げる)──→動 再開する．(取り戻す)──→取り戻す；概要を話す．☞ **assume** (身につける)．

resurrection [rèzərékʃən]＝[**re**-(again)+**surrect**＜**surgere** (to rise)+**ion** (名詞語尾)] (再び起き上る)──→名 (the R-) キリストの復活；復活, 復興．☞ **resurgence** (再起)．

retort [ritɔ́:rt]＝[**re**-(back)+**tort** (to twist)] (ねじり返す)──→動

仕返しをする；. 言い返す. 图 さかねじ；激しい返答；しっぺい返し. ☞ **torsion** (ねじれ).

retract [ritrǽkt] = [**re**- (back) + **tract** (to draw)] (ひっぱり戻す) ⟶ 動 引き戻す；ひっ込ませる；ひっ込む；撤回する.

reveal [riví:l] = [**re**- (back) + **veal** (to veil)] (ヴェールを取る) ⟶ 動 (隠されていたものを) あかして示す；啓示する；打ち明ける；現われる.

revenue [révinju:] = [**re**- (back) + **venue** (to come)] (金庫に戻って来るもの) ⟶ 图 定時収入；総収入；歳入.

revise [riváiz] = [**re**- (again) + **vise** (to see)] (再び見る) ⟶ 動 校訂する；改訂する. 图 校訂；改訂(版). ☞ **vision** (幻).

revive [riváiv] = [**re**- (again) + **vive** (to live)] (再び生きる) ⟶ 動 蘇生させる (する)；復活させる (する)；再興する. ☞ **vivid** (いきいきとした).

revoke [rivóuk] = [**re**- (back) + **voke** (to call)] (呼び戻す) ⟶ 動 取り消す；無効にする. ☞ **voice** (声).

revolt [rivóult] = [**re**- (back) + **volt** (to roll)] (転がし返す) ⟶ 動 謀反する；反感・不快を感ずる(感じさせる). 图 反逆；変節；不快.

redeem [ridí:m] = [**red**- (back) + **emere** (to buy)] (買い戻す) ⟶ 動 買い戻す；取り戻す；示談にする；あがなう；償還する.

redintegrate [redíntigreit] = [**red**- (again) + **integr** (whole) + **ate** (動詞語尾)] (再び完全にする) ⟶ 動 もとの完全な状態にする. ☞ **integral** (完全体).

render [réndər] = [**ren**- (back) + **der** < **dare** (to give)] (与え返す) ⟶ 動 返報する；戻す；翻訳する；与える；放棄する；～にする.

81 | retro- = backward

retrograde [rétrougreid] = [**retro**- (backward) + **grade** (to go)] (後方へ行く) ⟶ 動 逆行する；後退する；退歩する. 形 後退の；退化の. ☞ **grade** (段階).

retrospect [rétrouspekt] = [**retro**- (backward) + **spect** (to look)] (振り返って眺める) ⟶ 動 回顧する. 图 回顧.

82 | se- = away, apart

第1篇　接頭語 (Prefix)

secede [sisíːd]＝[**se**-(apart)＋**cede** (to go)]　(離れて行く)──→動 脱退する；分離する．

seclude [siklúːd]＝[**se**-(apart)＋**clude** (to shut)]　(離して閉じこめる)──→動 引っ込める；隠退させる．

secret [síːkrit]＝[**se**-(apart)＋**cret** (to separate)]　(他の物から分けて別にしておく)──→形 秘密の．名 秘密；秘訣．

secrete [sikríːt]＝[**se**-(apart)＋**crete** (to separate)]　(分け離す)──→動 分泌する．

secure [sikjúər]＝[**se**-(free from)＋**cure** (care)]　(心配がない)──→形 安全な；確実な；強固な．動 安全にする；確実にする．

seduce [sidjúːs]＝[**se**-(apart)＋**duce** (to lead)]　(離れた所へ連れてゆく)──→動 そそのかす；堕落させる；(女を)誘惑する．

segregate [ségrigeit]＝[**se**-(apart)＋**greg**(flock 群)＋**ate**(動詞語尾)]　(群から離す)──→動 分離する，隔離する．☞ **gregarious** (群居する).

select [silékt]＝[**se**-(apart)＋**lect** (to choose)]　(選び分ける)──→形 えりぬきの；申し分のない．動 選ぶ；淘汰する．*cf.* **elect** (選挙する).

separate [sépəreit]＝[**se**-(apart)＋**parate** (to provide, arrange)]　(別にして整える)──→動 分離する；別居させる(する)；選別する．形 [séprit] 分離した．

sever[sévər]＜**separe** (to separate). 動 分離する；差別する；切断する．☞ **several** (別々の).

83 │ semi-＝half

semiannual [sémiǽnjuəl]＝[**semi**-(half)＋**annu** (year)＋**al**(形容詞語尾)]　形 半年ごとの；半年間続く．

semicircle [sémisə̀ːrkl] 名 半円．

semidiameter [sémidaiǽmitər] 名 半径．

semifinal [sémifáinəl]＝[**semi**-(half)＋**final** (最終の，決勝の)] 名 形 準決勝(の).

semitropical [sémitrɔ́pikəl] 形 亜熱帯の．

84 │ sept-＝seven

septangle [séptæŋgl]＝[**sept**-(seven)+**angle**(角)] 图 七角形.
septenary [septí:nəri] 形 七の；七年一回の. 图 七の数；七年期.
septuple [séptjupl] 形 七倍の. 图 七倍. 動 七倍する.

---

85 | **sub-**＝**under** | 🕮 **sub-** は **sup-** が変化した形であって、その比較級が super, 最上級が supreme である. したがって **sub-** はもともと「高い」の意味であったが, super, supreme に対して「一番下の高さ」を表わすことから, 一般に「下」を意味するようになった. **sub-** が本来の「高い」という意味で用いられている語に **'sublime'**（崇高な；崇高にする）がある.
〔変化形〕後に続く音との同化作用によって次のように変化する. suc-; suf-, sug-, sum-, sup-, sur-, sus-.

subconscious [sʌ́bkɔ́nʃəs]＝[**sub**-(under)+**conscious**(aware)] 形 潜在意識の.
subdue [səbdjú:]＝[**sub**-(under)+**due**(to put)]（下に置く）→ 動 征服する；しずめる；おさえる；弱める.
subject [səbdʒékt]＝[**sub**-(under)+**ject**(to throw)]（下に投げる）→ 動 属させる；(作用を)受けさせる. [sʌ́bdʒikt] 形 隷属する；(作用を)受けやすい；かかりやすい；変更されるべき. 图 臣民, 国民；主語；主題, 問題；学科.
submarine [sʌ́bməri:n]＝[**sub**-(under)+**marine**(sea)]（海の下）→ 形 海面下の. 图 潜水艦. ☞ mariner（水夫）.
submerge [səbmə́:rdʒ]＝[**sub**-(under)+**merge**(to dip)]（下に浸す）→ 動 水中に沈める；水中に沈む. *cf.* emerge（浮かび出る）.
submit [səbmít]＝[**sub**-(under)+**mit**(to send)]（下に置く）→ 動 屈服させる(する)；提出する.
subscribe [səbskráib]＝[**sub**-(under)+**scribe**(to write)]（下に書く）→ 動 署名する；(署名することによって)新聞・雑誌の購読を申し込む；寄付を引き受ける. ☞ scribe（筆記者）.
subside [səbsáid]＝[**sub**-(under)+**side**(to settle)]（下に落ち着く）→ 動 沈下する；陥没する；たまり込む；(海・風・嵐などが)なぐ；しずまる.
subsist [səbsíst]＝[**sub**-(under)+**sist**(to stand)]（下に立つ）→ 動 存在する；存続する；扶養する；命をつなぐ；生活する.
substance [sʌ́bstəns]＝[**sub**-(under)+**stan**(to stand)+**ce**〈名詞

第1篇 接頭語 (Prefix)

語尾)〕(現象の下に立つもの)──→名 実体；実質；本質；物質.
substitute [sʌ́bstitjuːt]＝[**sub-** (under, in place of 代りに)＋**stitute** (to place)〕(～の代りに置く)──→動 代用する；取り替える；置換する. 名 代理者；代用品. 形 代理の；代用の.
☞ constitute (構成する).
suburb [sʌ́bəːrb]＝[**sub-** (under, near)＋**urb** (town, city)〕(都市に近い)──→名 郊外. ☞ urban (都市の).
succeed [səksíːd]＝[**suc-** ＝**sub-** (under)＋**ceed** (to go)〕(～に従って行く)──→動 後に続く；継承する.(続いた結果)──→成功する.
suffer [sʌ́fər]＝[**suf-** ＝**sub-** (under)＋**fer** (to bear)〕(下にあって堪える)──→動 (苦痛などを)受ける；黙って[許して]～させる.
suffice [səfáis]＝[**suf-** ＝**sub-** (under)＋**fice** (to make)〕(作って下に置く──→補充する)──→動 足る, 十分である；満足させる.
suffocate [sʌ́fəkeit]＝[**suf-** ＝**sub-** (under)＋**foc**＜**fauc** (gullet 咽喉)＋**ate** (動詞語尾)〕(咽喉の下に何かを置く)──→動 窒息させる. ☞ faucet (飲み口, 蛇口).
suffuse [səfjúːz]＝[**suf-** ＝**sub-** (under)＋**fuse** (to pour)〕(下に注ぐ)──→動 (水・色・光などが)おおう；満ちる.
suggest [sədʒést]＝[**sug-** ＝**sub-** (under)＋**gest** (to carry)〕(下に運ぶ)──→動 思いつかせる, 示唆する；暗示する；連想させる；提案する.
summon [sʌ́mən]＝[**sum-** ＝**sub-** (under)＋**mon** (to advise)〕(呼び出してひそかに忠告する)──→動 (証人を)召喚する；召集する.
☞ monition (警告).
support [səpɔ́ːrt]＝[**sup-** ＝**sub-** (under)＋**port** (to carry)〕(下を運ぶ──→ささえる)──→動 ささえる, 支持する；(家族を)養う.
名 援助, 賛成, 支持；扶養；後援者；支持物.
suppress [səprés]＝[**sup-** ＝**sub-** (under)＋**press** (押す)〕(下に押す)──→動 抑圧する；しずめる.
susceptible [səséptəbl]＝[**sus-** ＝**sub-** (under)＋**cept** (to take)＋**ible**(形容詞語尾)〕(下にあって受ける)──→形(作用などを)受けうる；(病気に)かかりやすい.
suspect [səspékt]＝[**sus-** ＝**sub-** (under)＋**spect** (to look)〕(下を見る)──→動 怪しむ；疑いをかける；感づく. 形 [sʌ́spekt] 疑いのかかった 名 [sʌ́spekt] 嫌疑者；注意人物.
sustain [səstéin]＝[**sus-** ＝**sub-** (under)＋**tain** (to hold)〕(下に

あって保つ)──→動 ささえる，支持する；維持する；受ける．
☞ tenable（保有しうる）.

86 | super- ＝above, over | 〔変化形〕sop-, sove-, sur-.

superb [s(j)u(:)pə́:rb]（他に優る）──→形 豪華な；見事な；広壮な．

supercilious [s(j)ù:pərsíliəs] ＝ [**super-** (above) ＋**cili** (eyelid まぶた) ＋**ous** (形容詞語尾)]（まぶたよりも高く）──→形 横柄な；高慢な．

superficial [s(j)ù:pərfíʃəl] ＝ [**super-** (above) ＋**fici** (face) ＋**al**（形容詞語尾)]（顔の上の）──→形 表面の；皮相的な；浅薄な．

superfluous [s(j)u(:)pə́:rfluəs] ＝ [**super-** (over) ＋**flu** (to flow) ＋**ous** (形容詞語尾)]（〜を越えて流れる）──→形 よけいの；余分の．
☞ **fluent**（流暢な）.

superintend [s(j)ù:pərinténd] ＝ [**super-** (over, above) ＋**intend** (to attend to)]（〜の上に気を配る）──→動 監督する；管理する．

supernatural [s(j)ù:pərnǽtʃərəl]（自然を越えた）──→形 名 超自然の(事物)．

superscribe [s(j)ú:pərskráib] ＝ [**super-** (above) ＋**scribe** (to write)]（上に書く）──→動 上書きする；表題を書く．

superstition [s(j)ù:pərstíʃən] ＝ [**super-** (above) ＋**stit** (to stand) ＋**ion** (名詞語尾)]（〜の上にじっと立ちすくむ）──→名 迷信；邪教．

supervene [s(j)ù:pərví:n] ＝ [**super-** (over, upon, near) ＋**vene** (to come)]（〜の上に来る）──→動 付随して起る；併発する．
☞ **venture**（冒険）.

supervise [s(j)ú:pərvaiz] ＝ [**super-** (above) ＋**vise** (to see)] ＝ superintend. 動 監督する．

soprano [səprá:nou] ＝ the highest kind of female voice. 名 ソプラノ《女声の最高音部》；ソプラノ歌手．

sovereign [sɔ́vrin] ＝ supreme, chief, principal. 名 主権者；元首．形 至高の；主権を有する．

surface [sə́:rfis] ＝ [**sur-** ＝**super-** (above) ＋**face**]（上の顔）──→名 表面；外面．形 表面の．動 表面をつける；表面をみがく．

surmise [sə́:rmaiz] ＝ [**sur-** ＝ **super-** (upon, above) ＋ **mise** (to send)〕（上に置く）——→名 推量；推測；憶測． 動 [sə:máiz] 推測する；憶測する．

surpass[sə:rpás]＝to pass over. （〜を越える）——→動 凌駕する；まさる．

surplus[sə́:rpləs]＝[**sur**-＝**super**-(above)＋**plus** (more)]（必要以上に多い）——→形 名 過剰(の)；余剰(の)．

surrender [səréndə]＝[**sur**-＝**super**-(upon)＋**render**(渡す)]（〜の手の上に渡す）——→動 (土地などを) 引き渡す；明け渡す；降服する． 名 降服；開城；解約；放棄．

survey[sə:rvéi]＝[**sur**-＝**super**-(over)＋**vey** (to see)]（上を見る）——→動 検分する；測量する；概観する． 名 [sə́:vei] 検分；眺望；測量．

survive[sərváiv]＝[**sur**-＝**super**-(above)＋**vive** (to live)]（〜にまさって生きる）——→動 生き残る；残存する． ☞ **victual** (食料品).

87 syn-＝with, together

🟢 ラテン語の co- に相当するギリシア語の接頭辞で，「共に」「時を同じくする」「似ている」などの意味を表わす．
〔変化形〕sy-, syl-, sym-.

synchronism [síŋkrənizəm]＝[**syn**-(together)＋**chron**＜ギリシア語 **chronos** (time)＋**ism**(名詞語尾)]（時を共にすること）——→名 同時発生；同時性；併発；対照歴史年表．

synonym [sínənim]＝[**syn**-(together)＋**onym** (name)]（意味を共にする名前）——→名 同義語；類語；類似物． *cf.* **antonym** (反意語).

synopsis [sinópsis]＝[**syn**-(together)＋**opsis** (seeing, sight)]（全部いっしょに見ること）——→名 梗概；摘要；大意． ☞ **optics** (光学).

syntax [síntæks]＝[**syn**-(together)＋**tax** (order)]（共に順序づけること）——→名 文章構成法；文章論． ☞ **tactics** (戦術；策略).

synthesis [sínθisis]＝[**syn**-(together)＋**thesis** (putting)]（共に置くこと）——→名 組み立て；語の合成；接骨；総合． 動 総合する．

system [sístim]＝[**sy**-＝**syn**-(together)＋**ste** (to stand)＋**m**(名詞語尾＝ment)]（共に立っていること）——→名 組織；系統；体系；秩

序；制度.

syllogism [sílədʒizəm] = [**syl-** = **syn-** (together) + **logism** < ギリシア語 **logos** (word, reasoning 推論)] （共に推論する）──→名 三段論法；演繹法. ☞ **logic** (論理学).

symbol [símbəl] = [**sym-** = **syn-** (together) + **bol** (to throw)] （共に投げる──→いつも～と共にある）──→名 シンボル，象徴；符号；記号.

symmetry [símitri] = [**sym-** = **syn-** (together) + **metry** (measure)] （寸法を共にする──→同じ寸法である）──→名 釣り合いのよいこと；対称；相称；均斉(美).

sympathy [símpəθi] = [**sym-** = **syn-** (together) + **pathy** (feeling)] （感情を共にする）──→名 共感；共鳴，同情；好意；一致. *cf.* **antipathy** (反感). ☞ **pathos** (哀感).

symphony [símfəni] = [**sym-** = **syn-** (together) + **phony** (sound)] （音を共にする）──→名 協和音；調和；シンフォニー，交響楽. ☞ **phonetic** (音声の).

symposium [simpóuziəm] = [**sym-** = **syn-** (together) + **posium** < ギリシア語 **po** (to drink)] = drinking together. 名 （古代ギリシアの）酒宴；饗宴；談話会，座談会；寄稿論集. ☞ **potable** (飲用に適する).

〖解説〗 古代のギリシア人は食後酒を汲み交しながら知的な談論に興じることが多かった. 哲人 Plato の対話篇 *the Symposium* はこのような場合における談話を述べたものである. 今日 symposium はもっぱらある問題に関する様々な意見の交換，その記録を意味する.

symptom [sím(p)təm] = [**sym-** = **syn-** (together) + **ptom** < ギリシア語 **piptein** (to fall)] （病気と共に身にふりかかってくるもの──→病気になると現われるもの）──→名 徴候，症状；兆候.
☞ **asymptote** (漸近線).

88 | tele- = afar off

telegram [téligræm] = [**tele-** (afar off) + **gram** (writing)] （遠くから書き送る）──→名 電報.

telegraph [téligræf] = [**tele-** (afar off) + **graph** (writing)] （遠くから書き送る）──→名 電信（装置）；電報. 動 電信で報じる，電

第1篇　接頭語 (Prefix)

報を打つ.

telepathy [tilépəθi]＝[**tele-** (far off)＋**pathy** (feeling)]　(遠くから伝わってくる感情)──→图 テレパシー, 精神感応.

telephone [téliföun]＝[**tele-** (far off)＋**phone** (sound)]　(遠くから伝わってくる音声)──→图 電話(機).　動 電話をかける.

telescope [téliskòup]＝[**tele-** (far off)＋**scope** (見る道具)]　(遠くを見る物)──→图 望遠鏡.

television [télivìʒən]＝[**tele-** (far off)＋**vision** (映像)]　(遠くにある物の映像)──→图 テレビジョン.

89 | tetra－＝four

tetragon [tétrəgən]＝[**tetra-** (four)＋**gon** (angle)]　图 四辺形；方形建築.

tetrahedron [tétrəhédrən]＝[**tetra-** (four)＋**hedron** (base 底辺)]　图 四面体.

tetrarch [tí:trɑ:rk]＝[**tetra-** (four)＋**arch** (rule)]＝a governor of a fourth part of a province.　图 『ローマ史』四分領の領主.

90 | trans－＝beyond, across, over　〔変化形〕tra-, tran-, tres-.

transaction [trænzǽkʃən]＝[**trans-** (across, through)＋**act**＜ラテン語 **agere** (to drive)＋**ion**(名詞語尾)]　(物事をずっと推し進める)──→图 処理；取引；事業.　☞ **agent** (行為者), **agile** (敏捷な).

transfer [trænsfə́:r]＝[**trans-** (across)＋**fer** (to carry)]　(～を越えて運ぶ)──→動 移す；移動する；譲渡する.　图 [trǽnsfə(:)] 移すこと；譲渡；移送；転任.

transfigure [trænsfígər]＝[**trans-** (across)＋**figure**(形)]　(形を移す──→変える)──→動 形態を変化させる.

transform [trænsfɔ́:rm]　動 変形する；変質する.

transfuse [trænsfjú:z]＝[**trans-** (across)＋**fuse** (to pour)]　(移して注ぐ)──→動 (液体を) 他の容器に移す；浸み込ませる；輸血する.　*cf.* **infuse** (注入する).

transgress [trænsgrés]＝[**trans**-(across)＋**gress**(to step, walk)] (限度を越えて行く)──→動 (法律などに)違反する；限度を越える；罪を犯す．☞ **grade** (段階)．

transit [trǽnsit]＝[**trans**-(across)＋**it**＜ラテン語 **íre**(to go)] (向うに行く──→名 通過；運送；推移．動 通過する．☞ **itinerant** (巡回する)．

translate [trænsléit]＝[**trans**-(across)＋**late** ＜ラテン語 **latus** (carried)] (向うに運ばれた)──→動 移す；変える；翻訳する；解釈する．

transmit [trænzmít]＝[**trans**-(across)＋**mit**＜ラテン語 **mittere** (to send)] (向うに送る)──→動 送達する；伝達する；送信する．

transmute [trænzmjú:t]＝[**trans**-(across)＋**mute** ＜ラテン語 **mutare**(to change)] (向うに変る)──→動 変形する；変質する．☞ **mutable** (変りやすい)．

transparent [trænspɛ́ərənt]＝[**trans**-(through)＋**parent** ＜ラテン語 **parere** (to appear)] (～を通して見える)──→形 透明な；明白な．☞ **apparent** (明白な)．

transport [trænspɔ́:rt]＝[**trans**-(across)＋**port** (to carry)] (向うに運ぶ)──→ 動 輸送する，運送する． 名 [trǽnspɔ:t] 輸送(機関)．☞ **portable** (携帯用の)．

tradition [trədíʃən]＝[**tra**-＝**trans**- (across)＋**dit** (to give)] (向うに与える──→伝える)──→名 伝承；伝説；伝統．

traitor [tréitər]＜ラテン語 **traditor**＝[**tra**-＝**trans**-(across)＋**dit** ＜**dare** (to give)＋**or** (人を示す名詞語尾)] (向う側に与える者) ──→ 名 裏切り者；謀反人．

traverse [trǽvə(:)rs]＝[**tra**-＝**trans**- (across)＋**verse** (to turn)] (向きを変えて越える)──→動 横切る；(種々の角度から)考察する；反対する．名 横断(路)；横木．

tranquil [trǽŋkwil]＝[**tran**-＝**trans**- (beyond)＋**quil** (rest)] (ずっと向うまで静止している)──→形 平隠な，静隠な．

transcend [trænsénd]＝[**tran**-＝**trans**- (beyond)＋**scend**＜ラテン語 **scandere** (to climb)] (～を越えて登る)──→動 超越する；凌駕する． *cf.* **ascend** (登る)，**descend** (下る)．

transcribe [trænskráib] ＝ [**tran**-＝**trans**- (across, over)＋

第1篇　接頭語（Prefix）

　　scribe (to write)]）（移して書く）——→**動** 書き写す；録音する．
　　cf. **describe**（記述する）．

transpire[trænspáiər]＝[**tran-** ＝ **trans-** (through) ＋**spire** (to breathe)]（皮膚を通して呼吸する）——→**動** 発汗する；発散する；漏洩する．

trespass [tréspəs]＝[**tres-**＝**trans-** (across) ＋**pass**]（境界を越えて通る）——→ **名 動** 違背(する)；侵害(する)；侵入(する)．

91 | tri－＝three, threefold

triangle [tráiæŋgl]＝[**tri-** (three) ＋ **angle** (角)]　**名** 三角形；三人組；三角関係．

tribe [traib]＝[**tri-** (three) ＋**be**＜ラテン語 **bus** (family)]　**名** 氏族；部族；一族．

　〖**解説**〗　往時ローマに住んでいた三種族 the Ramnes, Tities, Luceres の一つを **tribe** と言った．

tribune [tríbju:n]＝the chief of a tribe.　**名** 護民官；(一般に) 民衆の味方；高壇．

tricycle [tráisikl]　**名** 三輪車．

trigonometry [trìgənɔ́mitri]＝[**tri-** (three) ＋ **gono** (angle) ＋ **metry** (measure)]（三つの角の寸法）——→**名** 三角法．

trio [trí(ː)ou]　**名** 三重奏；《米》[tráiou] 三人組．

triple [trípl]＝[**tri-** (three) ＋**ple**＜ラテン語 **plus** (to fold)]（三つ重ねる）——→**形** 三部の；三倍の．**名** 三倍．**動** 三倍にする．

tripod [tráipɔd]＝[**tri-** (three) ＋**pod** (foot)]　**名** 三脚の腰掛け・卓；三脚．**形** 三脚の．

trivial [tríviəl]＝[**tri-** (three) ＋**via** (way) ＋**al** (形容詞語尾)]　**形** つまらない，ささいな；平凡な，日常の．*cf.* **trifle**（つまらないこと）．

　〖**解説**〗　この語の意味について，二つの説がある．①「三本の道路が合する所」から「あらゆる方向からそこに集まってくる」——→「どこにでもあるような」——→「**平凡な**」となったという説と，②三本の道が合する所は買い物帰りの女たちが出会って話に花を咲かせる格好の場所であって，その話の内容が概して「**つまらない**」から来ているという説とである．

92 | twi- = two

twice [twais] 副 二度, 二回; 二倍に.
twig [twig] (枝が二つに分かれている)──→名 小枝, 細枝.
twilight [twáilàit] (明暗二つの間の明かり)──→名 薄明かり, 薄暗がり; 薄暮, たそがれ.
twill [twil] (二重織の)──→名 あや織. 動 あやに織る.
twin [twin] 名 双生児の一人; 対の一方. 形 双子の; 非常によく似た, 対の.
twine [twain] (二本をより合わす)──→動 (糸を)より合わす; からませる, 抱く; 巻きつく; 曲がりくねる. 名 より糸; 麻ひも; よること; からみ, もつれ.
twist [twist] (二本をより合わせる)──→動 より合わせる; 巻きつける; ねじる, ひねる; 曲解する; 曲がる; のたうつ. 名 より糸; ねじりパン; ツイスト; ねじり; ゆがみ; 曲がり.

93 | ultra- = beyond

ultra [ʌ́ltrə] 形 極端な; 過激な. 名 急進家.
ultramarine [ʌ̀ltrəmərí:n] = [**ultra**- (beyond) + **marine** (sea)] 形 海の向うの; 群青の. 名 群青.
ultramodern [ʌ́ltrəmɔ́dərn] 形 超近代的な.
ultratropical [ʌ́ltrətrɔ́pikəl] 形 熱帯圏外の.

94 | un- = not

❸ 名詞・形容詞・副詞に付けて「**否定**」の意を表わす.

unambiguous [ʌ̀næmbígjuəs] = [**un**- (not) + **ambiguous** (あいまいな)] 形 明白な.
unattainable [ʌ̀nətéinəbl] = [**un**- (not) + **attainable** (達成しうる)] 形 達しがたい.
unbelief [ʌ̀nbilí:f] = [**un**- (not) + **belief** (信仰)] 名 不信心, 無信仰.
unblemished [ʌnblémiʃt] = [**un**- (not) + **blemished** (汚れた)] 形 きずのない; 清らかな.

第1篇　接頭語（Prefix）

uncertainty [ʌnsə́:rtnti]＝[**un**-(not)＋**certainty**(確実)]　图 不確実；疑点；ためらい.

unchangeable [ʌntʃéin(d)ʒəbl]＝[**un**-(not)＋**changeable**（変わりやすい）]　形 不変の.

unchaste [ʌntʃéist]＝[**un**-(not)＋**chaste**（貞節な）]　形 淫奔な；野卑な.

uncomely [ʌnkʌ́mli]＝[**un**-(not)＋**comely**(見目よい)]　形 みっともない.

unconformity [ʌnkənfɔ́:rmiti]＝[**un**-(not)＋**conformity**（一致）]　图 不一致.

uncultivated [ʌnkʌ́ltiveitid]＝[**un**-(not)＋**cultivated**（教養のある）]　形 無教養な；未開の.

undescribable [ʌndiskráibəbl]＝[**un**-(not)＋**describable**(描写しうる)]　形 筆舌に尽くしがたい.

unexhausted [ʌnigzɔ́:stid]＝[**un**-(not)＋**exhausted**（疲弊した）]　形 無尽蔵の.

ungenerous [ʌndʒénərəs]＝[**un**-(not)＋**generous**（寛大な）]　形 狭量な.

unknowingly [ʌnnóuiŋli]＝[**un**-(not)＋**knowingly**(知っていながら)]　副 知らずに.

unmerciful [ʌnmə́:rsiful]＝[**un**-(not)＋**merciful**（慈悲深い）]　形 無慈悲な.

unprecedented [ʌnprésidəntid]＝[**un**-(not)＋**precedented**（先例のある）]　形 先例のない；未曽有の.

unquestionable [ʌnkwéstʃənəbl]＝[**un**-(not)＋**questionable**（疑わしい）]　形 疑いのない；申し分のない.

unrest [ʌ́nrést]＝[**un**-(not)＋**rest**(安穏)]　图 騒乱；不安.

unsanitary [ʌnsǽnitəri]＝[**un**-(not)＋**sanitary**(衛生的な)]　形 不衛生な.

unseasonable [ʌnsí:zənəbl]＝[**un**-(not)＋**seasonable**(時を得た)]　形 時宜を得ない；季節はずれの.

unsophisticated [ʌnsəfístikeitid]＝[**un**-(not)＋**sophisticated**(わざとらしい)]　形 純真な；うぶな.

untidy [ʌntáidi]＝[**un**-(not)＋**tidy**(きちんとした)]　形 だらしのない.

unwarrantable [ʌnwɔ́rəntəbl]＝[**un**-(not)＋**warrantable**(保証しうる)]　形 保証しえない.

unwholesome [ʌ́nhóulsəm]＝[**un**-(not)＋**wholesome**(健康によい；健全な)]　形 不健全な.

95 | **un-＝the reversal of an action** |　❸ 動詞に付いてその動作の逆を表わす.

unbind [ʌ́nbáind]＝[**un**-＋**bind**(縛る)]　動 束縛を解く；ほぐす；包帯を取る.

unbosom [ʌnbúzəm]＝[**un**-＋**bosom**(胸に秘める)]　動 (心の中を)うち明ける.

unbury [ʌ́nbéri]＝[**un**-＋**bury**(埋める)]　動 発掘する.

unbutton [ʌ́nbʌ́tn]＝[**un**-＋**button**(ボタンをかける)]　動 ボタンをはずす.

uncage [ʌ́nkéidʒ]＝[**un**-＋**cage**(かご・おりに入れる)]　動 かご・おりから出す.

unclose [ʌ́nklóuz]＝[**un**-＋**close**(閉じる)]　動 開く.

uncork [ʌ́nkɔ́:rk]＝[**un**-＋**cork**(コルクで栓をする)]　動 コルクを抜く.

undo [ʌ́ndú:]＝[**un**-＋**do**(為す)]　動 開く；解く；脱がす；取り消す；もとの状態に戻す.

unfold [ʌnfóuld]＝[**un**-＋**fold**(折り重ねる)]　動 広げる；開く；説明する.

ungird [ʌ́ngə́:d]＝[**un**-＋**gird**(帯を締める)]　動 帯を解く.

unhinge [ʌnhíndʒ]＝[**un**-＋**hinge**(ちょうつがいを付ける)]　動 ちょうつがいからはずす；動揺させる；引き離す.

unpack [ʌ́npǽk]＝[**un**-＋**pack**(包装する)]　動 包装を解く.

unroll [ʌ́nróul]＝[**un**-＋**roll**(巻く)]　動 巻いてある物を広げる；展開する.

unseal [ʌ́nsí:l]＝[**un**-＋**seal**(封印する)]　動 開封する.

unseam [ʌ́nsí:m]＝[**un**-＋**seam**(縫い目をつける)]　動 縫い目を解く.

untangle [ʌ́ntǽŋgl]＝[**un**-＋**tangle**(もつれさす)]　動 もつれを解く；解決する.

第1篇　接頭語 (Prefix)

untie [ʌntái]＝[**un**-＋**tie**(結ぶ)]　動 解く；打開する．
unwrap [ʌnrǽp]＝[**un**-＋**wrap**(包む)]　動 包みを開く．
unwrinkle [ʌnríŋkl]＝[**un**-＋**wrinkle** (しわが寄る)]　動 しわをのす；なめらかにする．

96　uni-＝one　〔変化形〕　un-．

unicorn [júːnikɔːrn]＝[**uni**- (one)＋**corn** (horn 角)]　名 一角獣．
uniform [júːnifɔːrm]＝[**uni**- (one)＋**form**]　(一つの形)——形 一様の．名 制服．動 一様にする．
union [júːnjən]＜ラテン語 **unus** (one)．名 結合；統一；連合；婚姻；合同；組合；連邦．
unique [juː(ː)níːk]＜ラテン語　**unus** (one)．形 唯一の；めずらしい．名 唯一の人・物．
unit [júːnit]　名 単位；単元．形 単位の；単元の．
unite [juː(ː)náit]＜ラテン語 **unus** (one)．動 一つにする；結合する；連合する．
unity [júːniti]＜ラテン語 **unus** (one)．名　単一性；統一体；一致；合一．
universal [jùːnivə́ːrsəl]＝[**uni**- (one)＋**vers** (to turn)＋**al** (形容詞語尾)]＝turned into one．(一つになった)——形 一般の；宇宙の；全体の．
unanimous [juː(ː)nǽniməs]＝[**un**-＝**uni**- (one)＋**anim** (mind)＋**ous** (形容詞語尾)]　(心が一つになる)——形 満場一致の；異口同音の．

97　under-＝under, beneath　　❸ 「下に」「下の」から「不十分に」の意味を表わす．

underage [ʌ̀ndəréidʒ]　形 未成年の．
undercurrent [ʌ́ndərkʌ̀rənt]　(下の流れ)——名 下層の流れ；暗流．形 隠された．
underdeveloped [ʌ̀ndərdivéləpt]　形 開発・発展・現像の不十分な．
underestimate [ʌ̀ndəréstimit]　名 価値の軽視．動 [ʌ̀ndəréstimeit] 過小に評価する．
undergo [ʌ̀ndərgóu]　(苦難などの下を行く)——動 受ける；耐える；

経験する.

underlie [ʌ̀ndərlái] (下に横たわる)⟶ 動 ～の根底にある；～の基礎となる.

undernourishment [ʌ̀ndərnʌ́riʃmənt] 名 栄養失調.

undertake [ʌ̀ndərtéik] (下にあって取る⟶身に引き受ける)⟶ 動 引き受ける；企てる；着手する.

98　up—＝up, aloft

upend [ʌpénd] （端を上にする)⟶ 動 さかさに立たせる.

uphold [ʌphóuld] （上に保つ)⟶ 動 支持する；維持する；扶助する；擁護する.

upland [ʌ́plənd] （上の土地)⟶ 名 形 山地(の)；高地(の).

upright [ʌ́práit] （まっすぐ上に)⟶ 形 真直ぐな；垂直な. [ʌ́prait] 正直な. 名 直立(したもの).

uproot [ʌprúːt] （根を上に)⟶ 動 根こそぎにする；根絶する.

upset [ʌpsét] （上にする)⟶ 動 ひっくり返す；転覆させる. 名 転覆；転倒；ろうばい. 形 ひっくり返った；混乱した.

99　vice—＝in place of　〔変化形〕vis-.

vice-consul [váiskɔ́nsəl] 名 副領事.

vice-president [váisprézidənt] 名 副大統領.

vice-principal [váisprínsəpəl] 名 副校長.

viscount [váikaunt] ＝[**vis-**＝**vice-** (in place of) ＋**count**(伯爵)] （伯爵の代理)⟶ 名 子爵.

100　with—＝against, back

withdraw [wiðdrɔ́ː]＝to draw back.　動 取り戻す；撤回する；取り消す；引退する；撤退する.

withhold [wiðhóuld]＝to hold back.　動 抑制する；許さない.

withstand [wiðstǽnd]＝to stand against.　動 抵抗する；堪え忍ぶ.

第2篇　接尾語 (Suffix)

　現代英語における接尾語の数はおびただしいものがあり，またその変化も複雑を極めているので，語源的にすべてを明らかにすることは非常に困難である．しかしながら一般の英語学習者にとって，たとえば 'employ**er**' は「雇い主」であり 'employ**ee**' は「雇われ人」であるとか，'tri**al**' 'brav**ery**' はそれぞれ 'try' 'brave' の名詞形であるとか，'magn**ate**' は「人」を示し，'magn**ify**' は動詞であり，'magnific**ent**' は形容詞，'magnific**ence**' は抽象名詞であることを，それらの語尾によってただちに知りうることが必要にしてかつ十分な条件である．本篇は以上の点から，どのような語尾がどのような意味を示すかをひととおりまとめたものである．

[1] 名詞接尾語

(1) 人 (Person) を表わすもの

1　|　−an, −ian, −ean　|　❸　この形は形容詞となることが多い．

American [əmérikən] アメリカ人．
Mohammedan [mouhǽmidən] 回教徒．
barbarian [bɑːrbɛ́əriən] 未開人，野蛮人．

　〚解説〛　当時誇り高き文明を持つギリシア人はギリシア語以外の言語を軽蔑し，外国語の発音は "**bar-bar**" (バーバー) としか聞こえないと言って外国人を **barbaros** (外国の，無知な，粗野な) と呼んだ．これがラテン語では **barbarus** となり更に英語に入って **barbarous, barbarian** となった．**barbarus** は同じくラテン語の **balbus** (どもる，口ごもる)

と同類であり, **balbus** がスペイン語にはいって **bobo** (ばか) となり, 英語では **booby** (とんま) となった.

magician [mədʒíʃən]＝[**magic**(魔法)＋**ian**] 魔術師, 奇術師.
physician [fizíʃən]＝[**physic**(医学)＋**ian**] 内科医. *cf.* physicist(物理学者).
pedestrian [pidéstriən] [ラテン語 **ped**＝足] 歩行者.
European [juərəpíən] ヨーロッパ人.

2 −ain

captain [kǽptin] [ラテン語 **capt**＝head] 指揮官；船長；頭；主将.
chaplain [tʃǽplin] [**chapel**＝礼拝堂] 牧師；教誨師.
villain [vílən] [ラテン語 **villa**＝田舎の家] (田夫野人)→悪漢；悪徒.

3 −aire

billionaire [biljənέər] [**billion**＝《英》兆；《米》十億] 億万長者.
million(n)aire [miljənέər] [**million**＝百万] 百万長者；富豪.

4 −ant   ❸ この形は形容詞を兼ねることが多い.

assistant [əsístənt] [**assist**＝助ける] 助手；補佐.
descendant [diséndənt] [**descend**＝下る] 子孫.
emigrant [émigrənt] [**emigrate**＝他国へ移住する] (他国への)移民.
immigrant [ímigrənt] [**immigrate**＝他国から移住する] (他国からの)移民.
inhabitant [inhǽbitənt] [**inhabit**＝住む] 住民；居住者.
servant [sə́:rvənt] [**serve**＝仕える] 召使い；従業員.
tenant [ténənt] [ラテン語 **ten**＝to hold] (土地・家屋を保つ人)──→借地人；借家人.

第2篇　接尾語 (Suffix)

5　−ar

beggar [bégər] [**beg**=こう]　こじき.
burglar [bə́:rglər] [**burgle**=夜盗をする]　夜盗.
liar [láiər] [**lie**=うそ]　うそつき.
scholar [skɔ́lər] [**school**=学校]　学者；奨学生.

6　−ard, −art

coward [káuərd] <フランス語 **coart** [**coe**=tail].　(尾を見せて逃げる)→臆病者.
drunkard [drʌ́ŋkərd]　酔漢.
sluggard [slʌ́gərd] [**slug**=のらくらする]　怠け者.
Spaniard [spǽnjərd] [**Spain**=スペイン]　スペイン人.
steward [stjúərd]　(大家の)家令；執事；世話係.

〖解説〗豚が主な財産であった時代に, 豚小屋 (sty) を守るために特別に置かれた番人を steward と言い, その後, 大家の財産全体を管理する人を表わすようになった.

braggart [brǽgərt] [**brag**=ほらを吹く]　ほら吹き.

7　−ary

adversary [ǽdvərsəri] [**adverse**=逆の]　敵.
contemporary [kəntémpərəri]　(時を同じくする人)──→同時代の人.
secretary [sékrətri] [**secret**=秘密]　秘書；書記官.

8　−ate

advocate [ǽdvəkit]　弁護士；擁護者；唱道者.
candidate [kǽndidit] [**candid**=white]　(白衣の人)──→候補者；志願者.　[**ambition** の〖解説〗参照]
delegate [déligit, -geit] [ラテン語 **legare**=to send]　(送られる人)──→代表者.　☞ **legate**(使節).
magnate [mǽgneit] [ラテン語 **magn**=great]　(政界・財界の)大

物；大官.
pirate [páiərit] [ギリシア語 **peira**＝attack] 海賊(船).

9 −ee ❸ -er に対してこの形は一般に「〜される人」を表わす.

committee [kəmíti] [**commit**＝委す] 委員会.
devotee [dèvoutíː] [**devote**＝献身する] 信者；熱愛家.
employee [èmplɔiíː] [**employ**＝雇う] 雇人；従業員.
examinee [igzǽminíː] (試験される人)──→受験者.
trainee [treiníː] (訓練を受ける人)──→練習生；新兵.
trustee [trʌstíː] [**trust**＝信頼して委託する] 受託者；財産保管人.

10 −eer ❸ 常にこの部分にアクセントがある.

auctioneer [ɔ̀ːkʃəníər] [**auction**＝競売] 競売人.
engineer [èndʒiníər] [**engine**＝機械] 技師；機関士.
mountaineer [màuntiníər] [**mountain**＝山] 登山者.
pioneer [pàiəníər] [フランス語 **peon**＝歩兵] (軍隊の先を進む兵)
──→工兵；開拓者.　☞ **pawn** (チェスの歩).
volunteer [vɔ̀ləntíər] [ラテン語 **voluntas**＝free will] 義勇兵；
自ら進んで事業に参加する人.　*cf.* **voluntary** (随意の).

11 −er

baker [béikər] [**bake**＝(パンなどを)焼く] パン屋.
commander [kəmáːndər] [**command**＝命令(する)] 指揮官, 司令官；支配者.
commoner [kɔ́mənər] [**common**＝普通の] 平民.
customer [kʌ́stəmər] [**custom**＝愛顧] 顧客；得意先.
gardener [gáːrdnər] [**garden**＝庭園] 庭師；園丁.
leader [líːdər] [**lead**＝指導(する)] 指導者.
Londoner [lʌ́ndənər] ロンドン子.
mariner [mǽrinər] [**marine**＝海の] 水夫；船員.
messenger [mésindʒər] [**message**＝伝言] 使者；伝令；先駆.

第2篇　接尾語 (Suffix)

miller [mílər] [**mill**＝粉場]　粉屋.
murderer [mə́:rdərər] [**murder**＝殺人]　殺人者.
owner [óunər] [**own**＝所有する]　所有主.
philosopher [filɔ́səfər] [**philosophy**＝哲学]　哲学者；哲人.
prisoner [príznər] [**prison**＝牢獄]　囚人；捕虜.
producer [prədjú:sər] [**produce**＝産み出す]　生産者；製作者.

12　−en

citizen [sítizn] [**city**＝都市]　市民；公民.
heathen [hí:ðən] [**heath**＝ヒースという名の灌木（が茂っている荒野）]　（荒野に住む人間）→異邦人；異教徒.
warden [wɔ́:rdn] [**ward**＝見張り]　番人；看守；長官；校長.

13　−ent

agent [éidʒənt] [ラテン語 **agere**＝to do, drive]　代理人［店］；行為者；作因.　☞ **agile** (敏捷な).
correspondent [kɔ̀rispɔ́ndənt] [**correspond**＝文通する]　文通する人；通信員.
opponent [əpóunənt] [**op**＝against, **pon**＝to place]　（反対する人）→敵対者；論敵.
president [prézidənt] [**preside**＝統率する]　大統領；総長；社長；総裁.
resident [rézidənt] [**reside**＝居住する]　居住者.
student [stjú:dənt] [**study**＝勉強する]　学生；研究者.

14　−ese　🔴 固有名詞に付いて**国民・国語**を示し，形容詞ともなる.

Chinese [tʃàiní:z] [**China**＝中国]　中国人［語］.
Japanese [dʒæ̀pəní:z] [**Japan**＝日本]　日本人［語］.
Portuguese [pɔ̀:rtjugí:z] [**Portugal**＝ポルトガル]　ポルトガル人［語］.

15 —ess ● 女性名詞を作る．

actress [ǽktris] [**actor**=俳優]　女優．
baroness [bǽrənis] [**baron**=男爵]　男爵夫人．
empress [émpris] [**emperor**=皇帝]　皇后；女帝．
hostess [hóustis] [**host**=接待役]　女主人；接客婦．
princess [prinsés] [**prince**=王子]　王女，皇女．
stewardess [stjúərdis] [**steward**=給仕]　女性の世話係，スチュアデス．

16 —eur ● 「人」を示すフランス語の語尾である．

amateur [ǽmətər] [ラテン語 **amare**=to love]　好事家；アマチュア，素人．☞ **amorous** (好色の)．
connoisseur [kɔ̀nisə́:r]=[**co**- (fully) +**gnoscere** (to know)] (完全に知っている人)──→鑑定家，目きき．

17 —herd ● 家畜の群 (herd) を扱う人の意である．

cowherd [káuhə:rd]　牛飼い．
shepherd [ʃépərd] [**sheep**+**herd**]　羊飼い．

18 —ier

cashier [kæʃíər] [**cash**=現金]　現金出納係．
cavalier [kæ̀vəlíər] [**caval**=**cheval**=horse]　騎士．
 cf. chevalier (騎士)．
financier [fainǽnsiər] [**finance**=財政]　金融業者；金融資本家．
premier [prémjər] [**prime**=首席の]　首相．
soldier [sóuldʒər] [ラテン語 **solidus**=solid→a gold coin]　兵士．
 ☞ **solid** (堅固な)．
〖解説〗　各時代を通して兵士の大部分は報酬目あての傭兵であったところからこのように呼ばれた．

第2篇　接尾語　(Suffix)

19　—iff

plaintiff [pléintif] [**plain**＝complain] （不平を言う人）⟶原告．
　cf. **defendant** (被告).
sheriff [ʃérif] [**shire**＝《英》州] 《英》州長官；《米》保安官．

20　—ist

artist [áːrtist][**art**＝芸術] 芸術家；美術家．
communist [kɔ́mjunist] [**communism**＝共産主義] 共産主義者．
florist [flɔ́rist] [ラテン語 **flor**＝**flower**] 花屋；草花研究者．
novelist [nɔ́vəlist] [**novel**＝小説] 小説家．
specialist [spéʃəlist] [**special**＝専門の] 専門家．
tourist [túərist] [**tour**＝旅行] 観光客．
violinist [váiəlinist] [**violin**＝バイオリン] バイオリン奏者．

21　—ite　❸ 「～に関係ある人」「～の集団に属する人」の意味を表わす．

cosmopolite [kɔzmɔ́pəlait] [**cosmopolitism**＝世界主義] 世界民．
Israelite [ízriəlait] [**Israel**＝イスラエル] イスラエル人，ユダヤ人．
labo(u)rite [léibərait] [**labo(u)r**＝労働] 労働党員．
Tokyoite [tóukjɔait] 東京人．

22　—ive　❸ 形容詞がそのまま名詞の意味を表わすもの．

captive [kǽptiv] （とらわれの）⟶捕虜；囚人．
fugitive [fjúːdʒitiv] （逃げる，つかの間の）⟶逃亡者．
native [néitiv] （土着の）⟶土地の人；土民．
operative [ɔ́pərətiv] （働く）⟶職工．
relative [rélətiv] （関係を有する）⟶親族，親類．

23　—man，—sman　❸ -sman の s は複数ではなくて**所有格**を示すものである．

chairman [tʃɛ́əmən] [**chair**＝議長の座席] 議長；会長；委員長．

fisherman [fíʃərmən] [**fish**=魚]　漁夫；漁船.
postman [póustmən] [**post**=郵便]　郵便集配人.
salesman [séilzmən] [**sale**=販売]　販売員，売子.
sportsman [spɔ́:rtsmən] [**sport**=運動競技]　運動家；遊猟家；漁猟家，スポーツマン.
statesman [stéitsmən] [**state**=国家]　(国事を司る人)──→政治家.

24 —on

champion [tʃǽmpjən] [ラテン語 **campus**=戦場]　(戦場の士)──→闘士；優勝者；選手権保持者.
companion [kəmpǽnjən] =[**com**-(with)+**pani**<**panis**(bread)+**on**(人)]　(パンを共にする人)──→伴侶；友，仲間.
　☞ **pantry**(食料品貯蔵室).
matron [méitrən] [ラテン語 **mater**=mother]　年配の婦人；寮母；看護婦長. ☞ **maternal**(母の).
patron [péitrən] [ラテン語 **pater**=father]　後援者；保護者.
　☞ **paternal**(父の).

25 —or, —our

ambassador [æmbǽsədər] [**embassy**=大使館]　大使；使節.
conqueror [kɔ́ŋkərər] [**conquer**=征服する]　征服者.
counsel(l)or [káunsələr] [**counsel**=助言]　助言者；法律顧問.
governor [gʌ́vərnər] [**govern**=統治する]　総督；知事.
inspector [inspéktər] [**inspect**=検査する]　検査官；警部.
neighbo(u)r [néibər] =[**nei**(near)+**ghbour**(boor 百姓)]　(近くに住む百姓)──→隣人.
savio(u)r [séivjər] [**save**=救う]　救助者；救済者.
successor [səksésər] [**succeed**=後を継ぐ]　後継者；継承者；後任者. *cf.* **predecessor**(前任者).
tailor [téilər] [ラテン語 **taleare**=to cut]　(裁断する人)──→裁縫師.
tutor [tjú:tər] [ラテン語 **tueri**=to look after, guard]　(めんどうを見る人)──→家庭教師；学生指導教師.

26 —ster

❸ 本来 -er の女性形であったが，今では男女両性に用いる．

gamester [géimstər][**game**=勝負事] 賭博師．
gangster [gǽŋstər][**gang**=(悪党などの)一味] ギャングの一員；無頼漢．
minister [mínistər][ラテン語 **mini**=small] （小さき者――召使い，神・国民のしもべ）――牧師；大臣．
songster [sɔ́ŋstər][**song**=歌] 歌手；詩人．
spinster [spínstər][**spin**=糸をつむぐ] （婚期を過ぎた）独身の婦人．
cf. bachelor（独身の男）．

〖解説〗 往時一般に未婚女性は家庭にあって糸つむぎをしているものであったので，十七世紀以降，婚期を過ぎてもまだ結婚していない女性をかく呼ぶようになった．

youngster [jʌ́ŋstər][**young**=若い] 若者；子馬．

27 —y, —yer

enemy [énimi]=[**en**-=**in**-(not)+**emy**<ラテン語 **amicus**(friend)]（友達ではない人）――敵．
 ☞ amicable（親しみある）．
lady [léidi] 古代英語 hloefdige (loaf-kneader パンをこねる人)．婦人；淑女． ☞ loaf（パンのかたまり）．
lawyer [lɔ́:jər][**law**=法律] 法律家；弁護士．
sawyer [sɔ́:jər][**saw**=鋸でひく] 木びき．

(2) 縮小名詞を作るもの

❸ 名詞に付けて「小っぽけな」「愛らしい」「親しみやすい」などの気持ちを添える．ただし縮小の意味がほとんどない場合もある．

1 —cle ❸ 「個体」「個物」を示す．

article [á:rtikl] 個条；項目；論説；品物；冠詞．
icicle [áisikl][**ice**=氷] つらら．
miracle [mírəkl][**mira**=to wonder at] （驚いて目を見張るもの）

──→奇跡, 神業.
particle [pάːrtikl] [**part**＝部分] 分子；微粒子；微塵；不変化詞.
speckle [spékl] [**speck**＝斑点] 小さな斑点；微小なもの.
vehicle [víːikl] [ラテン語 **vehere**＝to carry] (運ぶもの)──→媒介物；(地上の)乗物.

2 ─el, ─le

damsel [dǽmzəl] [**dame**＝婦人] 処女；娘.
model [mɔ́dəl] [**mode**＝様式] 模型；模範.
vessel [vésl] ＜ラテン語 **vascellum**＝a small vase. 器；船；管.
bottle [bɔ́tl] [ラテン語 **butta**＝a cask(樽)] びん.
bundle [bʌ́ndl] [**bind**＝束ねる] 束；包み.
pebble [pébl] [**cobble**＝丸石] 小石.
riddle [rídl] ＜**read** (読む). (読まれるべきもの)──→謎；不可解な人[物]. ☞ **to read a riddle** (謎を解く).

3 ─et, ─ette

banquet [bǽŋkwit] [中期高地ドイツ語 **banc**＝bench, table] (ごちそうを並べる卓)──→宴会. ☞ **bank**(堤, 銀行), **bench** (ベンチ).
blanket [blǽŋkit] [フランス語 **blanc**＝white] (白布)──→毛布. ☞ **blank** (白紙).
bouquet [búkei] [フランス語 **bois**＝wood] 花束.
cabinet [kǽbinit] [**cabin**＝小屋] 小部屋；保存箱；内閣.
cigarette [sìgərét] [**cigar**＝葉巻タバコ] 紙巻タバコ.
gazette [gəzét] [イタリア語 **gazzetta**＝a small coin] (新聞を買うために払われた少額の貨幣)──→官報；新聞.
islet [áilit] [**isle**＝島] 小島.
novelette [nɔ̀vəlét] [**novel**＝小説] 短編小説；小品曲.
tablet [tǽblit]＝a little table. (小さな平たいもの)──→平板, 標札；錠剤；笠石.
ticket [tíkit] [フランス語 **etiquet**＝a little note] 札；許可書；切符.

第2篇　接尾語 (Suffix)

4　−let

booklet [búklit]　小さな書物，小冊子.
bullet [búlit] [フランス語 **boule**=ball]　(ボールの小さなもの)──→ (小銃．拳銃などの)弾丸.
cutlet [kʌ́tlit]　(肉を小さく切ったもの)──→カツレツ.
fillet [fílit] [ラテン語 **filum**=thread]　小さな紐，リボン；ヒレ肉.
hamlet [hǽmlit]=a small village.　小さな村.
leaflet [líːflit] [**leaf**=葉]　若葉；ちらし.
pamphlet [pǽmflit]=a small book.　小冊子，パンフレット.
rivulet [rívjulit] [**river**=川]　小川，細流.
streamlet [stríːmlit] [**stream**=流れ]　細流.

5　−en, −in

chicken [tʃíkin]　ひなどり；鳥肉料理；子ども；初心者.
kitten [kítn]　こねこ；おてんば娘.
maiden [méidn]　処女.
bulletin [búlitin]=a brief public announcement.　公報；会報；報告書.
elfin [élfin] [**elf**=妖精]　こびと；いたずら小僧.
violin [vàiəlín]　(**viola** の小さなもの)──→バイオリン.

6　−kin

cannikin [kǽnikin] [**can**=かん]　小さなかん.
lambkin [lǽmkin] [**lamb**=小羊]　小羊.
manikin [mǽnikin]=a little man.　小びと；モデル人形.
napkin [nǽpkin] [ラテン語 **napa**<**mappa**=cloth]　(布の小片) ──→ナプキン.　☞ **map** (地図).
pumpkin [pʌ́m(p)kin] [ラテン語 **peponem**=a large melon]　かぼちゃ.

7　−ling

darling [dáːrliŋ]＝[**dear**(親愛な)＋**ling**]　最愛の人；かわいい人.
duckling [dʌ́kliŋ] [**duck**＝あひる]　あひるの子.
gosling [gɔ́zliŋ] [**goose**＝がちょう]　がちょうの雛.
seedling [síːdliŋ] [**seed**＝種]　若木；苗.
underling [ʌ́ndərliŋ] [**under**＝下の]　配下；下役.
yearling [jə́ːrliŋ] [**year**＝年]　満一歳以上二歳未満の動物.

8　−ock

bullock [búlək] [**bull**＝雄牛]　(食用の)去勢牛.
hillock [hílək] [**hill**＝小山]　小丘，塚.
paddock [pǽdək]＜**parrock**＝park.　(公園の小さなもの)──→小さな囲い地；小さな牧場；芝地.

9　−(c)ule

animalcule [æniméelkjuːl] [**animal**＝動物]　極微動物；顕微鏡虫.
corpuscule [kɔːrpʌ́skjuːl] [ラテン語 **corpus**＝body]　微粒子；微小物；電子.　☞ **corpse** (死骸).
globule [glɔ́bjuːl] [**globe**＝球]　(血球などの)小球.
granule [grǽnjuːl] [**grain**＝穀粒]　小粒；微粒.
molecule [mɔ́likjuːl] [ラテン語 **moles**＝heap(堆積)]　微分子.

10　−ie, −y　❸ 固有名詞の愛称を作ることが多い.

auntie, aunty [áːnti]＜**aunt**.　おばちゃん.
Billy [bíli]　William の愛称.
birdie [bə́ːrdi]＜**bird**.　かわいい小鳥.
daddy [dǽdi]＜**dad**.　《小児語》とうちゃん.
kitty [kíti]＜**kitten**.　小ねこ.
pony [póuni]　小馬の一品種.
Tommy [tɔ́mi]　Thomas の愛称.

(3) 抽象名詞を表わすもの

1 　−ace

grimace [griméis] [**grim**＝きびしい；荒々しい] しかめ面, 渋面.
menace [ménəs] [ラテン語 **minere**＝to jut out(突き出す)] 威嚇, 脅迫. 脅威. ☞ **eminent** (卓越した).
solace [sɔ́ləs] [ラテン語 **solari**＝to console(慰める)] 慰謝；慰安.

2 　−age

courage [kʌ́ridʒ] [ラテン語 **cor**＝heart] 勇気. ☞ **cordial** (心からの).
marriage [mǽridʒ] [**marry**＝結婚する] 結婚.
passage [pǽsidʒ] [**pass**＝通過する] 通過；推移；旅行；(文章の)一節；通路.
shortage [ʃɔ́ːrtidʒ] [**short**＝不足な] 欠乏, 不足；欠陥.
usage [júːzidʒ] [**use**＝使用(する)] 使用(法)；慣習；慣用.
wreckage [rékidʒ] [**wreck**＝難破(する)] 難破；破滅.

3 　−al　● 動詞を抽象名詞にする.

approval [əprúːvəl] [**approve**＝認める] 認可；実証；賛成.
arrival [əráivəl] [**arrive**＝到着する] 到着, 到達.
denial [dináiəl] [**deny**＝否定する(〜デナイ)] 拒絶；否認.
refusal [rifjúːzəl] [**refuse**＝拒絶する] 拒絶；取捨権.
survival [sərváivəl] [**survive**＝生き残る] 残存(者)；遺物.
trial [tráiəl] [**try**＝試す] 試験；試練；審理.
withdrawal [wiðdrɔ́ːəl] [**withdraw**＝引き退く] 引退；撤退；撤回.

4 　−ance, −ancy, −ence, −ency

absence [ǽbsəns] [**absent**＝不在の] 不在, 欠席.

appearance [əpíərəns] [**appear**=出現する] 出現；外見；外観.
attendance [əténdəns] [**attend**=出席する] 出席；列席；供奉.
confidence [kɔ́nfidəns] [**confident**=信頼している] 信頼；確信, 自信.
decency [díːsnsi] [**decent**=上品な] 上品, 品位；行儀のよさ.
hindrance [híndrəns] [**hinder**=妨げる] 妨害；邪魔者.
innocence [ínəsns] [**innocent**=潔白な] 無罪, 潔白；無邪気.
utterance [ʌ́tərəns] [**utter**=発言する] 発声；発言.
vacancy [véikənsi] [**vacant**=空の] 空位；空虚；放心状態.

5 －cy

aristocracy [æ̀ristɔ́krəsi] [**aristocrat**=貴族] 貴族政治；上流社会.
bankruptcy [bǽŋkrəptsi] [**bankrupt**=破産させる] 破産.
fallacy [fǽləsi] [**fallible**=誤りやすい] 誤り；虚偽.
intimacy [íntiməsi] [**intimate**=親密な] 親交；情交.
prophecy [prɔ́fisi] [**prophesy**=予言する] 予言.

6 －dom

freedom [fríːdəm] [**free**=自由な] 自由；解放；無料.
wisdom [wízdəm] [**wise**=賢明な] 知恵；賢明さ.

7 －hood, －head

boyhood [bɔ́ihud] [**boy**=少年] 少年時代.
falsehood [fɔ́ːlshud] [**false**=虚偽の] 虚偽；誤り.
likelihood [láiklihud] [**likely**=ありそうな] ありそうなこと.
manhood [mǽnhud] [**man**=人間・男] 人間性；男子たること.
neighbo(u)rhood [néibərhud] [**neighbo(u)r**=隣人] 近隣；付近.
godhead [gɔ́dhed]＝godhood. 神, 神格, 神性.
maidenhead [méidnhed] [**maiden**=処女] 処女性；処女膜.

第2篇　接尾語 (Suffix)

8 −ic(s)　⊜ 学問名など科学用語に多い語尾である．

aesthetics [iːsθétiks]　美学．
arithmetic [əríθmətik]　算術，算数．
classics [klǽsiks]　古典(学)．
ethics [éθiks]　倫理(学)．
logic [lɔ́dʒik]　論理(学)．
magic [mǽdʒik]　魔法，魔術．
metaphysics [mètəfíziks]　形而上学．
phonetics [founétiks]　音声学．
physic [fízik]　医学，医術．
physics [fíziks]　物理学．
sceptic [sképtik]　懐疑論者．
stoic [stóuik]　禁欲主義者．

9 −ice, −ise

avarice [ǽvəris]　貪欲；強欲．
caprice [kəpríːs] [**caper**＝踊り戯れる]　移り気，気まぐれ．
cowardice [káuərdis] [**coward**＝臆病者]　臆病．
justice [dʒʌ́stis] [**just**＝正しい]　正義．
service [sə́ːrvis] [**serve**＝仕える]　奉仕；勤務；給仕．
treatise [tríːtiz] [**treat**＝扱う]　(ある問題を扱った)──→論文．

10 −ing

bearing [béəriŋ] [**bear**＝になう]　態度；ささえ；関係；結実．
blessing [blésiŋ] [**bless**＝祝福する]　祝福；天恩．
calling [kɔ́ːliŋ] [**call**＝呼ぶ]　召集；天職；職業．
thanksgiving [θǽŋksgìviŋ]　感謝；感謝の祈禱．

11 −ion

addition [ədíʃən] [**add**＝付加する]　付加(物)．

civilization [sìvilaizéiʃən] [**civilize**=文明開化する] 文明；開化.
coronation [kɔ̀rənéiʃən][ラテン語 **corona**=crown(王冠)] 戴冠式.
exaggeration [igzædʒəréiʃən] [**exaggerate**=誇張する] 誇張.
extension [iksténʃən] [**extend**=広がる] 伸張；拡張；延長.
invitation [ìnvitéiʃən] [**invite**=招待する] 招待(状).
protection [prətékʃən] [**protect**=保護する] 保護(物).
quotation [kwoutéiʃən] [**quote**=引用する] 引用(文).
submission [səbmíʃən] [**submit**=屈服させる] 屈服；従順.

12 ─ism, ─asm ❸ 主義・学説・特性などを表わす.

barbarism [báːrbərizəm] 生硬な語句；無知；野蛮.
Buddhism [búdizəm] [**Buddha**=仏陀] 仏教.
existentialism [èɡzisténʃəlizəm] [**exist**=存在する] 実存主義.
heroism [hérouizəm] [**hero**=英雄] 英雄的行為；豪勇.
Marxism [máːrksizəm] マルクス主義.
modernism [mɔ́də(ː)rnizəm] [**modern**=現代の] 現代風；現代的特徴.
optimism [ɔ́ptimizəm] 楽天主義.
pessimism [pésimizəm] 悲観論；厭世観.
enthusiasm [inθjúːziæzəm] (主義などに対する)熱狂.

13 ─itude

altitude [æltitjuːd] [ラテン語 **altus**=high] 高さ，高度；海抜；高地.
aptitude [æptitjuːd] [**apt**=適した] 適性；資質.
fortitude [fɔ́ːrtitjuːd][ラテン語 **fortis**=strong] (強いこと)──→剛毅；不撓不屈.
gratitude [grǽtitjuːd] [ラテン語 **gratus**=pleasing] 感謝；謝意.
☞ grateful (感謝に満ちた).
magnitude [mǽgnitjuːd] [ラテン語 **magn**=great] 大いなること；等級.

multitude [mʌ́ltitjuːd] [ラテン語 multus=many]　多数；群衆．
solitude [sɔ́litjuːd] [sole=唯一の]　孤独；寂寥；人里離れた場所．
　☞ solitary （孤独の）．

14 －(i)um　● 元素の名に多い．

aluminium [æ̀ljumíniəm]　アルミニウム．
ammonium [əmóuniəm]　アンモニウム．
barium [béəriəm]　バリウム．
magnesium [mæɡníːziəm]　マグネシウム．
petroleum [pitróuliəm][ラテン語 petr (rock) +oleum (oil)]　(岩油)──→石油．

15 －ment

banishment [bǽniʃmənt] [banish=追放する]　追放；駆逐．
fulfilment [fulfílmənt] [fulfil(l)=履行する]　履行, 遂行．
judg(e)ment [dʒʌ́dʒmənt] [judge=判断する]　判定；裁判；判断．
lineament [líniəmənt] [line=線]　(線──→顔の輪郭)──→顔立ち；相貌；特徴．
movement [múːvmənt] [move=動く]　運動；動作；行動；動向．
treatment [tríːtmənt] [treat=扱う]　待遇；治療；処理；論述．

16 －mony　● -ment の変化形である．

ceremony [sérimə̀ni]　儀式；礼式．
harmony [háːrməni]　調和, 一致；和声；音楽．
matrimony [mǽtrimə̀ni] [ラテン語 mater=mother]　(母となること)──→結婚式；夫婦関係．
testimony [téstimə̀ni] [ラテン語 testis=witness(証拠)]　証拠となる人[もの]；神の掟；抗議．

17 －ness　● 形容詞に付いて抽象名詞を作る．

consciousness [kɔ́nʃəsnis] [conscious=意識している]　意識；知

覚；正気.
happiness [hǽpinis] [**happy**=幸福な] 幸運, 幸福；愉快.
goodness [gúdnis] [**good**=良い] 善良；徳行.
kindness [káindnis] [**kind**=親切な] 親切.
likeness [láiknis] [**like**=似ている] 相似；肖像.
madness [mǽdnis] [**mad**=狂った] 狂気；熱狂.
wilderness [wíldərnis] [**wilder**=途方に暮れさす] （途方に暮れるような場所）→荒野；茫漠；現世.
wordiness [wə́ːrdinis][**wordy**=言葉の多い] 多弁, 冗漫.

18 −o(u)r ● 《英》-our, 《米》-or.

ardo(u)r[áːrdər][**ardent**=熱烈な] 熱情；灼熱.
behavio(u)r [bihéivjər][**behave**=振舞う] 振舞い；行儀；習性.
endeavo(u)r [indévər] 努力.
favo(u)r [féivər] 好意, 恩恵；情実；援助.
humo(u)r [hjúːmər][ラテン語 **humor**=moisture(水分)] 液体；気質；機嫌；諧謔, ユーモア　☞ **humid** (しめった).

〖解説〗かつて人間の気質 (**temperature**) は, 四種の液 (**humors**)の配合ぐあいで決まると考えられていた. すなわち「血液」(blood)が多いと '**sanguine**'「多血質の, 快活な, 楽観的」になり, 「粘液」(phlegm) が多いと '**phlegmatic**'「粘液質の, 無気力な」になり, 「胆汁」(choler) が多いと '**choleric**'「怒りっぽい, かんしゃく持ちの」になり,「黒胆汁」(melancholy) が多いと '**melancholic**'「憂うつ病の」になる, といったぐあいである.

　この四種の液が人間の「気質」を決めるわけであるが, このバランスがくずれると「おかしな」ことになる. したがって, **humor** に「こっけい, おかしみ, ユーモア」の意味が生まれた.

odo(u)r [óudər] 芳香；香料；名声.
savo(u)r [séivər] 風味；気味.
splendo(u)r [spléndər][**splendid**=輝かしい] 光輝；壮麗；顕著.
valo(u)r [vǽlər][ラテン語 **valere**=to be strong] 剛勇；勇士.
　　☞ **valiant** (剛勇の).

19 －ry

bravery [bréivəri] [**brave**＝勇敢な] 勇敢.
bribery [bráibəri] [**bribe**＝わいろ] 贈賄, 収賄.
luxury [lʌ́kʃəri] ぜいたく(品).
mystery [místəri] 神秘；不可思議；秘訣.
pedantry [pédəntri] [**pedant**＝衒学者] 衒学. ☞ pedagogue (教師).
penury [pénjuri] 窮乏；欠乏.
rivalry [ráivəlri] [**rival**＝競争相手] 競争；張り合い；対抗.
robbery [rɔ́bəri] [**rob**＝強奪する] 強奪；強盗.
slavery [sléivəri] [**slave**＝奴隷] 奴隷状態；苦役；奴隷制度.

20 －ship

❸ 「船」とは無関係である. 古代英語 -scipe (＝shape) から来たもので「形」の意味を表わす. -scape も同じである.

citizenship [sítiznʃip] (市民たる形)──→市民たること；市民権；公民権.
friendship [frén(d)ʃip] (友たる形)──→友たること；親交；友情.
hardship [há:rdʃip] (むずかしい形)──→**苦難；困窮**.
landscape [lǽn(d)skeip] (土地の形)──→風景(画)；景観.
partnership [pá:rtnərʃip] [**partner**＝相手] 共同, 協力；組合.
scholarship [skɔ́lərʃip] [**scholar**＝学者] 学識；奨学金.
worship [wə́:rʃip]＝[**worth**＋**shape**] (価値を形づくる──価値を認める)──→崇拝；礼拝.

21 －t, －th

flight⁽¹⁾ [flait] [**fly**＝飛ぶ] 飛行；飛翔.
flight⁽²⁾ [flait] [**flee**＝逃げる] 逃走；敗走.
gift [gift] [**give**＝与える] 贈与；贈り物.
restraint [ristréint] [**restrain**＝抑制する] 抑制；遠慮.
thrift [θrift] [**thrive**＝繁栄する] (繁栄の元となる)──→節倹, 節約；繁茂.【動詞の意味とのずれに注意】

weight [weit] [**weigh**＝重さがある] 重量；重要さ.
breadth [bredθ] [**broad**＝幅の広い] 幅；広さ.
death [deθ] [**dead**＝死んだ] 死；滅亡.
growth [grouθ] [**grow**＝成〔生〕長する] 成〔生〕長；発達；栽培.
stealth [stelθ] [**steal**＝盗む] （こっそり忍んで盗む）——→内密；忍び.
strength [streŋθ] [**strong**＝強い] 強さ；力；兵力.
tilth [tilθ] [**till**＝耕す] 耕作；耕地.

22　－ty, －ety, －ity

certainty [sə́ːrtnti] [**certain**＝確実な] 確実；確信.
cruelty [krúəlti] [**cruel**＝残酷な] 残虐；無情.
loyalty [lɔ́iəlti] [**loyal**＝忠義な] 忠義；忠節.
novelty [nɔ́vəlti] [**novel**＝新奇な] 珍しいこと；新奇.
poverty [pɔ́vərti] [**poor**＝貧しい] 貧困.
anxiety [æŋzáiəti] [**anxious**＝心配して] 心配；切望.
propriety [prəpráiəti] [**proper**＝適当な] 適当, 妥当；礼節.
variety [vəráiəti] [**vary**＝変わる] 変化；差異；多様；種類；変体；変種.
absurdity [əbsə́ːrditi] [**absurd**＝不条理な] 不条理, 不合理, 矛盾.
hospitality [hɔ̀spitǽliti] [**hospitable**＝手厚くもてなす] 歓待；親切.
maturity [mətjúəriti] [**mature**＝成熟した] 成熟；円熟.
originality [ərìdʒinǽliti] [**original**＝原の] 原作；斬新；独創（力）.
rapidity [rəpíditi] [**rapid**＝急な] 急激；急速.
reality [ri(ː)ǽliti] [**real**＝実在の] 実在性；実在(物)；実際；不動産.
singularity [sìŋgjulǽriti] [**singular**＝唯一の, 異様な] 特異性；特徴.

23　－ure

censure [sénʃər][ラテン語 censura＝opinion]（自分の意見を述べて相手を責める）──→非難；けん責.
creature [kríːtʃər][create＝創造する] 創造物，生物，人間.
departure [dipáːrtʃər][depart＝出発する] 出発.
exposure [ikspóuʒər][expose＝さらす] さらすこと；暴露；露出；陳列.
failure [féiljər][fail＝失敗する] 失敗；怠慢；不足.
furniture [fáːrnitʃər][furnish＝家具を備えつける] 設備；家具.
legislature [lédʒisleitʃər][legislate＝法律を制定する] 立法機関.
literature [lítəritʃər][ラテン語 littera＝letter] 文学；文学界；文献.
mixture [míkstʃər][mix＝混合する] 混合(物).
pressure [préʃər][press＝圧する] 圧縮；圧搾；圧力；逼迫.

24　－y

agony [ǽgəni] 苦悶；苦痛；必死の努力.
delivery [dilívəri][deliver＝引き渡す] 引き渡し；配達；救助；出産.
discovery [diskʌ́vəri][discover＝発見する] 発見.
flattery [flǽtəri][flatter＝へつらう] へつらい；お世辞.
folly [fɔ́li][fool＝愚人] 愚かさ；愚行.
honesty [ɔ́nisti][honest＝正直な] 正直.
jealousy [dʒéləsi][jealous＝ねたみ深い] 嫉妬；警戒.
modesty [mɔ́disti][modest＝控えめな] 控えめ；しとやかさ；謙遜，遠慮.
treaty [tríːti][treat＝処理する] 条約；約定.
tyranny [tírəni][tyrant＝暴君] 暴政；暴虐.

(4) 集合名詞を表わすもの

1　－age

foliage [fóuliidʒ][ラテン語 folium＝leaf] 群葉.
peerage [píəridʒ][peer＝貴族]《集合的》貴族.
plumage [plúːmidʒ][plume＝羽毛]《集合的》(鳥の)羽毛.

2 　−ary

dictionary [díkʃənəri] [**diction**=語法](語法の集まり)──→辞書；辞典；字引き.
vocabulary [vəkǽbjuləri] [**vocable**=語] 語彙，語集.

3 　−ry

cavalry [kǽvəlri] [**caval**=**cheval**=horse] 《集合的》騎兵(隊).
 cf. **cavalier** (騎士), **chevalier** (騎士).
gentry [dʒéntri] [**gentle**=身分ある] 紳士階級.
machinery [məʃíːnəri] [**machine**=機械] 《集合的》機械類；機構.
poultry [póultri] [**poult**=家禽のひな] 《集合的》家禽.
scenery [síːnəri] [**scene**=(部分的)風景] 《集合的》風景.

(5) 場所を表わすもの

1 　−ace

furnace [fə́ːrnis] 炉；溶鉱炉.
terrace [térəs] [ラテン語 **terra**=earth] 段地；高台.

2 　−age

anchorage [ǽŋkəridʒ] [**anchor**=錨] 停泊(所).
cottage [kɔ́tidʒ] [**cot**=小屋] (小屋がある所)──→小さな家；小さな別荘.
village [vílidʒ] [**villa**=いなかの家──→別荘] (いなかの家がある所)──→村，村落.

3 　−ary

apothecary [əpɔ́θikəri] [ラテン語 **apotheca**=storehouse(倉庫)] (倉庫がある所──→店)──→薬種商；薬局.

〖解説〗 最初 apothecary は薬とは無関係で，実際英国でも十七世紀まで多くの種類の商品を売っていた．その後 the Apothecaries' Company of London と Company of Grocers に分れて前者は薬のみを販売するようになったのである．

granary [grǽnəri] [**grain**=穀類]　穀倉(地帯)．
library [láibrəri] [ラテン語 **liber**=book]　図書館，図書室；蔵書．
sem inary [séminəri] [ラテン語 **semen**=seed (種)]　(苗床──養成所)──→神学校；(罪悪などの)温床．　☞ **seminal** (精液の)．

4　-ery

bakery [béikəri] [**bake**=(パンなどを)焼く]　パン製造業；製パン所．
brewery [brúːəri] [**brew**=醸造する]　(ビールなどの)醸造所．
cemetry [sémitri] [ギリシア語 **koiman**=to sleep]　(永眠する所)──→共同墓地．
gallery [gǽləri] [ラテン語 **galeria**=a long portico(長い柱廊)]　回廊；柱廊；傍聴席；画廊．

5　-ory

dormitory [dɔ́ːrmitri][ラテン語 **dormire**=to sleep]　(眠る場所)──→寄宿舎；郊外住宅地．　☞ **dormant**(眠っている)．
factory [fǽktəri] [ラテン語 **facere**=to make]　(製品を作る場所)──→製作所；工場．
laboratory [ləbɔ́rətəri] [**labour**=労する]　(苦心して究める場所)──→研究室；研究所；実験室．
observatory [əbzə́ːrvətəri][**observe**=観測する]　(観測する場所)──→観測所，測候所，天文台，気象台．
territory [téritəri] [ラテン語 **terra**=earth]　地域，領土；分野．

6　-dom

dukedom [djúːkdəm] [**duke**=公爵]　公爵領．
filmdom [fílmdəm] [**film**=フィルム，映画]　映画界．

kingdom [kíŋdəm] [**king**＝王] 王国；来世，天国．

stardom [stá:rdəm][**star**＝人気者，スター] スター界；スターの地位．

7 　－um

aquarium [əkwɛ́əriəm] [ラテン語 **aqua**＝water] 水族館．《仏教で言う「閼伽(ぁゕ)」はこれと関係がある》

auditorium [ɔ̀:ditɔ́:riəm] [ラテン語 **audire**＝to hear] （聴く場所）──→聴衆席；講堂．

gymnasium [dʒimnéiziəm] [**gymnastics**＝体育] 体育館；体育学校；(ドイツの)高等学校．

museum [mju(:)zíəm] [**the Muses**＝芸術をつかさどる九女神](芸術の神の殿堂)──→博物館；絵画館．

sanatorium [sæ̀nətɔ́:riəm] [ラテン語 **sanare**＝to heal (いやす)] 療養所；保養地．

8 　－y

abbey [ǽbi] [**abbot**＝修道院長] 修道院；聖堂．

balcony [bǽlkəni] [イタリア語 **balcone**＝家の突き出ている一隅] 露台，バルコニー．

county [káunti] [**count**＝伯爵] (伯爵の領地)──→《英》州；《米》郡．

treasury [tréʒəri] [**treasure**＝財宝] 財宝貯蔵室，宝庫；国庫；基金；宝典．

[2] 形容詞接尾語

1 　－able，－ible 　㊥ 「能力ある」「～しやすい」「適する」「～するに足る」などの意味を表わし，修飾する

名詞に対して受身の意味を持つ．

available [əvéiləbl] [**avail**＝益する] 役立てうる．

changeable [tʃéindʒəbl]．[**change**＝変化する] 変わりやすい；変えうる．

desirable [dizáiərəbl] [**desire**＝望む] 望ましい，好ましい．

innumerable [injúːmərəbl] [**in-**＝not]　無数の．

irritable [íritəbl] [**irritate**＝いらだたせる]　怒りっぽい；過敏な．

noticeable [nóutisəbl] [**notice**＝注目する]　注目すべき；目立つ；顕著な．

reasonable [ríːznəbl] [**reason**＝道理を説く]　道理にあった；筋の通った；穏当な．

unforgettable [ʌ̀nfərgétəbl] [**forget**＝忘れる]　忘れえない．

contemptible [kəntém(p)təbl] [**contempt**＝蔑視]　軽蔑すべき，賤しむべき．

horrible [hɔ́rəbl] [**horror**＝恐怖]　恐ろしい．

incredible [inkrédəbl] [**credit**＝信用する]　信じ難い．

negligible [néglidʒəbl] [**neglect**＝無視する]　無視しうる；取るに足りない．

2　┃ **−al, −ial** ┃　❸「～に関する」「～の属性を有す」などの意味を表わす．

brutal [brúːtl] [**brute**＝禽獣]　獣的な；残忍な．

federal [fédərəl] [ラテン語 **foedus**＝treaty (条約)]　(盟約によって結ばれた)——→連邦の，同盟の．

literal [lítərəl] [ラテン語 **littera**＝letter]　文字の；逐語的の；字義どおりの．

mortal [mɔ́ːrtəl] [ラテン語 **mors**＝death]　死の，致命の，臨終の．

Occidental [ɔ̀ksidéntl] [**Occident**＝西洋]　西洋の，西欧の．
　cf. **Oriental** (東洋の)．

punctual [pʌ́ŋktjuəl] [ラテン語 **punctum**＝point]　(時の一点にきっかりと)——→時間を厳守する；時間通りの．「句読点をつける」が **punctuate** であり，「タイヤに孔(点)があく」が **puncture** である．

regal [ríːgəl] [ラテン語 **rex**＝king]　王の；王のような．
　☞ **regent** (摂政)．

aerial [éəriəl] [ラテン語 **aer**＝air]　空気の；気体の；大気中の．

artificial [ɑ̀ːrtifíʃəl] [ラテン語 **arti-** (art)＋**fic**＜**facere** (to make)＋**ial**] (技で造られた)——→人工の；不自然な．*cf.* **natural** (自然の)．

cordial [kɔ́ːrdiəl] [ラテン語　**cor**＝heart]　心からの；懇切な；心臓を強める．

genial [dʒíːniəl] [ラテン語 **genialis**＝pleasant]　温和な；親切な；

愛想のよい.
racial [réiʃəl] [**race**＝種族]　人種の；民族の；品種の.

3　―an, ―ian
❸ 多く固有名詞に付いて**形容詞**にするが「人」も表わす.

European [júərəpí(:)ən]　ヨーロッパ(人)の.
republican [ripʌ́blikən] [**republic**＝共和国]　共和国の；共和制の.
suburban [səbə́:rbən][**suburb**＝郊外]　郊外の.　*cf.* **rural**（田園の）.
veteran [vétərən] [ラテン語 **vetus**＝old]　老練な, ベテランの.
Christian [krístjən]　キリストの；キリスト教の.
Egyptian [idʒípʃən]　エジプト(人)の.
Parisian [pərízian]　パリの；パリ風の.

4　―ant, ―ent

brilliant [bríljənt] [ラテン語 **berillus, beryllus**＝gem (宝石)]　光り輝く；すばらしい；才気に富んだ.　☞ **beryl**（緑柱玉）.
defiant [difáiənt] [**defy**＝反抗する]　反抗的な；無視する.
indignant [indígnənt]＝[ラテン語 **in-** (not) ＋ **dign** ＜ **dignus** (worthy)＋**ant**]　(価値のないものに対して)→慣慨した.　☞ **dignity**（威厳）.
luxuriant [lʌgzjúəriənt] [**luxury**＝ぜいたく]　(ぜいたくなほど)→豊富な；繁茂した；華美な.　*cf.* **luxurious**（ぜいたくな）.
radiant [réidiənt] [ラテン語 **radius**＝ray(光線)]　光を発する；まばゆいほどの；すばらしい；輻射の.
triumphant [traiʌ́mfənt] [**triumph**＝勝利]　勝ち誇った, 意気揚々とした.
ardent [ά:rdənt][ラテン語 **ardere**＝to burn]　燃える；熱心な；熱烈な.　☞ **arid**（乾燥した）.
fluent [flú(:)ənt] [ラテン語 **fluere**＝to flow]　流暢な；よどみのない.
insolent [ínsələnt]＝[ラテン語 **in-** (against)＋**sol** (to swell)＋**ent**]　(～に対して傲慢な)→不遜な；無礼な；おうへいな.
obedient [əbí:djənt] [**obey**＝服従する]　従順な.

proficient [prəfíʃənt]=[ラテン語 **pro**-(forward)＋**fici**＜**facere** (to make)＋**ent**] 熟達した． ☞ **profit** (利益)．

prudent [prúːdənt] 用心深い，慎重な；思慮分別のある．

5 −ar

circular[sə́ːrkjulər][**circle**＝円] 円形の；旋回する．

familiar [fəmíljər][**family**＝家族] (家族のように)──親しい；よく知っている；打ち解けた．

muscular [mʌ́skjulər][**muscle** [mʌ́sl]＝筋肉【発音注意】] 筋肉の；筋力の．

polar [póulər][**pole**＝(地球の)極] 極の；極地の；正反対の．

popular [pɔ́pjulər][**people**＝民衆] 民衆の；通俗の；人気のある．

similar [símilər][ラテン語 **similis**＝like(似ている)] 類似の；同種の． ☞ **simile** (直喩)．

vulgar [vʌ́lgər][ラテン語 **vulgus**＝common people] 世俗の；普通の；卑俗な；俗悪な．

6 −ary

customary [kʌ́stəməri][**custom**＝慣習] 慣習の；慣例になっている．

elementary [èliméntəri][**element**＝要素] 究極の；初歩の．

imaginary [imǽdʒinəri][**imagine**＝想像する] 想像上の．

sanitary [sǽnitəri][ラテン語 **sanus**＝of sound mind] 衛生的な． ☞ **sane** (正気な)．

temporary [témpərəri][ラテン語 **tempus**＝time] 一時的な；暫定的の；仮の；はかない．

voluntary [vɔ́ləntəri][ラテン語 **voluntas**＝free will] 自発的な；任意の；随意の；故意の．

7 −ate, −ete, −ute

❸ 「～の性質を有する」「～の気味がある」などの意味を表わす．**-ate** の発音に注意．

accurate [ǽkjurit][**accuracy**＝正確] 正確な；的確な．

affectionate [əfékʃənit] [**affection**＝情愛] 情愛のこもった；情愛の深い.

considerate [kənsídərit] [**consider**＝考慮する] 思いやりのある；慎重な.

fortunate [fɔ́:rtʃənit] [**fortune**＝幸運] 幸運な；めでたい.

obstinate [ɔ́bstinit]＝[ラテン語 **ob**-(against)＋**stin**＜stanare (to cause to stand, set)＋**ate**] (～に反抗して立つ)──→強情な, 頑固な.

passionate [pǽʃənit] [**passion**＝情熱] 激しやすい；熱情的な；熱烈な.

temperate [témpərit] [ラテン語 **temperare**＝to mix properly] (適度に混ぜ合わされた)──→程よい；穏和な；節制する；温和な.

complete [kəmplí:t]＝[ラテン語 **com**-(fully)＋**ple**＜plere (to fill)＋**te**] (完全に満たされた)──→完全な.

obsolete [ɔ́bsəli:t]＝[ラテン語 **ob**-(against)＋**sol**＜solere (to be accustomed)＋**ete**] (慣習から離れる)──→廃れた；消えうせた.

absolute [ǽbsəl(j)u:t]＝[ラテン語 **ab**-(from)＋**solute**＜solvere (to loosen)] (解かれた──→制約されない)──→完全な；絶対の；専制の；独立の；無条件の.

minute [mainjú:t] [ラテン語 **min**-＝small] 微細な；精密な.

8 │ -ed │ ㊟ 主として名詞に付いて「~を持つ」「~に富む」などの意味を表わす.

aged [éidʒid] [**age**＝年齢] 年老いた.
bearded [bíərdid] [**beard**＝ひげ] ひげのある.
crowned [kraund] [**crown**＝王冠] 王冠を戴いた；王冠を飾った.
cultured [kʌ́ltʃəd] [**culture**＝教養] 教養のある.
gifted [gíftid] [**gift**＝天賦の才能] 天賦の才ある.
landed [lǽndid] [**land**＝土地] 土地を所有する；土地の.
moneyed [mʌ́nid] [**money**＝金] 金のある；金銭の.
ringed [riŋd] [**ring**＝輪] 輪のある；環状の；正式に結婚した.
talented [tǽləntid] [**talent**＝才能] 才能のある.

9 │ -en │ ㊟ 物質名詞に付けて「~から作られた」の意味を表わすが最近は物質名詞をそのまま形容詞的に用いることが多

く，**-en** は比喩的な意味に用いられる傾向がある．〖例〗**gold** ring（金の指輪），**golden** age（黄金時代）．

earthen [ə́ːrθən] 土製の；陶土製の．

leaden [lédn] 鉛の，鉛製の；鉛のような；重苦しい．

【注意】 **leaden** sword は「鉛でできている刀」ではなく「なまくら刀」の意味である．**leaden** heart は「重い心」．

wooden [wúdn] 木造の，木製の；でくのぼうのような．

㊟ 「遅鈍」を表わすのに日本語でも「**木**」を使うことがある．「**とうへんぼく**（唐変木）」．

wool(l)en [wúlin] 羊毛製の．

10 ―ern ㊟ 主に「**方向**」を表わす．

eastern [íːstərn] 東方の；東洋の．
northern [nɔ́ːðərn] 北方の；北部の．
southern [sʌ́ðərn]【発音注意】 南方の；南部の．
western [wéstərn] 西方の；西部の；西欧の．
modern [mɔ́dərn] [**mode**＝様式] （様式に合った）―→現代の，近代の；当今の；現代風の．

11 ―ese ㊟ 国名に付けて形容詞及び名詞を作る．

Chinese [tʃainíːz] 中国の；中国人[語]の．
Japanese [dʒæpəníːz] 日本の；日本人[語]の．
Portuguese [pɔ̀ːrtjugíːz] ポルトガルの；ポルトガル人[語]の．

12 ―fold ㊟ 数詞に付けて「**～倍の**」「**～重の**」の意味を表わす．原義は「折り重ねる」．

manifold [mǽnifould] [**mani**＝many] 多種多様の；多芸の．
twofold [túːfould] 二倍の，二重の．
⋮
tenfold [ténfould] 十倍の．
twentyfold [twéntifold] 二十倍の．

hundredfold [hʌ́ndrədfould] 百倍の.
thousandfold [θáuzəndfould] 千倍の.
millionfold [míljənfould] 百万倍の.

13 −ful
㊟ 多く名詞に付けて「～に満ちた」の意味を表わす最もよく用いられる形容詞語尾で, -less の対である.

dreadful [drédful] [**dread**＝恐怖] 恐ろしい；いやな.
fruitful [frúːtful] [**fruit**＝果実] 実りのよい, 多産の.
graceful [gréisful] [**grace**＝優美] 優美な；しとやかな；上品な.
merciful [mə́ːrsiful] [**mercy**＝慈悲] 慈悲深い；幸いな.
mournful [mɔ́ːrnful] [**mourn**＝悲しむ] 悲嘆にくれた.
scornful [skɔ́ːrnful] [**scorn**＝軽蔑] あざけった；横柄な.
shameful [ʃéimful] [**shame**＝恥] 恥ずべき；あさましい.
thoughtful [θɔ́ːtful] [**thought**＝思慮；思想] 思慮深い；思いにふける；思想に富む.

14 −ic
㊟ 「～に関係がある」「～的」などの意味を表わす.

academic [æ̀kədémik] [**academy**＝学園] プラトン学派の；学問の；学究的の.
angelic [ændʒélik] [**angel**＝天使] 天使のような.
arctic [áːrktik] [ギリシア語 **arktos**＝bear(熊)] (熊座の近く──北)──→北極の, 北極地方の. *cf.* antarctic (南極の).
athletic [æθlétik] [**athlete**＝競技者] 競技(者)の；強健な.
carbonic [kɑːrbɔ́nik] [**carbon**＝炭素] 炭素の.
diplomatic [dìpləmǽtik] [**diploma**＝公文書] 公文書の；外交の.
domestic [dəméstik] [ラテン語 **domus**＝house] 家庭の；国内の；飼いならした.
emphatic [imfǽtik] [**emphasis**＝強勢] 力のこもった；強められた；著しい.
exotic [egzɔ́tik] [ギリシア語 **exo**＝outward] 外来の.
fantastic [fæntǽstik] [**fantasy**＝幻想；奇想] 空想的な, 気まぐれな；風変りな.

gigantic [dʒaigǽntik] [**giant**＝巨人]　巨大な．
idiotic [ìdiɔ́tik] [**idiot**＝白痴]　白痴の．
lunatic [lúːnətik] [ラテン語 **luna**＝the moon]　(狂気は月に関係があると信じられていたことから)──→精神に異状のある；狂気じみた．☞ **lunar** (月の)．
patriotic [pèitriɔ́tik] [**patriot**＝愛国者]　愛国者の；憂国の．
rustic [rʌ́stik] [ラテン語 **rus**＝the country(田舎)]　田舎の；農民の；野鄙な；朴直な．
scenic [síːnik] [**scene**＝景色]　背景の；演劇の；劇的の；風景の．

15　−ical

㊥　「〜に関する」「〜的な」の意味を表わす．アクセントは規則的に -ical の前の母音にある．

botanical [bətǽnikəl] [**botany**＝植物学]　植物学の．
chemical [kémikəl] [**chemistry**＝化学]　化学の．
methodical [miθɔ́dikəl] [**method**＝方法]　組織的な；規律正しい，几帳面な．
physical [fízikəl] [**physics**＝物理学]　現象界の；物質の；物理学の；身体の．
radical [rǽdikəl] [**radix**＝根源]　根本的な；急進的な，過激な；根の．
surgical [sə́ːrdʒikəl] [**surgery**＝外科医術]　外科医の；外科(用)の．
theatrical [θiǽtrikəl] [**theater**＝演劇]　演劇の，芝居の；劇場の．
tropical [trɔ́pikəl] [**tropic**＝回帰線，熱帯地方]　回帰線の；熱帯地方の．
typical [típikəl] [**type**＝典型]　典型的な；象徴的な．
zoological [zòuəlɔ́dʒikəl] [**zoology**＝動物学]　動物学の．

【注意】 -ic と -ical の両形を持っている場合，意義に差異が認められるものと，認められないものがある．
差異が認められるものの例

{ econom*ic* 形 経済学の．＜economics 経済学．
  econom*ical* 形 経済に関する；節倹な．＜economy 経済；節約．

{ histor*ic* 形 歴史上有名な．a **historic** spot は「場所が歴史上有名である」──→「**史跡**」．
  histor*ical* 形 歴史上の，歴史的．a **historical** play は「歴史上有名な劇」ではなく「歴史上の事件を扱った劇」──→「**史劇**」．

第2篇　接尾語 (Suffix)

{mechan*ic* 图 職工；機械工.
{mechan*ical* 形 機械の；機械論的の.
{polit*ic* 形 術策にたけた；狡猾な.
{politi*ical* 形 政治の；政治学の；政党の.
{techn*ic* 图 専門語；工芸(学).
{techn*ical* 形 専門的の；工芸の.

16 −id

placid [plǽsid]　[ラテン語 **placere**＝to please]　(満足している状態)──→穏やかな；静かな

rapid [rǽpid]　[ラテン語 **rapere**＝to snatch]　(ぱっとひったくる)──→急な；すばやい.　☞ **rape** (強奪).

solid [sɔ́lid]　[ラテン語 **solidus**＝firm]　中身のある；固体の；固形の；堅い；無垢の；確実な.

splendid [spléndid]　[ラテン語 **splendere**＝to shine]　輝かしい；壮麗な；みごとな.

stupid [stjúːpid]　[ラテン語 **stupere**＝to be amazed]　茫然自失している；愚鈍な；ばかげた.　☞ **stupendous** (驚くべき).

timid [tímid]　[ラテン語 **timere**＝to fear]　小心な；物おじする.　☞ **timorous** (物おじする).

vivid [vívid]　[ラテン語 **vivere**＝to live]　いきいきとした；生気あふれる；躍如たる.　☞ **victuals** (食料品).

17 −ile　❶「～しやすい」の意味を表わす.

facile [fǽsail]　[ラテン語 **facere**＝to do]　(為しやすい)──→容易な；軽快な；御しやすい.

fertile [fə́ːrtail]　[ラテン語 **ferre**＝to bear (実を結ぶ)]　肥沃な；多産な.

fragile [frǽdʒail]　[ラテン語 **fragilis**＝easily broken]　もろい；かよわい.　☞ **fragment** (破片).

gracile [grǽsail]　[ラテン語 **gratus**＝pleasing]　ほっそりとして優美な；か細い.

hostile [hɔ́stail]　[ラテン語 **hostis**＝enemy]　敵意をいだいている；敵対する.

第2篇　接尾語 (Suffix)

- **juvenile** [dʒúːvinail] [ラテン語 **juvenis**＝young]　青少年の；少年少女向きの.
- **sterile** [stérail] [ラテン語 **sterilis**＝barren(不毛の)]　不毛の；不妊の；効果のない；消毒した.
- **versatile** [vɚ́ːrsətail] [ラテン語 **versare**＝to turn often]　(よく向きを変える)──変わりやすい；多才な；多方面の.

18　−ine　㊟「～の性質を有する」の意味を表わす.

- **divine** [diváin] [ラテン語 **divinus**＝神に属する]　神の；神性の；神聖な.
- **feminine** [féminin] [ラテン語 **femina**＝woman]　女性の；女のような；女じみた.　☞ **female** (女性の).
- **Florentine** [flɔ́rəntain]　フロレンスの.
- **genuine** [dʒénjuin] [ラテン語 **genuinus**＝innate (生れつきの)]　純種の；本物の；純真な.　☞ **genus** (〖生物〗属).
- **masculine** [mǽːskjulin] [ラテン語 **masculus**＝male(男性)]　男性の；男らしい；男じみた.
- **sanguine** [sǽŋgwin] [ラテン語 **sanguis**＝blood]　血の；血紅色の；多血質の；楽観的な；快活な.

19　−ing　㊟　動詞を形容詞にする.

- **astonishing** [əstɔ́niʃiŋ] [**astonish**＝驚かす]　驚くべき.
- **charming** [tʃɑ́ːrmiŋ] [**charm**＝魅惑する]　魅力ある；美しい.
- **cunning** [kʌ́niŋ] [古代英語 **cunnen**＝to know]　(悪い意味でよく知っている)──狡猾な；ずるい；巧妙な；かわいらしい；気のきいた.
- **daring** [déəriŋ] [**dare**＝思いきってやる]　大胆な.
- **lasting** [lɑ́ːstiŋ] [**last**＝続く]　永続する；恒久の.
- **promising** [prɔ́misiŋ] [**promise**＝見込みがある]　有望な；末頼もしい.
- **refreshing** [rifréʃiŋ] [**refresh**＝爽快にする]　(気分を)さわやかにする；元気づける.
- **striking** [stráikiŋ] [**strike**＝目をひく]　目立つ，著しい.

trying [tráiiŋ] [**try**＝試す]　耐え難い；つらい．
willing [wíliŋ] [**will**＝意志で～する]　進んでする；喜んでする．

20　－ior　注　ラテン語の比較級を示す語尾である．

inferior [infíəriər][ラテン語 **inferus**＝low]　下位の；下級の；劣った．☞ **infernal** (地獄の)．
junior [dʒúːniər] [ラテン語 **juvenis**＝young]　年下の；後輩の．☞ **juvenile** (青少年の)．
senior [síːnjər][ラテン語 **sen-**＝old]　年上の；先輩の．☞ **senate** (元老院；上院)．
superior [s(j)u(ː)píəriər][ラテン語 **superus**＝high]　上位の；優れた．

21　－ique，－esque　注　「～風の」の意味を表わす．

antique [æntíːk] [ラテン語 **ante**＝before]　(ずっと以前の)―→古代の；旧式な．
arabesque [æ̀rəbésk] [**Arabia**＝アラビア]　アラビア風の；奇異な．
grotesque [groutésk] [イタリア語 **grotta**＝grotto(洞穴)]　(古い洞穴の中で発見される絵のごとく)―→怪奇な；異様な；荒唐無稽な．
oblique [əblíːk]＝[ラテン語 **ob-** (towards) ＋**lique** (bent)]　(～の方に曲がっている)―→斜めの；ゆがんだ；遠回しの；不正な．
picturesque [pìktʃərésk] [**picture**＝絵]　絵のように美しい．

22　－ish　注　「～の性質を帯びた」「～がかった」などの意味を表わす．

bookish [búkiʃ]　書物の；本好きの，学究的な；実際にうとい．
brownish [bráuniʃ]　褐色を帯びた．
childish [tʃáildiʃ]　子供らしい，大人げない．
feverish [fíːvəriʃ] [**fever**＝熱(heatと区別せよ)]　熱のある；熱病性の；興奮した．
selfish [sélfiʃ]　利己的な，自己本位の．
yellowish [jélouiʃ]　黄色がかった，黄ばんだ．

第2篇　接尾語 (Suffix)

【注意】 -ish は概して「やや悪い」意味に，-ly は「よい」意味に，-like はその中間の意味に用いられることが多い．
mann*ish* (非難・嘲弄の気持ちで)男みたいな；大人ぶった．
man*ly* (賞賛の気持ちで)男らしい；気高い．
man*like* (特別な感情をもたないで)人に似た；男らしい．

23　−ite

exquisite [ékskwizit]＝[ラテン語 **ex-** (out)＋**quis**＜**quaerere** (to seek)＋**ite**] (さがし出された──→選び抜かれた) ──→絶妙な；鋭敏な；繊細な．
favo(u)rite [féivərit] [ラテン語 **favere**＝to befriend(味方する)] 大好きな，一番気に入った．
infinite [ínfinit]＝[ラテン語 **in-** (not)＋**fin**＜**finire** (to end)＋**ite**] (終りがない)──→無限の．
opposite [ɔ́pəzit] [**oppose**＝反対する] 相反する；対立した；相対する．
polite [pəláit] [ラテン語 **polire**＝to polish] (磨き上げられた)──→洗練された；上品な，礼儀正しい．

24　−ive

🈏 これに修飾される名詞はその形容詞が含む動詞的意義に対して**動作主**となる．

exclusive [iksklú:siv] [**exclude**＝除外する] 排外的な，排他的な；一途の．
exhaustive [igzɔ́:stiv] [**exhaust**＝用い尽くす] 余すところのない，完全な；消耗的な．
imaginative [imǽdʒinətiv] [**imagine**＝想像する] 想像力の；想像力に富んだ．
initiative [iníʃiətiv] [ラテン語 **initiare**＝to begin] 初めの；創始の；率先の．
representative [rèprizéntətiv] [**represent**＝明らかに表わす；代表する] 象徴する；代表する．
respective [rispéktiv] それぞれの，各自の．*cf.* **respectable** (立派な)．
talkative [tɔ́:kətiv] 口数の多い，話好きな，おしゃべりな．

25 −less

㊟ 古代英語 leas (vain) から来た形で「〜がない」の意味を表わす. -ful の対.

helpless [hélplis] [**help**＝助力] よるべのない；無力な.
priceless [práislis] [**price**＝価格] （値段がつけられない）──きわめて貴重な【意味に注意】.
reckless [réklis] [**reck**＝心にかける] 向う見ずの；無鉄砲な, 無謀な.
restless [réstlis] [**rest**＝安心] 不安な；落ち着かない, そわそわしている.
senseless [sénslis] [**sense**＝感覚] 無感覚な；常識のない；意味のない.
shapeless [ʃéiplis] [**shape**＝形] 形のない；ぶかっこうな.

26 −like

㊟ 「〜のような」「〜好きの」などの意味を表わす.

businesslike [bíznislaik] [**business**＝事務] 事務的な；能率的な；秩序だった.
childlike [tʃáildlaik] 子供らしい；無邪気な.
ladylike [léidilaik] 貴婦人らしい, しとやかな.
warlike [wɔ́:rlaik] 好戦的な；尚武の；戦争の.

27 −ly

㊟ 名詞に付けて**形容詞**を作る. 形容詞に付ければ**副詞**になる.

bodily [bɔ́dili] 身体の；肉体の.
costly [kɔ́stli] [**cost**＝費用] 高価な；費用のかさむ.
cowardly [káuərdli] [**coward**＝臆病者] 臆病な.
earthly [ə́:rθli] この世の, 現世の. 〈heavenly に対す〉
friendly [fréndli] 友情のこもった；親しい.
monthly [mʌ́nθli] 月一回の；毎月の.
stately [stéitli] [**state**＝盛儀] 威厳のある；堂々たる；雄渾な.
timely [táimli] 時宜を得た, 折よい.
worldly [wə́:rldli] 現世の；世俗的な.

28 −most

㊟ 最上級の意味を添える.

almost [ɔ́ːlmoust] ほとんど；たいてい．
foremost [fɔ́ːrmoust] [**fore**=before] まっ先の，最初の；主要な．
utmost [ʌ́tmoust] [古代英語 **ut**=out] 最も外の；極度の．

29 —ory   🔞 「～の性質を帯びた」の意味を表わす．

compulsory [kəmpʌ́lsəri] [**compel**=強制する] 強制の；強制された．

contradictory [kɔ̀ntrədíktəri] [**contradict**=矛盾する] 矛盾した；否定の．

obligatory [ɔblígətəri] [**oblige**=義務をおわせる] 義務的の，義務をおわせる．

preparatory [pripǽrətəri] [**prepare**=準備する] 準備の；予備の．

satisfactory [sæ̀tisfǽktəri] [**satisfy**=満足させる] 十分な；満足できる．

30 —ous   🔞 「～に満ちている」の意味を表わす．

covetous [kʌ́vitəs] [**covet**=切望する] ほしがる；貪欲な．
envious [énviəs] [**envy**=羨望] ねたみ深い；うらやましがる.
  cf. enviable (うらやましい).
furious [fjúəriəs] [**fury**=激怒] 怒りたけった；すさまじい．
glorious [glɔ́ːriəs] [**glory**=栄光] 輝かしい；さんらんたる．
gorgeous [gɔ́ːrdʒəs] [フランス語 **gorge**=throat(のど)]（得意満面の時にのどをふくらます）――豪奢な；絢爛たる；素晴らしい．
industrious [indʌ́striəs] [**indstry**=勤勉] 勤勉な．
  cf. industrial (産業の).
laborious [ləbɔ́ːriəs] [**labo(u)r**=労苦] 刻苦勉励する；骨の折れる．
perilous [périləs] [**peril**=危険] 危険な；危険の多い．
righteous [ráitʃəs] [**right**=正義] 公正な，正義の，正当な；正直な．
spacious [spéiʃəs] [**space**=空間] 広漠とした；広い；寛厚な．
strenuous [strénjuəs] [ギリシア語 **stereos**=firm(強固な)] 不撓

不屈の．☞ **stereoscope**（実体鏡）．

tremulous [trémjuləs] [**tremor**=戦慄] ふるえる；臆病な；ぞくぞくするような．

vicious [víʃəs] [**vice**=悪徳] 背徳の，堕落した；放蕩な；険悪な；乱脈な．

virtuous [vɚ́ːrtjuəs] [**virtue**=美徳] 有徳の；高潔な；貞淑な．

31　−some

❸ same の変化形で，「～のような」「～する傾向がある」などの意味を表わす．

burdensome [bɚ́ːrdnsəm] [**burden**=重荷] 重苦しい；つらい．

irksome [ɚ́ːrksəm] [**irk**=退屈させる] 退屈な；やっかいな，うるさい．

meddlesome [médlsəm] [**meddle**=干渉する] 干渉好きな；おせっかいの．

quarrelsome [kwɔ́rəlsəm] [**quarrel**=けんか] けんか好きな．

tiresome [táiəsəm] [**tire**=疲労させる] 退屈な；やっかいな．

troublesome [trʌ́blsəm] [**trouble**=悩み] 悩ましい；わずらわしい；めんどうな．

wearisome [wíərisəm] [**weary**=疲れさせる] 退屈な；うんざりする．

wholesome [hóulsəm] [**whole**=健全な] 健康によい；健全な；有益な．

32　−ward

❸ 主として「**方向**」を示す．

awkward [ɔ́ːkwərd] [中世英語 **awk**=wrong] （まずい方向の）→ ぶかっこうな；無作法な；無器用な；やっかいな．

backward [bǽkwərd] 逆の；遅れた；遅鈍な．

downward [dáunwərd] 下り坂の；下押しの．

eastward [íːstwərd] 東に向かう．

homeward [hóumwərd] 家[本国]に向かう．

onward [ɔ́nwərd] 前方への；向上の．

seaward [síːwərd] 海のほうの，海に向かった．

wayward [wéiwərd] [**way**＝癖]　我意を通す；わがままな．

33　−y　❸「～に満ちた」「～の性質を有する」「～の傾向がある」などの意味を表わす．

bloody [blʌ́di] [**blood**＝血液]　血の；血まみれの；残忍な；赤い．
bushy [búʃi] [**bush**＝灌木]　灌木におおわれた；ぼうぼうとした．
cloudy [kláudi] [**cloud**＝雲]　雲の；曇った；陰うつな．
clumsy [klʌ́mzi] [中世英語 **clumsen**＝to benumb(かじかませる)] (かじかんで)──→不器用な；ぶかっこうな；醜い．
cosy [kóuzi] [ノルウェー語 **kosa**＝to refresh(爽快にする)]　居心地よい，こぢんまりとした．
dreamy [drí:mi] [**dream**＝夢]　夢のような；空想にふける；漠然たる．
dusky [dʌ́ski] [**dusk**＝薄やみ]　薄暗い；薄黒い．
greedy [grí:di] [**greed**＝強欲]　欲の深い；切望する．
greeny [grí:ni] [**green**＝緑色]　緑色をおびた；緑がかった．
plumy [plú:mi] [**plume**＝羽毛]　羽毛のある；羽毛のような．
scanty [skǽnti] [**scant**＝乏しい]　乏しい，僅少の；貧弱な．
spicy [spáisi] [**spice**＝香料]　芳香ある；趣のある；気のきいた．
tardy [tá:rdi] [ラテン語 **tardus**＝slow]　遅い，のろい；気乗りのせぬ．
worthy [wə́:rði] [**worth**＝価値]　価値のある；立派な；相応な．

[3]　副詞接尾語

1　−ence　❸ from の意味を添える．-ither は to の意味．

hence [hens]＝from here.　ここから；この故に．*cf.* **hither**（ここへ）．
thence [ðens]＝from there.　その場所から；その故に．*cf.* **thither**（そこへ）．
whence [(h)wens]＝from where.　どこから；いかなる原因から．
cf. **whither**（どこへ）

2 −ling, −long　❸ 「〜のほうに」の意味を表わす．

darkling [dá:rkliŋ] 暗中に；暗く．
flatling [flǽtliŋ] 平らに；きっぱりと．
sideling [sáidliŋ] 横に；斜めに．
headlong [hédlɔŋ] まっさかさまに；まっしぐらに．
sidelong [sáidlɔŋ] =sideling.

3 −ly　❸ 古代英語 lic (=like) から来た形で，大部分の形容詞に付く．

actually [ǽktjuəli] [**actual**=現実の] 現実に；実際に．
barely [béəli] [**bare**=あらわな] あらわに；かろうじて；単に．
heartily [há:rtili] [**heart**=心] 心から；元気よく；思う存分に．
invariably [invéəriəbli] [**invariable**=不変の] 不変に，いつも変らず．
literally [lítərəli] [**literal**=文字の] 文字どおりに；逐語的に；厳密に．
readily [rédili] [**ready**=即座の] 即座に；進んで；手もなく．
shortly [ʃɔ́:rtli] [**short**=短い] 簡単に；じきに．
steadily [stédili] [**steady**=しっかりした] 着実に；しっかりと；一様に．
thoroughly [θʌ́rəli] [**thorough**=完全な] 完全に；徹底的に．
violently [váiələntli] [**violent**=激烈な] 激烈に；熱烈に．

4 −s　❸ 副詞的属格．

besides [bisáidz] そのほかに；それ以外に． *cf.* **beside** (側に)．
needs [ni:dz] (must と共にのみ用いて) どうしても，必ず．
sometimes [sʌ́mtaimz] 時どき． *cf.* **sometime** (いつか)．

5 −ward(s)　❸ 「方向」を示す．
afterward(s) [á:ftəwərd(z)] 後に，後日に．

第2篇　接尾語 (Suffix)

backward(s) [bǽkwərd(z)] 後へ；逆に．
homeward(s) [hóumwərd(z)] 家[本国]を目指して．
upward(s) [ʌ́pwərd(z)] 上方へ；上流へ；上向けに；以上；以来．

6 　│ **—way(s), —wise** │　㊟　両者とも語源を同じくし，「様式」を示す．

always [ɔ́:lwəz] 常に，いつも．
anyway [éniwei] =anyhow. （どんな方法ででも）——→とにかく；どうにか．
someway(s) [sʌ́mwei(z)] 何とかして；少し離れた所に．
straightway [stréitwei] 直ちに．
likewise [láikwaiz] 同様に；また．
otherwise [ʌ́ðəwaiz] （他の様式で）——→別様に；そうでなかったなら；別の点では．

[4] 動詞接尾語

1 　│ **—ate** │　㊟　動詞語尾として最も多く，その名詞形は **-ation** となる．

accommodate [əkɔ́mədeit][ラテン語 **accommodare**＝to fit, adapt（適応させる）] 適応させる；便宜をはかる；宿泊させる；収容する．
assassinate [əsǽsineit] [アラビア語 **haschisch**＝(大麻の雌花穂から製した)麻酔剤]（十三世紀，パレスチナにあった秘密結社の頭目が部下の士気を高めるためにこの麻酔剤を飲ませて，当時の十字軍の指導者を殺害させた）——→暗殺する．*cf.* **hasheesh, -ish**(麻酔剤).
congratulate [kəngrǽtjuleit] [**gratus**＝pleasing]（喜びを共にする）——→祝う，祝詞を述べる．☞ **grateful**（感謝に満ちた）．
fascinate [fǽsineit] [ラテン語 **fascinum**＝spell(呪文, 魔力)] 魅する，悩殺する．
isolate [áisəleit] [ラテン語 **insula**＝island]（島のように）——→孤立させる；隔離する．☞ **insular**（島国の）．
navigate [nǽvigeit]＝[ラテン語 **nav**＜**navis** (ship)＋**ig**＜**agere**

(to drive)+**ate**]（船を進ませる）——→進行させる；航行［航海］する；船で運送する．☞ **navy**（海軍）．

nominate [nɔ́mineit] ［ラテン語 **nomen**＝name］ 指名する；任命する；推挙する．

originate [ərídʒineit] ［ラテン語 **oriri**＝to arise, begin］ 創める；創まる．☞ **Orient**（東洋）．

speculate [spékjuleit] ［ラテン語 **specere**＝to see］ 思索する；推測する；投機をする．

vibrate [vaibréit] ［ラテン語 **vibrare**＝to shake］ 振動する；振動させる．

2 −en   ● 形容詞・名詞に付けて「〜にする」の意味を表わす．

darken [dá:rkən] 暗くする；暗くなる．
fasten [fá:sn] [**fast**＝しっかりとした］ （しっかりと）——→縛りつける；締める；締まる．
hasten [héisn] [**haste**＝急速] 急がす；急ぐ．
heighten [háitn] [**height**＝高さ] 高くする；強める．
moisten [mɔ́isn] [**moist**＝湿った] 湿らす；湿る．
redden [rédn] 赤くする；赤くなる．
sharpen [ʃá:rpən][**sharp**＝鋭い] 鋭くする；鋭くなる；（鉛筆などを）削る．
strengthen [stréŋθən] [**strength**＝強さ] 強くする；強くなる；力づける．
threaten [θrétn] [**threat**＝おどし] おびやかす；脅迫する；威嚇する．
weaken [wí:kən] 弱くする；弱くなる．

3 −er   ● 反復する音や動きを表わす．

chatter [tʃǽtər][**chat**＝雑談] おしゃべりする；（鳥が）さえずる．
flicker [flíkər]（灯火などが）ちらちらする；（旗などが）ひらひらする．
flutter [flʌ́tər] 羽ばたきする；はためく；おののく．
glitter [glítər] ぴかぴか輝く；けばけばしい．

第2篇　接尾語（Suffix）

⦿ **gl-** には「光」の観念があり,「光の動き」「視線の動き」を表わす語の語頭に多く見られる．日本語の「**ギラギラ**」「**キラキラ**」と音が似ている点に注意．

例： **glance**（ちらっと見る）, **glare**（ぎらぎら光る）, **glass**（ガラス）, **gleam**（微光）, **glimmer**（ちらちら光る）, **glimpse**（ちらっと見る）, **glisten**（きらきら輝く）, **glory**（栄光）, **gloss**（光沢）, **glow**（輝く）.

loiter [lɔ́itər] ぶらぶら歩く；のらくらする．
patter [pǽtər] ぱたぱたと打つ；ぱたぱたと走る．【音の類似に注意】
quiver [kwívər] ぶるぶる震える．
shiver [ʃívər] ぶるぶる震える．
totter [tɔ́tər] よちよち歩く；倒れそうになってぐらぐらする．
twitter [twítər] ぺちゃくちゃしゃべる；(鳥が)さえずる．
waver [wéivər] 揺れ動く；ぐらつく；震える．

4　**-fy**　⦿ ラテン語 **facere**(＝to make) の変化形で,「**〜にする**」「**〜化する**」の意味を表わす．

classify [klǽsifai] [**class**＝等級] （等級に）⟶分類する．
edify [édifai] [ラテン語 **aedes**＝building] （建てる）⟶品性を陶冶する；教化する．☞ **edifice**（大きな建物）．
fortify [fɔ́ːrtifai] [ラテン語 **fortis**＝strong] 強化する；堅固にする；要塞を築く．
identify [aidéntifai] [ラテン語 **idem**＝the same] （同じにする）⟶同一なものとみなす；同一の人[物]であることを立証する．
justify [dʒʌ́stifai] [**just**＝正しい] 正当化する；正しいことを明らかにする．
personify [pəːrsɔ́nifai] [**person**＝人] 擬人化する；体現する．
petrify [pétrifai] [ラテン語 **petra**＝rock(岩)] （岩にする）⟶石に化する；茫然自失する．☞ **petroleum**（石油）．
purify [pjúərifai] [**pure**＝純粋な] 純化する；清める；洗練する．
qualify [kwɔ́lifai] [**quality**＝質] 一定の性質を与える；資格を与える；緩和する．
satisfy [sǽtisfai] [ラテン語 **satis**＝enough] （十分にする）⟶満足させる．☞ **sate**（飽かせる）, **satiate**（飽かせる）．
signify [sígnifai] [**sign**＝しるし] （しるしにして表わす）⟶象徴する；意味する；重きをなす．

simplify [símplifai] [**simple**＝単純な] 単純にする；簡単にする.

5 ─ize, ─ise

❸ 「～の状態にする」「～化する」などの意味を表わす. イギリス英語では **-ise** を使うことがある.

civilize [sívilaiz] [ラテン語 **civis**＝citizen] 開化させる；開化する.

dramatize [drǽmətaiz] [**drama**＝劇] 劇化する，劇になる.

generalize [dʒénərəlaiz] [**general**＝一般の] 一般化する；概括する.

organize [ɔ́ːrɡənaiz] [**organ**＝器官，機関] 有機体にする，有機体になる；組織する.

specialize [spéʃəlaiz] [**special**＝特殊の] 特殊化する；専門化する；詳しく述べる；限定する.

symbolize [símbəlaiz] [**symbol**＝象徴] 象徴する；符号で表わす.

utilize [júːtilaiz] [ラテン語 **uti**＝to use] 利用する. ☞ **utensil** (器具).

6 ─ish

❸ 「～にする」の意を表わす.

admonish [ədmɔ́niʃ] [ラテン語 **monere**＝to advise] 勧告する；警告する. ☞ **monition** (警告).

banish [bǽniʃ] [**ban**＝禁止する] 追放する.

blemish [blémiʃ] [アイスランド語 **blar**＝bluish(青みがかった)] (殴って青黒くする)──→(美しさなどを)そこなう；汚す.

blush [blʌʃ] [古代英語 **blyscan**＝to glow(真赤に燃える)] 赤面する；恥じる.

cherish [tʃériʃ] [ラテン語 **carus**＝dear] はぐくむ；大切にいだく. ☞ **caress** (愛撫する).

demolish [dimɔ́liʃ] [ラテン語 **demoliri**＝to pull down] とり壊す；打破する；食いつくす.

diminish [dimíniʃ] [ラテン語 **minutus**＝small] 少なくする，少なくなる；小さくする，小さくなる.

embellish [imbéliʃ] [ラテン語 **bellus**＝fine] 美化する，飾る；潤色する.

famish [fǽmiʃ]［ラテン語 **fames**＝hunger］ 飢えさせる；餓死する．☞ **famine**（飢きん）．

flourish [flʌ́riʃ]［ラテン語 **florere**＝to flower］ （花が咲き誇る）──→繁茂する；栄える；振りまわす；はなやかに飾る．

furnish [fə́ːrniʃ]［古代フランス語 **furnir**⇒備える］ 供給する；貢献する；家具を備えつける．☞ **furniture**（家具）．

garnish [gáːrniʃ]［古代フランス語 **garnir**＝to defend(守る)］ 飾る；〖料理〗'つま'を添える；債権差し押えの通告をする．

languish [lǽŋgwiʃ]［ラテン語 **languere**＝to be weak］ しおたれる；思い悩む；あこがれる．

publish [pʌ́bliʃ]［**public**＝公の］ （公にする）──→発表する；出版する；公布する．

punish [pʌ́niʃ]［ラテン語 **poena**＝penalty(刑罰)］ 罰する；ひどい目にあわせる．☞ **pain**（痛み）．

7　―le　㊜「反復」「指小」を示す．

chuckle [tʃʌ́kl]［**choke**＝窒息させる］ （咽喉をしめられた時の声のように）──→くすくす笑う；雌鶏が鳴く．

dazzle [dǽzl]［**daze**＝目をくらます］ 目をくらます；眩惑する．

dwindle [dwíndl]［アイスランド語 **dwina**＝やつれる］ （やつれてだんだん小さくなる）──→ だんだん小さくなる，減少する；やせ衰える；縮ませる．

scribble [skríbl]［ラテン語 **scribere**＝to write］ 書き散らす；乱作する．

sparkle [spάːrkl]［**spark**＝火花］ 火花を発する；きらきら光る．

sprinkle [spríŋkl]［**spring**＝はね返る］ まき散らす，振りかける；散在させる；水をまく．

startle [stάːrtl]［**start**＝にわかにとび立つ］ とび立たせる；びっくりさせる；刺激する．

trickle [tríkl]［中世英語 **strikelen**＝とめどもなく流れる］ （涙などが）したたる，ちょろちょろ流れる；たらたら落とす．

twinkle [twíŋkl]［中世英語 **twinken**＝to wink(まばたきする)］ きらきら光る；（目を）しばたく．

第3篇 語根 (Root)

英語の語彙を構成する語根の大部分はラテン語から来ているものである．それぞれの語根についてその原義を知り，接頭語および接尾語の意味と組み合わせることにより，英単語学習における効果の飛躍的増大を期待することができる．

1　**act-＝to act（行なう）**　　🈐 ラテン語 agere (＝to do, drive) より来た形で，ag-, ig- も同類である．過去分詞形 actus.

act [ækt] 名 行為；条例；〖劇〗幕．動 行なう；演ずる；作用する．
action [ǽkʃən] 名 行動；動作；作用；訴訟；戦闘．動 訴訟を起す．
actionable [ǽkʃənəbl] 形 起訴できる．
activate [ǽktiveit] 動 働かせる；活動化する．
activation [æ̀ktivéiʃən] 名 活性化．
activator [ǽktiveitər] 名 活性体；活性剤．
active [ǽktiv] 形 活動的な；能動的の；活気のある．
activity [æktíviti] 名 活動；活気．
actual [ǽktjuəl] 形 現実の．
actuality [æ̀ktjuǽliti] 名 現実．
actualize [ǽktjuəlaiz] 動 実現する．
actually [ǽktjuəli] 副 現実に；実際に．
actuate [ǽktjueit] 動 活動させる；発動させる．
enact [inǽkt] [**en-＝in**] 動（法律を）制定する；（役などを）演ずる．
enactment [inǽktmənt] 名 制定；法令；特殊規定．
exact [igzǽkt]＝to drive out. 動 きびしく取り立てる；要求する．形 厳格な；厳密な；正確な．
exacting [igzǽktiŋ] 形 きびしい；骨の折れる．
exactitude [igzǽktitjuːd] 名 正確，厳密．

exactly [iɡzǽktli]　副 正確に.
inaction [inǽkʃən] [**in-** =not]　名 無気力；怠惰；無精.
inactive [inǽktiv]　形 不活発な；怠惰な；不活性の.
react [riǽkt] [**re-** =back]　動 反作用をなす；反応する；反動する.
reaction [riǽkʃən]　名 反動；反応；感応.
transact [trænzǽkt] [**trans**=through]　(やり通す)──→動 処理する；取引する.
transaction [trænzǽkʃən]　名 処理；取引.
agency [éidʒənsi]　(行なうこと)──→名 作用, 力；代理行為；代理店；行政機関；周旋.
agent [éidʒənt]　(行なう人)──→名 代理人；周旋人；行為者；作因.
agile [ǽdʒail]　形 敏捷な；軽快な；機敏な.
agility [ədʒíliti]　名 行動の敏捷さ；機敏.
agitate [ǽdʒiteit]　動 扇動する, 騒がせる；動揺させる.
agitation [ædʒitéiʃən]　名 動揺, かく乱；扇動；騒ぎ.
agitator [ǽdʒiteitər]　名 扇動者, 遊説者.
agony [ǽɡəni]　(心を追いまわす)──→名 苦悶；激情.
cogent [kóudʒənt] =to drive together. (相手を動かして共に行く)──→形 人を承服させるに足りる, 力強い.
exigent [éksidʒənt]　(外に追い出す)──→形 火急の；過度の要求をする；せちがらい.
prodigal [pródiɡəl] =to drive forth. (前に出す)──→形 浪費する；ぜいたくざんまいの．名 浪費者；道楽者.

2　**alt-＝high** (高い)　●　ラテン語 altus(=high).

altar [ɔ́ːltər]　(高い所)──→名 祭壇.
altimeter [ǽltimiːtər] [**-meter**=測るもの]　名 高度計.
altitude [ǽltitjuːd] [**-itude** 抽象名詞語尾]　名 高さ；海抜；高位.
exalt [iɡzɔ́ːlt]　(高く上げる)──→動 高める；ほめ上げる；意気を高くする.
exaltation [èɡzɔːltéiʃən]　名 即位；昇進；有頂天.
haughty [hɔ́ːti] [**haught**＜**alt** (high)]　形 高慢な；傲慢な.

3 | alter−, ali−＝other (他の) |

alter [ɔ́:ltər] (他のものに)──→動 変える，改める；変わる，改まる．
alteration [ɔ̀:ltəréiʃən] 名 変更；改造；変質．
alternate [ɔ:ltə́:rnit] (他のものと)──→形 交互の；代理の．名 交替；代理者．動 [ɔ́:ltə:rneit] 交互する，交互させる．
alternation [ɔ̀:ltə:rnéiʃən] 名 交互；交替．
alternative [ɔ:ltə́:rnativ] 形 二者択一の．名 二者択一；選択すべき二者；他に採るべき方法．
altruism [ǽltruizəm] [**altru-**＝alter] 名 利他主義．
altruistic [æ̀ltruístik] 形 利他主義の．
alien [éiljən] (他の)──→形 よその；外国の；性に合わない．名 他国（異人種）の人；外国人．
alienable [éiljənəbl] (他人のものとする)──→形 譲渡できる．
alienate [éiljəneit] 動 疎隔させる，うとんずる；譲渡する．
alienation [èiljənéiʃən] 名 疎隔，疎遠；譲渡．
alibi [ǽlibài] [**bi**＝place] (他の場所に居た)──→名 アリバイ，現場不在証明．

4 | am−−＝to love (愛する) | ❸ ラテン語 amare(＝to love)．

amateur [ǽmətə:r] (道楽で技芸を愛する人)──→名 好事家；アマチュア，素人．
amatory [ǽmətəri] 形 恋愛の；性愛の；好色の．
amiable [éimiəbl] 形 心のやさしい．
amicable [ǽmikəbl] 形 むつまじい；友誼的の；親和の．
amity [ǽmiti] 名 友好．
amorist [ǽmərist] 名 好色者；恋愛文学作家．
amorous [ǽmərəs] 形 好色の，愛の，なまめかしい．
enamo(u)r [inǽmər] [**en-**＝in] 動 恍惚とさせる；恋い慕わせる．
enemy [énimi] [**en-**＝not; **em**＝am] (愛さない者)──→名 敵．
enmity [énmiti] 名 憎悪，敵意；不和，敵対．

5　anc-＝before (前に)

ancestor [ǽnsistər] (前に行く人)——→图 祖先；先祖.
ancestral [ænséstrəl] 形 祖先(先祖)の, 祖先伝来の.
ancient [éinʃənt] 形 遠い昔の. 图 古代(の)人.
advance [ədvɑ́ːns] [**ad-**＝to] (前方へ)——→動 前進させる；進む；提出する；登らせる；騰貴させる. 图 前進；進歩；騰貴；前払い.
advancement [ədvɑ́ːnsmənt] 图 昇進；増進；進歩.
advantage [ədvɑ́ːntidʒ] 图 利益. 動 利する.
advantageous [ædvəntéidʒəs] 形 有利な；好都合な.
enhance [inhɑ́ːns] [**en-**＝in] 動 高める；誇張する；騰貴させる.

6　ang-＝to strangle (首を締める)　❸ ラテン語 angere (＝to strangle).

anger [ǽŋgər] (首を締められて)——→動 怒る；怒らす. 图 怒り.
angry [ǽŋgri] 形 怒った.
anguish [ǽŋgwiʃ] 图 (心身の)苦痛, 苦悶.
anxiety [æŋzáiəti] 图 心配；切望.
anxious [ǽŋ(k)ʃəs] 形 心配して；切望して.

7　anim-＝breath (息), mind (心)

❸ ラテン語 anima (＝breath), animus (＝mind).

animal [ǽniməl] (息あるもの)——→图 動物. 形 動物界の, 獣的な.
animalcule [ænimǽlkjuːl] [**-cule** 指小名詞語尾] 图 極微動物；顕微鏡虫.
animalism [ǽniməlizəm] 图 獣性；獣欲主義；肉欲.
animate [ǽnimit] 形 生命のある；活気のある. 動 [ǽnimeit] 生命・活気を与える；鼓舞する.
animation [ænidéiʃən] 图 生気, 活気；動画製作；動画.
animator [ǽnimeitər] 图 鼓舞者；動画製作者.
animosity [ænimɔ́siti] (骨髄に徹するほどの心)——→图 怨恨.

animus [ǽniməs] = animosity.
equanimity [ìːkwənímiti] [**equ-** = equal] (心が均等であること)——→名 (心の)平静. 落着き.
magnanimity [mæ̀gnənímiti] [**magn-** = great] (心が大きいこと)——→名 寛大, 雅量.
magnanimous [mægnǽniməs] 形 度量の大きい, 寛大な; 高潔な.
unanimity [jùːnənímiti] [**un-** = one] (心が一つであること)——→名 (意見などの) 一致.
unanimous [ju(ː)nǽniməs] 形 満場一致の, 異口同音の.

8　**ann–** = **year** （年）　⊛ ラテン語 annus (= a year).

annals [ǽnlz] 名 年代記; 歴史.
anniversary [æ̀nivə́ːrsəri] [**vers** = to turn] (一年に一度巡ってくるもの)——→名 記念日; 記念祭.
Anno Domini [ǽnou dɔ́minai] [ラテン語 **dominus** = lord (主)] (in the year of our Lord)——→西暦紀元 《略: A.D.》.
annual [ǽnjuəl] 形 一年の; 毎年の. 名 一年生植物; 年報, 年鑑.
annuity [ənjúː(ː)iti] 名 年金.
biannual [baiǽnjuəl] [**bi-** = two] 形 年二回の.
perennial [pəréniəl] [**per-** = through] (一年を通じて)——→形 年中たえない; 多年の; 永久の. 名 多年生植物.

9　**anthrop–** = **man** （人間）　⊛ ギリシア語 anthropos (= a man).

anthropocentric [æ̀nθrəpəséntrik] [**centr** = center] 形 人間中心の.
anthropography [æ̀nθrəpɔ́grəfi] [**-graphy** = writing] 名 記述的人類学.
anthropoid [ǽnθrəpɔid] [**-oid** < ギリシア語 **eidos** (form)] (人間の形をした)——→形 人間に似た.
anthropology [æ̀nθrəpɔ́lədʒi] [**-logy** = 学] 名 人類学.
anthropomorphism [æ̀nθrəpəmɔ́ːrfizəm] [ギリシア語 **morphe** = form] (人間の形と見る)——→名 擬人観.

anthropomorphous [æ̀nθrəpəmɔ́:rfəs] 形 人間の形の.
misanthrope [mízənθroup] [ギリシア語 **misein**=to hate(憎む)]
　名 人間をきらう人.
misanthropy [mizǽnθrəpi] 名 人間ぎらい.
philanthrope [filənθroup] [**phil-**=to love] 名 博愛家 (=philanthropist).
philanthropy [filǽnθrəpi] 名 博愛.

10 | **apt－＝fit** （適当な） |　㊟ ラテン語 aptus (=fit).

apt [æpt] 形 適した, 〜の傾向がある；上手な.
aptitude [ǽptitju:d] [**-itude** 抽象名詞語尾] 名 適性；資質, 知能.
adapt [ədǽpt] [**ad-**=to](適当にする)─→動 適応させる；改作する.
adaptable [ədǽptəbl] 形 適応し得る.
adaptation [æ̀dæptéiʃən] 名 適合, 適応；改作；順応.
adaptive [ədǽptive] 形 適応性の.
inapt [inǽpt] [**in-**=not] 形 不適当な；拙劣な.
inaptitude [inǽptitju:d] 名 不適当；不手際.

11 | **arm－＝weapons** （武器） |　㊟ ラテン語 arme (=weapons), armare (=to arm).

arms [ɑ:rmz] 名 武器；武技；紋章. 動 武装する.【注意：「腕」を意味する 'arm' は語源を異にする】
armada [ɑ:rmá:də] [スペイン語 **armada**=a fleet (艦隊)] 名 艦隊.
armament [á:rməmənt] 名 軍備.
armed [ɑ:rmd] 形 武装した；武器を持った.
armistice [á:rmistis][**st**＜ラテン語 **stare** (to stand)] (横に構えていた武器を立てること)─→名 休戦.
armory [á:rməri] 名 紋章学.
armo(u)r [á:rmər] 名 よろい；潜水服. 動 よろいを着せる；装甲する.
armo(u)ry [á:rməri][**-ry** 場所を表わす名詞語尾] 名 武器庫；武器製造所.
army [á:rmi] 名 軍隊, 陸軍；群集；団, 隊.

disarm [disá:rm][**dis-**=apart] 動 武器を奪う；武装を解除する；軍備を縮小する．

disarmament [disá:rməmənt] 名 武装解除；軍備縮小．

12　aud—=to hear（聞く）

🈑 ラテン語 audire（=to hear）．

audible [ɔ́:dəbl] 形 聴きとれる．

audience [ɔ́:diəns] [**-ence** 名詞語尾] 名 聴くこと；謁見；会見；聴衆；観客．

audiometer [ɔ̀:diómitər] 名 音波計，聴力計．

audio-visual [ɔ́:diouvízjuəl] [**vis**＜ラテン語 **videre**（to see）] 形 聴視覚の．

audiphone [ɔ́:difoun] [**phone**=sound（音声）] 名 聴音器．

audition [ɔ:díʃən] 名 聴力；歌手の試験．動 歌手・放送員の聴取審査をする（受ける）．

auditor [ɔ́:ditər] 名 聴く人；会計検査員；監査役；聴講生．

auditorial [ɔ̀:ditɔ́:riəl] 形 聴覚の；会計検査員の．

auditorium [ɔ̀:ditɔ́:riəm] [**-um** 場所を表わす名詞語尾] 名 聴衆席；観覧席；講堂．

auditory [ɔ́:ditəri] 形 聴覚の．名 聴衆(席)．

obedient [əbí:djənt]=[**ob-**（ほとんど無意味）+ **edi** ＜ **audire**（to hear）+**ent**（形容詞語尾）]（人の言うことを聞く）──形 従順な．

obey [əbéi] 動 服従する；従う．

disobedient [dìsəbí:djənt] [**dis-**=not] 形 不従順な．

13　aug—=to increase（増加する），make to grow（生じさせる）

🈑 ラテン語 augere（=to increase, make to grow）．過去分詞形 auctus．

auction [ɔ́:kʃən] （だんだんと値を増してゆく）──名 競売；せり売り．動 せりで売る．

auctioneer [ɔ̀:kʃəníər] [**-eer** 人を表わす名詞語尾] 名 競売人．動 競売する．

augment [ɔ:gmént] 動 増大する．

augmentative [ɔːgméntətiv] 形 増大性の.
august [ɔːgʌ́st] (偉大なまでに増加した)──→形 尊厳な.
author [ɔ́ːθər] (物事を生ぜしめる人)──→名 創始者；著作者；張本人.
authority [ɔːθɔ́riti] (物事を生ぜしめる根源)──→名 権勢, 権威；典拠；当局；権威者.
authoritative [ɔːθɔ́ritətiv] 形 権威ある.
authorize [ɔ́ːθəraiz] 動 権能を与える；認可する；委任する.
authentic [ɔːθéntik] (著作者自身の手で書かれた)──→形 信ずべき；真正な；出所の確かな.
authenticity [ɔ̀ːθentísiti] 名 真正；確実.

14　avi- ＝ bird (鳥)　　🌑 ラテン語 avis (＝a bird).

avian [éiviən] 形 鳥類の.
aviarist [éiviərist] 名 愛鳥家.
aviary [éivjəri] [**-ry** 場所を表わす名詞語尾] 名 鳥小屋；鳥飼い場.
aviate [éivieit] (鳥のように)──→動 飛行する.
aviation [èiviéiʃən] 名 飛行, 航行(術).
aviator [éivieitər] 名 飛行士(家).
auspice [ɔ́ːspis][**au**＜**avi**(bird)＋**spice**＜ラテン語 **specere** (to see)] (鳥の飛ぶのを見て吉凶を占った)──→名 前兆. [**au**-(over)＋**spice**] (見ていてやる)──→庇護, 保護.
auspicious [ɔːspíʃəs] 形 縁起のよい；幸先のよい.
inauspicious [ìnɔːspíʃəs] [**in**- ＝not] 形 不吉の；縁起のわるい.
augur [ɔ́ːgər] 名 (古代ローマの)占卜官. 動 前兆を示す.
augural [ɔ́ːgjurəl] 形 占卜の；吉兆(凶兆)の.
augury [ɔ́ːgjuri] 名 吉凶判断；前兆.
inaugurate [inɔ́ːgjureit] (占いによって吉日をトした)──→動 就任式を行なう；落成式を行なう；開始する.
inauguration [inɔ̀ːgjuréiʃən] 名 就任(式)；落成(式)；開始.

15　band-, bond- ＝ to bind (しばる)

🌑 サンスクリット **bhand** (＝to bind).

band [bænd] (しばるもの)──→名 ひも, バンド, 帯；一隊, 団；楽

団. **動** ひもでしばる；団結させる[する].
bandage [bændidʒ] **名動** 包帯(する).
bond⁽¹⁾ [bɔnd] **名** 結束；《複数》束縛, きずな；約定, 契約；証書；債券, 社債；保税倉庫留置. **動** 保税倉庫に預ける；担保に入れる.
bond⁽²⁾ [bɔnd] (結束すること)—→**名** 同盟, 連盟.
bondage [bɔ́ndidʒ] (しばられている身分)—→**名** 奴隷の身分；農奴の境遇；(自由の)束縛, とらわれの身.

16　bar—＝bar (横木)　● ラテン語 barra (＝bar).

bar [bɑːr] **名** 棒；柵；障害；仕切り；法廷；酒場. **動** ふさぐ；妨げる；禁ずる；線をつける. **前** 除いて.
barrel [bǽrəl] (木の棒を材料にして作られる)—→**名** 樽；(形が似ていることから)—→銃身. **動** 樽につめる.
barricade [bæ̀rikéid] (棒で妨げる)—→**名** バリケード；往来止め；妨害物. **動** バリケードで防ぐ.
barrier [bǽriər] (柵で防ぐ)—→ **名** 防柵；関門；障害物 **動** 柵でかこむ.
barring [bɑ́ːriŋ] **前** 除いて.
barrister [bǽristər] **名** 法廷弁護士.
embarrass [imbǽrəs] [**em**-＝in] (中に棒を入れて)—→**動** 妨げる；当惑させる；紛糾させる.
embarrassment [imbǽrəsmənt] **名** 困却；当惑.
embarrassing [imbǽrəsiŋ] **形** やっかいな, 困った.

17　bat—＝to beat (打つ)　● ラテン語 battere(＝to beat).

bat [bæt] **名** 打棒. **動** (棒で)打つ.
battle [bǽtl] (打ち合うこと)—→**名** 戦闘；決闘；勝利. **動** 戦う.
battalion [bətǽljən] (戦闘をなす隊)—→**名** 軍隊；大隊.
batter [bǽtər] [**-er** 反復を表わす語尾] **動** さんざん打つ；打ちつぶす；使いへらす. **名** 打者.
battered [bǽtərd] **形** つぶれた；みすぼらしい.
battery [bǽtəri] **名** 殴打；砲兵中隊；砲台；電池；〖野球〗バッテリー.

battlement [bǽtlmənt](打つところ)──→图 (城壁の)銃眼；胸壁.

abate [əbéit] [**a-**＝off] (打ちへらす)──→動 減ずる；弱める；無効にする.

combat [kɔ́mbət] [**com-**＝together] (共に打ち合う)──→動 戦う；争う. 图 戦闘，格闘.

combative [kɔ́mbətiv] 形. 戦闘好きの.

debate [dibéit] [**de-**＝down] (相手を打ち倒す)──→動 討議する. 图 論争；討議.

---

18 | **bio-**＝**life** (生) | ● ギリシア語 bios (＝life).

biochemistry [báioukémistri] 图 生化学.

biography [baiɔ́grəfi] [**-graphy**＝writing] (人の一生を書いたもの)──→图 伝記.

biographer [baiɔ́grəfər] 图 伝記作家.

biology [baiɔ́lədʒi] [**-logy**＝学] 图 生物学.

biometry [baiɔ́mitri] [**-meter**＝to measure (測る)] 图 生物測定学；(人間の)寿命測定(法).

autobiography [ɔ̀:toubaiɔ́grəfi] [**auto-**＝self] (自身の伝記)──→图 自叙伝.

autobiographical [ɔ́:toubàiəgrǽfikəl] 形 自叙伝の.

antibiotic [ǽntibaiɔ́tik] [**anti-**＝against] 图 抗生物質. 形 抗生の.

---

19 | **brev-**＝**short** (短い) | ● ラテン語 brevis (＝short).

brevity [bréviti] 图 (時の)短さ；簡潔.

brief [bri:f] 形 短時間の；簡潔な. 图 訴訟事件；要領書. 動 要領書を作る.

briefly [brí:fli] 副 手短に；簡潔に.

abbreviate [əbrí:vieit] [**ab-**＝to] 動 短縮する；省略する.

abbreviation [əbrì:viéiʃən] 图 短縮；省略；摘要；略語；略符.

abridge [əbrídʒ] 動 短縮する；摘要する；縮小する.

abridg(e)ment [əbrídʒmənt] 图 短縮；縮小；摘要.

20　cad—, cid—, cas—　=to fall（落ちる）

● ラテン語 cadere (=to fall).

cadence [kéidəns] （声が落ちること）——→图 音声の低下；抑揚；〘音楽〙終止.

decadence [dékədəns] [**de-** =down] （下に落ちること）——→图（文芸美術の）退廃, デカダンス.

decadent [dékədənt] 形 退廃の. 图 退廃派の芸術家.

accident [æksidənt] [**ac-** =to] （身の上に落ちかかってくる）——→图 事故；災害；偶然.

accidental [æksidéntl] 形 偶然の. 图 偶然の事.

deciduous [disídjuəs] [**de-** =down] （下に落ちる）——→形（葉など）脱落する；一時的の.

incidence [ínsidəns] [**in-** =on] （～の上に落ちること）——→图 落ちかかること；起こること；影響の及ぶ範囲；課税の範囲.

incident [ínsidənt] 形 起こりがちな；付随的の. 图 出来事；事件.

incidental [ìnsidéntəl] 形 付随的の；偶然の. 图 偶発事項.

coincide [kòuinsáid] [**co-** =together] （共に落ちる）——→動 符合する；一致する.

coincidence [kouínsidəns] 图 符合；一致.

coincident [kouínsidənt] 形 符合した；一致した.

Occident [ɔ́ksidənt] [**oc-** =**ob-** (toward)] （太陽が落ちる方）——→图 西方, 西洋, 西欧. *cf.* **Orient**（東洋）.

cascade [kæskéid] （落ちるもの）——→图 小滝；懸崖作り. 動 滝になって落ちる.

case [keis] （身の上に落ちたもの）——→图 事件；事情；場合；状態；訴訟事件；患者；格.【注意：「容器」を意味する 'case' はラテン語 **capere** (=to receive, hold) から来ている】

casual [kǽʒjuəl] 形 偶然の；不時の. 图 臨時収入；自由労働者, 浮浪者.

casualty [kǽʒjuəlti] 图 不慮の災難；死傷者（数）.

occasion [əkéiʒən] [**oc-** =**ob-**(before)] （目の前に落ち来ること）——→图 機会, 好機；理由；付帯原因；祝祭. 動 ひき起こす.

occasional [əkéiʒənəl] 形 特殊の場合の；不時の；おりおりの.

21　cap— =head (頭)　　🔴 ラテン語 caput (=a head).

cape [keip] (頭のように突き出ているもの)—→名 岬.
capital [kǽpitl] 形 頭の；重大な；主要な；資本の. 名 頭文字；首都；資本.
capitalism [kǽpitəlizəm] 名 資本主義.
capitalist [kǽpitəlist] 名 資本家.
capitalize [kæpítəlaiz] 動 資本化する；投資する.
capitally [kǽpitli] 副 すばらしく，みごとに.
capsize [kæpsáiz] (船首を捉えて)—→動 転覆させる(する). 名 転覆.
captain [kǽptin] (頭になる人)—→名 指揮者；艦長，船長；首領，主将. 動 統率する.
cabbage [kǽbidʒ] (大きな頭)—→名 キャベツ. 動 (キャベツのように)頭ができる.
decapitate [dikǽpiteit] [de-=off] (頭を切り離す)—→動 斬首する；解雇する.
decapitation [dikæpitéiʃən] 名 斬首；解雇.

22　cap— =to take (取る)　　🔴 ラテン語 capere (=to hold, take, catch, seize).

capable [kéipəbl] (取りうる)—→形 ～できる；～する力がある；才能のある.
capacious [kəpéiʃəs] (たくさん取り入れる)—→形 広い；容積の大きい.
capacity [kəpǽs(i)ti] 名 容量；容積；手腕，才能；可能性；資格. 形 満員の.
caption [kǽpʃən] (捕えること)—→名 逮捕；字幕. 動 字幕をつける.
captivate [kǽptiveit] (心を捉える)—→動 魅惑する.
captivating [kǽptiveitiŋ] 形 魅惑的な，うっとりとさせる.
captive [kǽptiv] 形 生捕りの，捕虜の. 名 捕虜；囚人.
captivity [kæptíviti] 名 とらわれの身；俘囚.
captor [kǽptər] 名 捕える人；獲得する人.
capture [kǽptʃər] 名 捕獲；占領；捕獲品. 動 捕える；獲得する.

23　car－＝car(車), to run (走る)

● ラテン語 carrus (＝car) ＜currere (to run).

car [kɑ:r] (走るもの)──→图 車, 自動車；電車.

career [kəríər] (競走するための路)──→图 疾走；生涯の経歴；経路. 動 疾走する.

cargo [ká:rgou] (車の荷)──→图 船の積荷.

carry [kǽri] (車で運ぶ)──→動 運ぶ；勝ち取る；押し通す；負担する；携帯する；振舞う.

carriage [kǽridʒ] [**-age** 抽象名詞語尾] (運ぶこと)──→图 運送(業)；運賃；経営；振舞い, 態度；車両.

carrier [kǽriər] 图 運送人, 配達人；保菌者；航空母艦.

cart [kɑ:rt] 图 荷馬車；二輪馬車. 動 荷馬車で運ぶ.

carter [ká:rtə] 图 荷馬車の御者.

charge [tʃɑ:rdʒ] (車に荷を載せる)──→動 みたす；装塡する；充電する；おわせる；命ずる；とがめる；代金を請求する；突撃する. 图 充塡量；充電；負担；課税；責任；監督；命令；告発；突撃.

〖解説〗[k] 音と [tʃ] 音の相互変化はよく見られる現象である. 同じ語根より生じながら音変化によって綴字, 意義を異にするものを doublet (二重語, 姉妹語) と呼ぶ.

〖例〗　arc (弧)─ar*ch* (アーチ)
　　　　*c*adence (音声の低下)─*ch*ance (機会)
　　　　*c*amera (カメラ)─*ch*amber (室)
　　　　*c*ard (カード)─*ch*art (海図)
　　　　*c*atch (捕える)─*ch*ase (追う)
　　　　*c*avalry (騎兵隊)─*ch*ivalry (騎士道)
　　　　*c*anal (運河)─*ch*annel (海峡)
　　　　*c*ant (流行言葉)─*ch*ant (歌)
　　　　*c*aress (愛撫する)─*ch*erish (大切に抱く)

discharge [distʃá:rdʒ] [**dis-**＝away] 動 除いてやる；放電する；免除する；発射する；履行する. 图 荷揚げ；発射；放出(物)；放電；免除；履行.

chariot [tʃǽriət] 图 戦車；四輪馬車の一種. 動 馬車を駆る.

24 | **carn――＝flesh** (肉) | ● ラテン語 caro (＝flesh).

carnage [káːrnidʒ] (肉を食べる時節)――→图 大虐殺.
carnal [káːrnəl] 形 肉欲の；現世的の.
carnalism [káːrnəlizəm] 图 肉欲主義.
carnation [kɑːrnéiʃən] 图 肉色；淡紅色；カーネーション. 形 肉色の.
carnival [káːrnivəl] 图 謝肉祭；大騒ぎ.
carnivore [káːrnivɔːr][**vore**＜ラテン語 **vorare** (to devour)] 图 食肉動物, 食虫植物.
carnivorous [kɑːrnívərəs] 形 食肉類の；食肉性の.
incarnate [inkáːrnit][**in-**＝in] (肉の中に入れる)――→形 肉体を具えた. 動 [inkáːrneit] 肉体を具えさせる；体現する；～の化身となる, ～の権化となる.
incarnation [inkɑːrnéiʃən] 图 体現；化身, 権化.
carrion [kǽriən] 图 腐肉；きたならしい物. 形 腐肉の；腐肉を食う.

25 | **－cede, －ceed, －cess＝to go** (行く), **come** (来る)

● ラテン語 **cedere** (＝to go). 過去分詞形 **cessus**.

accede [æksíːd][**ac-**＝to] (～に向かって行く)――→動 職[位]につく；仲間に入る；同意する.
access [ǽkses] 图 接近；通路, 入口；増加.
accessible [æksésəbl] 形 近づきやすい；手に入りやすい.
accession [ækséʃən] 图 接近；就任, 即位；同意；増加.
antecede [æntisíːd][**ante-**＝before] (前に行く)――→動 ～に先行する；～にまさる.
antecedence [æntisíːdəns] 图 先在；先行.
antecedent [æntisíːdənt] 形 先立つ；以前の. 图 先立つもの；先行詞；《複数》来歴, 素姓.
concede [kənsíːd][**con-**＝together] (共に行く――→譲り合う)――→動 認容する；譲歩する.
concession [kənséʃən] 图 認容；譲歩；居留地.
concessive [kənsésiv] 形 譲歩の.
exceed [iksíːd][**ex-**＝out] (～を越えて外へ行く)――→動 越える；

まさる；凌駕する．

exceeding [iksíːdiŋ] 形 非常な．

exceedingly [iksíːdiŋli] 副 非常に．

excess [iksés] 名 過多；過度；超過（額）．形 [ékses, iksés] 超過の．

excessive [iksésiv] 形 法外な，過度の．

incessant [insésənt] [**in-** =not] （止めて行かない→止めない）→ 形 間断ない，絶え間のない．

intercede [intə(ː)rsíːd] [**inter-** =between] （間に入って行く）→ 動 とりなす，仲裁する．

intercession [intərséʃən] 名 とりなし，調停．

intercessor [intərsésə] 名 仲裁者，調停者．

precede [priː(ː)síːd] [**pre-** =before] （先に行く）→動 先行する；先に起こる；始める．

precedence [priː(ː)síːdəns] 名 先立つこと；上位，優位．

precedent [présidənt] 名 先例；判例．動 先例となる．

precedented [présidəntid] 形 先例のある．

preceding [priː(ː)síːdiŋ] 形 前の；上述の．

precession [priséʃən] 名 先立つこと．

proceed [prəsíːd] [**pro-** =forward] （前方へ行く）→動 続けてゆく；進む；手続きする．

proceeding [prəsíːdiŋ] 名 進行；続行；起訴．

proceeds [próusiːdz] 名 売り上げ高；手取り金．

process [próuses] 名 続行；経過；過程；手続き；工程；訴訟手続．動 起訴する；加工処理する．

procession [prəséʃən] 名 行列（の行進）．動 行列を作って行く．

recede [riː(ː)síːd] [**re-** =back] （後へ行く）→動 後退する；手をひく；(領土などを) 返還する．

recess [risés] （ひっ込むこと）→名 休み；隠退所；奥；凹所；入りこんだ所．動 ひっ込める；凹所を作る．

recession [riséʃən] 名 後退；不況；くぼみ；返還．

recessive [risésiv] 形 退行の；逆行の．

retrocede [rètrousíːd] [**retro-** =backward] （後方へ行く）→動 戻る；内攻する；還付する．

retrocession [rètrouséʃən] 图 後退；返還；内攻.
secede [sisíːd] [**se-**＝away] （離れて行く）──→動 脱退する，分離する.
seceder [sisíːdər] 图 脱退者，分離者.
secession [siséʃən] 图 脱退，分離.
succeed [səksíːd] [**suc-**＝under] （～の下について行く）──→動 後に続く；継承する；（よい結果が続く）──→成功する.
success [səksés] 图 成功；成功した人(事).
successful [səksésful] 形 成功した；上首尾の；盛大な.
succession [səkséʃən] 图 継続；継承；伝承；連続.
successive [səksésiv] 形 連続する.
successor [səksésər] 图 後継者；相続人；後任者.

26 | −ceive, −cept, −cip, −cipate＝to take （取る）

● ラテン語 capere (＝to take).

accept [əksépt] [**ac-**＝to] 動 受け入れる；認容する.
acceptable [əkséptəbl] 形 受け入れうる；けっこうな.
acceptance [əkséptəns] 图 受納；認容.
acceptation [æksəptéiʃən] 图 (語の) 一般に認められた意義.
accepted [əkséptid] 形 一般に認められた.
conceive [kənsíːv] [**con-**＝with] （～を取る）── 動 心にいだく；思う；想像する；妊娠する.
conceivable [kənsíːvəbl] 形 考えうる.
concept [kɔ́nsept] 图 概念.
conception [kənsépʃən] 图 妊娠；考え；着想.
deceive [disíːv] [**de-**＝away] （だまして奪い取る）──→動 欺く.
deceivable [disíːvəbl] 形 だまされやすい.
deceit [disíːt] 图 欺き；欺瞞.
deception [disépʃən] 图 欺くこと；欺かれること.
deceptive [diséptiv] 形 人を欺く；あてにならない.
except [iksépt] [**ex-**＝out] （取り出す）──→動 除外する. 前接 除いて.
exception [iksépʃən] 图 除外；例外；異議.

exceptionable [iksépʃənəbl] 形 異議を受けうる.
exceptional [iksépʃənəl] 形 例外の；特別の.
inception [insépʃən] [**in-** = on] （取りかかること）——→名 学位を取ること；開始；発端.
inceptive [inséptiv] 形 開始の；端緒の. 名 起動動詞.
intercept [ìntə(ː)rsépt] [**inter-** = between] （間で取る）——→動 途中で抑える；さえぎる；横取りする.
interception [ìntə(ː)rsépʃən] 名 横取り；妨害；遮断.
interceptor [ìntə(ː)rséptə] 名 横取りする人；さえぎる物.
perceive [pərsíːv] [**per-** = through] （感覚を通して取る）——→動 知覚する；感づく；認める.
percept [pə́ːrsept] 名 知覚の対象.
perceptible [pərséptəbl] 形 知覚しうる.
perception [pərsépʃən] 名 知覚；感づき.
perceptive [pərséptiv] 形 知覚の；感づきの早い.
precept [príːsept] [**pre-** = before] （人の前に取り出すもの）——→名 命令；教訓；金言；令状.
preceptor [priséptər] 名 教訓者；指導教師.
receive [risíːv] [**re-** = back] （自分のほうに取る）——→動 受ける；歓迎する；信ずる；こうむる.
receiver [risíːvər] 名 受領者；入れ物；受信機, 受話器.
receivable [risíːvəbl] 形 受け取りうる.
receipt [risíːt] 名 領収（証）.
receptacle [riséptəkl] （受け取るもの）——→名 容器；収容所；ソケット.
reception [risépʃən] 名 受領；招待（会）；歓迎；承認；受信.
receptive [riséptiv] 形 感受性に富んだ.
recipient [risípiənt] 形 感受する. 名 受ける人（物）.
susceptible [səséptəbl] [**sus-** = under] （下にあって取る——→こうむる）——→形 （作用などを）受けうる；感じやすい；（病気に）かかりやすい.
susceptibility [səsèptəbíliti] 名 受けうること；感じやすいこと；感受性.
susceptive [səséptiv] 形 感じやすい, 敏感な.

anticipate [æntísipeit] [**anti-**=before] （前もって考える）──→動 期待する；予期する；先行する．

anticipation [æntìsipéiʃən] 名 予想，予期，予測；期待，見越し．

participate [pɑːrtísipeit] （部分を取る）──→動 〜を共にする，関係する；参加する．

participation [pɑːrtìsipéiʃən] 名 参加，参与；関係．

participle [páːrtisipl] （二つの働きを共にするもの）──→名 分詞．

emancipate [imænsipeit]＝[**e-**=**ex-** (out)＋**man**＜**manus** (hand)＋**cipate** (to take)] （手中のものを外へ出す）──→動 （奴隷などを）解放する，釈放する．

emancipation [imænsipéiʃən] 名 解放．

27　cent—＝hundred（百）　❸　ラテン語 centum（＝a hundred）．

centenary [sentíːnəri] [**en**=**ann**=year] 形 百年の．名 百年；百年祭．

centenarian [sèntinέəriən] 形 名 百歳の（人）．

centigrade [séntigreid] [**-grade**=段階] 形 百度に分けた．

centimeter [séntimìːtər] （一メートルの百分の一）──→名 センチメートル．

centipede [séntəpìːd] [**-ped**=foot] （百本足）──→名 むかで．

centuple [séntjupl] [**-ple**=to fold] 名 形 百倍（の）．

century [séntʃuri] 名 百の集まり；世紀．

per cent [pərsént] [**per**=〜につき] （百につき）──→名 パーセント．

percentage [pərséntidʒ] 名 百分率；割合．

28　centr—＝center（中心）　❸　ラテン語 centrum（＝center）．

central [séntrəl] 形 中心の，中央の；主要な．

centralism [séntrəlizəm] 名 中央集権主義；求心性．

centralization [sèntrəlaizéiʃən] 名 集中；中央集権．

centrifugal [sentrífjugəl] [**fugal**＜ラテン語 **fugere** (to fly from)] 形 中心を離れる，遠心の．☞ **fugitive** (束の間の；逃亡者)．

centripetal [sentrípitl] [**petal**＜ラテン語 **petere** (to seek)] 形 中心に向かう，求心の．☞ petition (嘆願).

concentrate [kɔ́nsentreit] [**con-** =together] （共に中心へ）——→ 動 一点に集中する；濃縮する．

concentration [kɔ̀nsentréiʃən] 名 集中；濃度．

eccentric [ikséntrik] [**ec-** =**ex-** =out] （中心を外れている）——→形 軸などが中心にない；軌道などが円形でない；気まぐれな；風変りな．名 偏心輪；奇人．

eccentricity [ìksentrísiti] 名 中心を外れていること；奇行，奇癖．

29　−cern, −cret ＝ to separate (離す)　❸ ラテン語 **cernere** (=to separate, sift ふるいにかける, decree 定める, observe 観察する).

concern [kənsə́ːrn] [**con-** =together] （ふるいにかけて同じ物を集める──→関係づける）──→動 関係する；重要である；懸念する．名 関係；関心；懸念；事柄；事業；商社．

concerning [kənsə́ːrniŋ] 前 ～に関して．

concernment [kənsə́ːrnmənt] 名 事件，事業；重要；関係；関心；懸念．

discern [disə́ːrn] [**dis-** =apart] （別々に分ける）──→動 識別する；見分ける，聴き分ける．

discernment [disə́ːrnmənt] 名 識別；洞察．

discreet [diskríːt] （別々に分ける）──→形 分別のある；慎重な．

discrete [diskríːt] （別々に分かれている）──→形 個々に分離した；連続していない．

discretion [diskréʃən] 名 行動の自由；思慮，分別，慎重．

excrete [ekskríːt] [**ex-** =out] （体の外へ放し出す）──→動 排泄する．

excrement [ékskrimənt] 名 腸の排泄物，糞便．

secret [síːkrit] [**se-** =apart] （別に分けられた）──→形 秘密の．名 秘密；秘訣．

secretary [sékrətri] （秘密に関与する人）──→名 秘書；《英》国務大臣；《米》長官．

secrete [sikríːt] [**se-** =apart] （別に分離する）──→動 分泌する；隠す．

secretion [sikríːʃən] 图 隠匿；分泌(物).
secernent [sisə́ːrnənt] 形 分泌の. 图 分泌(薬).

30 | **cert—＝sure** (確かな) |　　❸ ラテン語 **certus** (＝certain) は前述の **cernere** から来ており，「ふるいにかけられてはっきり定まった」の意である.

ascertain [æsərtéin]【発音に注意】[**a-**＝to, **s** は意味のない添加物] 動 確かめる.
certain [sə́ːrtn] 形 一定した；確かな；或る.
certainty [sə́ːrtnti] 图 確実な事実；確信.
certify [sə́ːrtifai] [**-fy**＝to make] (確かにする)—→動 証明する；確信する；保証する.
certificate [sərtífikit] 图 証明書；免許状. 動 [sətífikeit] 証明書を与える；免許する.
certification [sə̀(ː)rtifikéiʃən] 图 証明；免許.
certitude [sə́ːrtitjuːd] [**-itude** 抽象名詞語尾] 图 確かであると思うこと；確信.

31 | **chron—＝time** (時) |　❸ ギリシア語 **khronos** (＝time).

chronic [krɔ́nik] (時がかかる)—→形 慢性の；絶え間ない. 图 慢性病者. *cf.* **acute** (急性の).
chronicle [krɔ́nikl] 图 年代記. 動 記録する.
chronology [krənɔ́lədʒi] [**-logy**＝学] 图 年代学；年代記，年表.
chronologic(al) [krɔ̀nəlɔ́dʒik(əl)] 形 年代順の.
chronometer [krənɔ́mitər] [**-meter**＝測る] 图 精密時計，クロノメーター，経線儀.
chronometry [krənɔ́mitri] 图 時刻測定.
anachronism [ənǽkrənizəm] [**ana-**＝back] (時間がずれている)—→图 年代の誤謬；時代錯誤.

32 | **—cide, —cise＝to cut** (切る) |　❸ ラテン語 **caedere** (＝to cut).

concise [kənsáis] [**con-**＝with] (短く切る)—→形 簡明な；簡潔な.

concision [kənsíʒən] 名 切断；簡明．

decide [disáid] [**de-**＝off] （切り離す→断を下す）→動 決定する；判定する．

decision [disíʒən] 名 決定；判定；決心．

decisive [disáisiv] 形 決定的な；果断な；判然たる．

excise [eksáiz] [**ex-**＝out] 動 削除する；切り除く．

excision [eksíʒən] 名 削除，除去；破門．

incise [insáiz] [**in-**＝in] 動 切り込む；彫り込む．

incision [insíʒən] 名 切開；切り口；切傷．

incisive [insáisiv] 形 鋭利な；痛切な．

fratricide [fréitrisaid] [**fratri**＜ラテン語 **frater**(brother)] 名 兄弟殺し．☞ **fraternity**（兄弟の情誼）.

matricide [méitrisaid] [**matri**＜ラテン語 **mater**(mother)] 名 母殺し．☞ **maternity**（母たること）.

patricide [pǽtrisaid] [**patri**＜ラテン語 **pater**(father)] 名 父殺し．☞ **paternity**（父たること）.

precise [prisáis] [**pre-**＝before] （前の方→端を切り捨てる）→形 正確な；きちょうめんな；寸分たがわぬ．

precision [prisíʒən] 名 正確；精確．

suicide [s(j)ú(:)said] [ラテン語 **su-**＝self] （自分自身を切る）→名 自殺（者）．

33 circ—, cyc—＝ring（環）

❹ ラテン語 circus (＝a circle a ring).

circle [sə́:rkl] 名 円；圏；環；輪；範囲．動 囲む；周る；旋回する．

circular [sə́:rkjulə] 形 円形の；旋回する．名 広告，ちらし；婦人用袖なし外套．

circulate [sə́:rkjuleit] 動 循環する；流布させる．

circulation [sə̀:rkjuléiʃən] 名 循環；流布；発行部数；通貨．

circuit [sə́:rkit] [**it**＞ラテン語 **ire** (to go)] （回りを行く）→名 面積，範囲；周囲を回ること；迂回；巡回（区域）．

circuitous [sə(:)rkjú(:)itəs] 形 回り道の，遠回りの．

circus [sə́:rkəs] 名 円形競技場；サーカス，曲馬（団）．

cycle [sáikl] 名 循環；一まとまり；サイクル；自転車．動 循環する；自転車に乗る．

第3篇 語根 (Root)

cyclist [sáiklist] 图 自転車に乗る人；循環論者.
bicycle [báisikl] [**bi-** = two] 图 自転車.
tricycle [tráisikl] [**tri-** = three] 图 三輪車.
encyclop(a)edia [ensàikloupí:diə] [**en-** = in] （一まとめにしたもの）→图 百科事典.

34 ―cite＝to call (呼ぶ), urge (駆りたてる)

㊟ ラテン語 citare (= to cause to move, summon).

cite [sait] 動 法廷に召喚する；引用する.
citable [sáitəbl] 形 引用しうる.
citation [saitéiʃən] 图 召換(状)；引用.
excite [iksáit] [**ex-** = out] （呼び出す）→動 刺激する；呼び起こす；ひき起こす；興奮させる.
excitable [iksáitəbl] 形 興奮しやすい；敏感な.
excitant [éksitənt] 形 興奮させる. 图 興奮剤.
excitement [iksáitmənt] 图 興奮；動揺.
incite [insáit] [**in-** = in] 動 刺激する，鼓舞する.
incitement [insáitmənt] 图 刺激，鼓舞；扇動.
recite [risáit] [**re-** = again] 動 暗唱する；朗吟する.
recital [risáitəl] 图 詳細に述べること；朗読；暗唱；独奏会.
recitation [rèsitéiʃən] 图 暗唱；詳説；復唱.
solicit [səlísit] [**soli**＜ラテン語 **sollus** (whole, entire)] （人の心を完全に呼び起す）→動 せがむ；懇願する；誘惑する；泣きつく.
solicitation [səlìsitéiʃən] 图 懇願；誘惑；(売春婦の)客引き.
solicitor [səlísitər] 图 《英》事務弁護士；法務官；勧誘者；依頼人.
solicitous [səlísitəs] 形 心配する；熱心な.
solicitude [səlísitju:d] 图 心配；熱心；切望.

35 ―claim, ―clam＝to cry (叫ぶ)

㊟ ラテン語 clamare (= to cry out).

claim [kleim] 動 要求する；主張する. 图 要求；権利；主張.
claimant [kléimənt] 图 要求者，申請者；債権者.
clamo(u)r [klǽmər] 图 叫び；騒々しい音. 動 騒々しく叫び立てる.

clamorous [klǽmərəs] 形 騒々しい.
declaim [dikléim] [**de-** 強意的] 動 演説する；熱弁をふるう.
declamation [dèkləméiʃən] 名 (美辞麗句を連ねた)演説；熱烈な演説.
exclaim [ikskléim] [**ex-**＝out] 動 叫ぶ.
exclamation [èkskləméiʃən] 名 叫び；感嘆文；間投詞.
exclamatory [eksklǽmətəri] 形 大声で叫ぶ；感嘆の.
proclaim [prəkléim] [**pro-**＝before] (前に向かって叫ぶ)──→動 宣言する；公布する；声明する.
proclamation [prəkləméiʃən] 名 宣言；公布；声明.
reclaim [rikléim] [**re-**＝back] (呼び戻す)──→動 (正しい状態に)立ち返らす；教化する；開墾[干拓]する；取り返す. 名 矯正；教化.
reclaimable [rikléiməbl] 形 立ち返らせうる；矯正しうる；開墾[干拓]しうる.
reclaimant [rikléimənt] 名 矯正者；開墾者.
reclamation [rèkləméiʃən] 名 抗議；教化；開墾；干拓.

36 | **clin-**＝**to bend** (曲げる) |　● ラテン語 clinare (＝to bend, lean).

decline [dikláin] [**de-**＝down] (下に曲げる)──→動 傾く；堕落する；衰退する；ことわる；回避する. 名 傾くこと；衰退；衰弱.
declension [diklénʃən] 名 堕落；衰退；格変化.
declination [dèklinéiʃən] 名 下方に傾くこと；方位角, 偏角.
declivity [diklívity] 名 下り坂. *cf.* **acclivity** (上り坂).
declivous [dikláivəs] 形 下に傾いた.
incline [inkláin] [**in-**＝towards] (～の方に曲げる)──→動 傾ける, 傾く；(気持を)～の方に傾ける；～する傾向がある. 名 傾斜.
inclination [ìnklinéiʃən] 名 傾き；傾角；傾向, 性癖；好み.
proclivity [prəklíviti] 名 性癖；傾向；気質.
recline [rikláin] [**re-**＝back] (後へ傾ける)──→動 寝かす, 寝る；寄りかからす, 寄りかかる.

37　clud- ＝to shut （閉じる）

> ラテン語 claudere （＝to shut）．

conclude [kənklúːd] [**con-** ＝together] （共に閉じる）──→動 結末をつける；結論に到達する；終結する．
conclusion [kənklúːʒən] 名 結末；結論；決定；締結．
conclusive [kənklúːsiv] 形 決定的の．
exclude [iksklúːd] [**ex-** ＝out] （締め出す）──→動 はいらせぬ；追い払う；除外する．
exclusion [iksklúːʒən] 名 排他；排除；除外．
exclusionism [iksklúːʒənizəm] 名 排他主義．
exclusive [iksklúːsiv] 形 排他的な；独占的な；一途の．
include [inklúːd] [**in-** ＝in] （閉じ込める）──→動 包含する．
inclusion [inklúːʒən] 名 包含；包括，包摂．
inclusive [inklúːsiv] 形 包含した．
occlude [ɔklúːd] [**oc-** ＝**ob-** ＝over] （上を閉じる）──→動 閉塞する；吸収する；(歯が)かみ合う．
occlusion [ɔklúːʒən] 名 閉塞；吸収；かみ合わせ．
preclude [priklúːd] [**pre-** ＝before] （前で閉じる）──→動 遮断する；防止する，阻止する．
preclusion [priklúːʒən] 名 遮断；防止，阻止．
recluse [riklúːs] [**re-** ＝back] （引きこもった）──→形 隠遁した；世を捨てた．名 隠者；世捨て人．
reclusion [riklúːʒən] 名 隠遁；遁世．
reclusive [riklúːsiv] 形 隠遁的な．
seclude [siklúːd] [**se-** ＝apart] （離して閉じ込める）──→動 引っ込める，隠退させる．
secluded [siklúːdid] 形 隠退した；人里離れた．
seclusive [siklúːsiv] 形 引っ込みがちな．
seclusion [siklúːʒən] 名 引っ込むこと，隠退；人里離れた場所．

38　cognis-, gnos- ＝to know （知る）

> ラテン語 cognoscere, gnoscere （＝to know）．

cognition [kɔgníʃən] 名 認識(力)；認知．
cognitive [kɔ́gnitiv] 形 認識の，認識力のある．

cognizable [kɔ́gnizəbl] 形 認知し得る；認識し得る.
cognizance [kɔ́gnizəns] 名 知ること；認めること；裁判権；紋章, 徽章.
cognizant [kɔ́gnizənt] 形 知っている.
ignore [ignɔ́r] [**i-** = **in-** = not] 動 無視する, 不問に付す；却下する.
ignorance [ígnərəns] 名 無知；無学.
ignorant [ígnərənt] 形 無知な；無学な.
recognize [rékəgnaiz] [**re-** = again] (再び知る)──→動 それと認める；認める.
recognizable [rékəgnaizəbl] 形 認めうる；それとわかる.
recognizance [rikɔ́gnizəns] 名 義務履行誓約書；誓約保証金.
recognition [rèkəgníʃən] 名 認知；承認；表彰.

39 | cord- = heart (心) | ラテン語 cor (=the heart).

accord [əkɔ́:rd] [**ac-** = **ad-** = to] (心を一にする)──→動 一致する；調和する. 名 一致；同意；調和.
accordance [əkɔ́:rdəns] 名 一致.
according [əkɔ́:rdiŋ] 形 一致した；調和する.
accordingly [əkɔ́:rdiŋli] 副 従って, それに応じて；そういう次第で.
cordial [kɔ́:rdiəl] 形 心からの；懇切な；心臓を強める. 名 強心酒.
cordiality [kɔ̀:rdiǽliti] 名 懇切.
core [kɔ:r] 名 (りんごなどの)心(しん)；物の中心；核心. 動 (果物の)心(しん)を除く.
concord [kɔ́ŋkɔ:rd] [**con-** = together] (心を共にする)──→名 和合；講和(条約)；調和；一致.
concordance [kənkɔ́:rdəns] 名 一致；用語索引.
concordant [kənkɔ́:rdənt] 形 和合した；調和した.
discord [diskɔ́:rd] [**dis-** = apart] (心を別にする)──→動 一致せぬ；相争う；調和せぬ. 名 [diskɔ:d] 不一致；不和；耳ざわりな音.
discordance [diskɔ́:rdəns] 名 不一致；耳ざわりな音.
discordant [diskɔ́:rdənt] 形 一致しない；調和しない.

record [rikɔ́:rd] [re-＝again] （再び心に思い出すように記す）——→
動 記録する；(音声を)吹き込む．名 [rékɔ:rd]」記録；録音盤；レコード．

40 corp—＝body （体）

ラ ラテン語 corpus (＝body).

corps [kɔ:r] 《複数》corps [kɔ:rz] 名 軍団，団体．
corpse [kɔ:rps] 名 死体．
corporal [kɔ́:rpərəl] 形 身[肉]体の．名 (軍団の)伍長．
corporality [kɔ̀:rpərǽliti] 名 肉体；有形．
corporation [kɔ̀:rpəréiʃən] （体をなしているもの）——→名 法人；自治体；会社；組合；団体．
corporeal [kɔ̀:rpɔ́:riəl] 形 身体上の，肉体的な；物質的な．
corpulent [kɔ́:rpjulənt] 形 でぶでぶ太った．
incorporate [inkɔ́:rpərèit] [in-＝into] 動 合体する[させる]；法人組織にする，会社にする；具体化する．形 [inkɔ́:rpərit] 合同した；法人[会社]組織の．
incorporation [inkɔ̀:rpəréiʃən] 名 編入；合同，合併；会社，法人団体；結社．
corset [kɔ:rsit] （体型を整えるためのもの）——→名 コルセット．

41 cre—, cresc＝to make （作る），grow （生ずる）

ラ ラテン語 creare (＝to make), crescere (＝to grow).

create [kri(:)éit] 動 創造する；創始する；位階などを与える．
creation [kri(:)éiʃən] 名 創造(物)，森羅万象；爵位を授けること；創意．
creative [kri(:)éitiv] 形 創造力ある．
creator [kri(:)éitər] 名 創造者，創始者；(the C-) 造物主，神．
creature [krí:tʃər] 名 創造物；生物；人間．
concrete [kɔ́nkri:t] [con-＝together] （共に生ずる——→密になる）

——形 凝結した，固体の；具体的の．图 [kɔ́nkriːt] 凝結したもの；コンクリート．動 [kənkríːt] 凝結させる．[kɔ́nkriːt] 固まる；コンクリートを使用する．

concretion [kənkríːʃən] 图 凝結(物)；凝塊；結石；具象．

decrease [diːkríːs] [**de-**＝down] 動 減少する．图 [díːkriːs, di(ː)kríːs] 減少．

increase [inkríːs] [**in-**＝in] 動 増加する．图 [ínkriːs, inkríːs] 増加．

recreate [rékrieit] [**re-**＝again] 動 元気を回復させる；気晴らしをする，休養する．

re-create [ríːkriéit] 動 造り替える．

recreation [rèkriéiʃən] 图 気晴らし；娯楽，レクリエーション．

crescent [krésnt] (しだいに大きくなる)——图 新月，三日月；トルコの徽章，回教．形 漸次に増してゆく；半月形の．

42　cred-＝to believe （信ずる）

⊕ ラテン語 credere (＝to believe).

credence [kríːdəns] [**-ence** 抽象名詞語尾] 图 信，信用．

credential [kridénʃəl] 图 紹介状，信任状．

credible [krédəbl] 形 信ずるに足る．

credit [krédit] 图 信用；人望；勢力；面目；掛け売り．動 信ずる；～の功績とする．

creditable [kréditəbl] 形 (信用をもたらすほどに)りっぱな；評判のよい．

creditor [kréditər] 图 債権者．

credo [kríːdou] 图 信条；信仰個条．

credulity [kridjúːliti] 图 軽信．

credulous [krédjuləs] 形 軽信する；信じやすい．

creed [kriːd] 图 信仰個条；信条．

accredit [əkrédit] [**ac-**＝**ad-**＝to] 動 信じる；信任する；～に帰する．

discredit [diskrédit] [**dis-**＝apart] (信から離れる)——動 信用しない，疑う；評判を悪くする．图 不信用，不信任；疑惑；不面目，不名誉．

discreditable [diskréditəbl] 形 不面目な, 恥ずべき.

43 | cult—=to till (耕す)

❸ ラテン語 **cultivare** (to till, work at).

cultivable [kʌ́ltivəbl] 形 耕作し得る.
cultivate [kʌ́ltiveit] 動 耕作する；栽培する, 養殖する；修養する.
cultivated [kʌ́ltiveitid] 形 耕作された；教養のある.
cultivation [kʌ̀ltivéiʃən] 名 耕作；栽培；養殖；修養.
culture [kʌ́ltʃər] 名 耕作；修養, 教養；文化. 動 教養する；培養する.
cultural [kʌ́ltʃərəl] 形 培養の；教養の；文化の.
agriculture [ǽgrikʌltʃər] [**agri**<ラテン語 **ager** (field)] (野を耕す)—→名 農業；農学.
agricultural [æ̀grikʌ́ltʃurəl] 形 農業の, 農学の.
apiculture [éipikʌltʃər] [ラテン語 **apis**=bee] 名 養蜂.
floriculture [flɔ́:rikʌltʃər] [ラテン語 **flos**=flower] 名 草花栽培；花作り.
sericulture [sérikʌltʃər] [ラテン語 **sericum**=silk] 名 養蚕(業).
colony [kɔ́ləni] [ラテン語 **colere**=to till] (耕作する所)—→名 植民(地)；集団.
colonial [kəlóuniəl] 形 植民地の. 名 植民地の住民.
colonist [kɔ́lənist] 名 植民者.
colonize [kɔ́lənaiz] 動 植民地をつくる；植民地に移住する.

44 | cumb—=to lie down (横たわる)

❸ ラテン語 **cubare** (=to lie down).

cumber [kʌ́mbər] (行手に横たわる)—→動 妨害する；重荷になる. 名 障害.
cumbersome [kʌ́mbərsəm] [**-some** (形容詞語尾)] 形 足手まといの=**cumbrous** [kʌ́mbrəs].
decumbence [dikʌ́mbəns] [**de-**=down] (下に横たわっている)—→名 横臥(の姿勢).

decumbent [dikʌ́mbənt] 形 横臥の.

encumber [inkʌ́mbər] [**en-**＝**in**]＝incumber.（中に横たわる）──→ 動 邪魔する；負わせる；場所を塞ぐ.

encumbrance [inkʌ́mbrəns]＝incumbrance. 名 邪魔物；厄介物.

procumbent [proukʌ́mbənt] [**pro-**＝before]（前に横たわる）──→ 形（植物が）地上をはう；うつ伏せの.

recumbent [rikʌ́mbənt] [**re-**＝back]（後に横たわる）──→形 よりかかっている；休んでいる.

recumbency [rikʌ́mbənsi] 名 よりかかり；横臥

succumb [səkʌ́m] [**suc-**＝**sub-**＝under]（〜の下にあって横たわる）──→動（権威などに）屈する；（病に）倒れる；死ぬ.

45　―cure＝to take care（気をつける）
注 ラテン語 **curare**（＝to take care of）.

accurate [ǽkjurit] [**ac-**＝**ad-**＝to]（よく気をつける）──→形 正確な，的確な.

accuracy [ǽkjurəsi] 名 正確, 的確.

cure [kjuər]（気をつけてやること）──→名 治療(法)；治癒；薬；加工. 動 いやす；加工する.

curer [kjúərər] 名 治療者；乾物製造者.

curious [kjúəriəs]（よく注意する）──→形 好奇心の；奇妙な；念入りの.

curiosity [kjùəriɔ́s(i)ti] 名 好奇心；珍奇な品物, 骨董品.

curio [kjúəriou] 名 骨董品.

curate [kjúərit]（そばで気をつけてやる人）──→名（教区の）副牧師.

curator [kjuəréitər]（全体に気を配る人）──→名 管理者；主事, 館長.

procure [prəkjúər] [**pro-**＝for, in behalf of]（〜に代わって気を使う）──→動（売春婦を）取り持つ；得る；獲得する.

procurable [prəkjúərəbl] 形 獲得しうる.

procuration [prɔ̀kjuəréiʃən] 名 代理；獲得；売春婦の取り持ち.

procurator [prɔ́kjuəreitər] 名 代理人.

procurement [prəkjúərmənt] 名 周旋；獲得.

secure [sikjúər] [**se-**＝free from]（心配のない）──→形 安全な；確実な；強固な. 動 安全にする；確実にする；確保する.

security [sikjúəriti] 名 安全；保証；担保；保証人.

46 −cur,− course＝to run (走る)

注 ラテン語 currere (＝to run).

current [kʌ́rənt] 形 現下の；流通する；一般に認められた，一般におこなわれている． 名 水流；気流；潮流；進行，傾向；電流．

currently [kʌ́rəntli] 副 現今，一般に，

currency [kʌ́rənsi] 名 経過中の期間；流通；流布；通貨．

concur [kənkə́ːr] [**con-** ＝together]　(共に流れる)──→動 一緒に起こる；同意する．

concurrence [kənkʌ́rəns] 名 同時発生；同意；協力；コンクール．

concurrent [kənkʌ́rənt] 形 同時の；協力する；一致する；兼務の．名 共在事情；共働原因；競争相手．

excursion [ikskə́ːrʃən] [**ex-** ＝out]　(外へ走り出る)──→名 遠足，旅行；わき道にそれること．

excursive [ekskə́ːrsiv]　(わき道にそれやすい)──→形 漫然とした，散漫な；放浪的な．

incur [inkə́ːr] [**in-** ＝into]　(災いの中に走り込む)──→動 (危険などを) 身に招く．

incursion [inkə́ːrʃən]　(〜を目がけて走り込む)──→名 襲来；来攻．

incursive [inkə́ːrsiv] 形 侵入する，襲撃する．

occur [əkə́ːr] [**oc-** ＝**ob-** ＝before]　(目の前で流れる)──→動 生ずる；心に浮かぶ；(出来事が) 起こる．

occurrence [əkʌ́rəns] 名 起こること；生ずること；事件；出来事．

recur [rikə́ːr] [**re-** ＝back, again]　動 立ち返る；再び心に浮かぶ；再発する；循環する．

recurrence [rikʌ́rəns] 名 再現；再発；循環；回想．

recurrent [rikʌ́rənt] 形 再発する，回帰性の．

succour [sʌ́kər] [**suc-** ＝**sub-** ＝under]　(下へ走って行って持ち上げてやる)──→動 救助する． 名 救助(者)．

course [kɔːrs]　(走る [流れる] こと)──→名 前進；経過；生涯；慣行；課程；進路．動 追う；走る；流れる．

concourse [kɔ́ŋkɔːrs] [**con-** ＝together]　(共に流れること)──→名 合流，集合；群衆；公園などの中央広場；大通り．

discourse [diskɔ́ːrs] [**dis-** ＝apart]　(話題をめぐってあちらこちらと走り回る)──→名 談論；論説；論文；説教．動 語る；論ずる．

intercourse [íntə(ː)rkɔːrs] [**inter-** ＝between] (互いに流れあう)──→

图 交際；通商；霊交；性交.
　recourse [rikɔ́:rs] [**re-** =back]　（流れ返る）——→图 頼ること；頼みとする人[もの].

47　−cuss＝to strike (打つ), shake (ゆさぶる)

　❶　ラテン語 **cutere** (=to strike, shake). 過去分詞形 **cussus**.

　concuss [kənkʌ́s] [**con-** =with]　（〜を激しくゆさぶる）——→動 揺り動かす，動揺させる.
　concussion [kənkʌ́ʃən]　图 震動，激動；打撃，衝撃.
　discuss [diskʌ́s] [**dis-** =apart]　（ばらばらに打ち砕く）——→動 討論する，論議する.
　discussion [diskʌ́ʃən]　图 討論，討議，論議.
　percuss [pə:rkʌ́s] [**per-** =thoroughly]　（十分にたたく）——→動 たたく；〖医〗打診する.
　percussion [pə:rkʌ́ʃən]　图 衝撃，衝突；楽器を打つこと；打楽器.
　repercussion [rì:pə:rkʌ́ʃən] [**re-** =back]　图 はね返り；撃退，反撃；反射，反響.
　quash [kwɔʃ] [ラテン語 **quatere→cutere**]　（打ち鎮める）——→動 （反乱などを)鎮圧する.

48　deb−, du−＝to owe (負う)

　❶　ラテン語 **debere** (= to owe).

　debt [det]　图 負債；借金.
　debtor [détər]　图 債務者；（簿記の)借方.
　indebted [indétid] [**in-** =in]　（負債の中にいる）——→形 負債がある；恩義を受けている.
　due [dju:]　（借りているから当然払うべき）——→形 支払うべき；当然の；適当な；当然来るべき；〜のせいとすべき；当然〜するはずの.
　　　图 払われるべきもの；借金；税，料金.
　duty [djú:ti]　（当然負うべきこと）——→图 義務；本分；職務；租税.
　dutiful [djú:tiful]　形 忠順な；礼儀正しい.

49 | dem- = people (民衆) |

🟢 ギリシア語 demos (= the people).

demagogue [déməgɔg] [ギリシア語 **agogos**=leader]　图 民衆指導者；(デマを飛ばす人)——扇動政治家.

democracy [dimɔ́krəsi] [ギリシア語 **kratia**=rule]　图 民主政治；民主主義.

democrat [déməkræt]　图 民主主義者；(D-)《米》民主党員.

democratize [dimɔ́krətaiz]　動 民主化する.

democratic [dèməkrǽtik]　形 民主政治の；民主主義の.

demotic [di(:)mɔ́tik]　形 民衆の；卑俗の.

endemic [endémik] [**en-** =in]　(或る地方の民衆の中)——形 或る地方特有の；風土の. 图 風土病.

epidemic [èpidémik] [**epi-** =among]　(民衆の間の)——形 图 流行病(の).

50 | dic- = to proclaim (宣言する) |

🟢 ラテン語 dicare (= to proclaim, tell).

abdicate [ǽbdikeit] [**ab-** =from]　(～から離れると宣言する)——動 廃嫡する；放棄する；退位する.

abdication [æ̀bdikéiʃən]　图 廃嫡；放棄；退位.

dedicate [dédikeit] [**de-** =down]　(御身の下に置くと宣言する)——動 献納する；ささげる.

dedication [dèdikéiʃən]　图 献納；献呈の辞.

indicate [índikeit] [**in-** =towards]　(～に向かって宣言する——知らせる)——動 指し示す；指摘する.

indication [ìndikéiʃən]　图 指示；表示；徴候.

index [índeks]　图 指し示すもの, 指針；索引；指数.

predicate [prédikit] [**pre-** =before]　(前もって宣言する)——图 属性；叙述部. 動 [prédikeit] 断定する；叙述する.

predication [prèdikéiʃən]　图 断言；断定；叙述.

51 | dict-, dit- = to say (言う) |

🟢 ラテン語 dicere (= to say).

diction [díkʃən]　(言い方)——图 語法.

dictionary [díkʃənəri][**-ary** 集合体を表わす名詞語尾]（語法の集まり）──→图 辞書；辞典；字引き．

dictate [diktéit]（口で言う）──→動 口授して書き取らせる；指定する；命令する．图 [díkteit] 命令；指令．

dictation [diktéiʃən] 图 口述，口授；書き取り；命令．

dictator [diktéitər]（命令する人）──→图 独裁者；口授者．

benediction [bènidíkʃən] [**bene-** =well] 图 祝福の祈禱；天恩．

condition [kəndíʃən] [**con-** =together]（共に言う──→言い添える）──→图 条件；状態．動 条件とする；限定する．

contradict [kɔ̀ntrədíkt] [**contra-** =against]（反対のことを言う）──→動 矛盾する；否定する．

contradiction [kɔ̀ntrədíkʃən] 图 矛盾；否定；反駁．

contradictious [kɔ̀ntrədíkʃəs] 形 このんで反対する；あまのじゃくの．

edict [íːdikt] [**e-** =**ex-** =out]（外に言う）──→图 命令；勅令．

interdict [íntə(ː)rdikt] [**inter-** =between]（間に割り込んで言う）──→图 禁止；禁制．動 [ìntə(ː)rdíkt] 禁止する．

interdiction [ìntə(ː)rdíkʃən] 图 禁止；禁治産宣告．

jurisdiction [dʒùərisdíkʃən] [**juris**<ラテン語 **jus** (justice)]（正義を言う）──→图 司法(権)；司法機関；管轄(区)．

malediction [mæ̀lidíkʃən] [**male**=badly]（悪く言う）──→图 悪口；呪い．

predict [pridíkt] [**pre-** =before]（前もって言う）──→動 予言する．

prediction [pridíkʃən] 图 予言．

verdict [vɚ́ːrdikt][ラテン語 **verus**=true]（真実を言う）──→图 陪審員の評決；判決；判断．

52　dign-＝worthy（価値ある）

㊟ ラテン語 dignus (=worthy).

dignity [dígnəti]（価値あるもの）──→图 威厳；尊厳；品位；爵位；高位[高官]の人．

dignify [dígnifài] [**-ify**=to make] 動 威厳をつける；高貴にする；もったいをつける．

dignitary [dígnitəri] 名 高位[高官]の人；高僧.
indignity [indígnəti] [**in-**=not] （価値を認めない）→名 軽蔑, 侮辱, 冷遇.
indignant [indígnənt] [**in-**=not] （無価値なものに腹を立てる）→形 憤慨した, 怒った.
indignation [ìndignéiʃən] 名 憤慨, 義憤.
dainty [déinti] （価値がある）→名 上品な, 優美な；おいしい；凝った. 名 美味.
disdain [disdéin] [**dis-**=apart] （価値を認めない）→動 軽蔑する. 名 軽蔑, 侮蔑；尊大.
disdainful [disdéinful] 形 尊大な, 軽蔑的な.

53 divid—, divis—=to divide (分つ)

⊕ ラテン語 **dividere** (=to divide). 過去分詞形 **divisus**.

divide [diváid] 動 分つ, 区分する, 分類する；隔離する；分配する. 名 分割.
dividend [dívidend] 名 配当金；被除数.
division [divíʒən] 名 区分；分割；分配；除法；部分；管区；師団.
divisive [diváisiv] 形 分裂させる；不和にする.
individual [indivídjuəl] [**in-**=not] （分割できない）→形 個体の；個人の；独特の. 名 一員；個体；個人.
individualism [ìndivídjuəlizəm] 名 個人主義；利己主義.
individuality [ìndividjuǽliti] 名 個性.
indivisible [ìndivízəbl] [**in-**=not] 形 不可分の；割り切れない. 名 極微量.

54 doc—=to teach (教える)

⊕ ラテン語 **docere** (=to teach).

docile [dóusail] [**-ile** 形容詞語尾] （教えやすい）→形 従順な；扱いやすい.
doctor [dɔ́ktər] （教える人）→名 学者；博士；医師. 動 治療する；医者を開業する.
doctrine [dɔ́ktrin] （教えること）→名 教訓, 教義；信条, 主義.
document [dɔ́kjumənt] 名 証書, 文書, 石碑.

documentary [dòkjuméntəri] 形 証書の，文書の；記録の. 名 記録映画.

didactic [didǽktik] 形 教訓的の；教師風の.

didacticism [didǽktisizəm] 名 教訓主義.

didactics [didǽktiks] 名 教授法.

disciple [disáipl] 名 門弟，キリストの弟子.

discipline [dísiplin] 名 薫陶；訓練；規律；懲罰. 動 鍛錬する；訓練する.

---

55 | dom— =to tame (馴らす), rule (支配する)

🔸 サンスクリット語 **dam** (=to tame)，ラテン語 **dominus** (=lord 主人).

dominant [dɔ́minənt] 形 支配する；優越した，圧倒的な.

dominate [dɔ́mineit] 動 支配する；最も有力である.

domination [dɔ̀minéiʃən] 名 優勢，支配.

dominion [dəmíniən] 名 支配，主権；領地.

domain [dəméin] 名 領土；勢力範囲；領域.

daunt [dɔ:nt] 動 勇気をくじく；恐れすくませる.

dauntless [dɔ́:ntlis] 形 恐れぬ；不屈の.

predominate [pridɔ́mineit] [**pre-**=before] (先んじて支配する)
──動 主権を握る，優勢である，優位を占める.

predominant [pridɔ́minənt] 形 優勢な；卓越した；広く行なわれている.

predominance; -cy [pridɔ́minəns(i)] 名 有力，卓越；支配.

kingdom [kíŋdəm] (王の支配地)──名 王国；王領；王政；～界.

---

56 | don—, dot—, —dow =to give (与える)

🔸 ラテン語 **donare** (=to give).

donate [dounéit] 動 贈与する；寄付する.

donation [dounéiʃən] 名 贈与(物)；寄付金.

donor [dóunər] 名 贈与者.

donee [douní:] [**-ee**「される人」を表わす] 名 贈与を受ける人.

anecdote [ǽnikdout] [**an-**=not, **ec-**=out] （外に出されたことのない）——图 逸話；隠れた史実.

antidote [ǽntidout] [**anti-**=against] （毒に対して与えられる）——图 解毒剤.

condone [kəndóun] [**con-**=wholly] （すっかり与える——動 容赦する, 宥恕する.

pardon [páːrdn] [**par-**=**per-**=thoroughly] （すっかり与える）——動 許す. 图 許すこと.

dose [dous] （薬を与える）——图（薬の）一服；一回の服用量. 動 投薬する.

dosage [dóusidʒ] 图 投薬；投薬量.

dower [dáuər] 图 寡婦に終身与えられる亡夫の遺産の一部；天賦の才能. 動 寡婦産を与える；才能を授ける.

dowry [dáuəri] 图 妻の持参金；天賦の才能.

endow [indáu] [**en-**=on] （～に与える）——動 遺贈する, 寄付する.

57　−duce, −duct＝to lead （導く）

❸ ラテン語 ducere (=to lead).

conduce [kəndjúːs] [**con-**=together] （共に導く）——動（結果を）もたらす；資する.

conduct [kɔ́ndəkt] 图 指揮；処理；行状. 動 [kəndʌ́kt] 導く；指揮する；ふるまう.

conductor [kəndʌ́ktər] 图 指導者, 案内者；経営者；(オーケストラの)指揮者；《米》車掌；導体.

deduce [didjúːs] [**de-**=down] （下に導く）——動 時代を下って研究する；推論する；演繹する.

deduct [didʌ́kt] （下に導く——減じる）——動 控除する.

deduction [didʌ́kʃən] 图 控除(額)；演繹.

deductive [didʌ́ktiv] 圏 推論的；演繹的の.

educate [édju(ː)keit] [**e-**=**ex-**=out] （資質を導き出す）——動 教育する.

education [èdju(ː)kéiʃən] 图 教育(学).

educe [iːdjúːs] 動 引き出す；分離する；推定する.

eduction [iːdʌ́kʃən] 图 抽出(物)；排出；推論.

induce [indjúːs] [**in-**=in] (導き入れる)——→動 誘引する；惹き起す；帰納する．

induct [indʌ́kt] 動 就任させる；誘導する．

induction [indʌ́kʃən] 名 誘引；帰納；序論；誘導．

inductive [indʌ́ktiv] 形 帰納的の；緒言の；誘導の．

introduce [ìntrədjúːs] [**intro-**=inward] (中に導く)——→動 導き入れる；採り入れる；紹介する．

introduction [ìntrədʌ́kʃən] 名 導入；序論；紹介状．

produce [prədjúːs] [**pro-**=forward] (前に導く——→導き出す)——→動 提出する；産出する；取り出す．名 [prɔ́djuːs] 産出；結果．

producer [prədjúːsər] 名 生産者；映画製作者．

product [prɔ́dəkt] 名 産物；成果．

production [prədʌ́kʃən] 名 提出；上演；生産；産物；作品．

productive [prədʌ́ktiv] 形 産出する；多産の．

reduce [ridjúːs] [**re-**=back] (元に導き返す)——→動 帰する；まとめる；変形する；減じる，縮める；余儀なくさせる；還元する；整復する．

reduced [ridjúːst] 形 零落した；征服された；縮小した．

reduction [ridʌ́kʃən] 名 変形；縮小；割引き；強制；降伏；適合；還元；整復．

seduce [sidjúːs] [**se-**=apart] (離れた所へ導く)——→動 誘惑する；そそのかす，堕落させる；(女を)だましてなびかす．

seducer [sidjúːsər] 名 誘惑者，女たらし．

seduction [sidʌ́kʃən] 名 誘惑；魅力．

subdue [səbdjúː] [**sub-**=under] (下に導く)——→動 征服する；鎮圧する；開拓する；弱める．

58 | em—, —empt=to take (取る), buy (買う)

🔴 ラテン語 **emere** (=to take, buy).

example [igzάːmpl] [**ex-**=out] (取り出す)——→名 実例；見本；前例；手本．

exemplar [igzémplər] 名 模範；原型；類例．

exemplify [igzémplifai] [**-fy**=to make] (実例とする)——→動 実例をもって説明する；～の実例となる．

exempt [igzé.n′p)t] （取り除かれた）——形 免除された．名 免除された人．動 免除する．

prompt [prɔmpt] [**pro-**=forward] （先に取る）——形 敏速な；即時払いの．副 きっかりと．動 促進する；そそのかす；鼓舞する．

promptitude [prɔ́mptitju:d] [**-itude** （抽象名詞語尾）] 名 敏速；機敏．

promptly [prɔ́mptli] 副 敏速に，遅滞なく．

redeem [ridí:m] [**red-**=back] （買い戻す）——動 買い戻す；示談にする；あがなう；償う．

redeemer [ridí:mər] 名 買戻人；救助者；(the R-)救世主キリスト．

redemption [ridém(p)ʃən] 名 救済；あがない，償還．

ransom [rǽnsəm] （生命を買い戻す）——名 身代金；(キリストによる)罪のあがない．動 身代金を払って受け出す；身代金を要求する．

59　equ-＝equal （等しい）　⊛ ラテン語 aequalis(＝equal)．

equal [í:kwəl] 形 等しい，同等な；匹敵する；平静な．名 同等な人．動 匹敵する．

equality [i(:)kwɔ́liti] 名 同等；平等；等式．

equanimity [ì:kwənímiti] [**anim**＝心] 名 (心の)平静．

equate [i(:)kwéit] [**-ate** 動詞語尾] 動 等しいことを表わす；同等とする．

equation [ikwéiʃən] 名 均等にすること；平衡；方程式．

equator [ikwéitər] （地球を等分するもの）——名 赤道．

equinox [í:kwinɔks] [**nox**＝night] （夜の長さを昼と等しくする）——名 昼夜平分点．

equinoctial [ì:kwinɔ́kʃəl] 形 昼夜平分の；春分・秋分の；赤道の．名 昼夜平分線．

equity [ékwiti] 名 公正，衡平法．

equitable [ékwitəbl] 形 公正な．

equivalent [ikwívələnt] [**val-**＝value （価値）] （価値の等しき）——形 等値の；同意義の；相当する．名 等値の物；同意義の語．

equivocal [ikwívəkəl] [**voc-**＝to call] （声が等しく分れる）——形 両義の，あいまいな；どっちつかずの；評判のよくない．

adequate [ǽdikwit] [**ad-**＝to] 形 十分な；適切な．

60 ess−, −est ＝ to be (存在する)

🈁 ラテン語 esse (＝to be).

essence [ésns] 图 存在するもの；実体；本質；要素；精髄． 動 香料を加える；圧縮する．

essential [isénʃəl] 形 本質的の；必須の；精の． 图 要素．

interest [íntərist] [**inter-** ＝between] (中間に存在するもの)──→图 利害関係；利益；事業；興味；利子． 動 関与させる；興味を持たせる．

interesting [íntəristiŋ] 形 興味ある，面白い．

disinterested [disíntəristid] 形 私欲のない，公平無私な；無関心な．

uninterested [ʌníntəristid] 形 無関心な；利害関係のない．

quintessence [kwintésns] [ラテン語 **quinta** ＝five] (earth, air, fire, water, aether の五要素中五番目のもの即ち aether)──→图 第五元；本質，精髄．

61 fact−, fect− ＝ to make (作る), do (為す)

🈁 ラテン語 facere (＝to make, do). 英語の make, do が非常に多くの意義を持つ重要な動詞であると同様に，極めて大切な語根であって，その変化形も facul-, ficu-, facil-, fici-, -fy などと多様である．

fact [fækt] (為されたこと)──→图 行為；事実；真相．

factor [fæktər] (為すもの)──→图 要因，要素；因子；代理人，問屋． 動 因数分解する．

factory [fæktəri] [**-ory** 場所を表わす名詞語尾] (作る所)──→图 工場．

faction [fækʃən] (事を為すために作る)──→图 党派(心)；派閥；内紛．

factional [fækʃənəl] 形 党派的の，派閥の．

factious [fækʃəs] 形 党派心の強い．

factitious [fæktíʃəs] (わざと作った)──→形 人為的な；わざとらしい，不自然な．

benefactor [bénifæktər] [**bene** ＝well] (善を行う人)──→图 恩人；後援者．

malefactor [mǽlifæktər] [**male** ＝badly] (悪事を働く者)──→图

第3篇　語根 (Root)

犯罪者；悪徒；仇.

manufacture [mæ̀njufǽktʃər] [ラテン語 **manus**＝hand] （手で作る）──→图 製造；製品. 動 製造する.

facile [fǽsail] （為しやすい）──→形 容易な；軽快な；御しやすい.

facilitate [fəsíliteit] （為しやすくする）──→動 促進する，助長する，便利にする.

facility [fəsíliti] 图 容易；便宜；施設；熟練.

faculty [fǽkəlti] （事を為す力または人）──→图 能力；学部；教授団；職員.

difficult [dífikəlt] [**dif-**＝**dis-**＝apart] （容易から離れている──→容易でない）──→形 むずかしい；困難な.

difficulty [dífikəlti] 图 困難；障害；窮迫.

affect [əfékt] [**af-**＝**ad-**＝to] （～に対して働きかける）──→動 好んで～する；ふりをする；冒す，感動させる；影響を与える.

affectation [æ̀fektéiʃən] 图 気取り；虚飾.

affection [əfékʃən] 图 影響；感動；情愛；疾病.

affectionate [əfékʃənit] 形 情愛のこもった.

confection [kənfékʃən] [**con-**＝together] （共に作る）──→图 まぜ合わせること；砂糖づけ，菓子. 動 （いろいろな材料をまぜ合わせて）菓子につくりあげる.

confectionary [kənfékʃənəri] 形 菓子の. 图 菓子製造販売店；菓子.

confectionery [kənfékʃənəri] 图 《総称的》菓子類；菓子店.

defect [difékt] [**de-**＝from] （離れて為す──→欠けている）──→图 欠如；欠陥；不足.

defection [difékʃən] 图 欠陥；脱党；義務不履行.

effect [ifékt] [**ef-**＝**ex-**＝out] （作り出す）──→图 結果；効果；趣旨；効力. 動 成し遂げる.

effective [iféktiv] 形 効果のある；有効な；現実の.

effectual [iféktjuəl] 形 有効な.

infect [infékt] [**in-**＝in] （中に働きかける）──→動 感染させる；悪風に染ませる.

infection [infékʃən] 图 伝染，感染；伝染病；悪風.

infectious [infékʃəs] 形 伝染性の.

perfect [pə́ːrfikt] [**per-**＝thoroughly] （完全に為す）──→形 完全

な. 動 [pərfékt] 完全にする，完成する.

perfection [pərfékʃən] 名 完全；完成.

imperfect [impə́ːrfikt] [**im-** = **in-** = not] 形 不完全な；欠点のある.

prefect [príːfekt] [**pre-** = before] (先に立つ人)—→名 知事，地方長官.

prefecture [príːfektjuər] 名 prefect の管轄区域；(日本の) 県；官庁；(フランスの) 警視庁.

deficient [difíʃənt] [**de-** = apart] (欠けている)—→形 不足した；不十分な.

deficiency [difíʃənsi] 名 不足(額).

efficient [ifíʃənt] [**ef-** = **ex-** = out] (effect をもたらす)—→形 有効な，効力のある.

efficiency [ifíʃənsi] 名 能率；効率.

magnificent [mægnífisənt] [**magn-** = great] 形 壮麗な，壮大な；堂々とした.

magnificence [mægnífisəns] 名 壮麗，壮大.

proficient [prəfíʃənt] [**pro-** = forward] (前に為す—→進んでいる)—→形 熟達した. 名 熟達者；達人.

proficiency [prəfíʃənsi] 名 熟達；熟練.

profit [prɔ́fit] (進歩)—→名 利益. 動 益する

profitable [prɔ́fitəbl] 形 有益な；有利な.

office [ɔ́fis] [**of-** = **ob-** = to] (為すべきこと)—→名 職務；儀式；事務所；診察室；役所.

official [əfíʃəl] 形 職務の；公式の，公認の. 名 官公史；職員.

sacrifice [sǽkrifais] [**sacri-** = sacred (神聖な)] (聖なるものにする)—→名 犠牲. 動 犠牲にする.

suffice [səfáis] [**suf-** = **sub-** = under] (下に作る—→満たす)—→動 満足させる；足る.

sufficient [səfíʃənt] 形 十分な. 名 十分.

affair [əféər] [古代フランス語 **faire** = ラテン語 **facere**] 名 事件；仕事；業務；恋愛事件.

feat [fiːt] [fact の姉妹語] 名 めざましい働き；離れわざ；偉業.

defeat [difíːt] [**de-** = down] 動 打ち破る；失望させる. 名 敗北.

feature [fíːtʃər] (顔の造り)—→名 容貌；特徴；要点；呼び物；特だね. 動 特徴をつくる；目立たせる；呼び物にする；主演させる.

feasible [fíːzəbl] 形 実行できる；実現可能の；もっともらしい.

counterfeit [káuntərfit] [**counter-**＝against] （反するものを作る）→名 形 贋造(の)；偽造(の). 動 模造する；偽造する；見せかける.

forfeit [fɔ́ːrfit]［ラテン語 **foris**＝out of doors］（外で為す→失う）→名 喪失；没収物；罰金. 形 没収された. 動 失う.

forfeiture [fɔ́ːrfitʃə] 名 喪失；没収(物)；罰金.

62 fam-＝to speak (話す)
🔑 ラテン語 **fari**（＝to speak）.

fame [feim] （世間のうわさ）→名 評判. 世評；名声, 声望. 動 有名にする.

famous [féiməs] 形 有名な.

infamy [ínfəmi] [**in-**＝not] 名 不名誉；汚名.

infamous [ínfəməs] 【発音注意】形 悪名の高い；不名誉の；破廉恥の.

defame [diféim] [**de-**＝**dis-**＝apart] （名声から離す）→動 名誉を毀損する；中傷する

defamation [dèfəméiʃən] 名 名誉毀損；中傷.

defamatory [difǽmətəri] 形 中傷的な.

fate [feit] （神の言葉）→名 運命；宿命.

fatal [féitl] 形 運命の；宿命的な；重大な；致命的な.

infant [ínfənt] [**in-**＝not] （話ができない者）→名 幼児, 赤子. 形 幼い；幼稚な.

infancy [ínfənsi] 名 幼年時代；未成年；揺籃期.

infantile [ínfəntail] 形 幼児の；幼児性の；あどけない.

63 fare-＝to go (行く)
🔑 古代英語 **faram**（＝to go）.

fare [fɛər] （行くための料金）→名 運賃；乗客；食物. 動 行く；やって行く, 暮す；食べる.

farewell [fɛ̀ərwél] （達者で行け）→感 さらば. 名 告別.

welfare [wélfɛər] （都合よく行っている）→名 安寧；福祉；幸福.

thoroughfare [θʌ́rəfɛər]［**thorough**＝古くは through の意味だった］（ずっと行く）→名 道路；大通り.

warfare [wɔ́:rfɛər] (戦争に行く)——→图 戦争(行為).

64　—fend, —fest＝to strike （打つ）

● ラテン語 fendere(＝to strike).

fend [fend] [defendの短縮形] （相手を打ち倒す）——→動 防ぐ；護る.

fence [fens] [defence の短縮形] 图 柵，塀，垣；剣術. 動 防ぐ；柵などで囲む；剣術を使う.

defend [difénd] [de-＝down] （打ち倒す——→攻撃は最大の防御）——→動 防御する；弁護する；抗弁する.

defence [diféns] 图 防御，防備；護身術；擁護.

defendant [difénd(ə)nt] （抗弁する人）——→图 被告. *cf.* plaintiff （原告）.

offend [əfénd] [of-＝ob-＝against] （逆らって打つ）——→動 罪を犯す；人の感情を傷つける；怒らす.

offence [əféns] 图 違反；非行；不快；立腹；攻撃.

offensive [əfénsiv] 形 攻撃的の；無礼な；不快な. 图 攻撃的態度；攻勢.

infest [infést] [in-＝against] （相手を打つ）——→動 しつこく悩ます；つきまとう；はびこる.

infestation [ìnfestéiʃən] 图 横行，出没，侵攻.

manifest [mǽnifest] [mani-＝hand] （手で打つ——→手で感じ得るほど明らかな）——→形 明白な. 動 明らかに示す；現われる. 图 船荷目録.

manifestation [mæ̀nifestéiʃən] 图 表明；顕現；政見発表.

manifesto [mæ̀niféstou] 图 宣言書；声明書.

65　—fer＝to carry （運ぶ），bear （実を結ぶ，耐える）

● ラテン語 ferre (＝to carry, bring, bear).

ferry [féri] （運ぶこと）——→图 渡し場；渡船業. 動 船で渡す[渡る].

fertile [fə́:rtail] （実を結ぶ）——→形 多産な；肥沃な；豊富な. *cf.* sterile （不毛の）.

circumference [sərkʌ́mfərəns] [circum-＝around] （周りを運ぶ）——→图 周囲；円周；境界線.

confer [kənfə́:r] [con-＝together] （共に持ち寄る）——→動 （爵位な

どを）授与する；協議する，相談する．

conference [kɔ́nfərəns] 名 会議；協議会．

defer⁽¹⁾ [difə́ːr] [**de-**=**dis-**=apart] （遠くへ運ぶ）——→動 後回しにする；延期する．

deferment [difə́ːrmənt] 名 繰り延べ；後回し，延期．

defer⁽²⁾ [difə́ːr] [**de-**=down] （人の下に持って行く）——→動 従う，譲る．

deference [défərəns] 名 服従；敬意，尊敬．

deferential [dèfərénʃəl] 形 敬意を表した，うやうやしい．

differ [dífər] [**dif-**=**dis-**=apart] （別々に離して運ぶ）——→動 違う；意見を異にする．

difference [dífrəns] 名 相違；不和；差．

different [dífrənt] 形 異なった；別の；種々の．

differentiate [dìfərénʃieit] 動 差別を生ずる；分化する；微分する．

indifferent [indífərənt] [**in-**=not] （違わない——→どちらでも同じ）——→形 冷淡な；無関心な，無頓着な．

infer [infə́ːr] [**in-**=into] （考えを中に導く）——→動 推断する；意味を含む．

inferable [infə́ːrəbl] 形 推断しうる．

inference [ínfərəns] 名 推論，推断．

inferential [ìnfərénʃəl] 形 推論による．

offer [ɔ́fər] [**of-**=**ob-**=near] （近くまで持って行く）——→動 提供する，提出する；申し出る；起こる．名 申し出；売り物．

prefer [prifə́ːr] [**pre-**=before] （前に運ぶ）——→動 進める；提出する；選ぶ．

preferable [préfərəbl] 形 一層好ましい．

preference [préfərəns] 名 選択；好み；優先権．

preferential [prèfərénʃəl] 形 優先の；選択的；特恵の．

proffer [prɔ́fər] [**pro-**=before] （前に運ぶ）——→動 提供する，提出する．名 提供；申し出．

refer [rifə́ːr] [**re-**=back] （元に運ぶ）——→動 帰する；一任する；照会させる；参照させる；言及する；参考にする．

referable [rifə́ːrəbl] 形 帰せらるべき．

reference [réfərəns] 名 引き合い；参照；照会；参考．

referential [rèfərénʃəl] 形 参考の；参照の；照会の．

suffer [sÁfər] [**suf-** = **sub-** = under] (下にあって耐える) ──→動 (苦痛などを)受ける；苦しむ, 悩む；耐える；黙認する.

sufferable [sÁfərəbl] 形 堪えられる；許容しうる.

sufferance [sÁfərəns] 图 黙許；忍従.

suffering [sÁfəriŋ] 图 苦痛, 損害.

transfer [trænsfə́:r] [**trans-** = across] (～を越えて運ぶ) ──→動 移す；移動する；転任・転校する；譲渡する. [trǽnsfə(:)r] 图 譲渡；転任；移送.

transferor [trænsfərɔ:r] 图 譲渡人；転送者.

transferee [trænsfə(:)rí:] [**-ee**「される人」を表わす] 图 譲受人；転任者.

transference [trǽnsfərəns] 图 移すこと, 移ること；転送；譲渡；売渡し.

---

66 ─ fess = to speak (話す)   ● ラテン語 fari (=to speak).

confess [kənfés] [**con** = fully] (十分に言う) ──→動 告白する；認める；自白する.

confession [kənféʃən] 图 告白；自認；自白.

profess [prəfés] [**pro-** = before all, publicly] (皆の前で言う) ──→動 公言する；宣言する；本業とする；教授として教える.

profession [prəféʃən] 图 公言；宣誓；職業.

professional [prəféʃənəl] 形 職業の, 専門の；本職の. 图 (技芸・技術などを)本業とする人.

professor [prəfésər] 图 告白者；(大学などの)教授；専門家.

---

67 fict─, fig─ = to feign (いつわる)

● ラテン語 fingere (=to feign). 過去分詞形 fictus.

fiction [fíkʃən] (いつわりの作り話) ──→图 作り話；小説；作り事, 虚構.

fictional [fíkʃənəl] 形 作り話の；小説的な.

fictitious [fiktíʃəs] 形 小説的な, 架空の；虚偽の.

fictive [fíktiv] 形 架空の, 作り事の.

feign [fein] 動 ～のふりをする；(口実を)作る, 人前をいつわる.

feint [feint]　图 見せかけ；打つふりをすること．　動 打つふりをする．

figment [fígmənt]　图 作り事，虚構．

68　―fid―＝to trust (信用する)
⊕ ラテン語 fidere(＝to trust), fides (＝faith).

fidelity [fidéliti]　图 忠実，誠実；貞節．
faith [feiθ]　图 信頼；信仰；信義；誠実．
faithful [féiθful]　形 誠実な；忠実な；正確な．
confide [kənfáid] [**con-**＝fully]　(十分に信用する)──→動 信頼する，秘密をうちあける，委託する．
confidence [kɔ́nfidəns]　图 信頼；確信；自信；厚かましさ；秘密などをうちあけること．
confident [kɔ́nfidənt]　形 信頼する；確信している；自信のある．
diffidence [dífidəns] [**dif-**＝**dis-**＝apart]　(確信から離れている)──→图 自信のないこと；謙遜；内気．
diffident [dífidənt]　形 自信のない；遠慮がちな；内気な．
infidel [ínfidəl] [**in-**＝not]　形 信仰心のない．图 不信心者；異教徒．
infidelity [infidéliti]　图 無信仰；不信実．
defy [difái] [**de-**＝**dis-**＝apart]　(信から離れ行く)──→動 挑む；反抗する；無視する．
defiance [difáiəns]　图 挑戦；公然の反抗．
defiant [difáiənt]　形 公然と反抗する；無視する．
perfidy [pə́ːfidi] [**per-**＝away]　(信から離れている)──→图 不信，裏切り．

69　fin―＝to end (終る)
⊕ ラテン語 **finire** (to end), **finis**(＝an end, bound).

fine⁽¹⁾ [fain]　(結末をつけるもの)──→图 動 罰金(を課す)．
fine⁽²⁾ [fain]　(仕上げられた)──→形 上質の；純粋の；精巧な；こまかい；立派な；晴れた．動 こまかくする[なる]．
final [fáinl]　形 最終の；終局の；結末の．图 最終のもの；決勝戦．
finale [finάːli]　图 終楽章；結末，終局．
finance [fainǽns, finǽns]　(支払いの結末をつける)──→图 財源；財

政(学). **動** 財源を与える,財政を司る；融資する.

financial [fainǽnʃəl, finǽnʃəl] **形** 財政上の.

finish [fíniʃ] **動** 終える,完了する；仕上げをする. **名** 終結,最後；決勝；仕上げ；上塗り.

finite [fáinait] （終りのある）──→**形** 有限の.

infinite [ínfinit] [**in-** ＝not] **形** 無限の. **名** 無限.

infinitude [infínitjuːd] [**-itude** 抽象名詞語尾] **名** 無限,無辺,無窮.

confine [kənfáin] [**con-** ＝together] （限界を共にする）──→**動** 閉じ込める；限る. **名** [kɔ́nfain] 境界(地).

confinement [kənfáinmənt] **名** 禁固；幽閉；束縛；産褥につくこと.

define [difáin] [**de-** ＝down] （限界をおく）──→**動** 限界を定める；明瞭に定める；定義する.

definite [définit] **形** 限界の明らかな；明確な.

definition [dèfiníʃən] **名** 明確にすること；定義.

indefinite [indéfinit] [**in-** ＝not] **形** 明確でない；無限の.

refine [rifáin] [**re-** ＝again] （再度仕上げをする）──→**動** 精練する；精製する；洗練する.

refined [rifáind] **形** 精練された；優雅な；洗練された；上品な；手の込んだ.

refinement [rifáinmənt] **名** 精練；精製；洗練；優雅,上品；微妙.

70　**─firm＝firm（堅固な）**　🔴 ラテン語 firmus（＝firm）.

firm [fəːrm] **形** 堅固な；確固たる；堅実な；安定した. **動** 固める,固まる. **名** 商店,商会,商館.

firmament [fə́ːrməmənt] （堅くて移動しないものと昔考えられていた）──→**名** 大空,天空.

affirm [əfə́ːrm] [**af-** ＝**ad-** ＝to] （確固たるものにする）──→**動** 確言する；肯定する.

affirmative [əfə́ːrmətiv] **形** 肯定的の. **名** 肯定. *cf.* **negative**（否定の）.

confirm [kənfə́ːrm] [**con-** ＝wholly] （十分に堅固にする）──→**動** 強める；確定する；批准する；確認する.

confirmation [kɔnfərméiʃən] 图 確定；批准；確証；確認.

confirmed [kənfə́:rmd] 形 堅められた；慢性になった；(習慣など)こり固まった.

infirm [infə́:rm] [**in-**=not] (強固ではない)——形 病弱の；老衰した；優柔不断の.

infirmary [infə́:rməri] [**-ary** 場所を表わす] 图 病院；付属病舎；貧民収容所.

infirmity [infə́:rmiti] 图 虚弱；病弱；柔弱；弱点.

71 —flect, —flex=to bend (曲げる)

㊟ ラテン語 **flectere** (=to bend).

flexible [fléksəbl] 形 曲げやすい，しなやかな；扱いやすい；適応性がある.

flexibility [flèksəbíliti] 图 柔軟性；屈曲性；適応性.

flexion; flection [flékʃən] 图 屈曲；わん曲(部)；語形変化.

inflexible [infléksəbl] [**in-**=not] 形 曲がらぬ；頑として動かない；不屈の.

inflexibility [inflèksəbíliti] 图 不撓性；不屈；剛直.

circumflex [sə́:rkəmfleks] [**circum-**=around] (周りに曲がる)——形 曲折的；湾曲した. 動 (母音を)曲折する. 图 そのための符号.

inflect [inflékt] [**in-**=into] 動 (内へ) 曲げる；語形変化をする；(音声に)節をつける.

inflexion [inflékʃən] 图 曲げること，曲がること；語形変化；音調の変化.

reflect [riflékt] [**re-**=back] (曲げ返す)——動 跳ね返す；反射する；反映する；熟慮する.

reflection; reflexion [riflékʃən] 图 反射；映像；反映；非難；熟慮；反省.

reflective [rifléktiv] 形 反射する；熟慮する.

reflex [rí:fleks] 图 反射 (光, 色)；反映；映像. 形 反射した；反省の. 動 [rifléks] 折り返す.

reflexive [rifléksiv] 形 再帰の. 图 再帰代名詞；再帰動詞.

72 −flict＝to strike (打つ)

ラテン語 fligere (＝to strike). 過去分詞形 flictus.

afflict [əflíkt] [**af-**＝**ad-**＝**to**]　(人を打つ)──→動 (心身を)悩ます.
affliction [əflíkʃən]　名 不幸；苦悩；災害.
afflictive [əflíktiv]　形 苦悩の多い，痛ましい.
conflict [kənflíkt] [**con-**＝**together**]　(共に打ち合う)──→動 闘う，衝突する．名 [kɔ́nflikt] 闘争；衝突；矛盾.
inflict [inflíkt] [**in-**＝**upon**]　(〜に打ちかかる)──→動 (痛手などを)負わせる；(刑罰などを)課する.
infliction [inflíkʃən]　名 課すること；負わせること；処罰，苦しみ，難儀；迷惑.

73 flu−＝to flow (流れる)

ラテン語 fluere (＝to flow).

fluent [flú(ː)ənt]　(流れるような)──→形 流暢な；優雅な.
fluency [flú(ː)ənsi]　名 流暢，なだらかさ.
fluid [flú(ː)id]　形 流動性の．名 流体.
flume [fluːm]　名 かけひ，とい；(急な)谷川．動 水路で(材木などを)流して運ぶ；かけひで(水を)引く；(とい式)用水路を作る.
flush [flʌʃ]　動 (水を)どっと流す；(下水など)水を流して洗う；(顔など)紅潮させる；得意にさせる．名 (どっと落す)流し水；紅潮；発熱；あかね色.
fluctuate [flʌ́ktjueit] [ラテン語 **fluctus**＝wave(波)]　動 波動する，させる；(物価など)変動する.
flood [flʌd]　動 氾濫する；洪水にする；殺到する．名 満潮；洪水.
affluent [ǽfluənt] [**af-**＝**ad-**＝**to**]　形 豊かに流れる；豊富な．名 支流.
affluence [ǽfluəns]　名 流動；富裕.
circumfluent [sərkʌ́mfluənt] [**circum-**＝**around**]　(周りを流れる)──→形 環流する.
circumfluence [sərkʌ́mfluəns]　名 周流，回流.
confluent [kɔ́nfluənt] [**con-**＝**together**]　(共に流れる)──→形 (川・道などが)落ち合う；融合性の．名 支流.
confluence [kɔ́nfluəns]　名 落ち合うこと，合流.
effluent [éfluənt] [**ef-**＝**ex-**＝**out**]　(外に流れる)──→形 流出する.

第3篇　語根 (Root)

　　图 (川・湖などから出る)流れ.
- **effluence** [éfluəns]　图 流出(するもの).
- **influent** [ínfluənt] [**in-** =into]　(中に流れ込む)→形 流れ込む. 图 支流.
- **influence** [ínfluəns]　图 影響(力);感化(力);勢力(家);声望. 動 影響を及ぼす;感化する.
- **influential** [ìnfluénʃəl]　形 影響を及ぼす;勢力のある, 有力な.
- **refluent** [réfluənt] [**re-** =back]　(逆に流れる)→形 逆流する, 退流する.
- **refluence** [réfluəns]　图 逆流, 退流.
- **superfluous** [s(j)u(:)pə́:rfluəs] [**super-** =over]　(越えて流れる→こぼれるほど)→形 余計の, 余分の;蛇足の.
- **superfluity** [s(j)ù:pərflú(:)iti]　图 過剰;余分.

74　—form=to form (形づくる), form (形)

　🔴 ラテン語 **formare** (=to form, fashion).

- **form** [fɔ:rm]　图 形;外形;人物;人影;形態;形式;様式;書式;行儀. 動 形づくる;形成する;生じる.
- **formal** [fɔ́:rməl]　形 形式の;正式の;表面的な;堅苦しい.
- **formality** [fɔ:rmǽliti]　图 形式拘泥;正式;常例.
- **informal** [infɔ́:rməl] [**in-** =not]　形 非公式の;略式の.
- **informality** [infɔ:rmǽliti]　图 非公式. 略式.
- **formation** [fɔ:rméiʃən]　图 構成(物);形成(物);編成.
- **formula** [fɔ́:rmjulə]　图 定まった形式;公式.
- **formulate** [fɔ́:rmjuleit]　動 公式・法式にする;明確に組織的に述べる.
- **conform** [kənfɔ́:rm] [**con-** =together]　(形を共にする)→動 雛形に合わせて作る;(規則などに)従う.
- **conformance** [kənfɔ́:rməns]　图 従うこと;一致.
- **conformation** [kɔ̀nfɔ:rméiʃən]　图 雛形に合わせること, 適合;形成;組織.
- **conformist** [kənfɔ́:rmist]　图 慣習に従う人;(C-)英国の国教遵奉者.
- **conformity** [kənfɔ́:rmiti]　图 類似, 一致;服従;国教遵奉.
- **deform** [difɔ́:rm] [**de-** =away]　(形を離れる)→動 醜くする;不

具にする.

deformity [difɔ́:rmiti] 图 不具, 奇形；欠陥.

inform [infɔ́:rm] [**in-** =into]　（人の心の中に形づくる）——→動 吹き込む；鼓吹する；知らせる, 通知する.

information [ìnfərméiʃən] 图 通知；情報；知識.

informed [infɔ́:rmd] 形 見聞の広い, よく知っている, 博識の.

perform [pəfɔ́:rm] [**per-** =thoroughly]　（完全に形づくる）——→動 実行する, 遂行する；演ずる.

【注意：実は form とは無関係であって, ラテン語 fournir (=to furnish) から来ている形であるが学習の便宜上ここに入れた】

performance [pəfɔ́:rməns] 图 実行；遂行；演奏.

reform [rifɔ́:rm] [**re-** =again]　（再び形づくる）——→動 改正する；矯正する；改心する. 图 改正；改心.

reformation [rèfərméiʃən] 图 改革；革新；改正；矯正；改心.

reformatory [rifɔ́:rmətəri] 形 矯正のための. 图 感化院.

reformer [rifɔ́:rmər] 图 改革者.

transform [trænsfɔ́:rm] [**trans-** = across]　（形を移す）——→動 変形する；変態する.

transformation [trænsfərméiʃən] 图 変形；変質.

uniform [jú:nifɔ:rm] [**uni-** =one]　（形が一つ）——→形 一様な. 图 制服；ユニフォーム. 動 一様にする.

uniformity [jù:nifɔ́:rmiti] 图 一様なこと；無変化.

75　**fort—=strong**　(強い)　　⊕　ラテン語 fortis (=strong).

fort [fɔ:rt]　（強いところ）——→图 とりで；交易市場.

forte [fɔ:rt] 图 長所, 得手；刀身の最も強い部分. [fɔ́:rti] 形 強音の. 副 強く. 图 強音部.

fortify [fɔ́:rtifai] [**-fy**=to make]　（強くする）——→動 堅固にする；要塞を築く.

fortification [fɔ̀:rtifikéiʃən] 图 築城.

fortress [fɔ́:rtris] 图 要塞, 城砦.

fortitude [fɔ́:rtitju:d] [**-itude** 抽象名詞語尾] 图 剛毅；不撓不屈.

force [fɔ:rs] 图 力；武力；《複数》軍隊；暴力；効果. 動 強いる；強行する；押し入る；無理に生ぜしめる.

forcible [fɔ́:rsəbl] 形 力強い；力ずくの．

comfort [kʌ́mfərt][**com-**=wholly] （十分に力づける）→動 慰める；心地よくする．名 慰め(となる人または物)；安楽；気楽．

comfortable [kʌ́mfərtəbl] 形 安楽な；心地のよい；安らかな；慰めとなる．

effort [éfərt] [**ef-**=**ex-**=out] （力を外に出す）→名 努力，骨折り；力作．

enforce [infɔ́:rs][**in-**=in] （～の中に力を加える）→動 押し通す；強いる；(法律を)励行する．

enforcement [infɔ́:rsmənt] 名 励行，実行．

76 | found—, fund—=base (基礎) | ● ラテン語 fundus (=base, bottom).

found [faund] （基礎を置く）→動 建設する；設立する；～を根拠とする；～に拠る．

foundation [faundéiʃən] 名 設立；創立；基金；財団；基礎；土台；根拠．

founder [fáundər] 名 創立者；開祖，始祖；基金寄付者．

fund [fʌnd] 名 基金，資金；蘊蓄(うんちく)．動 基金に繰り込む，資金を供給する．

fundamental [fʌndəméntl] 形 基礎の，根本の，基本的な．名 原理，原則．

profound [prəfáund] [**pro-**=forward, downward] （ずっと底の）→形 深遠な；造詣の深い；意味深長な；深甚の；恭謙な．

profundity [prəfʌ́nditi] 名 深さ；恭謙；深所；深淵．

77 | fract—, frag—=to break (こわす)

● ラテン語 frangere (=to break). 過去分詞形 fractus.

fraction [frǽkʃən] （こわれた部分）→名 破片，断片，小部分；〖数学〗分数．

fracture [frǽktʃər] 動 破砕する；(骨など)折る[れる]．名 破砕；骨折．

fragile [frǽdʒail] 形 こわれやすい，もろい；か弱い，はかない．

fragility [frədʒíliti] 名 こわれやすさ，もろさ；虚弱；はかなさ．

fragment [frǽgmənt] 名 破片, 断片, かけら.
fragmentary [frǽgməntəri] 形 破片の; 断片的な; 切れ切れの.
fragmentation [frægməntéiʃən] 名 分裂, 破砕.
frail [freil] (こわれやすい)—→形 もろい; かよわい; はかない; 不貞の.
frailty [fréilti] 名 もろさ; はかなさ; 弱さ; 誘惑に弱いこと.
refrain⁽¹⁾ [rifréin] [**re-**=back] (こわし戻す→元にもどる)—→名 折返し句, 反復句, リフレイン; 決まり文句.
refrain⁽²⁾ [rifréin] 【同じ語源より出ているが語義を異にし, 「馬のたづなを引き戻す」の意】動 やめる, 差し控える, 遠慮する, 自制する, 慎しむ.
suffrage [sʌ́fridʒ] [**suf-**=**sub-**=under] (昔投票のために陶器の破片を用いたことから)—→名 投票; 選挙権, 参政権.

78　—fuse, —found= to pour (注ぐ)

❉ ラテン語 **fundere**(=to pour). 過去分詞形 **fusus**.

fuse [fjuːz] (注ぐために)—→動 溶解する.
【注意: 次の意味は語源を異にするが便宜上ここに入れた】名 信管, みちび; ヒューズ. 動 信管をつける; ヒューズが飛ぶ.
fusion [fjúːʒən] 名 溶解; 融解; 融合.
found [fáund] (注いで)—→動 鋳造する; (ガラスの原料を) 溶かして型に流し込む.
foundry [fáundri] [**-ry** 場所を表わす] 名 鋳物場; ガラス工場; 鋳造業; 鋳造物.
confound [kənfáund] [**con-**=together] (共に注ぐ)—→動 混乱させる; 途方にくれさせる; (計画などを)くつがえす.
circumfuse [sə̀ːrkəmfjúːz] [**circum-**=around] (周りに注ぐ)—→動 周囲に注ぐ; 浴びせる.
circumfusion [sə̀ːrkəmfjúːʒən] 名 周囲に注ぐこと.
confuse [kənfjúːz] (共に注ぐ)—→動 混乱させる; 混同する; 途方にくれさせる.
confusion [kənfjúːʒən] 名 混乱, ろうばい; 動乱; 混同.
diffuse [difjúːz] [**dif-**=**dis-**=apart] (あちらこちらに離して注ぐ)—→動 散乱する; 流布させる; 普及する; 拡散する. 形 [difjúːs]

散乱した；散漫な.
diffusion [difjúːʒən] 名 散布, 放散；普及；散漫.
diffusive [difjúːsiv] 形 散布的な；普及しやすい；拡散性の；冗漫な.
effuse [efjúːz] [**ef-** =**ex-** =out] (注ぎ出す)──→動 放出する.
effusion [ifjúːʒən] 名 放出；発露.
infuse [infjúːz] [**in-** =into] (中に注ぐ)──→動 注入する；吹き込む.
interfuse [ìntə(ː)rfjúːz] [**inter-** =between] (間に注ぐ)──→動 まざる；まざり合う；浸透させる.
profuse [prəfjúːs] [**pro-** =forth] (前に注ぎ出す)──→形 物惜しみしない；金使いの荒い；豊富な.
profusion [prəfjúːʒən] 名 浪費；豊富；潤沢.
refuse [rifjúːz] [**re-** =back] (注ぎ返す)──→動 拒絶する；～することを拒む.
refusal [rifjúːzəl] 名 拒絶；取捨権.
suffuse [səfjúːz] [**suf-** =**sub-** =under] (下に注ぐ)──→動 (水・色・光などが)さす, 満ちる；覆う.
suffusion [səfjúːʒən] 名 充溢；紅潮；覆うもの.
transfuse [trænsfjúːz] [**trans-** =across] (～から～に注ぐ)──→動 他の容器に移す；流れ込ませる；輸血する.
futile [fjúːtail] (無駄に注ぐ)──→形 無効な, 無駄な.
refute [rifjúːt] [**re-** =back] (注ぎ返す──→言い返す)──→動 論破する；反証をあげる.

---

79 | **gener−, gen−, gent−** =**to produce** (生む), **a race** (種族)

● ラテン語 **generare** (=to produce), **genus** (=a race), **gignere** (=to bear, beget 生む). ギリシア語 **genesis** (=origin, source). 英語で **gen** という形に出会ったら多くの場合「産む, 生ずる」その結果である「種, 種族」に関係のある意味を考えたらよい.

gender [dʒéndər] 名 『文法』性, 性(=sex).
genealogy [dʒèniǽlədʒi] [**-logy** =言葉] (生まれについて語る)──→名 系図(学)；系統.
general [dʒénərəl] (種全体に関する)──→形 一般の；概括的の；全

体を統率する. 图 将軍；一般.
generalize [dʒénərəlaiz] 動 一般化する；概括する.
generate [dʒénəreit] 動 発生する，発生させる；生ずる；招く.
generation [dʒènəréiʃən] 图 発生；人の一代；世代；時代.
degenerate [didʒénəreit] [**de-**=down] (種が低くなる)——→動 退化する；堕落する. 形 图 [didʒénərit] 退化した(もの)；堕落した(者).
regenerate [ridʒénəreit] [**re-**=again] (再び生む)——→動 更生させる；再生させる；刷新する；復興する.
generic [dʒinérik] 形 『生物』属の；一般の.
generous [dʒénərəs] (種族全体の心に富む)——→形 心の広い；寛大な；物惜しみしない；ゆたかな.
genesis [dʒénisis] 图 発生；創始；(G-)旧約聖書の創世記.
genetics [dʒinétiks] 图 遺伝学.
genial [dʒíːniəl] (生まれつきの気だて)——→形 温和な；親切な；愛想のよい.
congenial [kəndʒíːniəl] [**con-**=together] (気だてを共にする)——→形 同じ気質の；性に合った.
homogeneity [hɔ̀moudʒeníːiti] [**homo-**=same] 图 等質性；同次性.
genital [dʒénitəl] 形 生殖の. 图 《複数》生殖器.
congenital [kəndʒénitl] 形 (欠陥など)生来の.
progenitive [proudʒénitiv] [**pro-**=forth] 形 生殖力のある.
progenitor [proudʒénitər] [**pro-**=before, **genitor**=生む人=親] (親の前の人)——→图 先祖；先輩；(写しの)原本.
genius [dʒíːniəs] (生まれつきのもの)——→图 霊；悪霊；精神；特性；天才.
ingenious [indʒíːniəs] [**in-**=in] (生まれつき内に持つ才)——→形 工夫の才ある；器用な；巧妙な.
ingenuous [indʒénjuəs] (生まれついたままの)——→形 率直な；わだかまりのない.
genteel [dʒentíːl] (生まれのよい)——→形 家柄のよい；しとやかな.
gentile [dʒéntail] [文字通りの意味は同じ一族に属している] 图 (ユダヤ人からみた)異邦人；異教徒. 形 異邦人の；異教徒の；民族[氏族]の.

gentle [dʒéntl] （生まれのよい）——形 身分ある；礼儀正しい；やさしい．

genuine [dʒénjuin] （生まれたままの）——形 本物の；真正の；誠実な；純種の．

genus [dʒíːnəs] （生まれた）——名 [生物] 属；類（概念）；種類．

eugenics [juːdʒéniks] [**eu-** = well] 名 優生学．

pregnant [prégnənt] [**pre-** = before] （産む前の状態）——形 妊娠した；含蓄のある，意味深長な．

hydrogen [háidrədʒen] [**hydro-** = water] 名 水素．

nitrogen [náitridʒen] [**nitro-** = nitre 硝石] 名 窒素．

oxygen [ɔ́ksidʒen] [**oxy-** = acid 酸] 名 酸素．

---

80 | **ger—, gest—= to carry** （運ぶ） | ● ラテン語 **gerere** (= to carry).

gesticulate [dʒestíkjuleit] （身の運び）——動 身ぶりする；手まねする．

gesture [dʒéstʃər] 名 身ぶり；手まね；そぶり．

belligerent [bilídʒərənt] [ラテン語 **bellum** = war]（戦争を行なう）——形 交戦中の；好戦的な．名 交戦国[者]．

exaggerate [igzǽdʒəreit] [**ex-** = out] （程度を越えて運ぶ）——動 過大視する；誇張する．

exaggeration [igzædʒəréiʃən] 名 誇張．

digest [didʒést] [**di-** = **dis-** = apart] （別々に運ぶ——塊りを分解する）——動 整理する；消化する；会得する．名 [dáidʒest] 摘要．

digestion [didʒéstʃən] 名 消化（力）．

ingest [indʒést] [**in-** = into] （運び入れる）——動 （食物を）摂取する．

suggest [sədʒést] [**sug-** = **sub-** = under] （～の下に持って来る）——動 思いつかせる，示唆する；意見などを提出する，提案する；暗示する．

suggestion [sədʒéstʃən] 名 示唆；提案；暗示．

---

81 | **grad—, —gress = to walk** （歩く） |

● ラテン語 **gradi** (= to walk), **gradus** (= a step).

第3篇 語根 (Root)

grade [greid] (一歩一歩)──→图 段階；等級；度合；勾配. 動 度合を
つける.

gradation [grədéiʃən] 图 段階, 等級, 階級；濃淡法；漸層法.

gradual [grǽdjuəl] 形 漸次の, 漸進的の, ゆるやかな.

graduate [grǽdjueit] (学年を段々に進んで)──→動 卒業する；度合
をつける. 图 [grǽdjuit] 卒業生.

graduation [grædjuéiʃən] 图 度盛りすること；等級を分つこと；学
位授与式.

degrade [digréid] [**de-**=down] (段階を下げる)──→動 (位などを)
下げる；卑しくする；堕落させる[する]；退化させる[する].

degradation [dègrədéiʃən] 图 段階を下げること；下落；堕落；退
歩；退化.

retrograde [rétrougreid] [**retro-**=backward] (後へ歩む)──→
動 逆行する；後退する；退歩する. 形 逆行する；後退の；退歩の.

ingredient [ingríːdiənt] [**in-**=in] (中に入って行くもの)──→图 成
分；原料.

aggress [əgrés] [**ag-**=**ad-**=to] (〜に向かって行く)──→動 攻撃す
る；侵略する.

aggression [əgréʃən] 图 攻撃；喧嘩；侵略.

congress [kɔ́ŋgres] [**con-**=together] (共に行く──→集まる)──→
图 会合；会議；《米》国会.

digress [daigrés] [**di-**=**dis-**=apart] (離れて行く)──→動 (脇道に)
それる.

egress [iːgrés] [**e-**=**ex-**=out] (外へ行く)──→動 出て行く. 图
[íːgres] 出て行くこと；出口.

ingress [íngres] [**in-**=in] (中へ行く)──→图 入ること；入場；入
口.

progress [prəgrés] [**pro-**=forward] (前へ行く)──→動 進む；進
める. 图 [próugres] 進行；前進；進歩, 発達.

progressive [prəgrésiv] 形 前進の；進歩的な；進歩主義の.

retrogress [rètrougrés] [**retro-**=backward] (後へ行く)──→動
退行する；退化する.

transgress [trænsgrés] [**trans-**=across] (限度を越えて行く)──→
動 違反する；罪を犯す.

82 │ －gram, －graph＝to write　（書く）│

● ギリシア語 **gramma** (＝a letter), **graphein** (＝to write).

grammar [grǽmər] (書き方)──圀 文法(書)；根本原理.
grammarian [grəmɛ́əriən] 圀 文法学者.
diagram [dáiəgræm] [**dia-**＝through] (ずっと線を引いて書いたもの)──圀 図(表).
epigram [épigræm] [**epi-**＝upon] (石の上に書いたもの──碑銘──簡潔な文)──圀 警句(で結んだ短詩).
program(me) [próugræm] [**pro-**＝before] (皆の前に示される書き物)──圀 プログラム；趣意書；成案；計画.
telegram [téligræm] [**tele-**＝afar off] (遠くから書き送る)──圀 電報.
gramophone [grǽməfoun] [**-phone**＝sound] (音声を記したもの)──圀 蓄音機.
graph [grɑːf] 圀 グラフ, 図表, 図式. 動 グラフに描く.
autograph [ɔ́ːtəgrɑːf] [**auto-**＝self] 圀 動 自筆(で書き記す).
biography [baiɔ́grəfi] [**bio-**＝life] (人の一生を記したもの)──圀 伝記.
autobiography [ɔ̀ːtoubaiɔ́grəfi] (自分の伝記)──圀 自叙伝.
geography [dʒiɔ́grəfi] [**geo-**＝earth] (土地について書く)──圀 地理(学)；地誌.
lithography [liθɔ́grəfi] [**litho-**＝stone] 圀 石版術.
phonograph [fóunəgrɑːf]＝gramophone. 圀 蓄音機. 動 蓄音機に吹き込む, レコードをかける.
photograph [fóutəgrɑːf] [**photo-**＝light] (光で書いたもの)──圀 写真. 動 写真を撮る.
stenography [stenɔ́grəfi] [**steno-**＝narrow] (狭めて書く──縮める)──圀 速記(術).
telegraph [téligrɑːf] [**tele-**＝afar off] (遠くから書き送る)──圀 電信. 動 電信で知らせる.

83 │ grat－＝to please　（喜ばす）│

● ラテン語 **gratus**(＝pleasing), **gratia** (＝favour).

grateful [gréitful] （喜びに満ちている）——→形 心地よい；感謝している.

ungrateful [ʌngréitful] [**un-**＝not] 形 恩知らずの；不快な.

gratify [grǽtifai] [**-fy**＝to make] （喜ばせる）——→動 満足させる.

gratification [grætifikéiʃən] 名 満足(させること).

gratitude [grǽtitjuːd] [**-itude** 抽象名詞語尾] 名 感謝.

grace [greis] （喜ばしい）——→名 優美；面目；魅力；恩寵；恩恵. 動 品位を添える；名誉を与える.

graceful [gréisful] 形 優美な；しとやかな；上品な.

gracious [gréiʃəs] 形 恵み深い；やさしい.

disgrace [disgréis] [**dis-**＝not] 名 不面目. 恥辱. 動 栄誉を失わせる；恥辱をもたらす.

agree [əgríː] [**a-**＝**ad-**＝to] （相手を喜ばす）——→動 一致する；同意する；調和する.

agreeable [əgríːəbl] 形 気持のよい；一致して.

agreement [əgríːmənt] 名 同意；協定；一致.

congratulate [kɔngrǽtjuleit] [**con-**＝together] （喜びを共にする） 動 祝詞を述べる.

84　**grav-＝heavy**　（重い）　　🔔 ラテン語 gravis(＝heavy).

grave [greiv] 形 重い；重大な；まじめな，厳粛な.

gravity [grǽviti] 名 重さ；重大さ；重力.

gravitate [grǽviteit] 動 重力に引かれる；引きつけられる.

gravitation [grævitéiʃən] 名 重力；引力；趨勢.

gravid [grǽvid] （重くなっている）——→形 妊娠している.

aggravate [ǽgrəveit] [**ag-**＝**ad-**＝to] 動 （負担などを）重くする；一層ひどくする.

aggravation [ægrəvéiʃən] 名 一層の悪化.

grieve [griːv] （心を重くする）——→動 深く悲しませる；深く悲しむ.

grief [griːf] 名 深い悲しみ，嘆き；不幸.

aggrieve [əgríːv] [**ag-**＝**ad-**＝to] 動 苦しめる.

85　gregat— = to collect （集める）

🔵 ラテン語 gregare (=to collect), grex (=a flock 群).

gregarious [grigéəriəs] [**-ous** 形容詞語尾] （群をなしてる）—→ 形 群居する；族生する；集団の.
aggregate [ǽgrigeit] [**ag-** = **ad-** = to] （集まる）—→動 集合する. [ǽgrigit] 形 集団の；総計の. 名 集団；総計.
aggregation [æ̀grigéiʃən] 名 集合；集団.
congregate [kɔ́ŋgrigeit] [**con-** = together] （共に集まる）—→動 群集する，集合する.
congregation [kɔ̀ŋgrigéiʃən] 名 集合；会衆.
segregate [ségrigeit] [**se-** = apart] （群から離す）—→動 分離する，隔離する. 形 [ségrigit] 仲間から離れた.
segregation [sègrigéiʃən] 名 分離，隔離.
egregious [igríːdʒəs] [**e-** = **ex-** = out] （群からはみ出るほどに）—→ 形 とてつもない；並はずれの.

86　hab—, —hibit = to have （持つ）

🔵 ラテン語 habere (=to have, hold, keep).

habit [hǽbit] （身に持つもの）—→名 衣服；気質；習性；習慣. 動 衣服を着せる.
habitual [həbítjuəl] 形 習慣的の；常習的の.
habitant [hǽbitənt] （場所を持つ—→住む）—→形 住んでいる. 名 居住者.
habitation [hæ̀bitéiʃən] 名 居住；すみか.
cohabit [kouhǽbit] [**co-** = **con-** = together] （共に住む）—→動 同棲する.
inhabit [inhǽbit] [**in-** = in] （中に住む）—→動 住む；宿る.
inhabitation [inhæ̀bitéiʃən] 名 居住.
inhabitant [inhǽbitənt] 名 居住者；棲息動物.
exhibit [igzíbit] [**ex-** = out] （持って外へ出す）—→動 示す；差し出す；公表する，出品する. 名 公表；出品，展示物.
exhibition [èksibíʃən] 名 明示；展覧会，博覧会.

inhibit [inhíbit] [**in-**=in] （手に持つ──→抑える）──→<u>動</u> 禁ずる；防止する.
inhibition [ìnhibíʃən] <u>名</u> 禁止；抑制.
prohibit [prəhíbit] [**pro-**=before] （前で抑える）──→<u>動</u> 禁止する.
prohibition [pròuhibíʃən] <u>名</u> 禁止；禁制；禁令.

87 her-—=an heir （相続人）

※ ラテン語 **heres** (=an heir).

heir [ɛər] <u>名</u> 相続人；後継者. <u>動</u> 相続する.
heiress [ɛ́əris] <u>名</u> 女子相続人.
heredity [hirédɪti] （継承されるもの）──→<u>名</u> 遺伝.
hereditament [hèridítəmənt] <u>名</u> 相続財産, 世襲財産.
hereditary [hiréditəri] <u>形</u> 世襲の；遺伝の；親譲りの.
heritage [héritidʒ] <u>名</u> 相続財産；天賦の運命.
heritable [héritəbl] <u>形</u> 遺伝する；相続しうべき.
inherit [inhérit] [**in-**=in] （手中に継ぐ）──→<u>動</u> 相続する；受け継ぐ.
inheritance [inhéritəns] <u>名</u> 相続(財産)；遺伝質；天賦の才能.

88 —here, hes-—=to stick （粘着する）

※ ラテン語 **haerere** (=to stick)

adhere [ədhíər] [**ad-**=to] <u>動</u> 粘着する；固守する.
adherence [ədhíərəns] <u>名</u> 粘りつくこと；固守すること.
adherent [ədhíərənt] <u>形</u> 粘りつく；付随的の. <u>名</u> 追従者.
adhesion [ədhíːʒən] <u>名</u> 粘着；癒着；支持.
adhesive [ədhíːsiv] <u>形</u> 粘りつく. <u>名</u> 接着剤；ばんそうこう.
cohere [kouhíər] [**co-**=**con-**=together] （共に粘りつく）──→<u>動</u> 密着する；結合する；脈絡が整う.
coherence [kouhíərəns] <u>名</u> 密着, 結合；首尾一貫.
coherent [kouhíərənt] <u>形</u> 密着した；筋道が通っている.
cohesion [kouhíːʒən] <u>名</u> 結合；凝集力[性].
cohesive [kouhíːsiv] <u>形</u> 凝集性の.

inhere [inhíər] [**in-** =in] （体の中にくっつく）——→動 生来具わる；本来属する．

inherence [inhíərəns] 名 固有，具有，生得．

inherent [inhíərənt] 形 生まれつきの；固有の．

hesitate [héziteit] （くっついて離れにくい）——→動 躊躇する，ためらう；口ごもる．

hesitation [hèzitéiʃən] 名 躊躇．

hesitant [hézitənt] 形 ためらいがちな，煮えきらない．

89 | hum—, hom—=man （人間）

🔸 ラテン語 humanus (=human), homo (=a man).

human [hjú:mən] 形 人間の．名 人間．

humane [hju(:)méin] 形 人情のある，慈悲深い；優雅な．

humanism [hjú:mənizəm] 名 ヒューマニズム；人道主義；人文主義．

humanitarian [hju(:)mænitéəriən] 名 人道主義者；博愛家．形 人道主義の．

humanity [hju(:)mǽniti] 名 人間性；人道；人類；慈善心．

humankind [hjú:mənkaind]=mankind. 名 人類．

homicide [hɔ́misaid] [**-cide**=to cut] 名 殺人(者)．

homage [hɔ́midʒ] [**homo**=a man, servant] （臣下の礼）——→名 長上に対する敬意；臣礼；尊敬．

90 | hum—=ground （地） 🔸 ラテン語 humus (=the ground).

humble [hʌ́mbl] （地は低きにある）——→形 身分のひくい，卑しい；謙遜な；質素な，粗末な．動 さげすむ．

humiliate [hju(:)mílieit] （相手を地にはわす）——→動 人の自尊心を傷つける；屈辱を感じさせる．

humiliation [hju(:)mìliéiʃən] 名 屈辱．

humility [hju(:)míliti] 〈低くなること〉——→名 卑下；謙遜；卑賤．

exhume [ekshjú:m] [**ex-**=out] （地の外へ）——→動 掘り出す，発掘する．

inhume [inhjú:m] [**in-**=into] （地の中へ）——→動 （死体を）埋め

る；土葬する.
posthumous [pɔ́stjuməs] [**post**-＝after] (埋葬後の)──→形 父の死後に生まれた；死後に出版された；死後の.

91 | insul-＝island (島) | ● ラテン語 insula (＝an island).

insular [ínsjulər] 形 島国の；島国根性の, 偏狭な.
insularity [ìnsjulǽrəti] 名 島国根性；偏狭, 狭量.
insulate [ínsjuleit] 動 孤立させる；隔離する.
insulation [ìnsjuléiʃən] 名 孤立；隔離.
island [áilənd] 名 島；島のように孤立した場所. 動 島にする；孤立させる, 隔離する.
isle [ail] 名 島. 動 島にする；隔離する；島に住む.
islet [áilit] [**-et** 指小辞] 名 小島.
isolate [áisəleit] 動 孤立させる；隔離する.
isolation [àisəléiʃən] 名 孤立；隔離；交通遮断.
peninsula [pinínsjulə] [ラテン語 **pene**＝almost] (殆んど島になっている)──→名 半島.

92 | it-＝to go (行く) | ● ラテン語 ire (＝to go).

itineracy [itínərəsi] (巡り行くこと)──→名 巡回；巡回説教(師).
itinerant [itínərənt, aitínərənt] 形 巡回して歩く；旅回りの. 名 巡回者；旅商人；旅役者.
itinerary [itínərəri, aitínərəri] 名 旅程；旅行記；旅行案内. 形 旅行の.
itinerate [itínəreit, aitínəreit] 動 巡回して歩く；遍歴する.
ambit [ǽmbit] [**amb**-＝**ambi**-＝round] (回りを行く)──→名 周囲の地域；境界；(行動などの)範囲.
ambition [æmbíʃən] (名誉を求めて歩き回る)──→名 大望；野心；熱望する物.
circuit [sə́:rkit] [**circu**-＝round] (回りを行く)──→名 周囲を回ること, 迂回；範囲；面積.
circuitous [sə(:)rkjú(:)itəs] 形 回り道の, 遠回りの.
coition [kouíʃən] [**co**-＝together] (共に行く)──→名 性交, 交合

(= coitus).

initiate [iníʃieit] [**in-** =into] (中へ入って行く)──→ 🔲 入門[入会]させる;手ほどきをする;始める,着手する. 🔲 入門を許された;伝授を受けた. 🔲 新入者,入会者.

initiation [iniʃiéiʃən] 🔲 開始,着手;伝授;入社式.

initiative [iníʃiətiv] 🔲 手始め;創始;主導権;先制. 🔲 初めの;率先の.

initial [iníʃəl] 🔲 手始めの;最初の. 🔲《複数》姓名の頭文字. 🔲 頭文字で署名する.

perish [périʃ] [**per-** =thoroughly] (完全に行ってしまう)──→ 🔲 滅ぶ,死滅する;朽ちる;苦しめる.

perishable [périʃəbl] 🔲 破滅すべき;腐敗しやすい.

transit [trǽnsit] [**trans-** =across] (横切って行く)──→🔲 通過,横断;推移. 🔲 通過する;横切る.

transition [trænsíʒən] 🔲 推移,変遷.

transitive [trǽnsitiv] 🔲 他動の;他物へ移り行く;中間的. 🔲 他動詞.

transitory [trǽnsitəri] 🔲 過ぎ去って行く;束の間の.

transient [trǽnziənt] 🔲 一時的の;束の間の;滞在の短い. 🔲 一時的のもの;はかないもの.

93 ─ject, ─jac─ = to throw (投げる)

● ラテン語 jacere (=to throw, cast).

abject [ǽbdʒekt] [**ab-** =away] (投げ捨てられた)──→🔲 零落した;みじめな;卑しむべき.

abjection [æbdʒékʃən] 🔲 零落;卑賤.

conjecture [kəndʒéktʃər] [**con-** =together] (共に投げる──二つ並べて比較推量する)──→🔲 推測する;憶測する. 🔲 推測;憶測,憶断.

deject [didʒékt] [**de-** =down] (下に投げる)──→🔲 落胆させる;意気阻喪させる.

eject [i(ː)dʒékt] [**e-** =**ex-** =out] (外に投げる)──→🔲 放出する;追い払う;吐き出す.

ejection [i(ː)dʒékʃən] 🔲 放出(物);放逐.

inject [indʒékt] [**in-** =into] (投げ入れる)──→動 注射する；注入する.

injection [indʒékʃən] 名 注射(液)；注入.

interject [ìntə(:)rdʒékt] [**inter-** =between] (間に投げる)──→動 投げ入れる；言葉をはさむ.

interjection [ìntə(:)rdʒékʃən] 名 叫び；間投詞.

object⁽¹⁾ [ɔ́bdʒikt] [**ob-** =before] (目の前に投げられた物)──→名 物体, 事物；目的；対象；客観.

object⁽²⁾ [əbdʒékt] [**ob-** =against] (反対を投げる)──→動 反対する；異議を唱える.

objection [əbdʒékʃən] 名 反対；異議.

project [prədʒékt] [**pro-** =forward] (前方に投げる)──→動 投げる；突き出る；投射する, 投影する；計画する. 名 [prɔ́dʒekt] 計画；提案

projector [prədʒéktər] 名 発起人；投機師；映写機；映写技師.

reject [ridʒékt] [**re-** =back] (投げ返す)──→動 はねつける；認めない；受け入れない.

rejection [ridʒékʃən] 名 棄却；拒否；排泄物.

subject [səbdʒékt] [**sub-** =under] (～の下に投げる)──→動 隷属させる；従わせる；(作用を)受けさせる.
[sʌ́bdʒikt] 形 隷属する；従属する；(作用を)受けやすい；(疾病に)罹りやすい；変更されるべき. 名 臣民. 国民；主語；学術の資料；主題, 問題, 話題；学科.

subjection [səbdʒékʃən] 名 隷属；従属.

subjective [səbdʒéktiv] 形 主観の；主観的な；主語の. 名 主格.

adjacent [ədʒéisənt] [**ad-** =to] (～に向かって投げられた)──→形 近くの；隣接した.

ejaculate [idʒǽkjuleit] [**e-** =**ex-** =out] (投げ出す)──→動 射出する；突然叫ぶ.

interjacent [ìntə(:)rdʒéisənt] [**inter-** =between] (間に投げられた)──→形 中間にある, 介在する.

subjacent [sʌbdʒéisənt] [**sub-** =under] (下に投げられた)──→形 下に在る.

第3篇 語根 (Root)

94　journ——＝day（日）

注 ラテン語 dies (＝a day), diurnalis (＝daily). フランス語 journée (＝a day).

journal [dʒə́ːrnəl]（日々のもの）——→图 日誌；新聞；雑誌.
journalism [dʒə́ːrnəlizəm] 图 新聞・雑誌の事業；《集合的》新聞・雑誌.
journey [dʒə́ːrni]（一日の旅程）——→图 旅程；旅行. 動 旅をする.
adjourn [ədʒə́ːrn] [**ad-**＝to]（日を延べる）——→動 延期する.
sojourn [sódʒəːrn, sʌ́dʒəːrn, sóudʒəːrn] [**so-**＝**sub-**＝under]（日の流れの下にいる——→日を過ごす）——→ 動 滞在する, 逗留する. 图 滞在(地).
diary [dáiəri]＝journal. 图 日記.
diurnal [daiə́ːrnəl] 形 一日の；昼間の. *cf.* **nocturnal**（夜の）.

95　jud——＝to judge（判断する）

注 ラテン語 judicare (＝to judge), judex (＝a judge).

judge [dʒʌdʒ] [**jus** (law)＋**dicare** (to point out)]（法を示す）——→動 判定する；裁く；審査する；判断する.
judg(e)ment [dʒʌ́dʒmənt] 图 判定；裁判；判断；意見；分別.
judicature [dʒúːdikətʃər] 图 裁判；司法官；司法部.
judicial [dʒu(ː)díʃəl] 形 裁判(官)の；司法の；公平な.
judicious [dʒu(ː)díʃəs]（判断力ある）——→形 思慮の深い, 分別のある.
adjudicate [ədʒúːdikeit] [**ad-**＝to] 動 判決する；裁く.
prejudice [prédʒudis] [**pre-**＝before]（前もってなされた判断）——→图 偏見, 先入主；損害. 動 偏見をいだかせる；（権利などを）害する.

96　just—, juris—＝law（法），right（正義）

注 ラテン語 jus (＝law, right).

just [dʒʌst] 形 正しい；公正な；正当の；道理にかなった. 副 正に；ちょうど；ほんの.
justice [dʒʌ́stis] 图 正義；裁き；司法官.
justify [dʒʌ́stifai] [**-fy**＝to make]（正しくする）——→動 正当とす

る；正しいことを確証する．

adjust [ədʒʌ́st] [**ad-**＝to] （正しくする）──→動 調整する；調節する．

adjustment [ədʒʌ́stmənt] 名 調整；調節．

injustice [indʒʌ́stis] [**in-**＝not] 名 不正；不公正．

unjust [ʌndʒʌ́st] [**un-**＝not] 形 不正な；不当な．

unjustifiable [ʌndʒʌ́stifaiəbl] 形 正当となし得ない；弁解の余地のない，条理の立たない．

juridical [dʒuərídikəl] 形 裁判(上)の；合法の；法律上仮定された．

jurisconsult [dʒùəriskənsʌ́lt] [**consult**＝to consider] （法律を考える人）──→名 民法学者；国際法学者；法律学者．

jurisdiction [dʒùərisdíkʃən] [**diction**＝saying] （法律を述べること）──→名 司法(権)；司法機関；管轄(区域)．

jurisprudence [dʒùərisprúdəns] [**prudence**＝skill] （法律に関する技術）──→名 法律学；法律に精通すること．

jurist [dʒúərist] 名 法律学者；法律著述家；法学生．

injure [índʒər] [**in-**＝not] （正しくないことをする）──→動 傷つける，害する．

injurious [indʒúəriəs] 形 有害な；不正な．

injury [índʒəri] 名 害，傷害，損害；無礼，侮辱．

---

97 | laps-＝to slip, glide （すべる） | 🔴 ラテン語 lapsare（＝to slip, glide）．

lapse [læps] （手がすべる）──→名 誤り；手ぬかり；(水の)ゆるやかな流れ；(時の)経過，推移．動 推移する，経過する；堕落する；罪を犯す；失効する．

collapse [kəlǽps] [**col-**＝**con-**＝together] （共にすべり落ちる）──→動 崩壊する；陥没する；意気消沈する．名 崩壊；挫折；虚脱；衰弱．

elapse [ilǽps] [**e-**＝**ex-**＝out] （時がすべって行く）──→動 (時が)経過する．

relapse [rilǽps] [**re-**＝back] （すべり返る）──→動 再び邪道・邪宗に返る；(病気が)ぶり返す．名 逆戻り，堕落；(病気の)再発．

第3篇　語根 (Root)　　　　191

collapsible; -able [kəlǽpsəbl]　(崩すことができる)──→形 折りた
ためる.

98　―late＝to bring (持ってくる), bear (運ぶ)

🌏 ラテン語 latum (＝to bring, bear away). **-fer** と同語源.

ablation [æbléiʃən] [**ab-** ＝away]　(運び去る)──→名 除去；切除.
collate [kɔléit] [**col-** ＝**con-** ＝together]　(共に持ち寄る)──→動 対
照する；校合する.
dilate [dailéit] [**di-** ＝**dis-** ＝apart]　(遠くへ運ぶ)──→動 張り拡げ
る；拡がる；膨張する；敷衍する.
dilatable [dailéitəbl]　形 膨張性の.
dilatation [dàilətéiʃən]　名 拡張；膨張；敷衍.
elate [iléit] [**e-** ＝**ex-** ＝out]　(気持を外に出す)──→動 意気揚々たら
しめる. 形 意気揚々たる.
illation [iléiʃən] [**il-** ＝in]　(中にもたらされたもの)──→名 推論；
結論.
oblate [ɔ́bleit, ɔbléit] [**ob-** ＝towards]　(ある方に引っ張られた)
──→形 扁球状の.
relate [riléit] [**re-** ＝back]　(元に戻って)──→動 詳しく語る；関係
させる；関係する.
relation [riléiʃən]　名 詳しい物語；関係；親族関係.
relative [rélətiv]　形 関係ある；相対的の 名 関係詞；親族, 親類.
relator [riléitər]　名 物語る人；犯罪申告者.
superlative [s(j)u(:)pə́:rlətiv] [**super-** ＝beyond]　(限度を越えて運
ばれた)──→形 最上級の；誇張した；抜群の. 名 最上級の形容詞・
副詞；最高, 極点.
translate [trænsléit] [**trans-** ＝across]　(他に移す)──→動 移す；
翻訳する；解釈する；変形する.
translation [trænsléiʃən]　名 移行；翻訳.
delay [diléi] [**de-** ＝**dis-** ＝apart]　(遠くへ運ぶ)──→動 遅らす；遅
れる；延期する. 名 遅滞.

99　later―＝side (側面)　🌏 ラテン語 latus (＝a side).

lateral [lǽtərəl]　形 側面の；かたわらの；側生の；側音の. 名 側

部;側生芽;側音.

latitude [lǽtitjuːd] [**-itude** 抽象名詞語尾]　图 緯度;範囲;地方;幅;(行動などの)自由.

collateral [kɔlǽtərəl] [**col-**=**con-**=together]　(共にかたわらに)──▶形 相並んだ;付随した;傍系の;見返りの.　图 傍系親族;見返り物資.

100　lav-, lau-=to wash (洗う)　● ラテン語 lavare (=to wash).

lave [leiv]　動 洗う;沐浴する;(流れが岸を)洗う.

lava [láːvə]　(山肌を洗うように流れるもの)──▶图 溶岩.

lavatory [lǽvətəri] [**-ory** 場所を表わす]　(手を洗う所)──▶图 洗面所,便所.

lavish [lǽviʃ]　(湯水の如く)──▶動 浪費する;惜しまず与える.　形 物惜しみしない;豊かな;浪費の.

launder [lɔ́ːndər]　動 洗濯する;洗濯がきく.

laundress [lɔ́ːndris] [**-ess** 女性名詞語尾]　图 洗濯女.

laundry [lɔ́ːndri] [**-ry** 場所を表わす]　图 洗濯場;洗濯(物);洗濯屋, クリーニング屋.

101　-lax, -lyse=to loosen (ゆるめる)

● ラテン語 laxare (=to loosen), ギリシア語 lúein (=to loosen).

lax [læks]　形 ゆるんだ, しまりのない, だらしのない, 放縦な.　图 下痢.

laxation [lækséiʃən]　图 ゆるみ, 放縦, 緩慢.

laxity [lǽksəti]　图 だらしなさ, しまりのなさ;あいまいさ;ぞんざい.

relax [rilǽks] [**re-**=back]　(ゆるめもどす)──▶動 ゆるめる;寛大にする;だらけさす;くつろがせる;やわらぐ;だらける;くつろぐ.

relaxation [rìːlækséiʃən]　图 ゆるみ;軽減;休養;くつろぎ, 気晴らし;衰え, 精力減退.

release [rilíːs] **relax** の姉妹語.　(ゆるめて)──▶動 放つ, 離す;釈放する;解除する;免除する;封切りする;発表する;放出する;

譲渡する. 名 解放；発射；釈放；放免；解除；封切り；発表(物).

analyse; -lyze [ǽnəlaiz] [**ana-**＝back] (ゆるめて元の部分にもどす)──→動 分解する；分析する；解析する.

analysis [ənǽləsis] 名 分解；分析；解析.

analytic; -ical [æ̀nəlítik(əl)] 形 分解の；分析的.

paralyse; -lyze [pǽrəlaiz] [**para-**＝beside] (ゆるめて離れさす)──→動 麻痺させる，しびれさす；無力にする.

paralysis [pərǽlisis] 名 麻痺，中風；無力，無能.

palsy [pɔ́:lzi] 名 手足のしびれ. 動 しびれさす.

102　lect-, leg-＝to choose (選ぶ), gather (集める), read (読む)

❸ ラテン語 legere (＝to choose, gather, read). 過去分詞形 lectus.

lection [lékʃən] (読むこと)──→名 (聖書などの)朗読.

lecture [léktʃər] (読むこと)──→名 講義；講演. 動 講義する；講演する.

lecturer [léktʃərər] 名 講演者；(大学の)講師.

collect [kəlékt] [**col-**＝**con-**＝together] (共に集める)──→動 集める；収集する；(気力などを)回復する；集合する；集金する.

collection [kəlékʃən] 名 集めること；募金；収集；集まり；落着き.

elect [ilékt] [**e-**＝**ex-**＝out] (選び出す)──→動 選ぶ；選挙する. 形 選ばれた.

election [ilékʃən] 名 選ぶこと；選挙；選択.

intellect [íntilekt] [**intel-**＝**inter-**＝between] (正邪善悪を選別する力)──→名 知性；知力；理解力.

intellectual [ìntiléktjuəl] 形 知性のすぐれた；知的の；理解力ある. 名 知識人.

neglect [niglékt] [**neg-**＝not] (集めない──→怠る)──→動 無視する；等閑に付す；疎略にする；怠る. 名 無視；等閑；怠慢.

neglectful [nigléktful] 形 怠慢な；不注意な；なげやりの.

recollect [rèkəlékt] [**re-**＝again] (再び集める)──→動 思い出す. [rí:kəlekt] 動 再び集める；(元気を)回復する.

recollection [rèkəlékʃən] 名 瞑想；沈着；回想；追憶.

select [silékt] [**se-**＝apart] (選び分ける)──→動 選ぶ；淘汰する.

形 選り抜きの；一流の；立派な.
selection [silékʃən] 名 選択；選抜；淘汰.
legend [lédʒənd] (読まれるもの)──→名 伝説；(メダルなどの)銘.
legible [lédʒəbl] 形 読みやすい；明瞭な.
legion [líːdʒən] (多数の集まり)──→名 軍隊，軍団，多数，無数. *cf.* **region** (地域).
diligent [dílidʒənt] [**di-** = **dis-** = apart] (せっせとえらび分ける)──→形 勤勉な.
diligence [dílidʒəns] 名 勤勉.
elegant [éligənt] [**e-** = **ex-** = out] (選び抜かれた)──→形 上品な，高雅な；華美な；すてきな.
elegance [éligəns] 名 上品，高雅，気品.
eligible [élidʒəbl] [**e-** = **ex** = out] (選び出され得る)──→形 選ばれる資格のある；適格の. 名 適格者.
intelligent [intélidʒənt] [**intel-** = **inter-** = between] (二つの物の間を選別する)──→形 理解力ある；英明な.
intelligence [intélidʒəns] 名 知能；知力；英知；理解力；情報.
intelligible [intélidʒəbl] 形 理解しうる，会得しうる；明瞭な.
negligent [néglidʒənt] [**neg-** = not] 形 怠慢な，なげやりな.
negligence [néglidʒəns] 名 怠慢；不注意；無頓着；過失.
negligible [néglidʒəbl] 形 無視しうる；とるに足らぬ.
sacrilege [sækrilidʒ] [**sacri-** = sacred] (聖所から集める──→盗む)──→名 冒瀆；神聖をけがすこと.

103 | leg— = to appoint(任命する)， send(送る)

🅛 ラテン語 **legare** (=to appoint, send).

legate [légit] 名 教皇特使；使節，大使. 動 [ligéit] 遺言をもって財産を贈る.
legation [ligéiʃən] 名 使節の派遣；公使(館).
legacy [légəsi] 名 (遺言によって贈られた)遺産.
delegate [déligeit] [**de-** = off] (任命して派遣する)──→動 代表を委任する；代表として派遣する. 名 [déligit] 代表者；代議士.
delegation [dèligéiʃən] 名 代表権の委任；代表団.

delegacy [déligəsi] 图 代表組織；代表権；代表団.
relegate [réligeit] [**re-**=back, away] (送り返す──→追い払う)
　──→動 追放する；左遷する；委託する；照会する.
relegation [rèligéiʃən] 图 追放；左遷；付託.

104 | leg--=law (法律) | ● ラテン語 legalis (=lawful).

legal [líːgəl] 形 法律上の；法定の；適法の.
legislate [lédʒisleit] [**-late**=to bring] (法律をもたらす)──→動 法律を制定する.
legislation [lèdʒisléiʃən] 图 立法；《集合的》法律.
legislator [lédʒisleitər] 图 立法者, 立法官.
legislature [lédʒisleitʃər] 图 立法機関；立法院.
legist [líːdʒist] 图 立法学者.
legitimate [lidʒítimit] [**-itim** 最上級を示す] (最も法律的な)──→
　形 合法の；適法の；嫡出の；正統の. 動 [lidʒítimeit] 合法と認める；嫡出と認める.
litigate [lítigeit] 動 法律に訴える；論争する.
litigation [litigéiʃən] 图 訴訟.
allege [əlédʒ] [**al-**=**ad-**=to] (適法であることを)──→動 申し立てる.
allegation [æ̀legéiʃən] 图 申し立て；主張；陳述.
allegiance [əlíːdʒəns] (**lawful**──→faithful)──→ 图 忠誠, 忠節.
privilege [prívilidʒ] [**privi-**=private] (一個人に限られた法律)
　──→图 特権, 特典. 動 特権・特典を与える.

105 | lev--=to raise (持ち上げる), light (軽い)

　● ラテン語 levare (=to raise), levis (=light).

lever [líːvər] (軽く持ち上げるもの)──→图 てこ, レバー. 動 てこを使う.
leverage [líːvəridʒ] 图 てこの作用, てこの力；手段；権力.
levy [lévi] (取り上げる)──→動 徴集する；徴用する；課税する；押収する. 图 賦課, 徴税；徴収.

leviable [léviəbl] 形 課税できる；課税すべき.
levitate [lévitèit] 動 空中に浮揚する[させる].
levitation [lèvitéiʃən] 名 空中浮揚.
levity [lévəti] (軽々しいこと)──→名 軽率, 軽挙；浮かれ気分；はしたなさ；軽さ.
alleviate [əlí:vieit] [**al-**=**ad-**=to] (軽くする)──→動 (心身の苦痛を)軽くする, 緩和する.
alleviation [əlì:viéiʃən] 名 軽減, 緩和.
elevate [élivèit] [**e-**=**ex-**=out, up] (持ち上げる)──→動 上げる, 高める, 持ち上げる；昇進させる；高尚にする.
elevation [èlivéiʃən] 名 高さ, 海抜；高所；気高さ；昇進；向上.
elevator [élivèitər] 名 物を揚げる人[装置]；てこ；〖米〗エレベーター (=〖英〗**lift**).
relevant [rélivənt] [**re-**=again] (問題に直面して再び持ち上げる)──→形 (当面の問題に)関連した；適切な.
relevance ; -cy [rélivəns(i)] 名 適切, 関連.
relieve [rilí:v] (苦痛・重荷を軽くしてやる)──→動 救援する；救済する；安心させる；軽減する.
relief [rilí:f] 名 軽減；救助, 救済, 救援；安心；気晴らし.

106　**lig‐**=**to bind** (しばりつける)

● ラテン語 **ligare** (=to bind).

ligate [láigeit] 動 しばる, くくる.
ligament [lígəmənt] 名 ひも, 帯；靱帯.
ligature [lígətʃùər] 名 くくること；ひも, 帯；きずな.　動 しばる, くくる.
oblige [əbláidʒ] [**ob-**=to] (人をしばる)──→動 むりに〜させる, 強いる；義務を負わせる；ありがたく思わせる.
obligation [òbligéiʃən] 名 義務；債務；債券, 証券；恩義.
obligatory [òblígətəri] 形 義務として負わされる；義務上の.
league [li:g] (結びつき)──→名 同盟, 連盟, リーグ；盟約.　動 同

盟する[させる]；連合する[させる].

liable [láiəbl] （しばられている）─→形 責任を負うべき；〜を受けるべき；〜し勝ちな，〜しやすい.

liability [làiəbíləti] 名 責任；義務；負担；〜の傾向があること.

ally [əlái] [**al-**=**ad-**=to] （結びつける）─→動 同盟させる；縁組させる. 名 [ǽlai, əlái] 同盟国；盟友，味方.

alliance [əláiəns] 名 同盟(国)；縁組；類似，共通点.

allied [əláid, ǽlaid] 形 同盟している；縁組した；類似の.

rally [rǽli] [**r-**=**re-**=again] （再び結びつける）─→動 再び呼び集める；盛り返す；(体力などを)回復する. 名 再集，再挙；回復；(政治的・宗教的)大会；示威運動.

---

107 | **loc-** = **place**(場所) | 🄮 ラテン語 locus (=a place).

local [lóukəl] 形 場所の；或る地方の；局部の；各駅停車の. 名 土地の人；地方的なもの.

locality [loukǽliti] 名 場所；位置；地方.

locate [loukéit] 動 位置を定める；場所を指定する.

location [loukéiʃən] 名 位置選定；野外撮影.

allocate [ǽləkeit] [**al-**=**ad-**=to] （場所を指定する）─→動 割り当てる；位置をきめる.

collocate [kɔ́ləkeit] [**col-**=**con-**=together] （共に置く）─→動 一ヵ所に置く；配列する.

collocation [kɔ̀ləkéiʃən] 名 並置配列；連語.

dislocate [dísləkeit] [**dis-**=apart] （離れて置く）─→動 位置を転ずる；関節をはずす；(順序を)狂わせる.

dislocation [dìsləkéiʃən] 名 転置；脱臼；混乱；断層.

relocate [ríːloukéit] [**re-**=again] （再び置く）─→動 置きなおす.

relocation [rìːloukéiʃən] 名 再配置；強制隔離収容.

locomotion [lòukəmóuʃən] （場所から場所へ動くこと）─→名 移動作用，移動力；移行運動；旅行.

locomotive [lóukəmòutiv] 形 移動する；運動する. 名 機関車.

locus [lóukəs] 《複数形 loci [lóusai]》 名 所在地；軌跡.

lieu [l(j)uː]=place. **in lieu of**=in place of 〜 （〜の代りに）.

lieutenant [lefténənt; ljuːténənt] [**tenant**=holder]　（代りに上官の位置を保つ人）──→图 代理者，副官；陸軍中尉.

108　log—, loqu—, locut—=to speak（話す）

● ギリシア語 **legein** (=to speak). **logos** (=a word, speech, thought).
ラテン語 **loqui** (=to speak).「話す」より「言語」「思想」「学問」の意味を表わす.

catalog(ue) [kǽtəlɔg] [**cata-**=down, fully]　（充分に述べられたもの）──→图 目録；カタログ. 動 目録に作る.

dialog(ue) [dáiəlɔg] [**dia-**=between]　（二人の間の言葉）──→图 対話；会話.

monolog(ue) [mɔ́nəlɔg] [**mono-**=alone]　（一人で話す）──→图 ひとり芝居；独白；長談義.

prolog(ue) [próulɔg] [**pro-**=before]　（前に話す）──→動 前置きする；演劇の前口上を述べる. 图 前置き；前口上.

epilog(ue) [épilɔg] [**epi-**=upon]　（上に付け加えた言葉）──→图 結尾の文；終りの口上.

logic [lɔ́dʒik] 图 論理(学).

logical [lɔ́dʒikəl] 形 論理上の；論理にかなった.

apology [əpɔ́lədʒi] [**apo-**=off]　（罪を免れるために話す）──→图 謝罪，陳謝；弁明；申し訳.

apologize [əpɔ́lədʒaiz] 動 弁明する；わびる；言訳をする.

analogy [ənǽlədʒi] [**ana-**=upon]　（他の物に関して話す）──→图 類推；類似；相似.

anthropology [æ̀nθrəpɔ́lədʒi] [**anthropo-**=man] 图 人類学.

astrology [əstrɔ́lədʒi] [**astro-**=star] 图 占星術.

biology [baiɔ́lədʒi] [**bio-**=life] 图 生物学.

chronology [krənɔ́lədʒi] [**chrono-**=time] 图 年代学；年代記；年表.

entomology [èntəmɔ́lədʒi] [**en-**=in, **tom**=to cut]　（昆虫を二つに切って研究する学）──→图 昆虫学.

etymology [ètimɔ́lədʒi] [**etymo-**=true]　（語の真義を究める学）──→图 語源学；語源.

eulogy [júːlədʒi] [**eu-**=well] 图 賛辞；称揚.

genealogy [dʒèniǽlədʒi] [**genea-**＝birth, race, descent] 图 系図学；系図；系統.

geology [dʒiɔ́lədʒi] [**geo-**＝earth] 图 地質学；地質.

meteorology [mìːtiərɔ́lədʒi] [**meteor**＝大気中の現象, 流星] 图 気象学；気象.

mythology [miθɔ́lədʒi] [**myth**＝神話] 图 神話学.

neology [ni(ː)ɔ́lədʒi] [**neo-**＝new] (新しい言葉)──→图 新語；新説.

pathology [pəθɔ́lədʒi] [**patho-**＝病気, 苦痛] 图 病理学.

philology [filɔ́lədʒi] [**philo-**＝to love] (言葉を愛す)──→图 言語学.

phrenology [frinɔ́lədʒi] [**phreno-**＝mind] (骨相によって心を読む学)──→图 骨相学.

physiology [fìziɔ́lədʒi] [**physio-**＝自然・物理] 图 生理学.

psychology [saikɔ́lədʒi] [**psycho-**＝soul] 图 心理学.

theology [θiɔ́lədʒi] [**theo-**＝god] 图 神学.

zoology [zouɔ́lədʒi] [**zoo-**＝動物に関する] 图 動物学.

colloquial [kəlóukwiəl] [**col-**＝**con-**＝together] (共に話す)──→圏 口語の, 談話の；俗語の.

eloquent [éləkwənt] [**e-**＝**ex-**＝out] (言葉がよく出る)──→圏 雄弁な, 能弁な.

eloquence [éləkwəns] 图 雄弁, 能弁；修辞法.

loquacious [loukwéiʃəs] 圏 多弁な, よくしゃべる；騒々しい.

soliloquy [səlíləkwi] [**sole**＝alone] 图 独りごと；独白.

circumlocution [sə̀ːrkəmləkjúːʃən] [**circum-**＝round about] (回りくどい言葉)──→图 遠回しに言うこと；婉曲.

elocution [èləkjúːʃən] [**e-**＝**ex-**＝out] (言葉の出し方)──→图 演説法, 雄弁術.

interlocution [ìntə(ː)rlɔkjúːʃən] [**inter-**＝between] (二人の間の言葉)──→图 対話.

prolocutor [proulɔ́kjutər] [**pro-**＝in place of] (代りに話す人)──→图 司会者；議長.

109　−lud＝to play （たわむれる，遊ぶ，演ずる）

🔵 ラテン語 ludere (=to play).

allude [əl(j)úːd] [**al-**＝**ad-**＝to] （考えをちらつかせる）—→動 それとなくいう，ほのめかす；言及する．

delude [dil(j)úːd] [**de-**＝off] （たわむれて真実から離れさす）—→動 惑わす，たぶらかす．

delusion [dil(j)úːʒən] 图 惑わし；迷い；妄想．

elude [il(j)úːd] [**e-**＝**ex-**＝out] （たわむれながら外に出る）—→動 巧みにのがれる；回避する．

elusion [il(j)úːʒən] 图 逃避，回避．

elusive [il(j)úːsiv] 形 逃避する；捕捉し難い．

illusion [il(j)úːʒən] [**il-**＝**in-**＝on, upon] （〜の上にたわむれる）—→图 幻影；幻想；錯覚．

ludicrous [lúːdikrəs] （たわむれに満ちた）—→形 笑うべき，ばかげた．

prelude [préljuːd] [**pre-**＝before] 图 序幕；前奏曲．動 始める，始まる；序幕を演ずる；前奏曲を奏する．

interlude [íntə(ː)rl(j)uːd] [**inter-**＝between] 图 間狂言；間奏（曲）；中間の出来事．

postlude [póustljuːd] [**post-**＝after] 图 後奏（曲）．

110　lumin−＝light （光）

🔵 ラテン語 lumen (=light); luminare (=to light up).

luminary [lúːminəri] 图 発光体；泰斗．

luminescence [lùːminésns] 图 ルミネッセンス，螢光，冷光．

luminosity [lùːminɔ́siti] 图 光輝，光明；発光物；光度．

luminous [lúːminəs] 形 光を発する；こうこうと明るい；明白な，啓発的；明快な．

illuminate [il(j)úːmineit] [**il-**＝**in-**＝on, upon] （〜を照らす）—→動 照らす；啓発する；説明する；イルミネーションで飾る．

illumine [il(j)úːmin] 動 明るくする；照らす；啓発する．

111 | lust—, luc— = bright (明るい)

🔵 ラテン語 lustris, lucidus (=bright), lustrare (=to enlighten). lumin- と同語源.

lustre ; -ter [lʌ́stər] 名 光沢；光輝；光沢のある毛織物の一種.
illustrate [íləstreit] [**il-** =**in-** =on, upon] (〜の上を照らす)→動 明らかにする，説明する；例証する；図解する.
illustration [iləstréiʃən] 名 例証；実例；図解.
illustrious [ilʌ́striəs] (光り輝く)→形 著名な；顕著な；卓抜な.
lucid [lúːsid] 形 透明な；清澄な；正気の.
lucidity [luːsíditi] 名 清澄；明晰，透徹；正気.
Lucifer [lúːsifər] [**-fer**=to bring] (光をもたらす)→名 明けの明星(金星)；悪魔王 (=Satan).
luculent [lúːkjulənt] 形 明白な，明瞭な.
elucidate [il(j)úːsideit] [**e-** =**ex-** =out] (外に輝かす)→動 明らかにする，説明する.
pellucid [peljúːsid] [**pel-** =**per-** =through] (通して明るい)→形 透明な；明瞭な；明晰な.
translucent [trænzlúːsənt] [**trans-** =through] 形 透明な；半透明の.

112 | magn—, maj—, max— = great (大なる)

🔵 ラテン語 magnus (=great), major (=greater), maximus (=greatest).

magnanimous [mægnǽniməs] [**anim-** =the mind] (心の大なる)→形 度量の大きい，寛大な，高潔な.
magnate [mǽgneit] [**-ate** 人を表わす] (大なる人)→名 勢力家；大事業家；大物.
magnify [mǽgnifai] [**-fy**=to make] (大きくする)→動 拡大する；誇張する.
magnificent [mægnífisənt] (大きく作られた)→形 壮麗な，壮大な；豪華な；すばらしい.
magnificence [mægnífisəns] 名 壮麗，壮大.
magniloquent [mægníləkwənt] [**loqu-** =speech] (言葉の大なる)→形 大言壮語の，大げさな.

第3篇　語根 (Root)

magniloquence [mægníləkwəns]　图 誇張；大言壮語.

magnitude [mǽgnitjuːd] [**-itude** 抽象名詞語尾]　图 大なること；大きさ；等級.

majesty [mǽdʒisti]　(大なることは威厳あること)→图 威厳, 尊厳；陛下.

majestic [mədʒéstik]　形 威厳ある；堂々たる.

major [méidʒər]　形 より大きい；すぐれた；より多い；成年に達した；専攻の. 图 成人；専攻科目. 動 (ある学科を)専攻する.

majority [mədʒɔ́riti]　图 成年；多数；過半数.

maxim [mǽksim]　(最も大なる真理)→图 格言, 金言, 処世訓.

maximal [mǽksiməl]　形 最大の.

maximum [mǽksiməm]　图 極大；最大限, 最高度. 形 最大の；最高の.

---

113 | **—mand, —mend＝to order** (命ずる), **entrust** (委託する)

⊕　ラテン語 **mandare** (＝to command, entrust).

command [kəmɑ́ːnd;-mǽnd] [**com-**＝together with] 動 命令する；指揮する；支配する；見晴らす. 图 命令；指揮；支配；展望.

commander [kəmɑ́ːndər]　图 命令者；支配者；司令官.

commandment [kəmɑ́ːn(d)mənt]　图 神の命令. **the Ten Commandments** モーゼの十戒.

demand [dimɑ́ːnd;-mǽnd] [**de-**＝off]　(渡せと命ずる)→動 要求する；詰問する. 图 要求, 請求；需要.

mandate [mǽndeit]　图 (法律上の)命令書；委任統治. 動 委任統治国に指定する.

remand [rimɑ́ːnd] [**re-**＝back]　(戻せと命ずる)→動 送り返す；帰還を命ずる；再び拘禁する. 图 送還；再拘禁.

commend [kəménd] [**com-**＝together with]　(共に託す)→動 託する；推賞する. (command の妹妹語).

commendation [kɔ̀mendéiʃən]　图 称揚；推挙.

recommend [rèkəménd] [**re-**＝again]　(もう一度人の手に渡す)→動 託す；推薦する；忠告する.

recommendation [rèkəmendéiʃən]　图 推薦；忠告.

114 | mari— = the sea (海)

🈟 ラテン語 mare (=the sea).

marine [mərí:n] 形 海の; 海に住む; 海産の; 海運業の; 海上勤務の. 名 海上勢力; 海兵隊員; 海運業.
mariner [mǽrinər] 名 水夫, 船員.
maritime [mǽritàim] 形 海の, 海事の, 海運上の.
submarine [sʌ́bməri:n] [**sub-** =under] (海の下の)──→形 海底の; 海中の. 名 海底動[植]物; 潜水艦.

115 | matr— = mother (母)

🈟 ラテン語 mater (=mother).

maternal [mətə́:rnl] 形 母の, 母たる, 母らしい.
maternity [mətə́:rnəti] 名 母たること, 母になること, 母性(愛); 産院.
matriarchy [méitrià:rki] [**-archy** =rule] 名 女家長制, 女族長制.
matricide [méitrisàid] [**-cide** =to cut] (母を切る)──→名 母殺し.
matrimony [mǽtriməni] [**-mony** <**-ment** (抽象名詞語尾)] (母となること)──→名 結婚; 夫婦関係, 結婚生活.
matrix [méitriks, mǽt-] 名 子宮; 母体; 鋳型, 模型; 母岩; マトリックス.
matron [méitrən] 名 年輩の既婚婦人; 看護婦長; 女性監督; 寮母.

116 | medi— = middle (中間)   🈟 ラテン語 medius (=middle).

medium [mí:diəm] (中間にあるもの)──→名 媒介物; 媒体; 手段. 形 中位の.
medial [mí:diəl] 形 中間の, 中央の; 平均の.
mediate [mí:dieit] (中間に入る)──→動 仲介する; 取次ぐ, 伝達する. (中間がある)──→形 間接の.
mediation [mì:diéiʃən] 名 仲裁, 調停.
mediocre [mí:dioukər, mi:dióukər] (両極端の間に位置する)──→

形 凡庸な；並の.
- **medi(a)eval** [mèdiíːvəl, miːdiíːvəl] [ラテン語 **aevum**＝an age] (中間の時代)──→形 中世の. 名 中世の人.
- **Mediterranean** [mèditəréiniən] [**terra**＝land (土地)] (土地の真中にある)──→名 地中海. 形 地中海の.
- **immediate** [imíːdiit] [**im-**＝not] (中間がない)──→形 直接の；即時の.
- **intermediate** [ìntə(ː)rmíːdieit] [**inter-**＝between] (二者の中間に入る)──→動 仲介する. [ìntə(ː)míːdiit] 形 中間の. 名 中間物；中間試験.
- **intermediation** [ìntə(ː)rmìːdiéiʃən] 名 仲介；調停.
- **intermedium** [ìntə(ː)rmíːdiəm] 名 媒体；媒介.

117| merc—＝to trade (交易する), a reward (報酬)

❸ ラテン語 **mercari** (＝to trade), **merces** (＝a reward, pay), **merx** (＝merchandise). これらの語は **merere** (＝to gain, buy, purchase) から来ていると思われる.

- **mercantile** [məːrkəntail] [**-ile** 形容詞語尾] 形 貿易の, 商業の.
- **mercenary** [məːrsinəri] 形 報酬目当ての, 金銭づくの. 名 傭兵.
- **mercer** [məːrsər] (商人)──→名 呉服商.
- **merchandise** [məːrtʃəndaiz] 名《集合的》商品, 製造品. 動 売買する.
- **merchant** [məːrtʃənt] [**-ant** 人を表わす] 名 商人. 形 商人の, 商業の.
- **market** [máːrkit] [**mark**＝merc] (交易する場所)──→名 市場；売買；需要；相場；販路；店. 動 市場で売買する.
- **mercy** [məːrsi] (報酬──→他人に与えるもの)──→名 慈悲.
- **merciful** [məːrsiful] 形 慈悲深い；好都合の.
- **merciless** [məːrsilis] 形 無慈悲な.
- **commerce** [kómə(ː)rs] [**com-**＝together] (共に交易する)──→名 商業；交渉.
- **commercial** [kəməːrʃəl] 形 商業の；営利的.

118　—merge, mers— ＝ to sink, dip (沈める)

● ラテン語 mergere (＝to sink, dip). 過去分詞形 mersus.

merge [mə:rdʒ]　(沈める)—→動 没入させる[する]；併合する.
mergence [mə́:rdʒəns]　名 没入；消失.
merger [mə́:rdʒər]　名 合併, 併合, 合同.
emerge [imə́:rdʒ] [**e-** ＝ **ex-** ＝ out of]　(沈んでいる状態から出て来る)—→動 現われ出る；浮かびあがる；明らかになる.
emergence [imə́:rdʒəns]　名 出現；(苦境などからの)脱出.
emergency [imə́:rdʒənsi]　(突然現われ出るもの)—→名 非常事態, 緊急事態；突発事件.
emergent [imə́:rdʒənt]　形 現われ出る；緊急の；新興の.
emersion [imə:rʃən]　名 (日[月]食後の天体の)再現.
immerge [imə́:rdʒ] [**im-** ＝ into]　(中に沈む)—→動 飛び込む；消える.
immerse [imə́:rs] ＝ **immerge**　動 沈める, 浸す；没頭させる.
immersion [imə́:rʃən]　名 沈入, 浸入；没頭, 熱中.
submerge [səbmə́:rdʒ] [**sub-** ＝ under]　(下へ沈める)—→動 水中に沈める；水にひたす；潜航する.
submergence [səbmə:rdʒəns]　名 潜水；沈没；浸水.
submersion [səbmə́:rʃən] ＝ **submergence**.
submersible [səbmə́:rsəbl]　形 潜航できる. 名 潜水艦.

119　—meter ＝ to measure (測る)

● ギリシア語 metron (＝a measure).

meter [mí:tər]　名 メートル；計量器. 動 メートルで測る.
barometer [bərɔ́mitər] [**baro-** ＝ weight]　(空気の重さを測る)—→名 気圧計；晴雨計.
chronometer [krənɔ́mitər] [**chrono-** ＝ time]　名 クロノメーター, 経線儀.
chronometry [krənɔ́mitri]　名 時刻測定.
diameter [daiǽmitər] [**dia-** ＝ across]　(差し渡しの長さ)—→名 直径.
geometry [dʒiɔ́mitri] [**geo-** ＝ earth]　(土地を測量すること—→幾

何学の始まり）──→图 幾何学.
- **hydrometer** [haidrɔ́mitər] [**hydro-** =water] （水を測る）──→图 水速計；(液体)比重計.
- **perimeter** [pərímitər] [**peri-** =round] （周囲の長さ）──→图 周囲, 周辺；視野計.
- **symmetry** [símitri] [**sym-** =together] （共に同じ長さ）──→图 均斉(美)；対称；釣合いのよいこと.
- **trigonometry** [trìgənɔ́mitri] [**tri-** =three, **gon**=an angle(角)] （三つの角を測る）──→图 三角法.

120 migr-- = to remove （移る）

● ラテン語 migrare (= to wander さまよう).

- **migrate** [maigréit] （場所から場所へと移る）──→動 移住する；転住する；海外に移住する.
- **migrant** [máigrənt] 形 移住性の. 图 移住者；放浪者；渡り鳥.
- **migration** [maigréiʃən] 图 移住；移動；移住者群.
- **emigrate** [émigreit] [**e-**=**ex-**=out] （外へ移る）──→動 (他国へ)移住する；移住させる.
- **emigrant** [émigrənt] 形 移住する. 图 (他国への)移民.
- **emigration** [èmigréiʃən] 图 移住(民).
- **immigrate** [ímigreit] [**im-**=into] （移って来る）──→動 (他国から)移住する；移民として連れて来る.
- **immigrant** [ímigrənt] 形 移住する. 图 (他国からの)移民.
- **immigration** [ìmigréiʃən] 图 (他国からの)移住；移民団.
- **transmigrate** [trænzmaigreit] [**trans-**=across] （境界を越えて移る）動 移住する；(霊魂が)肉体の死後生まれ変わる.
- **transmigrant** [trǽnzmaigrənt] 形 移住する；転生する. 图 移民.
- **transmigration** [trænzmaigréiʃən] 图 移住；転生, 輪廻.

121 min-- = to jut, project（突き出る）

● ラテン語 minere (=to jut, project).
- **eminent** [éminənt] [**e-**=**ex-**=out] （外に突き出ている──→頭角をあらわしている）──→形 卓越した；顕著な.
- **eminence** [éminəns] [**-ence** 名詞語尾] 图 高地；高位；卓絶.

imminent [íminənt] [**im-**=**in-**=upon,over] (頭上に突き出ている)
──→形 (危険など)切迫した；焦眉の.
imminence [íminəns] 名 切迫；危急.
prominent [prɔ́minənt] [**pro-**=forward] (前方に突き出ている)
──→形 突き出た；卓越した；顕著な.
prominence [prɔ́minəns] 名 突起；顕著；卓越.

122 | **min-**=**small**(小さい) | 🟊 ラテン語 **minutus** (=small).

minify [mínifai] [**-fy**=to make] (小さくする)──→動 小さくする，縮小する.
minim [mínim] 名 微量；微塵.
minimal [mínimǝl] 形 最小限度の.
minimize [mínimaiz] 動 最小にする；最小に見積る.
minimum [mínimǝm] [**-mum** ラテン語の最上級語尾] 名 最小限；極小. *cf.* **maximum**(極大).
minor [máinər] [**-or** 比較級語尾] 形 小さい方の；名 未成年者；下級の人；小前提.
minority [mainɔ́riti] 名 少ないこと；少数(派)；未成年.
minus [máinəs] (少くする)──→名 負号；減法；負数；不足. 形 負の；不足の. 前 ～を減じた；～のない.
minute⁽¹⁾ [mínit] (時を小さく分けたもの)──→名 分(六十秒)；束の間；覚え書. 動 精密に～の時間を測る；覚え書にする.
minute⁽²⁾ [mainjúːt] (小さくこまかい)──→形 微細な；精密な；詳細な.
mince [mins] 動 (肉などを) 細かく切る；ひき肉にする；気取って振舞う.
minister [mínistər] [**-ster** 人を表わす] (小さき者 ──→僕(しもべ))──→名 仕える者；代理者；大臣(大臣は国の僕)；公使；牧師(牧師は神の僕). 動 仕える；供給する；給仕する；～に資する.
administer [ədmínistər] [**ad-**=to] (大臣としての職務を果す)──→動 処理する；管理する；執行する；投薬する.
administration [ədmìnistréiʃən] 名 処理；行政；執行；投薬；《米》政府.
administrative [ədmínistrətiv] 形 処理の；行政の.

diminish [dimíniʃ] [**di-** =**dis-** =apart]　(離して小さくする)——→
🔲 少くする，なる；小さくする，なる.
diminution [dìminjúːʃən]　🔲 減少.
diminutive [dimínjutiv]　🔲 指小の；小形の.　🔲 指小辞；縮小形.

【注意：次の二語は語源を異にするものであるが便宜上ここに入れる】

miniature [míniətʃər] [ラテン語 **minium**=cinnabar(朱)]　(朱で彩色する)——→🔲 稿木の彩飾画；細密画；縮図；縮小形.　🔲 細密画で描く；縮小する.
minikin [mínikin] [**mini-** =love, **-kin**指小辞]　(可愛らしいもの)——→🔲 小さな物；小びと；最小活字.　🔲 小さい；ちびの；こましゃくれた.

123　**mir――**=**to wonder**(驚く)，**behold**(見る)

　🌑　ラテン語 **mirari** (=to wonder), **mirare** (=to behold).「驚いて見る」と覚える.

admire [ədmáiər] [**ad-** =at]　(驚いて目を見はる)——→🔲 嘆賞する；敬服する；好む.
admirer [ədmáiərər]　🔲 嘆賞者；崇拝者.
admiration [ædməréiʃən]　🔲 嘆賞；感嘆；賞美.
admirable [ǽdmərəbl]　🔲 みごとな，りっぱな.
miracle [mírəkl]　(見て驚くべきこと)——→🔲 奇跡；驚くべき事物；非凡な人.
miraculous [mirǽkjuləs] [**-ous** 形容詞語尾]　🔲 奇跡(的)の，驚くべき；不思議な作用のある.
mirage [mírɑːʒ; mirɑ́ːʒ]　(驚いて見るもの)——→🔲 蜃気楼；妄想，はかない夢.
mirror [mírər]　(見るもの)——→🔲 鏡；鏡のように映すもの；亀鑑.　🔲 映す；反映する.
marvel [máːrvəl]　🔲 驚くべき事物；驚異.　🔲 驚く.
marvel(l)ous [máːrviləs] [**-ous** 形容詞語尾]　🔲 驚くべき，不思議な.

124 miss−, mit−＝to send(送る), throw(投げる)

● ラテン語 mittere (＝to send, throw), 過去分詞形 missus.

missile [mísail,-sil]　(投げられる)──→形 投げられることが出来る, 飛道具の. 名 飛道具; ミサイル.

mission [míʃən]　(使命を帯びて送られること)──→名 派遣; 使節団; 伝道(団); 使命, 天職.

missionary [míʃəneri]　形 伝道の. 名 伝道者; 宣教師.

message [mésidʒ]　(人に送られるもの)──→名 音信, 伝言; 通信; 教書; 使命. 動 通信を送る.

messenger [mésindʒər]　(送る者)──→名 使者; 伝令; 前兆.

admit [ədmít] [**ad-**＝to]　(送り入れる)──→動 入れる; 入らせる; 通す; 許す; 認める.

admission [ədmíʃən]　(入らせること)──→名 入場・入学の許可; 入場料; 任用; 容認; 告白.

admittance [ədmítəns]　名 立入りの許可; 許容.

commit [kəmít] [**com-**＝with]　(~を送る──→委す)──→動 委託する; 拘禁する;《悪い意味で》為す, 犯す;(立場を)危くする; 専念する.

commitment [kəmítmənt]　名 犯行; 委託; 拘禁; 委員付託; 掛り合い; 献身, 傾倒.

committee [kɔmíti] [**-ee**「される人」を表わす]　(委されている人)──→名 委員会.

commission [kəmíʃən]　(委すこと)──→名 委任(状); 委員会; 委託販売; 委託の手数料; 歩合; 犯罪, 過失. 動 委任する; 委託する; 注文する.

commissioner [kəmíʃənə] [**-er**「人」を表わす]　名 権限を与えられた人; 委員;(地方の)長官.

demise [dimáiz] [**de-**＝away]　(手放す)──→動 遺言などによって(土地を)譲る;(位を)譲る. 名 (土地の)譲与; 譲位.

demission [dimíʃən]　名 辞職, 退職.

dismiss [dismís] [**dis-**＝apart]　(ばらばらに送る)──→動 散り散りに去らせる; 解散する; 追いやる; 免職する.

dismissal [dismísəl]　名 解散; 免職.

emit [imít] [**e-**＝**ex-**＝out]　(送り出す)──→動 発射する; 放射す

る；放散する；(意見を)吐く；発行する．

emission [imíʃən] 图 発射，放散．

emissary [émisəri] (ひそかに送り出す者)──→图 密使，スパイ．

intermit [ìntə(:)rmít] [**inter-** =between] (間を入れる)──→動 とぎらせる；とぎれる；(病熱・苦痛などが)間歇する．

intermittence [ìntə(:)rmítəns] 图 断続性，間歇性．

intermittent [ìntə(:)rmítənt] 形 とぎれとぎれの；間歇的の．图 間歇熱．

intermission [ìntə(:)rmíʃən] 图 とぎれ；休憩時間；幕間．

manumit [mæ̀njumít] [**manu-** =hand] (手から送り放す)──→動 (奴隷を)解放する．

manumission [mæ̀njumíʃən] 图 奴隷解放．

omit [oumít] [**o-** =**ob-** =away] (送りやる)──→動 抜かす；漏らす；省略する；怠る．

omission [oumíʃən] 图 脱漏，省略；怠慢；手ぬかり．

omissible [oumísibl] 形 省略し得る．

omissive [oumísiv] 形 怠慢の，手ぬかりの．

permit [pərmít] [**per-** =through] (ずっと通らせる)──→動 許す．图 [pə́ːrmit]許可書，証明書．

permission [pərmíʃən] 图 許可；免許．

premise [primáiz] [**pre-** =before] (前に置く)──→動 前置きとして述べる．图 [prémis] 前提；証書の頭書；(証書の頭書に記された)譲渡物件；((複数))屋敷，家宅．

pretermit [prìːtərmít] [**preter-** =past, beyond] (をとばして送る)──→動 看過する；怠る；中断する．

pretermission [prìːtərmíʃən] 图 看過，等閑；中断．

promise [prɔ́mis] [**pro-** =forth] (〜すると言い送る)──→動 約束する；見込みがある．图 約束；見込み．

promising [prɔ́misiŋ] 形 有望な；見込みのある．

compromise [kɔ́mprəmaiz] [**com-** =together] (共に約束し合う)──→動 妥協する；危い事にかかわりあう．图 妥協．

remit [rimít] [**re-** =back] (元の状態に送り返す)──→動 (元の状態に)復させる；赦免する；取り消す；和らげる；委託する；参照させる；延期する；送金する；送達する．

remittance [rimítəns] 图 送金(額)．

remittee [rimitíː] [**-ee**「される人」を表わす] 图 被送金者；被送達者.

remitter [rimítə] [**-er**「する人」を表わす] 图 送金者；振出し人.

remittent [rimítənt] 形（病熱の）一時的に軽減する，弛張性の. 图 弛張熱.

remission [rimíʃən] 图 赦免；免除；(寒暑の)ゆるみ；(病気などの)一時的軽減；送金；付託；延期.

submit [səbmít] [**sub-**=under] (下に投げ置く)⟶動 屈服させる；屈服する；委託する；提出する.

submission [səbmíʃən] 图 屈服；柔順.

submissive [səbmísiv] 形 屈服する；柔順な.

surmise [səːrmáiz, səːrmáiz] [**sur-**=**super-**=upon, above] (～の上に考えを投げかける)⟶動 推量する；推測する；憶測する. 图 推量，憶測.

transmit [trænzmít] [**trans-**=across] (向う側に送る)⟶動 送達する；取次ぐ；伝導する；伝達する；送信する.

transmission [trænzmíʃən] 图 送達；譲渡；透過率；遺伝；送信；伝導装置.

125　mod-- = manner（方法）

ラテン語 modus (=a measure, manner, kind, way).

mode [moud] 图 方法，様式，形式；流行.

modal [móudəl] 形 様式の，方式の；形態の.

model [mɔ́dəl] 图 模型；模範；モデル. 形 模範的な. 動 模する；（形式通りに）作る；モデルになる.

moderate [mɔ́dərit] (様式からはみ出さない)⟶形 適度の；節度ある. 图 穏健な思想を抱く人. 動 [mɔ́dəreit] 和らげる；和らぐ.

moderation [mɔ̀dəréiʃən] 图 和らげること；適度，穏健，節制.

moderator [mɔ́dəreitər] 图 調停者；調整器.

modern [mɔ́dərn] (最近の様式の)⟶形 現代の，近代の；最近の；現代風の. 图 現代人.

modernize [mɔ́dərnaiz] 動 現代式にする，なる.

modest [mɔ́dist] (一定の様式を越えない)⟶形 控え目の；内気な，しとやかな；謙遜な；地味な.

modesty [mɔ́disti] 图 謙遜，遠慮，控え目；しとやかさ，上品；内

気, 慎しみ.

modify [mɔ́difai] [**-fy**＝to make] （様式に合うよう変更を加える）
──→動 一部分変更を加える；意味を限定する；修飾する.

modification [mɔ̀difikéiʃən] 名 加減；変更；修飾.

modifier [mɔ́difaiər] 名 修正[変更]する人[物]；修飾語句.

modish [móudiʃ] [**-ish** 形容詞語尾] 形 流行を追う；当世風の.

modulate [mɔ́djuleit] [**-ate** 動詞語尾] （一定の様式に合わす）──→動 調整する, 加減する；転調する；変調する.

modulation [mɔ̀djuléiʃən] 名 調整, 調節；加減；転調；変調.

commodity [kəmɔ́diti] [**com-**＝together] （共に様式を備えたもの──便利なもの）──→名 有用なもの；商品.

commodious [kəmóudiəs] 形 便利な；都合のよい；（家など）広くて住みよい.

commode [kəmóud] （様式に合った便利なもの）──→名 整理だんす；洗面台；室内用便器.

accommodate [əkɔ́mədeit] [**ac-**＝**ad-**＝to] （都合よくする）──→動 適合させる；和解させる；便宜をはかる；宿泊させる；収容する.

accommodation [əkɔ̀mədéiʃən] 名 調節；適応；和解；必要物の給供；宿泊；《複数》宿泊設備；収容施設.

126 　mon-＝to advise（忠告する）, remind（思い出させる）

● ラテン語 monere（＝to advise, remind）. 過去分詞形 monitus.

monition [mouníʃən] （忠告すること）──→名 警告；誡告.

monitor [mɔ́nitər] （忠告する人[物]）──→名 忠告者；級長；注意を促がすもの；監視（装置）；新聞・ラジオ等に対する感想・批評を提供する人, モニター.

monument [mɔ́njumənt] （思い出させるもの）──→名 記念碑[像・塔]；遺物；不朽の偉業.

monumental [mɔ̀njuméntəl] [**-al** 形容詞語尾] 形 記念碑の；堂々とした；不朽の.

admonish [ədmɔ́niʃ] [**ad-**＝to] （忠告する）──→動 勧告する；警告する.

admonition [ædməníʃən] 名 勧告；警告.

admonitor [ədmɔ́nitər] 图 勧告者；警告者.
summon [sʌ́mən] [**sum-**=**sub-**=under] (ひそかに来るよう忠告する)——→動 召喚する；召集する；喚起する.

127 monstr-=to show (示す) ❶ ラテン語 monstrare (=to show).

monster [mɔ́nstər] (示すもの——→目立つもの)——→图 怪物；奇形の動物；巨大なもの.
monstrous [mɔ́nstrəs] 形 怪物のような；途方もない；極悪非道の.
demonstrate [démənstreit] [**de-**=fully] (十分に示す)——→動 表示する；論証する；示威運動をする.
demonstration [dèmənstréiʃən] 图 表示；論証；研究授業；示威運動.
demonstrative [dimɔ́nstrətiv] 形 指示する；論証的；明確な. 图 指示詞.
remonstrate [rimɔ́nstreit] [**re-**=against] (反対を示す)——→動 抗議する；忠告する.
remonstrative [rimɔ́nstrətiv] 形 抗議の；忠告の.
remonstrance [rimɔ́nstrəns] 图 抗議；諫言.
remonstrant [rimɔ́nstrənt] 形 抗議の；諫言の. 图 抗議者；忠告者.

128 mort-=death (死) ❶ ラテン語 mors (=death), mori (=to die).

mortal [mɔ́ːrtəl][**-al** 形容詞語尾] 形 死の；必滅の；致命の；死ぬほどの；臨終の；人間の. 图 死ぬべきもの；人間.
mortality [mɔːrtǽliti] 图 死を免れぬこと；死亡数；死亡率；死骸.
immortal [imɔ́ːtl] [**im-**=**in-**=not] (死なない)——→形 不死の；不滅の, 不朽の.
immortality [imɔːtǽləti] 图 不死；不滅, 不朽性.
mortician [mɔːrtíʃən] 图 葬儀屋 (=undertaker).
mortify [mɔ́ːrtifai][**-fy**=to make] (死なす, 死ぬほどの思いをさせる)——→動 (欲情などを)克服する；禁欲生活をする, 苦行する；無念に思わせる.
mortification [mɔ̀ːrtifikéiʃən] 图 難行苦行；屈辱, 無念.

mortuary [mɔ́ːtjuəri] [**-ary**「場所」を表わす] 名 死体仮置場. 形 埋葬の；死の.
morbid [mɔ́ːrbid] (死につながるような)——形 病的な；不健全な；陰気な；ぞっとするような.
morbidity [mɔːrbíditi] 名 病的状態；不健全；疾病率.
mortgage [mɔ́ːrgidʒ] [**-gage**＝a pledge (担保)] (死んだ時にそなえる担保)——名 抵当, 抵当権. 動 抵当に入れる.

129 | mov―, mob―, mot―＝to move (動く)

⦿ ラテン語 movere (＝to move); mobilis (＝movable), motio (＝a movement).

move [muːv] 動 動かす；動く；感動させる；活動させる；動議を提出する；振舞う；進展する. 名 手段；移動.
movement [múːvmənt] 名 動作；行動；移動；動向；進展；運動.
movable [múːvəbl] 形 可動の；動産の. 名 (複数)動産；家財.
remove [rimúːv] [**re-**＝again] (再び動かす)——動 取り去る；移転する. 名 除くこと；移すこと；進級.
removable [rimúːvəbl] 形 除きうる；移しうる；罷免させうる；転任させうる.
removal [rimúːvəl] 名 撤去；除去；罷免；転任；転居.
mob [mɔb] (心の動揺し易い)——名 暴民；愚民；大衆；人の群がり. 動 群がって襲う；よりたかってやじる.
mobile [móubail, -bi(ː)l] [**-ile** 形容詞語尾] 形 可動性の；融通のきく；心の変りやすい. 名 可動物；自動車.
mobilize [móubilaiz] [**-ize** 動詞語尾] 動 可動にする；動員する.
mobilization [mòubilaizéiʃən] 名 動員；流動[流通]させること.
motion [móuʃən] 名 動き；運動；動作；動揺；行動；動議；便通. 動 身振りで指図する.
motivate [móutiveit] 動 動機を与える, 刺激する.
motive [móutiv] 形 行動の動機となる. 名 動機. 動 動機を与える；刺激する；(作品の)主題と関連させる.
motif [moutíːf, móutiːf] 名 (作品の)主題；モティーフ.
commotion [kəmóuʃən] [**com-**＝together] (共に騒ぎ動く)——名 動揺；混乱；暴動.

emotion [imóuʃən] [**e-**=**ex-**=out] （動き出るもの）——名 感情, 情緒；感動.

emotional [imóuʃənəl] 形 感情の；感動しやすい.

promote [prəmóut] [**pro-**=forward] （前方へ動かす→進める）——動 昇進[進級]させる；抜擢する；進捗させる；発起する.

promoter [prəmóutər] 名 助成者；奨励者；発起人, 創立者.

promotion [prəmóuʃən] 名 昇進；抜擢；進捗；助成；発起.

remote [rimóut] [**re-**=back] （遠くに退いている）——形 遠く離れた；人里離れた；血縁の遠い；かすかな.

remoteness [rimóutnis] 名 遠隔；無関係；疎遠.

mutiny [mjúːtini] （反抗して動く）——名 反乱. 動 抗命罪を犯す；反乱を起す.

130 | **mut-**=**to change**（変わる） | ● ラテン語 mutare (=to change).

mutable [mjúːtəbl] 形 変わり易い；不定の；浮気な.

mutability [mjùːtəbíliti] 名 変わり易さ；不定, 無常.

mutate [mjuːtéit] [**-ate** 動詞語尾] 動 変化する；突然変異する.

mutation [mjuː(ː)téiʃən] 名 変化；突然変異；（人生の）盛衰.

mutual [mjúːtjuəl] （互いに変り合う）——形 相互の；共同の；共通の.

mutuality [mjùːtjuǽliti] 名 相互関係；相関；相互依存.

commute [kəmjúːt] [**com-**=with] （〜と変える）——動 転換する；減刑する；《米》定期乗車券で通う.

commutation [kɔ̀mjuː(ː)téiʃən] 名 転換；減刑；《米》(鉄道の)定期券.

permute [pərmjúːt] [**per-**=thoroughly] （完全に変える）——動 交換する；入れ替える；〘数〙順列する.

permutation [pə̀ːrmjuː(ː)téiʃən] 名 〘数〙順列；交換.

transmute [trænzmjúːt] [**trans-**=across] 動 変形する；変質する.

transmutation [træ̀nzmjuːtéiʃən] 名 変形, 変質.

131　nat— = born（生まれた）

🈑 ラテン語 nasci (=to be born). 過去分詞形 natus.

innate [inéit] = **inborn**. 形 生まれつきの、先天的な；固有の、本質的な.

nation [néiʃən]　（生まれたもの）→ 名 国民；国家；民族、種族.

national [nǽʃnəl]　形 国民の、国民特有の；国家の、国家的な. 名 国民.

nationality [næ̀ʃənǽləti]　名 国籍；国民性.

nationalize [nǽʃnəlaiz]　動 独立国家とする；国家的にする；国有化する；帰化させる.

nationalization [næ̀ʃnəlaizéiʃən]　名 国民化；国有化.

native [néitiv]　形 出生地の、自国の；土着の；先天的な；自然のままの. 名 〜生まれの人、土着の人.

naïve [naːíːv]（<フランス語）= **native**. 形 純真な、素朴な、あどけない；うぶな、だまされやすい.

nature [néitʃər]　（生まれたままの）→ 名 自然；自然現象；自然状態、実物；天性、本性；本質、特質；体力.

natural [nǽtʃrəl]　形 自然の、天然の；自然界の；自然のままの；当然の；実物通りの；生来の；本来の.

naturalism [nǽtʃrəlìzm]　名 自然主義；自然論.

naturalize [nǽtʃrəlàiz]　動 市民権［国籍］を与える、帰化させる［する］；移入する.

naturalization [nætʃrəlaizéiʃən]　名 帰化；移入.

132　nau—, nav— = ship（船）

🈑 ギリシア語 naus (=a ship). ラテン語 navis (=a ship).

nausea [nɔ́ːsiə, -ʃiə]　名 船酔い；吐気.

nauseate [nɔ́ːsieit, -ʃieit]　動 吐気を催す；嫌悪をおこさせる.

nauseous [nɔ́ːsiəs, -ʒəs]　形 吐気をおこさせるような、けがらわしい.

nautical [nɔ́ːtikəl]　形 船乗りの；航海術の；海の.

aeronautics [ɛ̀ərənɔ́ːtiks] [**aero**- = air]　名 航空学；航空術.

navy [néivi]　名 海軍；船隊.

naval [néivəl]　形 海軍の；軍艦の.

navigate [nǽvigeit] [-**ig**-＝**agere**＝to drive, -**ate**動詞語尾] （船を進める）——→動 航海する；船で運送する.
navigation [nævigéiʃən] 名 航海，航空；航海[航空]術.
navigator [nǽvigeitər] 名 航海者；海上探険家.
navigable [nǽvigəbl] 形 航行しうる；航行に堪えうる.

133 neg-＝to deny (否定する)

ラテン語 **negare** (＝to deny).

negate [nigéit] 動 否定する；否認する.
negation [nigéiʃən] 名 否定，否認，拒絶.
negative [négətiv] 形 否定の；消極的な；〖数〗負の. 名 否定語；反対；拒否(権)；陰画；負号，負数. 動 拒否する；否定する；無効にする；中和する.
neglect [niglékt] [-**lect**＝to gather] （集めることを拒否する）——→動 無視する；度外視する；怠る. 名 無視；怠慢.
negligence [négliʒəns] [-**lig**-＝lect] 名 怠慢；不注意；なげやり.
negotiate [nigóuʃieit] [-**oti**-＝leisure (暇)] （暇をなくして精を出す）——→動 交渉する；商議する；取り決める. ☞ **otiose** (ひまな).
negotiation [nigouʃiéiʃən] 名 交渉，商議，折衝.
abnegate [ǽbnigeit] [**ab**-＝from, away] (否定して離れる)——→動 絶つ；棄てる.
renegade [rénigeid] [**re**-＝against] （反対して否定する）——→動 脱党する；他宗に走る. 名 背教者；変節者；脱党者. 形 背教の；変節する.

134 not-＝to mark (しるしをする)

ラテン語 **notare** (＝to mark), **nota** (＝a mark).

note [nout] 名 しるし；音符；調子；記号，符号；覚書；所見；注解；通知書；紙幣；注目. 動 注目する；書き留める；注解をつける.
nota bene [nóutə bíːni]＝mark well＝注意せよ (**N.B.** と略す).
notable [nóutəbl] 形 著名な. 名 名士.
notary [nóutəri] （書き留める人）——→名 公証人.

notation [noutéiʃən]　图 記号で示すこと；記数法；記譜法.
notice [nóutis]　(知らせるためのしるし)⟶图 知らせ；公告；掲示；注目. 動 注目する；指摘する；気がつく；知らせる.
noticeable [nóutisəbl]　形 注目すべき；顕著な.
notify [nóutifai] [**-fy**=to make]　動 公告する；通告する；届け出る.
notification [nòutifikéiʃən]　图 通告, 公告；通告書；届書.
notion [nóuʃən]　(記すべき考え)⟶图 概念；観念；意見；意向.
notorious [noutɔ́ːriəs]　(注目を集めている)⟶形 知れわたった, 周知の；《悪い意味で》有名な, 名うての.
annotate [ǽnouteit] [**an-**=**ad-**=to]　動 注釈をつける.
denote [dinóut] [**de-**=down]　(下に記す)⟶動 表示する；指示する；兆候となる.

135　—nounce, —nunci—=to report (報ずる)

🔵 ラテン語 **nuntiare** (=to report, give a message).

announce [ənáuns] [**an-**=**ad-**=to]　動 告知する；声明する；発表する.
annunciate [ənʌ́nʃieit]　動 告げ知らす.
annunciation [ənʌ̀nsiéiʃən]　图 告知；受胎告知.
denounce [dináuns] [**de-**=down, fully]　(強硬に報ずる)⟶動 告発する；公然と非難する；(条約など)廃棄する.
denunciation [dinʌ̀nsiéiʃən]　图 威嚇的告知；告発；痛罵.
pronounce [prənáuns] [**pro-**=forth]　(言い表わす)⟶動 宣告する；断言する；言明する；発音する.
pronouncement [prənáunsmənt]　图 宣告；発表；意見.
pronunciation [prənʌ̀nsiéiʃən]　图 発音(法).
renounce [rináuns] [**re-**=back]　(後に戻せと言う⟶受けつけない)⟶動 放棄する；否認する；絶交する.
renouncement [rináunsmənt]　图 放棄；否認.
renunciation [rinʌ̀nsiéiʃən]　图 放棄；否認；断念；自制.

136 | nov- = new (新しい) |

● ラテン語 novus, novellus (=new).

novel [nɔ́vəl] 形 新奇の. 名 (新しい物語)→小説.
novelty [nɔ́vəlti] 名 新しいもの；珍しいこと；新奇性.
innovate [ínouveit] [**in-** =in] (新しさを導入する)→動 新生面を開く；刷新する.
innovation [ìnouvéiʃən] 名 革新；新工夫；新制度.
renovate [rénouveit] [**re-** =again] (再び新しくする→動 更新する；修繕する；気力を回復させる.
renovation [rènouvéiʃən] 名 更新；刷新；修繕.

137 | onym- = name (名前) |

● ギリシア語 onoma (= a name).

onomancy [ɔ́nəmænsi] 名 姓名判断.
onomatopoeia [ɔ̀noumætoupí(ː)ə] [**-poeia**=to make] (音声に名前を与える)→名 擬声(語)；声喩法.
anonym [ǽnənim] [**an-** =without] (名前のない)→名 匿名人；仮名, 変名.
anonymous [ənɔ́niməs] [**-ous**=形容詞語尾] 形 名の知れぬ, 無名の；匿名の.
antonym [ǽntənim] [**ant-** =against] (反対の名前)→名 反意語, 反義語.
homonym [hɔ́mənim] [**homo-** =same] (名前は同じだが中身が違う)→名 同音異義の語；同名の人[物].
metonymy [mitɔ́nimi] [**met-** =meta=change] (呼び名を変える)→名 換喩 (king のかわりに the crown というが如き).
paronym [pǽrənim] [**par-** =para-=beside] (傍にあるもう一つの名前)→名 同源[根]語.
pseudonym [(p)sjúːdənim] [**pseudo-** =false] (偽りの名前)→名 仮名, 雅号.
synonym [sínənim] [**syn-** =same] (同じ名前)→名 同意語, 同義語；類語；類似物.

138 | opt— = to wish (望む) | 🈁 ラテン語 optare (o wish).

optative [ɔ́ptətiv, ɔptéitiv] 形 願望を表わす. 名〖文法〗願望法.
optimism [ɔ́ptimizəm] [**-im** ラテン語の最上級語尾] (すべてが最も望ましい状態にあると考えること)——名 楽天主義.
  cf. **pessimism** (悲観論).
optimist [ɔ́ptimist] [**-ist**「人」を表わす] 名 楽天家.
optimum [ɔ́ptiməm] (最も望ましい状態)——名 最適条件；最適度. 形 最適の.
opt [ɔpt] (望むものを取る)——動 選択する.
option [ɔ́pʃən] 名 選択(権).
optional [ɔ́pʃənəl] 形 任意に選択し得る，随意の. 名 選択科目.
adopt [ədɔ́pt] [**ad-**=to] (〜を望む)——動 採用する；養子にする.
adoption [ədɔ́pʃən] 名 採用；養子縁組.
adoptive [ədɔ́ptiv] 形 養子関係の.

139 | ora— = to speak (話す), pray (祈る)

🈁 ラテン語 orare (=to speak, pray). **or-**＜**os** (=the mouth).
oral [ɔ́:rəl] [**-al** 形容詞語尾] 形 口頭の；口の. 名 口頭試験.
orate [ɔ(:)réit; ɔ́:reit] 動 演説する.
oration [ɔ(:)réiʃən] 名 演説；祈り，祈禱文.
orator [ɔ́rətər] 名 演説者；雄弁家.
oratorical [ɔ̀rətɔ́rikəl] 形 雄弁家の；雄弁術の；修辞的な.
oratory [ɔ́rətəri] 名 雄弁(術)；修辞；礼拝堂.
oracle [ɔ́rəkl] [**-cle** 指小辞] (神の口から出た言葉)——名 神託；神の啓示；権威者の意見.
oracular [ɔrǽkjulər] 形 神託の；おごそかな；独断的な.
adore [ədɔ́:r] [**ad-**=to] (〜に向かって祈る)——動 崇拝する；敬慕する.
adoration [æ̀dɔ:réiʃən] 名 崇拝；愛慕.

140 ori-＝to rise (のぼる), to begin (始まる)

🄔 ラテン語 oriri (＝to rise, begin, grow).

orient [ɔ́:riənt] (日がのぼるところ)──→🄐 東；[the O～] 東洋．
🄕 [O～]東洋の；光沢の美しい．[ɔ́:rient] 🄑 東向きにする；(地図を)正しい方向に置く．
Oriental [ɔ̀:riéntl] 🄕 東洋の．🄐 東洋人．
　☞ **Occidental** (西洋の，西洋人)．
orientation [ɔ̀:rientéiʃən] 🄐 東方を見い出すこと，方位測定；方針決定；指導，方向づけ．
origin [ɔ́ridʒin] (物事の始まり)──→🄐 起原，発端；源泉，出所；素性，生まれ．
original [ərídʒənəl] 🄕 最初の；独創的な；新奇な；原作の．
🄐 原型；原文，原物．
originality [ərìdʒinǽləti] 🄐 独創性，創造力；創意；風変り．
originate [ərídʒinèit] 🄑 創始する；創作する；源を発する，始まる，生じる．
originative [ərídʒinèitiv] 🄕 独創的な；奇抜な．
originator [ərídʒinèitər] 🄐 創始者，創作者，発起人，開祖．
aboriginal [æ̀bərídʒənəl] [**ab-**＝from] (最初からの)──→🄕 原生の，土着の．🄐 原住民，土着民．
abortion [əbɔ́:rʃən] (発育から除く)──→🄐 流産，妊娠中絶，堕胎．
primordial [praimɔ́rdjəl] [**prim-**＝the first] (一番の始まりからの)──→🄕 原始時代からの；最初の，初生の．

141 pan-＝bread (パン)

🄔 ラテン語 panis (＝bread).

panada [pənɑ́:də] 🄐 パンがゆ．
pantry [pǽntri] [**-try**「場所」を表わす] 🄐 倉料貯蔵室；食器室；(ホテルなどの)配膳室．
company [kʌ́mpəni] [**com-**＝together] (食事を共にする)──→🄐 交際；交友；同席の人々；会社．
companion [kəmpǽnjən] 🄐 仲間，つれ．
companionship [kəmpǽnjənʃip] [**-ship** 抽象名詞語尾] 🄐 仲間

づきあい，交わり．

accompany [əkʌ́mpəni] [**ac-**=**ad-**=to] （つれにする）──→動 伴う，同行する；伴奏する．

142 | par-─=to prepare （準備する）

⊕ ラテン語 **parare** (=to prepare, get ready).

pare [pɛər] （準備するために）──→動 （余計な部分を）切り取る，けずる；（果物などの）皮をむく．

parade [pəréid] （準備を整えて見てもらう）──→名 見せびらかし；観兵式；練兵場；遊歩道；行列，示威行進．動 行列して練り歩く；誇示する，見せびらかす．

apparatus [æ̀pəréitəs] （用意された設備）──→名 器具；器械装置；資料．

prepare [pripɛ́ər] [**pre-**=before] （前もって準備する）──→動 準備する；予習する；調整する；覚悟させる．

preparation [prèpəréiʃən] 名 準備，用意；予習；調整．

preparatory [pripǽrətəri] 形 準備の；予備の．名 予科；大学予備校．

repair [ripɛ́ər] [**re-**=again] （再び整える）──→動 修繕する；回復する；償う．名 修繕；回復．

reparation [rèpəréiʃən] 名 賠償．

reparative [répərətiv] 形 修繕の；賠償の；回復させる．

separate [sépəreit] [**se-**=apart] （別に用意する）──→動 離す，分離する，分割する；別れる；識別する．[séprit] 形 分離した．名 抜刷り．

separation [sèpəréiʃən] 名 分離；選別；（夫婦の）別居．

143 | par-─=equal （等しい）

⊕ ラテン語 **par** (=equal).

par [pɑːr] 名 同等，同価；標準；〖ゴルフ〗規準打数，パー．

parity [pǽrəti] 名 等価，同等；平衡価格．

disparity [dispǽrəti] [**dis-**=apart] 名 不同，不等，不均衡．

pair [pɛər] （同等のものが二つ）──→名 一対，一組；一組の男女，夫

婦. **動** 一対にする；組み合わせる.
- **peer** [píər] （同じ位の者）──→**名** 同等の者，同僚，同輩；上院議員；貴族. **動** 肩を並べる；匹敵する.
- **peerage** [píəridʒ] **名** 《集合的》貴族，貴族階級.
- **peerless** [píərlis] （同じものが二つとない）──→**形** 無比の，無双の，絶世の.
- **umpire** [ʌ́mpaiər] （同等ではない立場の者）──→**名** 審判員，アンパイア；判定者；裁定人. **動** 審判する.

144 | par─ = to appear （現われる）

● ラテン語 parere (=to appear, come in sight).

- **appear** [əpíər] [**ap-** = **ad-** = **to**] **動** 現われる，出現する；明らかになる；見える，思われる.
- **appearance** [əpíərəns] **名** 出現；外見；様子；外観；まぼろし.
- **apparent** [əpǽrənt] **形** 明白な；外見上の.
- **apparition** [æpəríʃən] **名** （幽霊などの）出現；幽霊.
- **transparent** [trænspɛ́ərənt] [**trans-** = through] （通して見える）──→**形** 透明な；平明な；明白な；率直な.

145 | part─ = a part （部分）, to part （分ける）

● ラテン語 partem (=a part), partire (=to part).

- **part** [pɑːrt] **名** 部分；要素，成分；役割；側(がわ)，味方. **動** 分ける；分かれる；別れる.
- **parting** [pɑ́ːrtiŋ] **名** 告別，別離，死去；分割. **形** 去りゆく，別れの.
- **partake** [pɑːrtéik] （部分をとる→部分を受け持つ）──→**動** 参加する.
- **partial** [pɑ́ːrʃəl] **形** 一部分の；かたよった.
- **partible** [pɑ́ːrtibl] **形** 分割できる.
- **participate** [pɑːrtísipèit] [**-cipate** = to take] （部分を受け持つ）──→**動** 参加する，関与する，関係する.
- **participation** [pɑːrtìsipéiʃən] **名** 参加，関与，関係.
- **participle** [pɑ́ːrtisipl] （形容詞と動詞の両方の性質を分かち持つ詞）──→**名** 分詞.

particle [páːrtikl] [**-cle** 指小辞] （こまかい部分）──→名 分子，(微)粒子．

partition [paːrtíʃən] （部分に分かつこと）──→名 分割；分配．
動 分割する，分配する．

apart [əpάːrt] [**a-**＝**ad-**＝to] （分かち離す）──→副 離れて，別に，別れて．

compartment [kəmpάːrtmənt] [**com-**＝with] （～を部分に分かつ）──→名 区画；仕切り；(客車の)客室．

department [dipάːrtmənt] [**de-**＝**dis-**＝apart] （分かち離したもの）──→名 部門；省，局，課；学部．

impart [impάːrt] [**im-**＝in, on] （部分を与える）──→動 分かち与える；伝える．

impartation [impaːrtéiʃən] 名 分与；伝達．

impartial [impάːrʃəl] [**im-**＝not] （部分にかたよらない）──→形 公平な，公明正大な．

impartiality [ìmpaːrʃiǽliti] 名 不偏，公平無私，公明正大．

parcel [pάːrsl] [**-cel** 指小辞] （小さな部分）──→名 小包，小荷物．
動 分かつ，小荷物にする．

portion [pɔ́ːrʃən] 名 部分；分け前．動 分割する；分配する．

---

146 | **passi—, pati—, path—＝to suffer**（被る，苦痛などを受ける）

㊟ ラテン語 **pati**（＝to suffer）．過去分詞形 **passus**.
ギリシア語 **pathein**（＝to suffer）．

passion [pǽʃən] （刺激を受けて動く感情）──→名 激情；情熱，愛欲；受難．動 情熱をそそる．

passionate [pǽʃənit] 形 激しやすい；熱烈な，情熱的．

passive [pǽsiv] （受ける）──→形 受身の；屈従する．名 受動態．

compassion [kəmpǽʃən] [**com-**＝together] （感情を共にする）──→名 同情，憐れみ．

compassionate [kəmpǽʃənit] 形 同情ある，憐れみ深い．
[kəmpǽʃəneit] 動 同情する；憐れむ．

patient [péiʃənt] （苦痛をじっと受けている）──→形 忍耐強い；我慢する；辛抱する．名 (治療を受ける)患者．

patience [péiʃəns] 名 忍耐，我慢，辛抱.

impatient [impéiʃənt] [**im-** =not] (辛抱できない)──→形 性急な；じれったい；あせる；いらいらする.

compatible [kəmpǽtəbl] [**com-** =together] (共に受け得る)──→形 両立し得る，矛盾しない.

incompatible [ìnkəmpǽtəbl] [**in-** =not] 形 両立しない，矛盾する.

pathos [péiθɔs] (心に深く受けるもの)──→名 哀感，悲哀，ペーソス.

pathetic [pəθétik] 形 感動させる；憐れな，痛ましい；悲哀にみちた；感情の.

pathogeny [pəθɔ́dʒini] (苦痛を生む)──→名 発病；病原(論).

pathology [pəθɔ́lədʒi] (病気の学)──→名 病理学.

antipathy [æntípəθi] [**anti-** =against] 名 反感，嫌悪.

sympathy [símpəθi] [**sym-** =same] 名 同感；同情；共鳴.

147 | patr- = father (父) | ⊕ ラテン語 pater (=a father).

paternal [pətə́:ʳnəl] 形 父の；父らしい；父方の.

paternity [pətə́:ʳniti] 名 父たること；父子の関係；起源.

patriarch [péitriɑ:ʳk] [**-arch** =chief] (主なる父)──→名 家長；族長；長老，古老.

patricide [pǽtrisaid] [**-cide** =to cut] (父を切る)──→名 父殺し.

patrimony [pǽtriməni] (父より受け継ぐもの)──→名 世襲財産.

patriot [péitriət, pǽtriət] (父祖の国を愛する人)──→名 愛国者.

patriotic [pæ̀triɔ́tik, pèitriɔ́tik] 形 愛国的；愛国者の；憂国の.

patriotism [pǽtriətizəm, péitriətizəm] 名 愛国心.

patron [péitrən, pǽtrən] (父のような関係に立つ人)──→名 保護者；後援者；恩人；パトロン.

patronage [pǽtrənidʒ, péitrənidʒ] 名 保護，後援；援助；ひいき.

expatriate [ekspǽtrieit] [**ex-** =out] (父祖の国の外へ出す)──→動 追放する，国籍を脱する.

repatriate [ripǽtrieit, -péit-] [**re-** =back] (父祖の国へ戻らせる)──→動 本国へ帰らせる，復員させる.

repatriation [rìpætriéiʃən, -peit-] 名 本国へ帰らせること，復員.

148 | ped— =foot (足) | ❸ ラテン語 pes (=a foot).

pedal [pédəl] 形 足の. 名 ペダル. 動 ペダルを踏む.
pedestal [pédistəl] [**-stal**=stall(台)] (足の部分になる台) →名 台座；基礎. 動 台座の上に据える.
pedestrian [pidéstriən] (歩いて行く) →形 徒歩の；散文の；単調な, 平凡な. 名 歩行者, 徒歩者.
pedi-cab [pédikæb] [**cab**=taxi] (足のタクシー) →名 輪タク.
pedometer [pidɔ́mitər] 名 歩数計.
biped [báiped] [**bi-**=two] 名 二足動物. 形 二足の.
tripod [tráipɔd] [**tri-**=three] 名 三脚(架). 形 三脚の.
quadruped [kwɔ́druped] [**quadru-**=four] 名 四足獣. 形 四足の.
centiped [séntiped], **-pede** [-piːd] [**centi-**=one hundred] (百本足) →名 百足(むかで).
expedite [ékspidait] [**ex-**=out] (拘束物から足を救い出す) →動 進行を助ける；促進する；迅速にすます. 形 支障のない；迅速な.
expedition [èkspidíʃən] (足を外に向かわせる) →名 遠征(隊), 探険(隊)；旅行, 航海；迅速.
expedient [ikspíːdiənt] (進行を助けるから) →形 便宜な, 適宜な；方便的な. 名 便法；方策.
expedience [ikspíːdiəns], **-ency** [-ənsi] 名 便宜, 適宜；方便, 方策.
impede [impíːd] [**im-**=in] (足をもつれさせる) →動 妨げる；阻止する.
impediment [impédimənt] 名 妨げ；障害；言語障害.

149 | —pel, puls— =to drive(駆りたてる)

❸ ラテン語 pellere (=to drive). 過去分詞形 pulsus.

pulse [pʌls] (血液を駆りたてる振動) →名 脈搏；律動；脈動；傾向. 動 鼓動する；律動的に打ち送る.
pulsate [pʌlséit, pʌ́lseit] 動 鼓動する；脈動する.
pulsatile [pʌ́lsətail] [**-ile** 形容詞語尾] 形 脈動する, どきどきする；(楽器などを)打ち鳴らす. 名 打楽器.

pulsation [pʌlséiʃən] 图 鼓動, 脈動 脈搏.
compel [kəmpél] [**com-** = with] (〜を駆りたてる)——→動 強制する；余儀なくさせる；強いて〜させる.
compulsion [kəmpʌ́lʃən] 图 強制.
compulsory [kəmpʌ́lsəri] 形 強制の.
dispel [dispél] [**dis-** = apart, away] (追い払う)——→動 追い散らす；消散させる.
expel [ikspél] [**ex-** = out] (外に追う)——→動 追い出す；放逐する；発射する.
expellant, -pellent [ikspélənt] 形 駆逐力のある. 图 駆除剤.
expulsion [ikspʌ́lʃən] 图 放逐；駆除.
expulsive [ikspʌ́lsiv] 形 駆逐力のある, 排除的な.
impel [impél] [**im-** = **in-** = on, forward] (先の方へ駆りたてる)——→動 推進する, 押し進める；促す.
impellent [impélənt] 形 推進する. 图 推進力.
impulse [ímpʌls] 图 推進；衝動；刺激.
impulsion [impʌ́lʃən] 图 推進；衝動；刺激.
impulsive [impʌ́lsiv] 形 衝動的の；衝撃的な.
propel [prəpél] [**pro-** = forward] (前方へ駆りたてる)——→動 推進する；促進する.
propellent [prəpélənt] 形 推進する. 图 推進する物.
propeller [prəpélər] 图 推進機；プロペラ.
propulsion [prəpʌ́lʃən] 图 推進(力)；衝動.
propulsive [prəpʌ́lsiv] 形 推進する. 图 推進するもの.
repel [ripél] [**re-** = back] (追い返す)——→動 撃退する；反撥する；はねつける；はじく.
repellent [ripélənt] 形 撃退する；反撥する；(水を)はじく. 图 反撥力；防水布；ちらし薬.
repulse [ripʌ́ls] 動 撃退する；拒絶する. 图 撃退；拒絶.
repulsion [ripʌ́lʃən] 图 撃退；反撥作用；嫌悪.
repulsive [ripʌ́lsiv] 形 はねかえす；(冷淡に)斥ける；嫌悪の念を起させる.
peal [pi:l] (音を駆りたてる)——→動 とどろかす, とどろく；鳴り響かす. 图 鐘の響き；一組の鐘；とどろき.
appeal [əpí:l] [**ap-** = **ad-** = to] (〜に駆け込む)——→動 訴える；心

に訴える；援助を求める；魅惑する. 图 訴え；懇願；魅力.
appellant [əpélənt] 形 上訴の. 图 上訴者.
repeal [ripíːl] [**re-**＝back] (追い戻す)──→動 (法律などを)取り消す. 图 取り消し, 廃止.

150 | pen―, pun―＝to punish (罰する)

● ラテン語 **poena** (＝penalty), **punire** (＝to punish).

penal [píːnəl] 形 刑罰の；刑事上の；刑に相当する.
penalize [píːnəlaiz] 動 有罪を宣告する；罰則を適用する.
penalty [pénəlti] 图 刑罰；罰金；違約金；反則の罰点.
penance [pénəns] (罪を犯した罰)──→图 ざんげ；後悔. 動 罰する.
penitence [pénitəns] 图 後悔, ざんげ.
penitent [pénitənt] 形 後悔した.
penitentiary [pènitén∫əri] [**-ary**「場所」を表わす接尾語] (後悔させるための場所)──→图 悔罪所, 苦行所；感化院；売春婦更正施設；〖米〗刑務所. 形 後悔の；刑務所入りの.
repent [ripént] [**re-**＝again] (くり返し後悔する)──→動 後悔する；ざんげする；くやしがる.
repentance [ripéntəns] 图 後悔, 悔恨；ざんげ.
repentant [ripéntənt] 形 後悔する, 遺憾に思う.
punish [pʌ́ni∫] 動 罰する；ひどい目にあわす, 酷評する.
punishment [pʌ́ni∫mənt] 图 処罰, 刑罰.
punitive [pjúːnitiv] 形 罰の, 刑罰の；応報の.
impunity [impjúːnəti] [**im-**＝**in-**＝not] (罰がないこと)──→图 刑罰を受けないこと；無難.

151 | pend―, pens―＝to hang (懸ける), weigh (重さを計る)

● ラテン語 **pendere** (＝to hang, weigh) 「天秤にかける──→重さを計る」過去分詞形 **pensus**.

pendant, -ent [péndənt] (かけるもの)──→图 宝石の下げ飾り.
pendent, -ant [péndənt] 形 垂れ下った；未決のままの.

pending [péndiŋ] 形 未決のままの；懸案の.
pendulate [péndjuleit] 動 揺れ動く；ためらう.
pendulous [péndjuləs] 形 ぶら下った；動揺する.
pendulum [péndjuləm] (ぶら下ったもの)──→名 (時計の)振子；動揺するもの.
append [əpénd] [**ap-**=**ad-**=to] 動 (ぶら下げて)付ける；付記する.
appendix [əpéndiks] 名 付録，追加；虫様垂.
appendicitis [əpèndisáitis] 名 虫様垂炎；盲腸炎.
depend [dipénd] [**de-**=down] (垂れかかる)──→動 依る；頼みとする；～次第である.
dependant, -ent [dipéndənt] (頼る者)──→名 寄食者；家来. 形 依存する；従属する；他人に扶助される.
dependence [dipéndəns] 名 依ること；従属；信頼.
expend [ikspénd [**ex-**=out] (計って出す)──→動 費す.
expenditure [ikspénditʃər] 名 支出；消費；経費.
expense [ikspéns] 名 費用；損失；犠牲.
expensive [ikspénsiv] 名 高価な.
impend [impénd] [**im-**=**in-**=on] 動 頭上にかかる；(危難など)さし迫る.
impending [impéndiŋ] 形 垂れかかった；切迫した；焦眉の.
perpendicular [pə̀ːrpəndíkjulər] [**per-**=through] (まっすぐ垂れ下っている)──→形 垂直の；直立した. 名 垂直線；急傾面；直立；廉直.
spend [spend] [**s-**=**dis-**=apart] (計り分ける)──→動 費す；(時間などを)過す；使い果す；空費する.
suspend [səspénd] [**sus-**=**sub-**=under] (垂れ下げる)──→動 一時停止する；中止する；(決定などを)見合わす；つるす.
suspense [səspéns] 名 未決の状態；不安.
suspension [səspénʃən] 名 中止；見合わせ；停職；停学；車体懸架装置.
suspensive [səspénsiv] 形 未決定の；疑わしい；停止する.
suspensory [səspénsəri] 形 つるす；中止の；未決の.
pension [pénʃən] (金を計って与える)──→名 年金；恩給；[pɑ́ːŋ-siɔ́(ŋ)] 下宿屋；下宿式のホテル. 動 恩給を与える；下宿する.

pensive [pénsiv] (手にのせた物の重さをじっと考える)——形 もの思いに沈んだ；淋しい；もの悲しい ☞ **pensée**(瞑想録).

compensate [kɔ́mpenseit] [**com-**＝together] (共に懸ける——重さが同じになるようにする)——動 償う；補う.

compensation [kɔ̀mpenséiʃən] 名 償い，代償；補償；応報.

dispense [dispéns] [**dis-**＝apart] (秤に懸けて分ち与える)——動 配り与える；(法令など) 緩和する；(義務を) 免除する；なしで済ます；(薬を)調剤して与える.

dispensable [dispénsəbl] 形 緩和し得る；なくても済む.

indispensable [indispénsəbl] [**in-**＝not] 形 欠くべからざる，不可欠の，必須の.

dispensary [dispénsəri] [**-ary** 「場所」を表わす] (薬を秤に懸けて分ち与える所)——名 薬局，医局.

dispenser [dispénsər] 名 薬剤師，調剤者.

dispensation [dìspenséiʃən] 名 配り与えること；天の配剤，天道；免除；なしで済ますこと.

prepense [pripéns] [**pre-**＝before] (前もって秤に懸ける)——形 あらかじめ謀った；故意の.

propensity [prəpénsiti] [**pro-**＝forward] (前方に垂れる——傾く)——名 傾向；性癖；好意.

recompense [rékəmpens] [**re-**＝back] (償い返す)——動 報いる；返報する；償う. 名 報酬；返報；償い.

poise [pɔiz] (重さを釣り合わす)——名 釣合い，均衡；静止；安定. 動 釣り合わせる，釣り合う；宙にかかる.

counterpoise [káuntərpɔiz] [**counter-**＝against] (秤の反対側の重さ)——名 釣り合う重さ；均衡. 動 釣合いを保たせる；均衡を得させる.

ponder [pɔ́ndər] (じっくりと重さを考える)——動 熟慮する，思案する.

ponderable [pɔ́ndərəbl] 形 はかり得る；重みのある. 名 重みのある物.

ponderous [pɔ́ndərəs] 形 重い；重苦しい；不恰好な.

preponderate [pripɔ́ndəreit] [**pre-**＝before, in excess] (重さが過ぎる)——動 重さがまさる；勢力がまさる.

preponderant [pripɔ́ndərənt] 形 重さのまさった；勢力のまさった.

152　peri－＝to go through（通り抜ける，経験する）

🈩 ラテン語 periri (=to go through, try).

peril [péril]　（通り抜けるべき試練）──→图 危険，危難．動 危くする．
perilous [périləs]　形 危険な；冒険的な．
experience [ikspíəriəns] [**ex-**=fully]　（十分に経験する）──→動 経験する，体験する．　图 経験，体験．
experiment [ikspérimənt]　（十分に試してみる）──→图 実験．
　　[ikspérimènt]　動 実験する．
experimental [ekspèrimént l]　形 実験的な；実験用の；経験的．
experimentation [ekspèrimentéiʃən]　图 実験，実地練習．
expert [ékspə:rt]　（十分に経験を積んだ人）──→图 専門家；達人，くろうと．　形 熟練した；巧妙な．
expertise [èkspərtí:z]　图 専門技術，専門知識．

153　pet－＝to fly（飛ぶ），seek（求める）　🈩 ラテン語 petere (to fly, seek)

petition [pitíʃən]　（求めること）──→图 嘆願；祈願；請願．動 嘆願する；請願する．
appetite [ǽpitait]　（求める気持）──→图 欲望；食欲．
appetent [ǽpitənt]　形 熱望せる．
compete [kəmpí:t] [**com-**=together]　（一つの物を求めんとして共に飛ぶ──→争う）──→動 競う，争う．
competition [kɔ̀mpitíʃən]　图 競争．
competitor [kəmpétitər]　图 競争者．
competence [kɔ́mpitəns]　（競争に十分適している）──→图 資産；能力；資格．
competent [kɔ́mpitənt]　形 十分な資格のある，有能な；合法的な．
impetus [ímpitəs] [**im-**=**in-**=on, upon]　（求めて飛びかかる激しい動き）──→图 勢い，はずみ；刺激．
impetuous [impétjuəs]　形 急激な；性急な；猛烈な．
repeat [ripí:t] [**re-**=again]　（再び求める）──→動 繰り返す，反復する；復唱する．图 反復(記号)；再演．
repetition [rèpitíʃən]　图 反復；暗唱；模写．

centripetal [sentrípitl] [**centri-**＝center] （中心を求める）—→形 中心に向う，求心の．*cf.* **centrifugal** (遠心の)．

154 | phan—, fan—＝appearance （外観，出現）

🔵 ギリシア語 **phantázein** (＝to appear).

phantasm [fǽntæzəm] （目に浮かぶもの）—→名 まぼろし，幻影，幻想；幽霊．
phantom [fǽntəm] 名 まぼろし，幻影，錯覚，妄想；幽霊；恐怖の種；実体のない人[物]． 形 見せかけの；幻の；錯覚の．
phase [feiz] （目に見えるものの様相）—→名 相，面，現われ；局面；段階；様相；状勢，形勢，動 段階的に～する．
fantasy [fǽntəsi, -zi] 名 空想，幻想；気まぐれ；白日夢；幻想曲．
fantasia [fæntéizjə] 名 幻想曲．
fantastic; -tical [fæntǽstik(əl)] 形 空想的な，気まぐれの；風変りな，異様な；すばらしい．
fancy [fǽnsi] **fantasy** の短縮語． 名 空想，幻想，思いつき；気まぐれ；好み；道楽． 動 空想する；思う；うぬぼれる；たしなむ． 形 装飾をこらした；法外な；空想的な；珍種の；極上の，特選の．
phenomenon [finɔ́minən] （現われ出るもの）—→名 現象；事象；不思議な物[事]．
phenomenal [finɔ́minəl] 形 自然現象の；外観上の；驚くべき．
emphasize [émfəsàiz] [**em-**＝in] （はっきり表わす）—→動 強調する，力説する．
emphasis [émfəsis] 名 強調；強さ；重要さ，重み；強勢；強声法．
emphatic [imfǽtik] 形 語気の強い；強調された；よく目立つ．

155 | phon—＝sound （音声）; phe—＝to speak （話す）

🔵 ギリシア語 **phone** (＝a sound), **phemi** (＝I speak).

phoneme [fóuniːm] 名 音素；音族．
phonetic [founétik] 形 音声の．
phonetics [founétiks] 名 音声学．
phonic [fóunik] 形 音の；有声の．

phonography [founɔ́grəfi] [**-graphy**＝writing] （音の記録）——→ 图 Pitman 式速記術；(蓄音機による)音の記録.

phonology [founɔ́lədʒi] [**-logy**＝学] 图 音声学, 音韻学.

phonometer [founɔ́mitə] [**-meter**＝measure] 图 音波測定器.

euphony [júːfəni] [**eu-**＝well《「優」と発音が同じ》] 图 快い音；口調のよいこと, 佳調.

microphone [máikrəfoun] [**micro-**＝small] （小さな音を大きくするもの）——→图 マイク(ロフォン).

symphony [símfəni] [**sym-**＝together] （共に響く）——→图 交響楽, シンフォニー；調和.

telephone [télifoun] [**tele-**＝far off] 图 動 電話(で話す).

blaspheme [blæsfíːm] [**blas-**＝to hurt] （傷つけるような言葉）——→動 不敬の言を吐く；(神を)罵る.

euphemism [júːfimizəm] [**eu-**＝well] （聞えをよくする言い方）——→图 婉曲語法；婉曲な言葉.

euphuism [júːfju(ː)izəm] （同上）——→图 飾った言葉づかい；美辞麗句.

prophecy [prɔ́fisi] [**pro-**＝before] （前もって言う）——→图 予言；予言する力.

prophesy [prɔ́fisai] 動 予言する.

prophet [prɔ́fit] 图 予言者.

---

156 | **pict-**＝**to paint** （描く）, **picture** （絵） | 🈁 ラテン語 **pingere** (＝to paint). 過去分詞形 **pictus**. **pictura** (＝the art of painting, a picture).

pictograph [píktəgrɑːf] （絵で書いたもの）——→图 絵文字；統計画.

pictorial [piktɔ́ːriəl] 形 絵画から成る；絵のような.

picture [píktʃər] 图 絵画；映画；生き写し；心像；象徴. 動 描く；映す；生き写しに似る；心に描く.

picturesque [pìktʃərésk] 形 絵のような；美しい.

depict [dipíkt] [**de-**＝down, fully] （十分に描く）——→動 描写する, 叙述する.

depiction [dipíkʃən] 图 描写, 叙述.

157 | plaud−, −plode = to strike (打つ), clap (拍手する)

● ラテン語 **plaudere, plodere** (=to strike, clap).

applaud [əplɔ́ːd] [**ap-** =**ad-** =to, together] (共に拍手する)──→動 拍手かっさいする；褒める.
applause [əplɔ́ːz] 名 拍手かっさい；賞賛, 称揚.
plaudit [plɔ́ːdit] 名《複数》拍手かっさい.
plausible [plɔ́ːzəbl] (思わず拍手したくなるよるような)──→形 もっともらしい；口先のうまい.
plausibility [plɔ̀ːzəbíliti] 名 もっともらしさ.
explode [iksplóud] [**ex-** =out] (手を叩いて俳優を舞台から追い出す)──→動 信用を失墜させる；暴露する；爆発する, 爆発させる.
explosion [iksplóuʒən] 名 爆発；爆音.
explosive [iksplóusiv] 形 爆発性の. 名 破裂音；爆発物.

158 | plen−, plete−, ple−, pli−, −ply = to fill (満たす), full (満ちた)

● ラテン語 **plere** (=to fill), **plenus** (=full).

plenary [plíːnəri] (満ちた──→欠ける点のない)──→形 完全な；絶対の；全員出席の.
plenipotentiary [plènipətén ʃəri] [**-potent-** =powerful] (すべての力を備えた)──→形 全権を有する. 名 全権大使；全権委員.
plenitude [plénitjuːd] [**-itude** 抽象名詞語尾] 名 完全；充満；豊富.
plenty [plénti] 名 豊富；十分；多数, 多量. 形 豊富な. 副 十分に；たっぷり.
ample [ǽmpl] [**am-** =**amb-** =about] (まわりが十分である)──→形 広い；十分な；豊富な.
amplify [ǽmplifai] [**-fy** =to make] 動 拡大する, 拡張する；敷衍する.
complete [kəmplíːt] [**com-** =together, with] (〜で満たす)──→動 満たす；完全にする；果たす；しとげる. 形 全部そろった；完了した, 完成した；完全な.
completeness [kəmplíːtnis] 名 完全；完成.

第3篇 語根 (Root)

completion [kəmplíːʃən] 图 完了；完成；成就；達成.
complement [kɔ́mplimənt] (補い満たす)→图 補語. 動 [kɔ́mpliment, kɔ̀mplimént] 補い満たす.
comply [kəmplái] (相手の要求を満たす)→動 応諾する.
compliance [kəmpláiəns] 图 応諾；盲従.
compliment [kɔ́mplimənt] (相手の心を満足させるもの)→图 お世辞；愛想；《複数》挨拶，会釈. 動 [kɔ́mpliment, kɔ̀mplimént] お世辞を言う；慶賀する；贈呈する.
complimentary [kɔ̀mpliméntəri] 形 挨拶の；祝賀の.
deplete [diplíːt] [**de-**=away] (空にする)→動 減らす，空にする；放血する.
expletive [eksplíːtiv] [**ex-**=out] (外に満たす→付け加える)→形 単なる付加的の；虚辞として用いられた. 图 虚辞；空虚を満たすための人〔物〕.
implement [ímplimənt] [**im-**=**in-**=in] (家の中を満たすもの)→图 家具；用具；道具. 動 補充する；最大効果を発揮する；(約束などを)履行する.
impletion [implíːʃən] 图 充満.
replenish [ripléniʃ] [**re-**=again] 動 (再び)満たす.
replete [riplíːt] 形 満たされた；満腹した.
supply [səplái] [**sup-**=**sub-**=under] (下に満たす)→動 補充する；供給する. 图 補充；供給；《複数》必需物資；予算外支出.
supplement [sʌ́plimənt] 图 補足，補遺，付録. 動 [sʌ́pliment, sʌ̀plimént] 増補する；補足する.
accomplish [əkɔ́mpliʃ] [**ac-**=**ad-**=to] 動 完成する.
accomplishment [əkɔ́mpliʃmənt] 图 完成；達成；《複数》芸能，たしなみ.

159 ─plore＝to flow out (流れ出る)

🌑 ラテン語 plorare (=to make to flow, weep).

deplore [diplɔ́ːr] [**de-**=fully] (十分に涙を流す)→動 嘆き悲しむ；悔いる.
deplorable [diplɔ́ːrəbl] 形 嘆かわしい；みじめな.

explore [iksplɔ́:r] [**ex-**=out] (外に流れ出る)→動 探検する；探究する，調査する．

exploration [èksplɔːréiʃən] 名 探検；探究．

explorer [iksplɔ́:rər] 名 探検家．

implore [implɔ́:r] [**im-**=into] (涙を流して頼みこむ)→動 嘆願する，哀願する．

imploration [ìmplɔːréiʃən] 名 嘆願，哀願．

160 −ply, pli−, ple−＝to fold (折り重ねる)

❸ ラテン語 plicare (=to fold).

ply [plai] 名 ～重(え)，折；(心の)傾向，性癖．(折り返す→反復する)→動 精を出す；頻りに用いる．

pliable [pláiəbl] (折り曲がる)→形 しなやかな，柔軟な．=pliant [pláiənt]．

pliers [pláiərz] (折り曲げる道具)→名 やっとこ．

apply [əplái] [**ad-**=to] (～の上に重ねる)→動 当てる；当てはまる；応用する；適用する；申し込む．

appliance [əpláiəns] 名 応用；適用；用具；装置．

applicable [ǽplikəbl] 形 適用し得る．

applicant [ǽplikənt] 名 志願者；応募者；申し込み者．

application [æ̀plikéiʃən] 名 応用；適用；請願；外用薬．

imply [implái] [**im-**=**in-**=in] (中に重ねる)→動 包含する；暗に意味する．

implicate [ímplikeit] 動 意味を含む；からみ合う；連座する．

implication [ìmplikéiʃən] 名 含むこと；からむこと；合意；連座．

implicit [implísit] 形 包含されている；暗黙の；明白に述べてない．

reply [riplái] [**re-**=back] (重ね返す)→動 返答する；応じる．名 返答，返事．

replication [rèplikéiʃən] 名 返答，返答の返答；複製．

replicate [réplikeit] 動 折り返す；複製する；

replica [réplikə, riplíːkə] 名 模写；写し，複製．

complicate [kɔ́mplikeit] [**com-**=together] (共に折り重ねる)→動 入り組ませる．形 [kɔ́mplikit] 入り組んだ，こみ入った．

complication [kɔ̀mplikéiʃən] 名 複雑さ；紛糾；めんどうな事情；

糸病.

complex [kómpleks] 形 複合した；入り組んだ. 名 複合(体)；コンプレックス；固執観念；強迫観念.

complexion [kəmplékʃən] （複合したもの）—→名 顔色, 肌色；外観.

complexity [kəmpléksiti] 名 入り組んでいること；錯綜.

explicate [éksplikeit] [**ex-**＝out] （折り重なりを外へ—→開く）—→動 明らかにする；説明する.

explication [èksplikéiʃən] 名 説明, 解釈.

explicit [iksplísit] 形 明白に述べた；明瞭な.

exploit [éksploit] （天下に示された明白な行為）—→名 偉業, 手柄；はなれ業. 動 [iksplóit] （重ね込まれているものを外へ）—→採掘する, 開発する；搾取する.

perplex [pərpléks] [**per-**＝thoroughly] （完全に折り込む）—→動 もつれさせる；錯雑させる；当惑させる.

perplexity [pərpléksiti] 名 混乱；錯雑；当惑.

supplicate [sʌ́plikeit] [**sup-**＝**sub-**＝under] （体を下に折り重ねて）—→動 嘆願する；祈願する.

suppliant [sʌ́pliənt] 名 嘆願者. 形 嘆願の.

deploy [diplói] [**de-**＝**dis-**＝apart] （重なりをばらばらにする）—→動 展開する.

display [displéi] deploy の姉妹語. (展開する)—→動 あらわに示す；見せびらかす；暴露する. 名 陳列；展示(会)；誇示.

employ [implói] [**em-**＝**in-**＝in] （仕事の中に折り重ねる）—→動 使用する；雇う；働かす. 名 使用.

simple [símpl] [**sim-**＜ラテン語 **singuli** (one by one)] （一つ重なる）—→形 単純な；素朴な；質素な；簡単な；愚かな.

simpleton [símpltən] 名 愚者.

simplicity [simplísiti] 名 簡単；単純；無知；素朴；質素；平明.

simplify [símplifai] [**-fy**＝to make] 動 単純にする；簡単にする.

duplicate [djú:plikeit] [**du-**＝**duo**＝two] （二つ重ねる）—→動 二重にする；二倍にする；複製する.[djú:plikit] 形 二重の, 二倍の；複製の. 名 複製物；謄本；質札.

duplicator [djú:plikeitər] 名 複写器；複写者.

duplicity [dju(:)plísiti] 名 二重であること；行動に表裏のあること.

diploma [díplóumə] [**di-** =double] (二つに折った紙)──→图 公文書；免許状；卒業証書；学位証書. 動 学位証書などを与える.

diplomatic [dìpləmǽtik] 形 公文書の；免許状の；外交の.

diplomacy [diplóuməsi] 图 外交(術)；機略.

diplomatist [diplóumətist]=diplomat. 图 外交官.

triple [trípl] [**tri-** =three] (三つ重ねる)──→形 三から成る；三倍の. 動 三倍にする, 三倍になる.

triplicate [tríplikeit] 動 三倍にする. [tríplikit] 形 三倍の；三重の. 图 全く同様な三つの物の一.

triplicity [triplísiti] 图 三倍あること；三幅対；三位一体.

quadruple [kwɔ́drupl] [**quadru-** =four] (四つ重ねる)──→動 四倍にする, 四倍になる. 形 四重の；四倍の. 图 四重のもの；四倍.

quadruplicate [kwɔdrú:plikeit] 動 四重にする. 四倍にする. 形 图 [kwɔdrú:plikit] 四倍(の), 四重(の).

multiple [mʌ́ltipl] [**multi-** =many] (たくさん重なっている)──→形 多くの部分から成る；複合の, 複式の. 图 倍数.

multiplex [mʌ́ltipleks] 形 多種多様の；複合の.

multiply [mʌ́ltiplai] 動 倍加する；増加する.

multiplicity [mʌ̀ltiplísiti] 图 多種多様.

multiplication [mʌ̀ltiplikéiʃən] 图 増加；増殖；乗法.

multiplicative [mʌ̀ltiplíkətiv] 形 繁殖性の；乗法の.

plait [plæt; pleit] 图 折目, ひだ；組みひも. 動 折目をつける；(髪・麦わら・リボンなどを)編む, 組む.

pleach [pli:tʃ] 動 枝を編み結ぶ.

pleat [pli:t] 图 動 ひだ(をつける).

plight [plait] (折り重なり)──→图 状態；苦境.

---

161 | **pon—, —pound** = to put (置く) | ● ラテン語 **ponere** (=to put, lay).

component [kəmpóunənt] [**com-** =together] (共に置かれている)──→形 構成している. 图 構成分子；成分.

compound [kəmpáund] (共に置く)──→動 まぜ合わせる；調合する；示談する. [kɔ́mpaund] 形 調合した, 混合した, 複合した. 图 混合(物)；複合(語)；化合物.

exponent [ekspóunənt] [**ex-** =out] (外に置く──→示す)──→形 説

明的. 图 説明者；例証；演奏者；典型.
expound [ikspáund] 動 説明する；解説する.
opponent [əpóunənt] [**op-**=**ob-**=against] (反対の立場に身を置く)——形 対立する. 图 敵対者；論敵.
postpone [pous(t)póun] [**post-**=after] (後に置く)——動 延期する；後回しにする.

162 | **popul—, publ—** = **people** (人々) | ❸ ラテン語 populus (=the people).

populace [pópjuləs] 图 一般民衆；庶民；有象無象.
popular [pópjulər] 形 一般民衆の；通俗の；人気のある.
popularity [pòpjulǽriti] 图 通俗性；人気；俗受け.
popularize [pópjuləraiz] 動 通俗化する；普及する.
populate [pópjuleit] 動 人を住まわせる；人口が増す.
population [pòpjuléiʃən] 图 人口, 住民数.
populous [pópjuləs] 形 人口の密な.
public [pʌ́blik] 形 公衆の；公然の；公共の. 图 公衆；公然.
publicity [pʌblísiti] 图 一般に知れ渡ること；公開；宣伝広告業.
publicize [pʌ́blisaiz] 動 知れ渡らせる, 宣伝する.
publish [pʌ́bliʃ] 動 公にする；発表する；出版する；公布する.
publication [pʌ̀blikéiʃən] 图 発表；公布；出版(物).
republic [ripʌ́blik] [**re-**<ラテン語 **res**(thing)] (人民のもの)——图 共和国；界.
republican [ripʌ́blikən] 形 共和国の；共和制の；(R-) 共和党の. 图共和主義者；(R-) 共和党員.
republish [ríːpʌ́bliʃ] [**re-**=again] 動 再発行する；再発布する.
republication [ríːpʌ̀blikéiʃən] 图 再発行；再発布.

163 | **port—** = **to carry** (運ぶ) | ❸ ラテン語 portare (=to carry).

port [pɔːrt] (身に運び持っているもの)——图 態度, 様子；風采.
portable [pɔ́ːrtəbl] 形 持ち運びうる；携帯用の. 图 携帯用器具.
portage [pɔ́ːrtidʒ] 图 運搬(料)；両水路間の陸運.
porter [pɔ́ːrtər] 图 荷物運搬人, 赤帽.
portfolio [pɔːrtfóuliou] [**folio**=二つ折りにした紙] (紙を運ぶ物)

——→图 紙挟み, 折りかばん；公文書入れ；国務大臣の地位.
portly [pɔ́:rtli] (身の運びの)——→形 堂々たる；でっぷり太った.
comport [kəmpɔ́:rt] [**com-**=with] (身を運ぶ)——→動 ふるまう；調和する.
deport [dipɔ́:rt] [**de-**=down, away] (運び去る)——→動 追放する；運ぶ；ふるまう.
deportation [di:pɔ:rtéiʃən] 图 流刑, 追放.
deportment [dipɔ́:rtmənt] 图 ふるまい, 態度.
disport [dispɔ́:rt] [**dis-**=apart] (仕事から自身を運び離す)——→動 遊ぶ, 戯れる. 图 遊戯, 娯楽.
sport [spɔ:rt] disport の短縮形. 图 娯楽；遊猟；戯れ；慰み；運動競技. 形 運動の. 動 遊び戯れる.
export [ekspɔ́:rt] [**ex-**=out] (運び出す)——→動 輸出する. 图 [ékspɔ:rt] 輸出.
import [impɔ́:rt] [**im-**=in] (運び入れる)——→動 輸入する；意味を含む. 图 [ímpɔ:rt] 輸入；意義；重要さ.
important [impɔ́:rtənt] (意味を含んでいる)——→形 重要な, 重大な；卓越した；もったいぶった.
importance [impɔ́:rtəns] 图 重要さ；身分；いかめしさ.
importation [ìmpɔ:rtéiʃən] 图 輸入(品).
purport [pə́:rpərt] [**pur-**=**pro-**=forward] (前方に運ぶ)——→图 趣旨, 要旨. 動 [pə:rpɔ́:rt, pə́:rpərt] 〜という趣旨である.
report [ripɔ́:rt] [**re-**=back] (運び帰る)——→動 報告する；報道する；自身届け出る, 出頭する. 图 風評；報告(書)；爆音.
reportage [rèpɔ:rtá:ʒ; rəpɔrta:ʒ] 图 報告文学, ルポルタージュ.
support [səpɔ́:rt] [**sup-**=**sub-**=up] (運び上げる——→持ち上げる)——→動 支持する；堪え忍ぶ；養う；支える；援助する. 图 援助者；支持；扶養；生計の資(を供する人)；支持物.
supportable [səpɔ́:rtəbl] 形 支えうる；主張しうる, 確証しうる；援助しうる；扶養しうる；がまんできる.
supporter [səpɔ́:rtər] 图 扶養者；後援者；支持者；支持物.
transport [trænspɔ́:rt] [**trans-**=across] (向う側に運ぶ)——→動 輸送する；流刑に処す. (心を運び去る)——→夢中にならせる, 有頂天にする. 图 [trǽnspɔ:rt] 輸送；無我夢中, 狂喜.
transportation [trænspɔ:rtéiʃən] 图 運送, 輸送；追放.

第3篇 語根 (Root)

164 **port—=gate** (門) 　⊕ ラテン語 porta (=a gate).

port [pɔːrt] (船が入る門)──→图 港;(城壁の)門;砲門;蒸気口.
portal [pɔ́ːrtəl] 图 表玄関,入口.
portculis [pɔːrtkʌ́lis] 图 (城壁につけた)落し門.
porter [pɔ́ːrtər] 图 門番,玄関番.
portico [pɔ́ːrtikou] 图 柱廊玄関.
porch [pɔːrtʃ] 图 玄関;車寄せ;《米》縁側.
opportune [ɔ́pərtjuːn] [**op-=ob-=near**] (港に近くてちょうどよい)──→形 ちょうどよい,好都合の;機宜を得た.
opportunism [ɔ́pərtjuːnizəm] 图 便宜主義,日和見主義.
opportunist [ɔ́pərtjuːnist] 图 便宜主義者,日和見主義者.
opportunity [ɔ̀pərtjúːniti] 图 好機,機会.
passport [pɑ́ːspɔːrt] (港を通る時に必要なもの)──→图 旅券;手段.

165 **pos—=to place, put**(置く) 　⊕ フランス語 poser (=to place, set, put). ラテン語 **ponere** (=to place, put). 過去分詞形 **positus**. **pausare** (=to pause)「止める」より「休ませる」.

pose [pouz] (置かれた姿)──→图 姿勢,ポーズ,態度. 動 (問題を置く)──→提起する;主張する;ポーズをとる,気取る.
posit [pɔ́zit] 動 置く;据える;仮定する.
position [pəzíʃən] 图 設置;位置;立場;状態;身分,地位. 動 位置を定める.
positive [pɔ́zətiv] (位置の定まった)──→形 確実な;絶対の;積極の;肯定的な;陽画の. 图 実在,確実;正数;陽画.
post [poust] (定められた位置)──→图 守り場;持場;任務;地位. 動 地位に就かせる.
posture [pɔ́stʃər] (身体の置き方)──→图 姿勢,態度;心構え. 動 ある姿勢をとる;気取る.
apposite [ǽpəzit] [**ap-=ad-=to**](置くにふさわしい)──→形 適切な.
apposition [æ̀pəzíʃən] 图 添付;並置;同格.
compose [kəmpóuz] [**com-=together**] (共に置く)──→動 組み立

てる；作文する；作曲する；調停する；心身を調える；休める；気を落着ける.
- **composedly** [kəmpóuzidli] 形 落着いて，自若として.
- **composite** [kɔ́mpəzit] 形 合成の. 名 合成物.
- **composition** [kɔ̀mpəzíʃən] 名 組み立て，構成；構図；作文；作曲；絵画；歌曲；気性，資性；結合物；合成物；和解；妥協；示談(金).
- **compost** [kɔ́mpɔst] 名 混合物；配合肥料.
- **depose** [dipóuz] [**de-** =from, away] (位置から去らせる)──→動 免職する；位を廃する.
- **deposit** [dipɔ́zit] [**de-** =down] (下に置かれたもの)──→名 沈澱物，堆積物；委託物，預金；手付金；倉庫. 動 据える；沈澱させる；預金する；保証金を供託する.
- **depositor** [dipɔ́zitər] 名 預金者；沈澱器.
- **depository** [dipɔ́zitəri] [**-ory**「場所」を表わす] 名 倉庫；受託者.
- **dispose** [dispóuz] [**dis-** =apart] (別々に離して置く)──→動 配置する；気分を向ける；処置する.
- **disposal** [dispóuzəl] 名 処置；譲渡；意のままに処置する権利.
- **disposition** [dìspəzíʃən] 名 配置，配列；処置；(心の配置)──→性向，気質；意向.
- **expose** [ikspóuz] [**ex-** =out] (外に置く)──→動 さらす；露出する；遺棄する；陳列する；うちあける；あばく.
- **exposure** [ikspóuʒər] 名 暴露；露出；遺棄；陳列.
- **exposition** [èkspəzíʃən] (外に置いて明らかに示す)──→名 叙述；説明；注解；露出；博覧会.
- **expositor** [ekspɔ́zitər] 名 叙述者；説明者.
- **impose** [impóuz] [**im-** =**in-** =on] (〜の上に置く)──→動 (税金などを)課する；負わせる；強いる；つけ込む.
- **imposition** [ìmpəzíʃən] 名 置くこと；負担，税；瞞着.
- **interpose** [ìntə(:)rpóuz] [**inter-** =between] (間に置く)──→動 間に置く；干渉する；調停する；(言葉などを)挿む.
- **oppose** [əpóuz] [**op-** =**ob-** =against] (反対に置く)──→動 対立させる，対立する；敵対する；反対する.
- **opposite** [ɔ́pəzit] 形 対立した；相対する；相反する. 名 相反するもの. 副 向い合いに. 前 〜の向いの.

opposition [ɔpəzíʃən] 图 対立；対照；反対；対抗；在野党.
propose [prəpóuz] [**pro-**＝before] (前に置く)—→動 提案する，提議する；申し込む；企てる.
proposal [prəpóuzəl] 图 提案；提議；申し込み.
proposition [prɔ̀pəzíʃən] 图 命題；提案；提議；定理；事業.
purpose [pə́ːrpəs][**pur-**＝**pro-**＝before] (前に置いて目ざすもの)—→图 目的；意図；論点. 動 目ざす；企てる；決意する.
repose⁽¹⁾ [ripóuz] [**re-**＝again] (再び身を置く)—→動 休ませる，休む；永眠する. 图 休息；安眠；静穏；平静.
repose⁽²⁾ [ripóuz] 動 信頼などを置く；委せる.
reposal [ripóuzəl] 图 信頼などを置くこと.
repository [ripɔ́zitəri] [**-ory**「場所」を表わす] (置く場所)—→图 貯蔵所；容器；(永眠の場所)—→墓.
suppose [səpóuz] [**sup-**＝**sub-**＝under] (下に置く)—→動 仮定する；推測する；想像する.
supposition [sʌ̀pəzíʃən] 图 仮定；推測.
transpose [trænspóuz] [**trans-**＝across] (向うに置く)—→動 順序を入れかえる；置きかえる.
transposition [trænspəzíʃən] 图 置きかえ；転置.
pause [pɔːz] 图 とぎれ，休止，区切り；躊躇. 動 とぎらせる；言いよどむ；躊躇する.

166 | potent-＝powerful (力がある)

● ラテン語 potentia (＝power), potens (＝powerful).

potent [póutənt] 形 有力な，勢力がある，性的能力がある.
potence；-cy [póutəns(i)] 图 力，潜在力；権力；勢力；効能.
potential [pəténʃəl] 形 可能な；潜在する. 图 可能；潜在力.
potentiality [pətènʃiǽləti] 图 強力なこと，可能性.
potentialize [pəténʃəlàiz] 動 可能にする.
impotent [ímpətənt] [**im-**＝not] 形 無力な，無気力な；老衰した. 图 虚弱者；老衰者；性交不能者.
impotence；-cy [ímpətəns(i)] 图 無力，無気力；虚弱；陰萎.
omnipotent [ɔmnípətənt] [**omni-**＝all] (あらゆる力を具えている)

——→形 全能の.
omnipotence [ɔmnípətəns]　名 全能.

167　press-＝to press（圧する）　 ラテン語 pressare（＝to press）.

press [pres]　動 圧する；押す；抱きしめる；圧縮する；切迫する；アイロンをかける；窮迫させる；強制する；急ぐ；促す. 名 群衆；急迫；圧縮機；置き戸棚；印刷；出版(物)；新聞雑誌.

pressing [présiŋ]　形 さし迫った；緊急の，火急の.

pressure [préʃər]　名 圧縮；圧力；重圧；逼迫.

compress [kəmprés] [**com-**＝together]　（共に圧する）——→動 圧縮する；圧搾する.

compression [kəmpréʃən]　名 圧縮；圧搾.

compressor [kəmprésər]　名 圧縮機；圧搾ポンプ.

depress [diprés] [**de-**＝down]　（圧し下げる）——→動 おし下げる；不況にする；元気を失わせる.

depression [dipréʃən]　名 降下；凹み；不況；意気消沈；低気圧.

express [iksprés] [**ex-**＝out]　（外に押し出す）——→動 表現する，表わす；しぼり出す；速達で送る. 形 表現した；明白に述べた；特別の. 名 特使；急行列車；通運.

expressage [iksprésidʒ]　名 運賃；運送業.

expression [ikspréʃən]　名 表現；言葉づかい；表情.

expressive [iksprésiv]　形 表現に富む；意味深長な；～を表示する.

impress [imprés] [**im-**＝**in-**＝on]　（心の上に押しつける）——→動 印象を与える；感銘させる；(極印などを)押す. 名 [ímpres] 印象；感銘；極印；特徴.

impression [impréʃən]　名 印象；感銘；意見；押捺；印刷；痕，跡.

impressionable [impréʃənəbl]　形 印象を受けやすい；感じやすい.

impressive [imprésiv]　形 感銘的な；深い印象を与える.

oppress [əprés] [**op-**＝**ob-**＝against]　（～に対して圧迫を加える）——→動 おしひしぐ，しいたげる；不当の圧迫を加える；重苦しい感じを与える.

oppression [əpréʃən]　名 不当の圧迫，圧制；不安；苦悩.

oppressive [əprésiv]　形 圧制的な，横暴な；重苦しい.

repress [riprés] [**re-**＝back]　（押し返す）——→動 鎮圧する，制圧す

る，押さえる．
- **repression** [ripréʃən] 名 鎮圧；抑制；抑圧．
- **repressible** [riprésəbl] 形 鎮圧できる，制止できる．
- **repressive** [riprésiv] 形 制止する，抑圧的．
- **suppress** [səprés] [**sup-**=**sub-**=**under**] （下に押さえる）──→動 抑圧する；鎮圧する；（書物などの）発売を禁止する；隠蔽する；制止する；削除する．
- **suppression** [səpréʃən] 名 抑圧；抑制；（発売）禁止；削除．

168 | prim—, prin—, prem—=first （第一の）

🔴 ラテン語 **primus** (=first)．

- **prime** [praim] 形 第一の；初期の；主要な；根源の．名 （一日の最初）──→早朝の時刻；初期；春；全盛期；精鋭．動 （最初の用意をする）──→導火薬[線]を付ける；下塗りをする；呼び水を差す．
- **primer** [práimər] 名 入門書，初学書；導火線；雷管；下塗りをする人．
- **prim(a)eval** [praimíːvəl] [ラテン語 **aevum**=an age] （最初の時代の）──→形 原始時代の，太古の．名 原始人．
- **primitive** [prímitiv] 形 初期の；原始の；古代の；本源の．名 原始人；根源語．
- **primogenitor** [pràimoudʒénitər] [**genitor**「生む人」──→「親」] （最初の親）──→名 始祖，先祖．
- **primogeniture** [pràimoudʒénitʃər] （最初に生まれたる）──→名 長子たること；長子相続権．
- **primordial** [praimɔ́ːrdiəl] [ラテン語 **ordiri**=to begin] （最初に始まる）──→形 最初の；原始の；初生の；根本の．
- **primrose** [prímrouz] （最初のバラ──→早春に咲く花）──→名 さくらそう(色)．形 淡黄緑色の；華やかな．
- **primus** [práiməs] 形 第一の；最年長の，最古参の．
- **primacy** [práiməsi] 名 第一位；首位．
- *prima donna* [príːmə dɔ́nə] [イタリア語 **donna**=lady] 名 （歌劇の）主役女性歌手．
- **primal** [práiməl] 形 最も初期の；第一位の；原始時代の．
- **primary** [práiməri] 形 初期の；根源の；根本の．名 第一原理；原

色；一次電池.

prince [prins] [**-ce**＝ラテン語 **capere**＝to take] （最初の席につく人）——→图 王公；第一人者；王子；公爵.

principal [prínsəpəl] 形 主要な；元金の. 图 主たるもの；校長；主動者；元金.

principle [prínsəpl] （第一のもの）——→图 本源；原則；原理；主義.

premier [prémjər; príːmjər] 形 首位の. 图 首相；国務長官.

---

169 | **pris—, prehend—＝to seize** （つかむ，捕える）

● ラテン語 **prendere, prehendere** (＝to take, seize). **prendere** は **prehendere** の短縮形.

prison [prízn] （囚人を捕えておく所）——→图 牢獄，刑務所；監禁. 動 投獄する.

prisoner [príznər] 图 囚人，捕虜.

imprison [imprízn] [**im-**＝in] （牢獄の中に入れる）——→動 投獄する；閉じ込める，監禁する；拘束する.

imprisonment [impríznmənt] 图 禁固，監禁；拘束.

enterprise [éntərpraiz] [**enter-**＝among] （事業などを手の中につかむ）——→图 事業；進取の気性；（大胆な）もくろみ.

enterprising [éntərpraiziŋ] 形 進取の気性に富んだ.

comprise, -prize [kəmpráiz] [**com-**＝together] （共に取り入れる）——→動 包含する；〜から成る.

surprise [sərpráiz] [**sur-**＝above, upon] （捕えるために〜の上に襲いかかる）——→動 不意を打つ，奇襲をかける；驚かす. 图 不意打ち，奇襲；驚き；驚かせる物（贈り物など）.

prize [praiz] （敵から奪い取ったもの，競い合って取ったもの）——→图 捕獲物，戦利品；賞品；（懸）賞金；特権. 動 捕獲する.《次の意味はprice「価格」から来ている》形 上等の 動 高く評価する.

prey [prei] （捕えたもの）——→图 分捕品；餌食，犠牲. 動 餌食にする.

apprehend [æprihénd] [**ap-**＝ad-＝to] （捕える）——→動 逮捕する；（意味をつかむ）——→会得する；感知する；（凶事を感じ取る）——→おそれる.

apprehensible [æprihénsəbl] 形 知覚しうる；理解しうる.

apprehension [æprihénʃən] 图 捕縛；会得，理解；憂慮.

apprehensive [æprihénsiv] 形 知覚の；理解ある；不安な.

apprentice [əpréntis] (徒弟として捕えておく)—→名 年季奉公人, 徒弟. 動 年季奉公に出す.

comprehend [kɔ̀mprihénd] [**com-**=with] (〜をつかむ)—→動 会得する, 理解する；包含する.

comprehensible [kɔ̀mprihénsəbl] 形 会得しうる；包含しうる.

comprehension [kɔ̀mprihénʃən] 名 会得；理解力；包含.

comprehensive [kɔ̀mprihénsiv] 形 理解の；(包含の)広い.

reprehend [rèprihénd] [**re-**=back] (捕えて引き戻す)—→動 非難する；とがめる.

reprehension [rèprihénʃən] 名 非難；譴責.

---

170 | **prob—, prov—=to test, try** (試す), **examine** (調べる)

● ラテン語 probare (=to test, try, examine).

prove [pru:v] 動 試してみる；吟味する；立証する；〜であることがわかる.

proof [pru:f] 名 立証, 実証；物証；証拠；吟味；検定；校正刷. 形 試験済みの；〜に耐える. 動 防水布などにする.

probable [prɔ́bəbl] (立証されうる)—→形 本当らしい, ありそうな.

probably [prɔ́bəbli] 副 おそらくは, 多分.

probability [prɔ̀bəbíliti] (ありそうなこと)—→名 蓋然(性)；見込み；確率.

probate [próubit] 名 遺言証書の検証. 動 検証する.

probation [prəbéiʃən] (テストすること)—→名 試験, 検定；試験期間；保護観察.

probative [próubətiv] 形 試験の；立証の.

probe [proub] (傷を調べる道具)—→名 探針；調査. 動 探針で探る；尋問する.

probity [próubiti] (善なるものとして立証されうる)—→名 廉直；正直；誠実.

approve [əprú:v]=approbate. [**ap-**=**ad-**=to] 動 実証する；認可する；賛成する, 是認する.

approval [əprú:vəl]=approbation. 名 実証；認可；賛成.

disprove [dísprúːv] [**dis-**=apart, away] (正しくないことを実証してつき放す)──→動 非なることを証明する；論駁する.

disproof [dísprúːf] 名 論駁；反証.

improve [imprúːv] [この語は語源を異にする. **prove**=benefit (利益)](利益を生じるようにする)──→動 利用する；改良する, 改善する；向上する；増進する.

improvement [imprúːvmənt] 名 改良, 改善；進歩；利用.

reprobate [réproubeit][**re-**=again] (再び試してみてはねつける)──→動 非難する；(神が)見放す. 形 神に見放された；堕落した. 名 神に見放された人；悪漢.

reprobation [rèproubéiʃən] 名 神に見放されること；永遠の刑罰.

reprove [riprúːv] 動 非難する；叱責する.

reproof [riprúːf] 名 非難；叱責.

reprieve [ripríːv] (調査し直して)──→動 (死)刑の執行を中止〔延期〕する. 名 執行猶予；一時の免がれ.

---

171 | **punct──=to prick**(突き刺す) | 注 ラテン語 **pungere** (=to prick). 過去分詞形 **punctus.**「突き刺す」より「(突いて出来た)点」を意味する.

pungent [pʌ́ndʒənt] 形 鋭く尖った；刺すような；辛辣な.

punctilio [pʌŋktíliou] (突いた小さな点)──→名 行為の微細な点, 末節.

punctilious [pʌŋktíliəs] (末節に拘泥する)──→形 堅くるしい；きちょうめんな.

punctual [pʌ́ŋktjuəl] (時間の一点を守る)──→形 時間を厳守する；遅刻しない.

punctuality [pʌ̀ŋktjuǽliti] 名 時間厳守.

punctuate [pʌ́ŋktjueit] (点を入れる)──→動 句読点を入れる；点綴する.

punctuation [pʌ̀ŋktjuéiʃən] 名 句読を切ること；句読法.

puncture [pʌ́ŋktʃər] (突き刺して孔をあける)──→名 孔をあけること；タイヤに孔のあくこと, パンク；刺し跡, 刺し傷. 動 刺して孔をあける；パンクする；いれずみする.

compunction [kəmpʌ́ŋkʃən] [**com-**=with] (心を突き刺す)──→名 良心のとがめ, 悔恨.

expunge [ekspʌ́n(d)ʒ] [**ex-**=out] (突いて外へ出す)——→動 削除する.

expunction [ikspʌ́ŋkʃən] 图 抹消；削除.

pounce [pauns] (突き立てるもの)——→图 猛禽の爪. 動 つかみかかる, 跳びかかる.

punch [pʌn(t)ʃ] (突き刺して孔をあけるもの)——→图 孔抜器；パンチ；刻印機；こぶしの一撃；力；迫力. 動 げんこつで打つ；パンチで打ち抜く.

poignant [pɔ́inənt] (突き刺すような)——→形 鋭い；痛切な；辛辣な.

point [pɔint] 图 点；句読点；細かな点；得点；地点；時機；瞬間；要点；論点；目的；急所；尖端；岬；指示. 動 尖らせる；指す.

appoint [əpɔ́int] (一点を指し示す)——→動 約束する；指定する；指名する, 任命する.

appointment [əpɔ́intmənt] 图 (会合の) 約束《promise と区別せよ》；指定；任命.

disappoint [dìsəpɔ́int] [**dis-**=apart, away] (指定から外す——任命しないで)——→動 失望させる, 落胆させる.

disappointment [disəpɔ́intmənt] 图 失望, 落胆；失敗.

---

172 | **−pute＝to think** (考える) | 🈩 ラテン語 **putare** (=to think, cleanse).

compute [kəmpjúːt] [**com-**=together] (数をいっしょにして考える)——→動 計算する；算定する.

computer [kəmpjúːtər] 图 計算者；計算機, コンピューター.

computation [kɔ̀mpjuːtéiʃən] 图 計算；算定.

depute [dipjúːt] [**de-**=down] (考えを下に置く——人に委す)——→動 代理を委任する.

deputation [dèpju(ː)téiʃən] 图 代理者団, 代表団.

deputy [dépjuti] 图 代理者；(フランスなどの)下院議員.

dispute [dispjúːt] [**dis-**=apart] (考えを異にする)——→動 議論する, 論争する, 争う；抵抗する. 图 論争, 争議.

impute [impjúːt] [**im-**=in] (罪は~にあると考える)——→動 (罪などを人に)帰する, 負わす.

imputation [ìmpjuːtéiʃən] 图 罪の転嫁；譴責；汚名.

repute [ripjúːt] [**re-** =again] （再び考える）——→動 ～であると思う. 名 世評.

reputation [rèpju(ː)téiʃən] 名 世評, 評判；名声(ある人).

reputable [répjutəbl] 形 評判のよい, 立派な.

amputate [ǽmpjuteit] [**am-** =**ambi-** =round about] （まわりをきれいにする）——→動 (四肢などを)切断する.

173 —quire, quisit—, quest— =to seek (求める)

注 ラテン語 **quaerere** (=to seek). 過去分詞形 **quaesitus**.

query [kwíəri] （答を求める）——→動 問う；疑う. 名 質問.

quest [kwest] 名 追求；探求(物). 動 探し求める.

question [kwéstʃən] 名 疑問；質問；問題. 動 疑う；問う.

questionable [kwéstʃənəbl] 形 疑わしい；いかがわしい.

acquire [əkwáiər] [**ac-** =**ad-** =to] （求めて得る）——→動 獲得する, 習得する, 取得する.

acquirement [ekwáiərmənt] 名 獲得, 習得；学識, 才芸.

acquisition [æ̀kwizíʃən] 名 獲得(物).

conquer [kɔ́ŋkər] [**con-** =wholly] （完全に求める）——→動 征服する；打ち勝つ；勝利を得る.

conqueror [kɔ́ŋkərər] 名 征服者, 勝利者.

conquest [kɔ́ŋkwest] 名 征服；獲得(物).

disquisition [dìskwizíʃən] [**dis-** =apart] （問題を細かく分けて求める）——→名 研究(論文).

exquisite [ékskwizit, ikskwízit] [**ex-** =out] （求め出された——→選び抜かれた）——→形 絶妙な, この上なく美しい；鋭敏な；精巧な, 優雅な.

inquire, enquire [inkwáiər] [**in-**, **en-** =into] （求めて入る）——→動 調査する；詮議する；問う.

inquiry [inkwáiəri] 名 調査；詮議；問合せ；照会.

inquest [ínkwest] 名 審問；検屍.

inquisition [ìnkwizíʃən] 名 取調べ；訊問.

inquisitive [inkwízitiv] 形 せんさく好きの.

perquisite [pə́ːrkwizit] [**per-** =thoroughly] （完全に求め得たもの）——→名 臨時の報酬；役得；(雇人などの)受けるべき心付け.

第3篇　語根 (Root)

require [rikwáiər] [**re-** =again] （再び求める）——→動 要求する；必要とする.
requirement [rikwáiərmənt] 名 要求されるもの；必要とされるもの；資格.
requisite [rékwizit] 形 必須の. 名 必須物；要件.
requisition [rèkwizíʃən] 名 要求；必要；徴発. 動 要求する；徴発する.
request [rikwést] 名 乞い求め，依頼；需要. 動 乞い求める.

174　radi-＝root (根)

　●　ラテン語 radix (=a root).

radical [rǽdikəl] （根からの）——→形 根本的な，徹底的な；急進的な，過激な；本来の；〖数学〗根の. 名 急進論者；語根；〖数学〗根号；不尽根数.
radicle [rǽdikl] [**-cle** 指小辞] 名 小根，幼根.
radish [rǽdiʃ] （大きな根）——→名 だいこん.
radix [réidiks] （根そのもの）——→名 根源.
eradicate [irǽdikèit] [**e-**＝**ex-**＝out] （根から引き抜く）——→動 根こそぎにする，根絶する.
eradication [irædikéiʃən] 名 根絶，撲滅.

175　radi-＝ray (光線)　　●　ラテン語 radius (=a ray).

radius [réidiəs] （中心より発せられた光線が届く範囲）——→名 半径；勢力圏；活動範囲.
radial [réidiəl] （光線の発する如く）——→形 放射状の；輻射状の；半径の.
radiate [réidieit] 動 光・熱を発する；放射する；輻射する. 形 [réidiit] 放射する；輻射する.
radiation [rèidiéiʃən] 名 発光；輻射；放射；放熱.
radiator [réidieitər] 名 発光体，放熱体；放熱器，ラジエーター.
radiant [réidiənt] 形 光を発する；まばゆいほどの，燦然たる；放射の；輻射の. 名 光点；光体；輻射点.

radiance [réidiəns], **-ancy**[-ənsi] 图 燦然たる光；目などの輝き.
irradiate [iréidieit] [**ir-**=**in-**=on] (〜の上に光を投げかける)——
 動 照らす；明らかにする；(顔などが)輝く；X線で治療する.
irradiation [irèidiéiʃən] 图 発光；光明；光線；輻射.
irradiant [iréidiənt] 形 発光する；燦然たる.

176 | rap—, rav—=to snatch (ひったくる)

❶ ラテン語 **rapere**(=to snatch, seize, grasp).

rape [reip] (ひったくって奪う)→图 動 強奪(する)；強姦(する).
rapacious [rəpéiʃəs] 形 強欲な.
rapid [rǽpid] (ひったくる時の勢い)→形 すばやい，急な；速い.
 图 《複数》早瀬.
rapidity [rəpíditi] 图 急速；速度.
rapt [ræpt] (心をひったくられた)→形 心を奪われた；恍惚たる；
 有頂天の.
rapture [rǽptʃər] 图 恍惚；有頂天；発作.
raptorial [ræptɔ́ːriəl] (獲物をひったくり捕える)→形 生物を捕え
 て食う. 图 猛禽.
ravage [rǽvidʒ] (ひったくり去る)→動 荒らす；劫略する. 图 破
 壊；劫略.
raven [rǽvn] (ひったくる)→動 略奪する；むさぼり食う.
ravish [rǽviʃ] (ひったくる)→動 強奪する；強姦する；恍惚たら
 しめる；悩殺する.
ravishment [rǽviʃmənt] 图 強奪；強姦；恍惚；悩殺.

177 | rect—=right (正しい，まっすぐの)   ❶ ラテン語 **rectus** (=right).

rectangle [réktæŋgl] [**angle**=角] (正しい角→直角の)→图 矩
 形.
rectify [réktifai] [**-fy**=to make] (正しくする)→動 修正する；
 矯正する.
rectilineal [rèktilíniəl] (まっすぐな線の)→形 直線の；直線形の.
rectitude [réktitjuːd] [**-itude** 抽象名詞語尾] (正しくあること)
 →图 廉直.

rector [réktər] （人の心を正す人）──图 教区牧師；学長, 校長.

correct [kərékt] [**cor-** = **con-** = with] （~を正す）──動 訂正する, 添削する；矯正する, 折檻する. 形 正しい；誤りのない.

correction [kərékʃən]　图 訂正；修正；矯正, こらしめ.

correctitude [kəréktitjuːd]　图 品行方正；端正.

direct [dirékt, dai-] [**di-** = **dis-** = apart] （まっすぐ向ける）──動 向ける；宛名を書く；道を教える；導く；命ずる. 形 まっすぐな；直接の；率直な；明白な；じかの.

direction [dirékʃən, dai-]　图 方向；指図；命令；指導；管理；宛名.

director [diréktər, dai-]　图 指揮者；管理者；監督；取締役.

directory [diréktəri]　图 指導書；人名録. 形 指導的.

erect [irékt] [**e-** = **ex-** = out, up] （まっすぐ上に）──動 直立させる；建立する. 形 直立した；（髪など）逆立った.

erectile [iréktail, -til] [**-ile** 形容詞語尾]　形 直立させる；勃起性の.

erection [irékʃən]　图 直立（させること）；建立；建造物；勃起.

erectness [iréktnis]　图 垂直.

escort [iskɔ́ːrt] [**es-** = **ex-** = out] （途中間違いのないようまっすぐ連れて行く）──動 警護する；護送する；お供をする. 图 護衛；護送隊；案内者；お供.

178　reg— = to rule （統治する）, king （国王）

● ラテン語 **regere** (=to rule)；**rex** (=a king).

regal [ríːgəl]　形 王の；王者のような；壮麗な.

regalia [rigéiliə]　图 王権（の標章）.

regality [riːgǽliti]　图 王権, 主権；王領.

regent [ríːdʒənt]　（王に代わって統治する）──形 图 摂政（の）.

regency [ríːdʒənsi]　图 摂政の職；摂政政治（の期間）.

regicide [rédʒisaid] [**-cide** = to cut] （王を殺す）──图 大逆, 弑逆（者）.

regime [reiʒíːm]　图 統治；政体；制度.

regiment [rédʒimənt]　图 政体；統治；連隊.

Regina [ridʒáinə] [**-a** ラテン語の女性名詞語尾] 图 女王, 皇后.
Regius [ríːdʒiəs] 形 王の, 欽定の.
region [ríːdʒən] (統治する地域)──→图 地域；区域；範囲；領域.
realm [relm] (王が治める地域)──→图 王国；領土；領域.
regnal [régnəl] 形 御代の；治世の.
regnant [régnənt] 形 世を治める；流行の.
reign [rein] 图 統治；治世(期間)；支配. 動 統治する；君臨する；行きわたる.
regular [régjulər] (きちんと支配されている)──→形 規則正しい；整然たる；一定の；いつもの；正式の；全くの. 图 正規兵；常雇；常客
regularity [règjulǽriti] 图 規則正しさ；正規；尋常.
regulate [régjuleit] 動 規定する；調整する；取り締まる.
regulation [règjuléiʃən] 图 規定；調整；取り締まり. 形 正規の；規定の；通例の.
royal [rɔ́iəl] 形 王の；王室の；王立の；王者の；荘厳な；気高い；堂々たる.
royalty [rɔ́iəlti] 图 王位；王権；王族；王国；印税；上演料.
rigid [rídʒid] (王者の如く厳しい)──→形 厳格な；厳密な；剛直な；硬い.
rigidity [ridʒíditi] 图 厳格；厳密；剛直；硬直.
rigo(u)r [rígər] 图 厳格；厳酷；厳寒.

---

179 | **rupt-＝to break**(破れる) | ❸ ラテン語 **rumpere** (＝to break, burst).

rupture [rʌ́ptʃər] 图 破裂；決裂；仲違；地の裂け目. 動 破裂させる, 破裂する；仲違いさせる.
abrupt [əbrʌ́pt] [**ab-**＝off] (突然に破れる)──→形 突然の, 急な, 唐突な；嶮阻な.
abruption [əbrʌ́pʃən] 图 突然の分離.
bankrupt [bǽŋkrəpt] (銀行が破れる)──→图 破産者. 形 破産した. 動 破産させる.
bankruptcy [bǽŋkrəptsi] 图 破産；(信望などの)失墜.
corrupt [kərʌ́pt] [**cor-＝con-**＝wholly] (全くやぶれた)──→形 腐敗した, 堕落した；賄賂を受けた. 動 賄賂をつかう；腐敗する,

堕落する.

corruption [kərʌ́pʃən] 名 腐敗, 堕落；汚職；背徳；改悪.
disrupt [disrʌ́pt] [**dis-**＝apart]　(破って分け離す)──→動 引き裂く；打ち砕く.
disruption [disrʌ́pʃən] 名 引き裂くこと；分裂, 分離.
erupt [irʌ́pt] [**e-**＝**ex-**＝out]　(外に破れ出る)──→動 (火山が)噴出する；(歯が)生える.
eruption [irʌ́pʃən] 名 噴出；勃発；発疹；発生.
interrupt [intərʌ́pt] [**inter-**＝between]　(間に割って入る)──→動 中断する；遮断する, さえぎる, じゃますする.
interruption [intərʌ́pʃən] 名 中断；遮断；中絶；妨害；不通.
irruption [irʌ́pʃən] [**ir-**＝in]　(境界線を破って中に入る)──→名 侵入, 入攻.
route [ruːt]　(森の裂け目)──→名 道筋, 進路, 航路.
routine [ruːtíːn]　(仕事の道筋)──→名 一定した手順, 定例. 形 形にはまった, 常規的の.

180　sacr−, sanct−, secr−＝sacred (神聖な)

🜲　ラテン語 sacer (＝sacred), sancire (＝to render sacred). 過去分詞形 sanctus.

sacred [séikrid] 形 神聖な；不可侵の.
sacrifice [sǽkrifàis] [**-fice**＝to make]　(神聖なものにする)──→名 犠牲, 生けにえ. 動 犠牲にする.
sacrilege [sǽkrilidʒ] [**-lege**＝to gather, steal]　(聖所から盗む)──→名 神聖冒瀆
sacrilegious [sæ̀krilídʒəs] 形 神聖を汚す；聖物盗みの, 教会荒らしの；罰当りの.
sacrosanctity [sæ̀krousǽŋktəti]　(神聖な上にも神聖)──→名 神聖(性).
sacrament [sǽkrəmənt] 名 聖礼；秘蹟；象徴；宣誓.
sanctify [sǽŋktifài] [**-ify**＝to make]　(神聖にする)──→動 神聖にする, 神に捧げる；罪を清める；正当化する.
sanctification [sæ̀ŋktifikéiʃən] 名 神聖化.
sanction [sǽŋkʃən]　(聖なる裁き)──→名 裁可, 認可；賛成；制裁.

動 裁可する；是認する；制裁規定を設ける.

sanctity [sǽŋktəti] （聖なること）——**名** 神聖, 尊厳；清浄, 高潔.

sanctuary [sǽŋktjuəri] [**-ary**「場所」を表わす接尾語] （神聖な場所）——**名** 聖所, 神殿, 寺院；聖域；禁猟区［期間］.

consecrate [kɔ́nsikrèit] [**con-** = with]（～を神聖にする）——**動** 神聖にする, 清める；捧げる, 奉献する；聖徒の列に加える.

consecration [kɔ̀nsikréiʃən] **名** 神聖化, 浄化；専心；奉献；聖別(式).

desecrate [désikrèit] [**de-** = away] （聖なる状態から引き離す）——**動** 神聖を汚す, 冒瀆する.

desecration [dèsikréiʃən] **名** 神聖冒瀆.

execrate [éksikrèit] [**ex-** = out] （聖なるものの外におく）——**動** いみきらう；のろう.

execration [èksikréiʃən] **名** ひどくきらうこと；のろい（の言葉）；のろわれた人［物］.

execrable [éksikrəbl] **形** のろうべき, いまわしい.

obsecrate [ɔ́bsikrèit] [**ob-** = on account of] （聖なるものだからと）——**動** 嘆願する.

obsecration [ɔ̀bsikréiʃən] **名** 嘆願, 懇請.

saint [seint] **名** 聖人, 聖者. **動** 聖人とする.

---

181 | **sal-, sult-** = **to leap** (跳ぶ) | ● ラテン語 salire (=to leap).

salient [séiliənt] **形** 跳躍した；噴出した；突出した；著しい. **名** 突出部.

salience [séiliəns], **-ency** [-ənsi] **名** 突出(部)；跳躍；特徴.

sally [sǽli] （跳び出して行く）——**名** 出撃；旅立ち；突発；警句；突出部. **動** 出撃する；出かける.

salmon [sǽmən] （跳ぶ魚）——**名** 鮭；鮭肉色.

saltant [sǽltənt] **形** 跳ぶ；跳び姿の.

saltation [sæltéiʃən] **名** 跳躍；舞踏；急変.

assail [əséil] [**as-** = **ad-** = to] （跳びかかる）——**動** 攻撃する；襲う. **形** 攻撃する.

assault [əsɔ́ːlt] **名 動** 攻撃(する)；強襲(する)；殴打(する).

desultory [désəltəri] [**de-** = off] （跳び離れている）——**形** 飛び飛

びの；散漫な．

exult [igzʌ́lt] [**ex-**＝out] （嬉しさのあまり跳び出す）──→動 大喜びする；勝ち誇る．

exultation [ɛ̀gzʌltéiʃən] 名 歓喜，狂喜．

insult [insʌ́lt] [**in-**＝on] （跳びかかる）──→動 侮辱する．名 [ínsʌlt] 侮辱(的言行)．

resile [rizáil] [**re-**＝back] （跳び返る）──→動 はずみ返る；しりごみする；撤回する；元気を回復する．

resilient [rizíliənt] 形 はずみ返る；元気が回復する；快活な．

resilience [rizíliəns], **-ency** [-ənsi] 名 はずみ返り；弾性；逡巡；快活さ．

result [rizʌ́lt] [**re-**＝back] （はね返ってくる）──→動 結果となる．名 結果；効果；決議．

182 | sal—, san—＝whole (健全な)

🈡 ラテン語 **sanare** (＝to heal), **sanus** (＝whole), **salus** (＝health).

salute [səlúːt, -ljúːt] （相手の健康を願う）──→動 名 挨拶(する)；敬礼(する)．

salutatory [səljúːtətəri] 形 名 挨拶の(辞)．

salutation [sæ̀lju(ː)téiʃən] 名 挨拶；敬礼．

salubrious [səlúːbriəs] 形 健康によい；さわやかな．

salutary [sǽljutəri] 形 健康に資する；有益な．

sane [sein] 形 精神の健全な；正気な；分別ある．

sanity [sǽniti] 名 精神の健全なこと；正気；穏健．

insane [inséin] [**in-**＝not] （精神が健全でない）──→形 気の狂った；途方もない．名 精神病者．

insanity [insǽniti] 名 狂気(の沙汰)．

sanatory [sǽnətəri] （いやして健全にする）──→形 いやす；健全にする．

sanatorium [sæ̀nətɔ́ːriəm] [**-um**「場所」を表わす] （病気をいやす所）──→名 療養所；保養地．《米》 sanitarium [sæ̀nitɛ́əriəm].

sanitary [sǽnitəri] （健康によい）──→形 衛生的な．

sanitate [sǽniteit] 動 衛生的にする；衛生設備を施す．

sanitation [sæ̀nitéiʃən] 名 衛生施設．

sanitarian [sæ̀nitéəriən] 形 衛生上の. 名 衛生学者.
insanitary [insǽnitəri] [**in-** =not] 形 非衛生的な.

183 ｜ sat-- = full (満ちた) ｜   ● ラテン語 **satiare** (=to fill full), **satur** (=full).

sate [seit] 動 十分に満足させる；飽かせる.
satiate [séiʃieit] 動 飽かせる；満腹させる. 形 [séiʃiit]飽きた；満腹した.
satiation [sèiʃiéiʃən] 名 飽食.
satiable [séiʃiəbl] 形 飽かせうる.
satiety [sətáiəti, séiʃiəti] 名 満腹(感).
insatiable [inséiʃiəbl] [**in-**=not] 形 飽くことを知らない；貪欲な.
insatiability [insèiʃiəbíliti] 名 貪欲.
insatiate [inséiʃiit] 形 飽くなき.
satire [sǽtaiər] (色々と皿にいっぱい盛られた料理には時ににがい物も入っている)──→名 諷刺, 皮肉.
satisfy [sǽtisfai] [**-fy**=to make] (満たしてやる)──→動 満足させる；納得させる；償う.
satisfaction [sæ̀tisfǽkʃən] 名 満足；得心，償い.
satisfactory [sæ̀tisfǽktəri] 形 十分な；満足しうる.
saturate [sǽtʃəreit] (満たす)──→動 しみこませる；浸す；飽和させる. 形 [sǽtʃərit] 浸った；飽和した.
saturation [sæ̀tʃəréiʃən] 名 浸潤；飽和.
soil [sɔil] (家畜を満腹させる)──→動 青草を刈って食わせる

184 ｜ scan--, scend--, scal-- = to climb (登る) ｜

● ラテン語 **scandere** (=to climb).

scan [skæn] (一歩一歩登るが如く)──→動 (詩の韻律を調べる；(よく見て)調べる；目を通す；〖テレビ〗走査する.
scansion [skǽnʃən] 名 詩の韻律を調べること；〖テレビ〗走査.
ascend [əsénd] [**a-**=**ad-**=to] 動 登る；たちのぼる；あがる；立身出世する.
ascent [əsént] 名 上昇；登り；登り坂.
ascensive [əsénsiv] 形 上昇的；進歩的な.

ascension [əsénʃən] 图 上昇;(the A-) キリストの昇天.
ascendant, -ent [əséndənt] 形 上昇する;優位の. 图 優位;星位;祖先.
ascendancy, -ency [əséndənsi] 图 優勢;支配;覇権.
descend [disénd] [**de-**=down] 動 降る;襲う;(談話など)細目に入る;伝わる.
descent [disént] 图 降下;下り坂;襲来;零落;系統;相伝.
descendant [diséndənt] (系図を下る)─→图 子孫, 後裔.
condescend [kɔ̀ndisénd] [**con-**=together] (相手と共に下る)─→動 目下の者にへり下る;目下の者と同等にふるまう;恩に着せる;身を落して~する.
condescension [kɔ̀ndisénʃən] 图 目下の者にへり下ること;恩に着せるような態度.
transcend [trænsénd] [**trans-**=beyond] (越えて登る)─→動 超越する;凌駕する.
transcendent [trænséndənt] 形 卓越した;先験的.
transcendence [trænséndəns], **-ency** [-ənsi] 图 超越;卓越.
transcendental [trænsendéntəl] 形 卓越した;先験的;超越論的;超人間的;抽象的な;形而上学的の.
scale [skeil] 動 登る;階段になっている;(音が)高くなる;測る. 图 音階;階梯;はしご;尺度(などの目盛);物さし;縮尺;程度;規模.
escalade [èskəléid] [ラテン語 **scala**=a ladder(はしご)] 動 图 はしごを用いてよじのぼる(こと).
escalator [éskəleitər] 图 エスカレーター.

185　sci-─ = to know (知る)　　注 ラテン語 scire (=to know). scientia (=knowledge).

science [sáiəns] (知って得たもの)─→图 知識;学術;技術;科学, 学;自然科学;科学的知識.
scientific [sàiəntífik] 形 科学的の;学理的の;老練な.
scientist [sáiəntist] 图 科学者.
sciolism [sáiəlizəm] 图 学問[知識]の生かじり.
sciolist [sáiəlist] 图 えせ学者
conscience [kɔ́nʃəns] [**con-**=with] (罪を知る心)─→图 良心.

conscientious [kɔ̀nʃiénʃəs] 形 良心的な；小心翼々たる．
conscious [kɔ́nʃəs] (～を知っている)—→形 意識した；気づいている；知覚している．
consciousness [kɔ́nʃəsnis] 名 意識；自意識；知覚；正気．
omniscient [ɔmnísiənt] [**omni-** =all] (全てを知っている)—→形 全知の．
omniscience [ɔmnísiəns] 名 全知；神；博識．
prescient [présiənt] [**pre-** =before] (前もって知る)—→形 予知する；先見する．

186 | —scribe, script— =to write(書く)

● ラテン語 scribere (=to write). 過去分詞形 scriptus.

scribe [skraib] (書く人)—→名 筆記者；著作者；筆者；新聞記者．
scribble [skríbl] 動 書き散らす；濫作する．名 乱筆；駄作；なぐり書き．
scrip [skrip] (書いた書類)—→名 仮証券；小紙幣；書類．
script [skript] 名 筆跡；答案；放送原稿；正本．
scripture [skríptʃər] (書かれたもの)—→名 (S-)キリスト教の聖書；聖書からの引用文；聖典．
scrivener [skrívnər] 名 代書人．
ascribe [əskráib] [**a-** =**ad-** =to] (～に書く) —→動 ～に帰する；～を原因とみなす．
ascription [əskrípʃən] 名 帰すること．
circumscribe [sə́:rkəmskraib] [**circum-** =round] (周囲に書く)—→動 周囲に線をかく；限界を定める；定義する．
circumscription [sə̀:rkəmskrípʃən] 名 限界線；限られた区域；定義．
conscribe [kənskráib] [**con-** =together] (共に名を書き記す)—→動 兵役に徴集する．
conscript [kɔ́nskript] 形 徴集された，名 徴兵．動 [kənskrípt] 徴兵にとる．
conscription [kənskrípʃən] 名 徴兵．
describe [diskráib] [**de-** =down, fully] (十分に書く)—→動 描写する；記述する．

description [diskrípʃən] 图 描写；記述；人相書；種類.

descriptive [diskríptiv] 形 記述的の；描写の.

inscribe [inskráib] [**in-** =upon] （～の上に書きつける）──→動 （石碑などに）記す；（心に）銘ずる；献呈の辞を記す.

inscription [inskrípʃən] 图 刻銘；題辞,

manuscript [mǽnjuskript] [**manu-** =hand] （手で書いた）──→ 形 原稿の. 图 原稿；写本.

nondescript [nóndiskript] 形 容易に言葉で述べられない；えたいの知れない. 图 えたいの知れない人[物].

postscript [póus(s)kript] [**post-** =after] （後から書き加えたもの）──→图 追伸；後記.

prescribe [priskráib] [**pre-** =before] （前もって書いておく）──→動 （規則として）定める；処方する.

prescript [príːskript] 图 規則；指令；法規.

prescription [priskrípʃən] 图 あらかじめ指令すること；処方（箋）；時効.

prescriptive [priskríptiv] 形 指令の；時効による.

proscribe [prouskráib] [**pro-** =forth, publicly] （罪人の名を大衆の前で書き示す）──→動 法律の保護の外におく；追放する；禁止する；排斥する.

proscription [prouskrípʃən] 图 追放；禁止.

rescript [ríːskript] [**re-** =back] 图 答書；勅令；命令；書きなおし（たもの）.

subscribe [səbskráib] [**sub-** =under] （下に書く）──→動 署名する；株式などに応募する；寄付を引受ける；(新聞・雑誌の) 購読を申し込む.

subscriber [səbskráibər] 图 署名者；株式応募者；寄付者；購読者.

subscript [sʌ́bskript] 图 署名；下に記した数字. 形 終わりに書き記した.

subscription [səbskrípʃən] 图 署名；株式の応募；寄付の申込；予約（金）；処方.

superscribe [s(j)úːpərskráib] [**super-** =above] （上に書く）──→動 上に書く；上書きする；表題を書く.

superscription [s(j)ùːpərskrípʃən] 图 上に書いた文字；文書などの頭書；手紙の上書.

transcribe [trænskráib] [**trans-** =across, over] （向うに移し

て書く)——→動 書き写す;録音する;編曲する.

transcript [trǽnskript] 名 写し,模写,複写.

transcription [trænskrípʃən] 名 書き写し;写本;翻訳;録音盤.

187 | sed—, sess—, sid—=to sit(坐る) | ❸ ラテン語 sedere (=to sit).

sedate [sidéit] (坐って落着いている)——→形 落着き払った;真面目な;地味な.

sedative [sédətiv] (坐らせる)——→形 鎮静させる. 名 鎮静剤.

sedentary [sédəntəri] 形 坐っている;坐りがちな;運動不足の. 名 座業者.

sediment [sédimənt] (底に坐るようにたまるもの)——→名 澱(おり);堆積物. 動 沈澱する,沈澱させる.

sedimentation [sèdiməntéiʃən] 名 沈澱;沈積(作用).

sessile [sésail] (坐って動かない)——→形 固着した.

session [séʃən] (会議の席に着いている——開かれている)——→名 開廷(期間),開会(期間),会期.

assess [əsés] [**as-**=**ad-**=to] (坐らせる——定める)——→動 (収入などを)査定する,評価する;賦課する.

assessor [əsésər] 名 陪席判事;税額査定者.

assiduous [əsídjuəs] [**as-**=**ad-**=to] (机に向かって坐っている)——→形 勤勉な.

assiduity [æsidjú(:)iti] 名 勤勉.

dissident [dísidənt] [**dis-**=apart] (離れて坐っている)——→形 名 意見を異にした(人).

dissidence [dísidəns] 名 意見の不一致.

insidious [insídiəs] [**in-**=in] (中にかくれて坐っている)——→形 陰険な;油断のならない.

possess [pəzés] [**pos-**=**port-**=towards] (~がある方に坐る)——→動 所有する;(心を)平静に保つ;(悪霊が)とりつく;(考えなどが人を)とらえる.

possessed [pəzést] 形 落着いた;悪霊につかれた;気の狂った.

possession [pəzéʃən] 名 所有,占有;所有物;自若.

preside [prizáid] [**pre-**=before] (人々の前=上座に坐る)——→動 上座に坐る;司会する;主宰する;会長などになる.

president [prézidənt] (上座に坐る人)──→图 統率者;座長, 会長, 総長, 総裁;大統領.

reside [rizáid] [**re-**=back] (戻って坐る)──→動 居住する;駐在する;帰する.

residence [rézidəns] 图 居住(期間);駐在(期間);居宅.

resident [rézidənt] 形 居住する;駐在する;固有の, 图 居住者;駐在者.

residue [rézidjuː] (後に残り坐っているもの)──→图 残余;残金;剰余.

subside [səbsáid] [**sub-**=under] (下に坐る)──→動 沈下する;陥没する;退く;(風などが)凪ぐ;鎮まる;止む.

subsidence [səbsáidəns] 图 沈下;陥没;鎮静.

subsidy [sʌ́bsidi] [**sub-**=under, behind] (後に控えて坐っているもの)──→图 補助金, 助成金.

subsidiary [səbsídjəri] 形 補助の;副次的な.

supersede [s(j)ùːpərsíːd] [**super-**=above] (上位に坐る)──→動 ~に取って代る;優れたものと取換える.

supersession [s(j)ùːpərséʃən] 图 更迭;他を越える昇進;廃止.

siege [siːdʒ] (城の周りに兵を坐らせる)──→图 包囲;攻囲;籠城.

besiege [bisíːdʒ] 動 攻囲する;寄りたかる.

consult [kənsʌ́lt] [**con-**=together] (共に坐る)──→動 相談する, 協議する;意見を求める;調べる, 参考する.

consultant [kənsʌ́ltənt] 图 相談相手;顧問;診察医.

consultation [kɔ̀nsəltéiʃən] 图 相談, 協議;参考;診察.

exile [éksail, égz-] [**ex-**=out] (外に坐らせる)──→動 (国外に)追放する. 图 国外追放, 亡命.

188 | sens─, sent─=to feel (感じる)

● ラテン語 **sentire**(=to feel, perceive). 過去分詞形 **sensus.**

sense [sens] 图 知覚, 感覚;官能;肉感;分別;認識;意見;意味;意義. 動 感知する;覚る.

sensibility [sènsibíliti] 图 感覚力;感性;感受性;感度.

sensible [sénsəbl] 形 感知しうる;分別のある.

sensitive [sénsitiv] 形 感覚ある;敏感な, 過敏な;感光性の.
sensorium [sensɔ́:riəm] 名 感覚中枢.
sensory [sénsəri] 形 感覚の;感覚を伝える.
sensual [sénsjuəl, sénʃuəl] 形 官能的な;肉欲の;感覚論の.
sensuous [sénsjuəs, sénʃuəs] 形 感覚に訴える;審美的の;多感な.
sensation [senséiʃən] 名 感覚;気持;感動;煽情;大評判.
sensational [senséiʃənəl] 形 感覚の;強く感動させる;煽情的の.
sentiment [séntimənt] 名 心情;情感;情操;情趣;感傷.
sentimental [sèntiméntəl] 形 感傷的な;恋愛の.
sentence [séntəns] (感じて述べたもの)──→名 文;金言;判決;刑の宣告. 動 宣告する.
sententious [senténʃəs] 形 金言風の;簡潔な;気取った.
assent [əsént] [**as-** =**ad-** =to] (相手の気持を感じる)──→動 同意する. 名 同意. 賛同.
assentient [əsénʃiənt] 形 同意の. 名 同意者, 賛同者.
assentation [æsentéiʃən] 名 迎合;付和雷同.
consent [kənsént] [**con-** =together] (共に感じる)──→動 名 同意(する).
consentient [kənsénʃənt] 形 同意の;協同の.
consentaneous [kɔ̀nsentéiniəs] 形 一致した, 適した;合意の.
consensus [kənsénsəs] 名 交感;一致, 合意.
dissent [disént] [**dis-** =apart] (別の感じ方をする)──→動 意見を異にする. 名 不同意;意見の相違, 異議.
dissentient [disénʃ(i)ənt] 形 名 意見を異にする(人).
dissension [disénʃən] 名 意見の衝突;不和.
insensate [insénseit, -sit] [**in-** =not] 形 無感覚な;愚鈍な;非情の.
nonsense [nɔ́nsəns] (意味がない)──→名 意味をなさぬこと;たわごと;くだらぬもの;ばかな所業.
presentiment [prizéntimənt] [**pre-** =before] (前もって感じる)──→名 予感, 虫の知らせ.
resent [rizént] [**re-** =again] (再び感じる──→怒りがこみ上げてくる)──→動 憤る.
resentment [rizéntmənt] 名 憤り;無念, 遺恨.
scent [sent] (鼻で感じる)──→動 嗅ぎ出す;香りをつける. 名 臭い;

嗅覚；匂い；香水.

189 | sequ−, secut−, su−＝to follow（続く）

🈯 ラテン語 sequi（＝to follow）.

sequel [síːkwəl]（続くもの）→图 成り行き；結果；続編.
sequence [síːkwəns] 图 連続；続発；結果；順序.
sequent [síːkwənt] 形 連続する；結果として来る. 图 結果；帰結.
consequence [kɔ́ns(i)kwəns] [**con-** ＝together]（共に続く→後に続くもの）→图 結果；重要さ；顕著.
consequent [kɔ́ns(i)kwənt] 形 結果の；論理的必然の. 图 当然の結果，続いて生ずる現象.
consequential [kɔ̀nsikwénʃəl] 形 結果として生ずる；論理的必然の；地位の重い；尊大な.
consequentious [kɔ̀nsikwénʃəs] 形 もったいぶった.
obsequious [əbsíːkwiəs] [**ob-** ＝near]（そばにくっついている）→形 媚びへつらう；卑屈な.
subsequence [sʌ́bsikwəns] [**sub-** ＝under]（一段下がって続く）→图 次に来るもの；結果.
subsequent [sʌ́bsikwənt] 形 すぐ後の；伴って起る.
consecution [kɔ̀nsikjúːʃən] [**con-** ＝together]（共に続く）→图 序列；(因果の)連繋.
consecutive [kənsékjutiv] 形 連続する；結果を示す.
execute [éksikjuːt] [**ex-** ＝out]（続いて外へ行く→どこまでもやり通す）→動 実施する，実行する，履行する；死刑を執行する.
execution [èksikjúːʃən] 图 実施．履行，演奏；強制執行；死刑執行.
executive [igzékjutiv] 形 実行力ある，実行上の；行政上の. 图 行政機関；行政長官；実行委員会；取締役.
executor [igzékjutər] 图 遺言執行者. [éksikjuːtə] 実施者.
persecute [pə́ːrsikjuːt] [**per-** ＝continually]（絶えずつきまとう）→動 しつこく悩ます；迫害する.
persecution [pə̀ːrsikjúːʃən] 图 迫害.
prosecute [prɔ́sikjuːt] [**pro-** ＝forth]（手続きを前に進める）→動 続行する；遂行する；行使する；起訴する.
prosecution [prɔ̀sikjúːʃən] 图 続行；遂行；行使；起訴.
prosecutor [prɔ́sikjuːtər] 图 起訴者.

sue [s(j)uː] (ついてまわる)──→**動** 乞い求める；求婚する；告訴する.

ensue [insjúː] [**en-**=**in-**=upon] (〜に続く)──→**動** 後に続いて起る；結果として起る.

pursue [pərsjúː] [**pur-**=**pro-**=forth] (続いて前に行く)──→**動** 追跡する；追求する；続行する；たずさわる；起訴する.

pursuance [pərsjú(ː)əns] **名** 追求；続行；遂行.

pursuit [pərsjúːt] **名** 追跡；追求；営み；業務，娯楽.

suit [s(j)uːt] (続くようにする──合わせる)──→**動** 適合させる；似合う；都合がよい. **名** 一組．一揃い(の衣服)；懇願；求婚；訴訟.

suitable [s(j)úːtəbl] **形** 適当な.

suite [swiːt] (従う者)──→**名** 随行員，従者；一組；組曲.

---

190 | **sert-**=**to join** (結合する), **put** (置く)

⊕ ラテン語 serere (=to join, put). 過去分詞形 **sertus**.

series [síəriːz, síəriz, síriːz] (結合したもの)──→**名** 連続；組；叢書；系列.

serial [síəriəl] **形** 連続する；系列をなした；続き物の. **名** 続き物.

seriate [síərieit] **動** 連続的に配列する. **形** [síəriit] 連続的に配列された.

serried [sérid] (かたまっている)──→**形** 密集した；隙間なく並んだ.

assert [əsə́ːrt] [**as-**=**ad-**=to] (自説に結びつける)──→**動** (自己の権利や意見を)あくまで主張する；断言する.

assertion [əsə́ːrʃən] **名** 主張；断言，確言.

assertive [əsə́ːrtiv] **形** 断定的な.

concert [kɔ́nsərt] [**con-**=together] (共に結びつく)──→**名** 協同，一致；合奏；音楽会. **動** [kənsə́ːrt] 協定する.

desert [dizə́ːrt] [**de-**=off] (結合を解き離す)──→**動** 捨てる；去る；棄てる. [dézərt] **形** 人の住まない；不毛の. **名** (不毛の地)──→砂漠.

deserted [dizə́ːrtid] **形** 捨てられた；人の住まない，さびれた.

desertion [dizə́ːrʃən] **名** 捨てること；脱走；荒廃；妻子不法遺棄.

dissertation [dìsə(ː)rtéiʃən] [**dis-**=apart] (結合を離す──→別々

に分けて詳しく論ずる)──→图 (学位)論文, 論説.
exert [igzə́:rt] [**ex-** =out] (力を外に出す)──→動 発揮する;努力する.
exertion [igzə́:rʃən] 图 発揮;努力, 活動.
insert [insə́:rt][**in-** =into] (中に置く)──→動 挿入する;記入する. 图 挿入物;折りこみ.
insertion [insə́:rʃən] 图 挿入(広告);記入;掲載.

191 | serv- =to serve (仕える), keep (保つ, 守る)

㊟ ラテン語 **servire** (to serve), **servare** (=to keep, protect).

serve [sə:rv] 動 仕える;勤める;役立つ;給仕する,食品を供する;供給する;扱う. 图 (庭球などの)サーヴ.
servant [sə́:rvənt] 图 召使;雇人;奉仕者.
service [sə́:rvis] 图 奉仕, 奉公;業務;勤務;尽力;益;給仕;供給;礼式.
servile [sə́:rvail, -vil][**-ile** 形容詞語尾] (仕える)──→形 奴隷の(ような);卑劣な;いやしい,
servitude [sə́:rvitju:d] 图 奴隷たること, 奴隷的状態;服役.
serf [sə:rf] (仕える者)──→图 農奴;奴隷.
sergeant [sá:rdʒənt] (仕える者)──→图 (王の)随身; 軍曹;巡査部長, 警部.
conserve [kənsə́:rv] [**con-** =together] (共に保つ)──→動 保存する. 图 《複数》砂糖づけ.
conservation [kɔ̀nsə(:)rvéiʃən] 图 保存;保護(林).
conservative [kənsə́:rvətiv] 形 保存の;保守的な;保守主義の. 图 保守主義者;(C-) 保守党員.
conservatory [kənsə́:rvətri] [**-ory**「場所」を表わす] (保存する所)──→图 温室;音楽学校.
deserve [dizə́:rv] [**de-** =fully] (十分に尽すに値する)──→動 当然に受ける, (賞罰など)受けるに値する.
desert [dizə́:rt] 图 賞罰を受ける価値のあること;功績;過失;価値.
disserve [di(s)sə́:rv] [**dis-** =apart] (奉仕から離れる)──→動 あだをする, 悪く報いる.

observe [əbzə́:rv] [**ob-**＝to] （目の前に保つ──→見守る）──→動 遵守する；（方針などに）従う；（慣習などを）守る；観察する；注意する；認める；(所見などを)述べる.

observance [əbzə́:rvəns] 名 遵守；儀式(の執行).

observation [ɔ̀bzə(:)rvéiʃən] 名 観察；観測；監視；所見.

observatory [əbzə́:rvətəri] [**-ory**「場所」を表わす] 名 観測所, 天文台, 気象台, 測候所, 展望台.

preserve [prizə́:rv] [**pre-**＝before] （前もって保つ）──→動 保存する；塩［砂糖・アルコール］漬けにする；冷凍して保存する. 名《複数》砂糖漬け；禁猟地；飼養場.

preservation [prèzə(:)rvéiʃən] 名 保存；貯蔵；予防.

preservative [prizə́:rvətiv] 形 保存の. 名 予防薬；防腐剤.

reserve [rizə́:rv] [**re-**＝back] （ひっこめて保つ──→出さない）──→動 取って置く；保留する, 確保する；予約する. 名 予備；予備隊；補欠選手；制限, 条件；自制, 遠慮.

reserved [rizə́:rvd] （自己を出さない）──→形 控え目な, 遠慮勝ちな；予備の；予約の.

reservation [rèzərvéiʃən] 名 保留；留保制限, 条件.

reservoir [rézərvwɑ:r] 名 貯水池；貯蔵所. 動 貯蔵する.

subserve [səbsə́:rv] [**sub-**＝under] （下にあって仕える）──→動 手段として役立つ, 資する.

subservient [səbsə́:rviənt] 形 手段として役立つ；追従する；卑屈な.

192 | sign－＝to mark （しるしをつける）

🔹 ラテン語 **signare** (＝to mark), **signum** (＝a mark, token).

sign [sain] 名 しるし；合図；記号；証拠；前兆. 動 しるしをする；署名する；契約する；示す；合図する.

signal [sígnəl] 名 しるし；合図；信号(機). 動 合図をする；信号で知らせる；前兆となる. 形 信号用の；著しい.

signature [sígnətʃər] 名 署名；記号.

signet [sígnit] 名 印章, 印；痕.

signify [sígnifai] [**-fy**＝to make] （しるしとする）──→動 象徴する；意味する；重きをなす.

significant [signífikənt] 形 意味の深い；重要な；意味を表わす；～を表示する.

significance [signífikəns] 图 意義；意味深長；重要さ.
assign [əsáin] [**as-**=**ad-**=to] (しるしをつけて定める)——→動 割り当てる；指定する；〜に帰する；譲渡する.
assignation [æ̀signéiʃən] 图 割り当て；約束；譲渡；原因を帰すること.
assignment [əsáinmənt] 图 割り当て；譲渡(証)；帰すること；指摘；任務；仕事, 宿題.
consign [kənsáin] [**con-**=together] (共に署名する)——→動 委す；送付する；預金する；委託する.
consignation [kɔ̀nsainéiʃən] 图 供託；送付, 委託.
consignment [kənsáinmənt] 图 委託(商品).
design [dizáin] [**de-**=down] (しるしをつけて計画する)——→動 計画する；志す；設計する；図案する. 图 計画；目的；設計(図)；意匠.
designed [dizáind] 形 計画的な, 故意の.
designer [dizáinər] 图 設計者；図案家；陰謀者.
designate [dézigneit] 動 指示する；選任する；〜と称する.
designation [dèzignéiʃən] 图 指示；選任；名称.
resign [rizáin] [**re-**=again] (再び署名する——→職を辞する時の署名)——→動 辞職する；放棄する；任せる；忍従する. [rí:sáin] 署名しなおす.
resigned [rizáind] 形 辞職した；あきらめた.
resignation [rèzignéiʃən] 图 辞職[表]；甘受；あきらめ.

193 | simil—, sembl— = like (類似した), same (同じ)

● ラテン語 similis (=like).

simile [símili] (類似したもの)——→图 直喩.
similar [símilər] 形 類似の；同質の；相似の. 图 類似物.
similitude [simílitju:d] [**-itude** 抽象名詞語尾] 图 比喩；類比；似顔；外貌；類似した人[物].
simulate [símjuleit] 動 酷似する；擬態[色]する；ふりをする. 形 [símjulit] 見せかけの；擬態の.
simulant [símjulənt] 形 まがいの；〜のように見える.
assimilate [əsímileit] [**as-**=**ad-**=to] (同じようにする)——→動 同

様にする；同様になる；同化する；なぞらえる．

assimilation [əsìmiléiʃən] 图 同化(作用)．

semblance [sémbləns] 图 類似；見せかけ，外観．

assemble [əsémbl] [**as-**=**ad-**=to] (同じ志の者を集める)→動 集める；集まる；集合する；組立てる．

assembly [əsémbli] 图 集合，会合；集会；(A-) (米国州議会の)下院．

resemble [rizémbl] [**re-**=again] (再び見て同じ)→動 ～に似ている．

resemblance [rizémbləns] 图 似ること，類似；肖像．

194 | sist—, stitut—, sta—, st— = to stand (立つ)

🔵 ラテン語 **stare** (=to stand), ギリシア語 **esthn** (=I stood.), サンスクリット語 **sthā** (=to stand). その他例を上げればきりがないが, "-st-" は "to stand" の意味を持ち, それらはすべてインドヨーロッパ語族の **STA** (=to stand) に由来している. 英語において "-st-" は「**静止**」「**存続**」「**固定**」「**忍従**」など「**立つ**」を基本にした様々な意味を表わす最も重要な語根の一つである．

assist [əsíst] [**as-**=**ad-**=to] (そばに立つ)→動 列席する；援助する．

assistance [əsístəns] 图 援助；補助；助力．

assistant [əsístənt] 形 補佐の. 图 助手．

consist [kənsíst] [**con-**=together] (共に立つ)→動 一致する；成り立つ；～に在る．

consistent [kənsístənt] 形 両立する，矛盾のない；言行一致の．

consistence [kənsístəns], **-ency** [-ənsi] 图 言行一致；首尾一貫；節操；堅さ；濃度．

desist [dizíst] [**de-**=away] (立ち去る)→動 やめる；思い止まる．

exist [igzíst] [**ex-**=out, forth] (立ち続ける)→動 存在する；実在する；生存する．

existent [igzístənt] 形 存在する；現下の，現行の．

existence [igzístəns] 图 存在；現存；実在；生存；存続．

insist [insíst] [**in-**=on] (～の上に立って動かない)→動 言い張

る，主張する．

insistence [insístəns], **-ency** [-ənsi]　名 主張，強要；固執．

persist [pərsíst][**per-**＝through]　（立ち通す）──→動 頑強に固執する；存続する．

persistence[pərsístəns], **-ency** [-ənsi]　名 固執；永続性．

resist [rizíst] [**re-**＝back, aganist]　（逆らって立つ）──→動 抵抗する，反抗する；耐える．名 防染剤；防腐剤；絶緑塗料．

resistance [rizístəns]　名 抵抗(力)；地下運動．

subsist [səbsíst] [**sub-**＝under（ここでは極めて軽い意味に用いられている）]　動 存在する；存続する；扶養する；生活する．

subsistence [səbsístəns]　名 存在；生活；生計；食糧．

constitute [kɔ́nstitjuːt] [**con-**＝together]　（共に立つ）──→動 構成する；設立する；制定する；任命する．

constituent [kənstítjuənt]　形 構成要素となる；任命権のある；選挙権のある．名 構成要素[部分]；任命者；選挙権者．

constitution [kɔ̀nstitjúːʃən]　名 構成；構造；体質；気質；政体；憲法；法律．

constitutional [kɔ̀nstitjúːʃənəl]　形 体質[気質]上の；本質的の；憲法の，立憲の．

destitute [déstitjuːt] [**de-**＝away]　（衣食から離れて立っている）──→形 衣食に窮した；欠乏した，困窮した．

destitution [dèstitjúːʃən]　名 困窮．

institute [ínstitjuːt] [**in-**＝up]（立て起こす）──→動 設立する；確立する；制定する．名（設立されたもの）──→協会，学会；研究所；(理工系の)専門学校，大学；講習会．

institution [ìnstitjúːʃən]　名 設立；確立；制度，慣習；公共施設．

prostitute [prɔ́stitjuːt] [**pro-**＝forth]　（身を売るために公衆の前に立つ）──→動 身を売る．形 身売りする；金銭ずくの．名 売春婦；変節漢．

prostitution [prɔ̀stitjúːʃən]　名 売春；変節；(才能などの)悪用．

restitution [rèstitjúːʃən] [**re-**＝back]　（元の状態に戻し立てる）──→名 返還；賠償；復旧．

solstice [sɔ́lstis] [ラテン語 **sol**＝the sun]　（太陽が静止する点）──→名 至点；極点；危機．

substitute [sʌ́bstitjuːt] [**sub-**＝under, in place of]　（代りに立

てる)──→動 代用する;置き換える. 名 代理者[物];代用品;補欠選手;替え玉. 形 代理の,代用の.

substitution [sʌbstitjúːʃən] 名 代用,代理;置換.

superstition [s(j)ùːpərstíʃən] [**super-**=above, near] (驚き恐れてある物のそばにじっと立ちすくむ)──→名 迷信;邪教.

stable [stéibl] (立っている)──→形 倒れない,安定した;確立した;堅固な. 名 (馬が立っている場所)──→うまや,馬小屋; 動 うまやに入れる.

stabilize [stéibilaiz, stæb-] 動 安定させる,固定させる.

stabilization [stèibilaizéiʃən, stæ-] 名 安定すること.

stability [stəbíliti] 名 安定;強固;持続;復原性.

establish [istǽbliʃ] 動 安定させる;確立[定]する;制定する.

establishment [istǽbliʃmənt] 名 設立,創立;制定;組織;(病院・学校・工場など設立された)建物.

stage [steidʒ] (立っているもの)──→名 壇;台;舞台;建物の階;段階;時期;行程;宿場;駅馬車. 動 舞台で演ずる;上演する;陳列する.

contrast [kəntrǽst] [**contra-**=against] (反対に立てる)──→動 対照する;対置する. 名 [kɔ́ntræst] 対照;対置.

obstacle [ɔ́bstəkl] [**ob-**=over, against] (反対して立つ)──→名 障害物;邪魔.

obstetric [əbstétrik], **-rical** [-rikəl] [**ob-**=near] (産婦のそばに立つ)──→形 産科の.

obstinate [ɔ́bstinit] [**ob-**=over, against] (反対して立つ)──→形 強情な;難治な. 名 強情な人.

obstinacy [ɔ́bstinəsi] 名 強情,頑固;難治.

state [steit] (立っている状態)──→名 状態;身分;盛儀;国家;州;国政,国事. 形 国家の;州の;国事の. 動 陳述する;明記する.

stately [stéitli] 形 威厳のある;堂々たる;雄渾な.

statement [stéitmənt] 名 陳述;声明(書);供述.

static [stǽtik] (じっと立っている)──→形 静止の;静的の.

station [stéiʃən] (じっと立っていること,場所)──→名 静止;持ち場,立場;地位,身分;研究所,観測所;警察署;駅.

stationary [stéiʃənəri] 形 静止した;一定不変の.

stationer [stéiʃənər] (書籍を売るために市場に持ち場を持つ人)──→

第3篇 語根 (Root)

图 文房具商.
stationery [stéiʃənəri] 图 形 文房具(の).
statist [stéitist] (国家の状態を述べる人)──→图 統計家.
statistics [stətístiks] 图 統計(表);統計学.
statue [stǽtjuː] (立っているもの)──→图 彫像.
stature [stǽtʃər] (立った時の高さ)──→图 身長.
status [stéitəs] (立っている状態)──→图 状態;身分,地位.
estate [istéit] 图 状態;身分,地位;階級;財産,資産;所有地.
stead [sted] (立つ所)──→图 場所;代理;利益.
steady [stédi] (しっかりと立っている)──→形 しっかりした;不変の;まじめな;落着き払った;着実な;むらのない. 動 動揺させない,むらなくさせる;まじめになる.
steadfast [stédfəst] (しっかりと立っている)──→形 不動の;確固たる;堅実な.
circumstance [sə́ːrkəmstəns] [**circum-** =round about] (周りに立っている)──→图 周囲の情況;環境;事情;付随するもの;詳細.
circumstantial [sə̀ːrkəmstǽnʃəl] 形 情況次第の;付随的の;詳細な.
circumstantiate [sə̀ːrkəmstǽnʃieit] 動 詳細に説く.
constant [kɔ́nstənt] [**con-** =together] (変わることなく共に立つ)──→形 不変の;忠実な;貞節な;不断の. 图 定数.
constancy [kɔ́nstənsi] 图 不変;堅実;節操.
destine [déstin] [**de-** =down] (運命の下に立てる)──→動 運命づける,〜することになっている.
destiny [déstini] 图 運命,宿命.
destination [dèstinéiʃən] (行くと定められた所)──→图 行先;目的(地).
distant [dístənt] [**di(s)-** =apart] (離れて立つ)──→形 隔った;遠方の;疎隔した.
distance [dístəns] 图 隔り,距離;疎隔,遠慮;遠方. 動 隔てる.
extant [ekstǽnt, ékstənt] [**ex-** =out] (今日までずっと立っている)──→形 現存の.
instant [ínstənt] [**in-** =upon, near] (すぐ近くに立っている)──→形 即時の;緊急の;今月の. 副 直ちに. 图 即時.

instance [ínstəns] （緊急なるもの）——→图 要求, 勧め；実例；訴訟手続. 動 実例としてあげる.

instantaneous [ìnstəntéiniəs] 形 即時の；同時的な.

substance [sʌ́bstəns] [**sub-** =under] （現象の下に立つもの）——→图 実体；実質；内容；趣旨；物質.

substantial [səbstǽnʃəl] 形 実在する；実質的な；重大な；十分な；数量の多い；確実な；大体の. 图 《複数》要部, 大意.

restore [ristɔ́:r] [**re-** =back, again] （再び立て直す）——→動 再建する；修復する；復旧させる；返還する；回復させる.

restoration [rèstəréiʃən] 图 復旧；復位；王政復古(時代)；回復；修復.

restorative [ristɔ́rətiv] 形 （元気などを）回復させる. 图 気つけ薬.

stall [stɔ:l] （立っている所）——→图 うまや（などの一仕切り）；(劇場の)一階前方の観覧席；売店, 屋台店；商品陳列台；（鉱山の）切場. 動 うまやに入れる；立往生する, させる；（自動車の）エンジンが止まる.

install [instɔ́:l] [**in-** =in] （中に立てる）——→動 据えつける；設備する；就任させる.

installation [ìnstəléiʃən] 图 据えつけ；施設, 設備；就任(式).

instal(l)ment [instɔ́:lmənt] （設備のための支払金）——→图 月賦の支払金.

apostasy [əpɔ́stəsi] [**apo-** =off] （背を向けて離れて立つ）——→图 背教；変節.

ecstasy [ékstəsi] [**ec-** =**ex-** =out] （理性の外に立つ）——→图 恍惚, 大歓喜；有頂天；精神昏迷.

metastasis [metǽstəsis] [**meta-** =「変化」の意] （立っている状態を変える）——→图 変形, 変態；転移；急変転；新陳代謝.

system [sístim] [**sy(s)-** =**syn-** =together] （共に立つ）——→图 組織；系統；秩序；制度；方式.

---

195 | **sol-** =**alone** （唯一の） | ● ラテン語 solus (=alone).
sollus (=entire).

sole [soul] 形 唯一の；独占的；独身の.

solitary [sɔ́litəri] （ただひとりの）——→形 孤独の；淋しい. 图 隠者.

solitude [sɔ́litju:d] 图 孤独；独居；淋しさ；人里離れた場所.

第3篇　語根 (Root)

solo [sóulou]　图 独唱(曲), 独奏(曲), 形 独唱の, 独奏の.
solemn [sóləm] [**-emn**＝year]　(年に一度の宗教上の儀式)──→形 荘厳な；厳粛な；真面目な；もったいぶった；宗教上の.
solemnity [səlémniti]　图 荘厳；厳粛；儀式；祭典.
soliloquy [səlíləkwi] [**-loquy**＝speech]　(独りの言葉)──→图 独りごと；独白.
solid [sɔ́lid]　(完全にひとつに固まった)──→形 堅い；確かな；充実した；固体の；立体の. 图 固体；立体；固形物. 副 一致して.
solidity [səlíditi]　图 固体性；充実；堅固；確実；体積.
solidarity [sɔ̀lidǽriti]　图 共同一致；連帯責任.
solidify [səlídifai] [**-fy**＝to make]　(ひとつに固める)──→動 固体にする；凝結する；併合する；団結する.
consolidate [kənsɔ́lideit] [**con-**＝wholly]　(完全にひとつに固める)──→動 固める；強化する；合併整理する.
consolidation [kənsɔ̀lidéiʃən]　图 固めること；強化；合併；統合.
console [kənsóul]　(独り身の淋しさを共にする)──→動 慰める.
consolation [kɔ̀nsəléiʃən]　图 慰めること, 慰安.
solace [sɔ́ləs]　图 慰藉, 慰安. 慰安を与える；緩和する.
desolate [désəleit] [**de-**＝fully]　(完全に淋しくする)──→動 荒廃させる；わびしくする. 形 孤独の；荒廃した, みじめな.
desolation [dèsəléiʃən]　图 荒廃, 荒涼；たよりなさ；悲嘆.

196　solv−, solut−＝to loosen (解く)

❖ ラテン語 solvere (＝to loosen). 過去分詞形 solutus.

solve [sɔlv]　動 解き明かす；解決する；溶解する.
soluble [sɔ́ljubl]　形 解決しうる；溶解しうる.
solution [səljúːʃən]　图 解決；解答；溶解；溶液；解除；分解.
solvent [sɔ́lvənt]　形 溶解力のある；支払い能力のある. 图 解決策；溶媒；緩和剤；資力ある人.
absolve [əbzɔ́lv] [**ab-**＝away]　(解き放す)──→動 赦免する；免除する.
absolution [æ̀bsəl(j)úːʃən]　图 免除；赦免.
absolute [ǽbsəl(j)uːt]　(解き放された──→制約されない)──→形 無制限の；独立の；絶対の；専制の；無条件の；完全な.

dissolve [dizɔ́lv] [**dis-**=apart] （解き分ける）──→**動** 分解する；溶解する；解放する；解消する．

dissolution [dìsəl(j)úːʃən] **名** 分解；崩壊；溶解；解散；解消．

dissolute [dísəl(j)uːt] （気持が分解している）──→**形** 放縦な．

resolve [rizɔ́lv] [**re-**=back, again] （解いて元の状態に戻す）──→**動** 分解する；解決する；説明する；決定する；決意する．**名** 決意；果敢；決議．

resolvable [rizɔ́lvəbl] **形** 分解しうる；解決しうる．

resolvent [rizɔ́lvənt] **形** 溶解する；消散させる．**名** 分解物；散らし薬．

resolute [rézəl(j)uːt] **形** 決然たる；果敢な；断固たる．**名** 果敢な人．

resolution [rèzəl(j)úːʃən] **名** 分解；決議(案)；解決；決意，決心；覚悟．

197 | spec−, spect−=to see, look （見る）

注 ラテン語 **specere**(=to see, look)．

spy [spai] （見て探る）──→**動** 見つける，探知する；探偵する．**名** 探偵，スパイ．

espy [ispái] [**e-**発音上の必要から添えられた] **動** 見つける；探し出す．

espionage [èspiənáːʒ, éspiənidʒ] **名** 探索；スパイを使うこと．

espial [ispáiəl] **名** 監視；スパイとなること．

species [spíːʃiːz, -ʃiz] （外観を同じくするものの集まり）──→**名** 種類；種(⅓)．

special [spéʃəl] especial の短縮形．（種特有の）──→**形** 特別の；特殊の，特有の．独特の；専門の；臨時の．**名** 特使；特派員；特別列車．

specimen [spésimin] （見るためのもの）──→**名** 見本；標本；実例．

spice [spais] （種のまじり合ったもの）──→**名** 香料；気味；情趣．**動** 香料を加える．

specify [spésifai] [**-fy**=to make] （特殊にする）──→**動** 特性を与える；特記する；明記する；明細書に記入する．

specious [spíːʃəs] **形** 見かけのよい；もっともらしい；猫をかぶっ

た.

spectacle [spéktəkl] (見るもの)——→图 光景；見世物；美観；惨状；《複数》眼鏡.

spectator [spektéitər] 图 見物人；傍観者；目撃者.

spectre; -ter [spéktər] (見えるもの)——→图 幽霊；妖怪.

spectrum [spéktrəm] (目を閉じた後でも見えるもの)——→图 残像；分光；スペクトル.

speculate [spékjuleit] (心の眼で見る)——→動 思索する；推測する；投機する.

speculation [spèkjuléiʃən] 图 思索；考察；思弁；投機.

scope [skoup] (目に見える範囲)——→图 範囲；活動の自由；(土地などの)広がり；《接尾語に用いて》見る機械, ～鏡.

auspice [ɔ́:spis] [**au-**＝bird] (鳥を見て吉兆を占う)——→图 前兆；吉祥；庇護.

conspicuous [kənspíkjuəs] [**con-**＝thoroughly] (全くよく見える)——→形 はっきりと見える；目立つ；顕著な.

frontispiece [frʌ́ntispi:s] (前面に見えるもの)——→图(書籍の)口絵；(建物の)正面の装飾.

perspicuous [pərspíkjuəs] [**per-**＝through] (ずっと見える)——→形 明瞭な；明白な.

perspicacious [pə̀:rspikéiʃəs] 形 明敏な, 洞察力のある.

transpicuous [trænspíkjuəs] [**tran(s)-**＝through] (通して見える)——→形 透明な.

despise [dispáiz] [**de-**＝down] (見下す)——→動 軽蔑する.

despite [dispáit] 图 軽蔑；怨恨；無礼；悪意. 前 ～にもかかわらず.

aspect [ǽspekt] [**a-**＝**ad-**＝to, at] (～を見る)——→图 見方；見解；局面；形勢；外見；様相；(家などの)向き.

circumspect [sə́:rkəmspekt][**circum-**＝round] (周囲をよく見る)——→形 用心深い.

expect [ikspékt] [**ex-**＝out] (待ちかねて外を見る)——→動 期待する；予期する；予想する.

expectation [èkspektéiʃən] 图 予期, 予想；期待(されるもの)；可能性.

inspect [inspékt] [**in-**＝into] (覗き込む)——→動 検査する；検閲する；視察する.

inspector [inspéktər] 名 検査官；視学官；警部.

introspect [introuspékt] [**intro-** =within] (心の内側を見る)──→ 動 内省する.

perspective [pərspéktiv] [**per-** =through] (ずっと通して見る) ──→名 遠近(法)；見通し；見込み. 形 遠近法の；遠近法によって描いた.

prospect [próspekt] [**pro-** =forward] (前方を見る)──→名 眺望；景色；見込み；採掘有望地. 動 [prəspékt] (金鉱などを)探す, 試掘する.

respect [rispékt] [**re-** =back] (戻って見る)──→動 関係をもつ；尊敬する；斟酌する：名 関係；点；尊敬；考慮；《複数》敬意の表現.

respectable [rispéktəbl] (尊敬されるべき)──→形 立派な；かなり多い, 大きい；身分のよい. 名《複数》立派な人.

respectful [rispéktful] (尊敬心に満ちた)──→形 うやうやしい.

respective [rispéktiv] (各々が関係している)──→形 それぞれの.

retrospect [rétrouspekt] [**retro-** =backward] (後を振り返って見る)──→動 回顧する. 名 回顧, 追憶, 想出.

suspect [səspékt] [**sus-** =**sub-** =under] (疑って衣の下を見る) ──→動 うたぐる；感づく；〜らしいと思う. [sʌ́spekt] 形 疑いのかかった. 名 嫌疑者；注意人物.

suspicion [səspíʃən] 名 嫌疑, 不審；気味.

suspicious [səspíʃəs] 形 疑わしい, 怪しい；うたぐり深い,

---

198 | **spir-** =**to breathe** (呼吸する) | ✤ ラテン語 spirare (=to breathe).

spirit [spírit] (呼吸──→生命の根源)──→名 霊魂；妖精；精神；気魄；根本的性質；血気, 士気；溌刺；生気；酒精.

spiritual [spíritjuəl] 形 心霊の；神聖な；精神的の；高潔な.

spiracle [spáiərəkl, spírəkl] 名 呼吸孔, 気孔.

sprightly [spráitli] 形 溌刺とした；元気な；陽気な.

aspire [əspáiər] [**a-** =**ad-** =to] (〜に対して吐息する)──→動 熱望する, あこがれる.

aspiration [æspəréiʃən] 名 熱望；抱負；志望；吸気.

conspire [kənspáiər] [**con-** =together] (人と呼吸を合わせる)──→

動 共謀する；陰謀する；協力する．

conspiracy [kənspírəsi]　图 共謀；陰謀．

expire [ikspáiər] [**ex-** = out]　(息を吐き出す)——→動 (息を)吐き出す；息を引きとる；(火が)消える；(期間が)終わる．

expiration [èkspaiəréiʃən]　图 吐き出すこと，呼気；満了．

inspire [inspáiər] [**in-** = into]　(息を吹き込む)——→動 鼓吹する；霊感を与える；暗示する；吸い込む．

inspiration [ìnspəréiʃən]　图 吸気；霊感；鼓吹；暗示．

perspire [pərspáiər] [**per-** = through]　(皮膚を通して呼吸する)——→動 発汗する，させる．

perspiration [pə̀ːrspəréiʃən]　图 発汗；汗．

respire [rispáiər] [**re-** = back]　(呼吸を取り戻す)——→動 呼吸する；ほっと一息つく；(元気などを)回復する．

suspire [səspáiər] [**sus-** = **sub-** = under]　(下にあって呼吸する)——→動 ため息をつく；あこがれる．

transpire [trænspáiər] [**tran(s)-** = through]　(通して呼吸する)——→動 発汗する；発散する；滲出させる；洩濡する．

199　spond—, spons— = to promise（約束する）

● ラテン語 **spondere** (= to promise)．過去分詞形 **sponsus**．

sponsor [spɔ́nsər]　(保証を約束する人)——→图 指導教師；発起人；後援者；広告主；スポンサー．動 発起する；主催する；後援する；広告をする．

sponsion [spɔ́nʃən]　图 保証．

despond [dispɔ́nd] [**de-** = away]　(約束をやめる)——→動 图 落胆(する)．

despondence [dispɔ́ndəns], **-ency** [-ənsi]　图 落胆，意気消沈．

respond [rispɔ́nd] [**re-** = back]　(約束を返答する)——→動 応答する；感応する；責任を負う．

response [rispɔ́ns]　图 返答；感応．

responsible [rispɔ́nsəbl]　(返答すべき)——→形 責任ある；責任を伴う；立派な；信頼すべき．

responsibility [rispɔ̀nsəbíliti]　图 責任，責務；任務．

correspond [kɔ̀rispɔ́nd] [**cor-**=**con-**=together] (共に答え合う)
──→動 文通する；一致する；類似する；相当する．

correspondent [kɔ̀rispɔ́ndənt] 形 一致する；類似する；つり合った．名 文通する人；取引先；寄稿家，通信員．

correspondence [kɔ̀rispɔ́ndəns] 名 一致，調和；類似；対応；通信；文通；寄稿．

200 | stinct―, sting―=to prick (突き刺す)

● ギリシア語 stizein(=to prick).

sting [stiŋ] 動 刺す；苦しめ悩ます；刺激する；鋭い苦痛を感じる．名 刺し傷；(蜂などの)針；とげ；鋭い苦痛，刺激．

distinguish [distíŋgwiʃ] [**di(s)-**=apart] (突き印して分ける)──→動 区別する；判別する；識別する；顕著にする．

distinguished [distíŋgwiʃt] 形 顕著な；著名な．

distinct [distíŋkt] (突き分けられた)──→形 別個の；明瞭な．

distinction [distíŋkʃən] 名 差別；差異；特質，特色；優遇；卓越．

extinguish [ikstíŋgwiʃ] [**ex-**=out](突き消す)──→動 (火などを)消す；消滅させる；沈黙させる；償却する．

extinct [ikstíŋkt] 形 消えた；絶えた；死滅した；廃止された．

extinction [ikstíŋkʃən] 名 消火，鎮火；絶滅；廃止；償却．

instinct [ínstiŋkt] [**in-**=in, on] (内より突つくもの)──→名 本能；直感．

instigate [ínstigeit] [**in-**=in, on] (突つき入れる)──→動 教唆する；煽動する．

stimulate [stímjuleit] (人を突つく)──→動 刺激する；興奮させる；鼓舞する，激励する．

stimulus [stímjuləs] 名 刺激(物)；激励．

stigma [stígmə] (突き印したもの)──→名 (罪人などの身体に印した)焼印；汚名；紅斑；気孔．

stigmatic [stigmǽtik] 形 不名誉の；焼印のある；紅斑の；気孔の．

201 | string―, strict―, strain―, ―stress=to draw tight (締める, ぴんと張る)

● ラテン語 stringere (to draw tight, compress). 過去分詞形 strictus.

(strong と関係がある.)

string [striŋ] (締めつけるもの)──→图 ひも；緒；糸；弦；(弓の)つる；連続. 動 緒で結ぶ，縛る；体力・気力をひきしめる．

stringent [stríndʒənt] (締めつけられた)──→形 厳重な；逼迫した；もっともらしい．

straight [streit] (ぴんと張られた)──→形 直立した；まっすぐな；正直な；整頓した；純粋な．图 まっすぐ．副 まっすぐに；正直に；率直に．

strain [strein] 動 締める；張りつめる；乱用する；過労させる；努力する；濾す．图 努力；緊張；圧力；調子；趣旨．

strait [streit] (引き締まった)──→形 狭い．图 狭い所；海峡．

strangle [strǽŋgl] (締める)──→動 しめ殺す；窒息させる；窒息する；にぎりつぶす．

stress [stres] (引き締め)──→图 圧迫；暴威；重圧；緊迫；強勢；重要．動 圧する；強調する．

stretch [stretʃ] (ぴんと張る)──→動 のばす；のびる；ひつばる；張りのばす；拡張する；誇張する．图 のばすこと；張ること；緊張；広がり，一続き．

strict [strikt] (ぴんと張られた)──→形 緊張した；緊密な；厳密な．

stricture [stríktʃər] 图 束縛，拘束；収縮，狭窄．

astringent [əstríndʒənt] [**a-** = **ad-** = **to**] (引き締まる)──→形 収れん性の；収縮する；はげしい；いかめしい．图 収れん剤．

astrict [əstríkt] 動 引き締める；制限する；拘束する．

astriction [əstríkʃə] 图 収れん；便秘．

constringe [kənstríndʒ] [**con-** = together] (共に締める)──→動 緊縮する；収縮させる，収れんさせる．

constrain [kənstréin] 動 強制する；閉じ込める．

constraint [kənstréint] 图 強制；束縛；遠慮．

constrict [kənstríkt] 動 緊める．

constriction [kənstríkʃən] 图 緊縮；窮屈．

distrain [distréin] [**di(s)-** = apart] (引っ張り離す)──→動 差押える．

distress [distrés] (無理に引っ張り離す)──→動 苦しめ悩ます；苦しめ疲れさす；不幸にする．图 苦悩；困窮；疲労；苦痛．

district [dístrikt] (引き離された部分)──→图 地区；区域；地方．

restrain [ristréin] [**re-**=back] （引っ張り戻す）──→動 抑止する；禁ずる；制限する．
restraint [ristréint] 名 抑止；遠慮；監禁．
restrict [ristríkt] 動 限定する；禁止する．
restriction [ristríkʃən] 名 限定；拘束；遠慮．

202 | stru—, struct—=to build（建てる）

● ラテン語 **struere** (=to build). 過去分詞形 **structus**.《原義は「積み重ねる」》

structure [strʌ́ktʃər] 名 構造；構成；建造物，構造物．
construct [kənstrʌ́kt] [**con-**=together] （共に積み重ねる）──→動 組立てる；構成する；建設する．
construction [kənstrʌ́kʃən] 名 組立て；構成(法)；建設；構造，構文；解釈；意義．
construe [kənstrúː, kɔ́nstruː] （意味を組立てる）──→動 語を結合する；訳読する；解釈する．名 解釈；古典などの訳読．
destroy [distrɔ́i] [**de-**=down] （建物を下へ）──→動 とりこわす，破壊する；生命を奪う；中和する．
destruction [distrʌ́kʃən] 名 破壊；絶滅；破滅．
instruct [instrʌ́kt] [**in-**=into] （心の中に築く）──→動 知識を与える，教える；指図する．
instruction [instrʌ́kʃən] 名 教訓；教授．
instructive [instrʌ́ktiv] 形 教訓的な；為になる，有益な．
instrument [ínstrumənt] （建設に必要な道具）──→名 道具；手段；器具；楽器．
instrumentality [ìnstrumentǽliti] 名 手段；媒介；斡旋．
misconstrue [mìskɔnstrúː] [**mis-**=wrongly] （間違って解釈する）──→動 意義を取り違える．
misconstruction [mìskɔnstrʌ́kʃən] 名 誤解；曲解．
obstruct [əbstrʌ́kt] [**ob-**=against] （反対物を積み重ねる）──→動 塞ぐ；妨害する；さえぎる．
obstruction [əbstrʌ́kʃən] 名 妨害(物)；障害；閉塞する物．
superstructure [s(j)úːpərstrʌ̀ktʃər] [**super-**=above] 名 上部構造；上部工事；建造物．

203 　－suade＝to advise（勧告する）

● ラテン語 suadere (=to advise). 過去分詞形 suasus.

suasion [swéiʒən] 名 勧告, 説得.
suasive [swéisiv] 形 説得する.
dissuade [diswéid] [**dis-**＝apart] (～しないように勧告する)──→ 動 思い止どまらせる, 思い切らせる.
dissuasion [diswéiʒən] 名 思い止どまらせること.
persuade [pəːrswéid] [**per-**＝thoroughly] (十分に勧告する)──→ 動 説得する, ～するよう説きつける；納得させる.
persuasion [pəːrswéiʒən] 名 説得；確信；信念；信仰.
persuasible [pəːrswéisəbl] 形 説得できる.
persuasive [pəːrswéisiv] 形 口先のうまい.　名 人を納得させる物；動機, 誘因.

204 　－sume, sumpt－＝to take（取る）　● ラテン語 sumere (=to take).

sumptuous [sʌ́m(p)tjuəs] (金をたくさん取る)──→形 高価な；奢侈な, ぜいたくな.
assume [əsjúːm] [**as-**＝**ad-**＝to] (衣服・外観・他人の物・考えなどを取る)──→動 身につける；(任務を)引受ける；ふりをする；横領する；仮定する；出しゃばる.
assuming [əsjúːmiŋ] 形 僭越な, 思い上がった.
assumption [əsʌ́mpʃən] 名 就任；僭取；傲慢；仮定.
consume [kənsjúːm, -súːm] [**con-**＝wholly] (すっかり取り尽す)──→動 用い尽す；食い尽す, 飲み尽す；消費する.
consumer [kənsjúːmər] 名 消費者.
consumption [kənsʌ́mpʃən] 名 消費(高)；消耗；肺結核.
presume [prizjúːm] [**pre-**＝before] (人より先に取る)──→動 あえてする；でしゃばる, つけあがる；(前もって考えを取る)──→推定する；もちろんのことと仮定する.
presumable [prizjúːməbl] 形 予期しうる；ありそうな.
presuming [prizjúːmiŋ] 形 横柄な；でしゃばりの.
presumption [prizʌ́mpʃən] 名 でしゃばり；傲慢；厚顔；仮定；推

測；予期；推定.

presumptuous [prizʌ́mptjuəs] 形 でしゃばりの，僣越な；不遜な.

resume [rizjúːm] [**re-** = back, again] (再び取る)—→動 取り戻す；再開する；摘要を話す.

resumption [rizʌ́m(p)ʃən] 名 取り戻すこと；更に続けること，再開；要約.

resumptive [rizʌ́m(p)tiv] 形 要約する；回復する；再び始める.

205 — surge, — surrect = to rise (上がる)

● ラテン語 surgere (=to rise). 過去分詞形 surrectus.

surge [səːrdʒ] (もり上がる)—→動 (海・感情などが)波のようにおし寄せる；波打つ；渦巻く. 名 大波，うねり；(感情の)動揺.

surgy [sə́ːrdʒi] 形 寄せ波の多い；うねりの高い.

insurgent [insə́ːrdʒənt] [**in-** = upon] (〜におし寄せる)—→形 打ち寄せる，さか巻く；反乱を起こした. 名 暴徒，反乱者.

insurgency [insə́ːrdʒənsi] 名 反乱.

insurrection [ìnsərékʃən] 名 暴動，反乱.

resurge [risə́ːrdʒ] [**re-** = again] (再び立ち上がる)—→動 生き返る；復活する.

resurgent [risə́ːrdʒənt] 形 生き返りの；再起の，復活の. 名 生き返る人；再起者，復活者.

resurgence [risə́ːrdʒəns] 名 再起，復活.

resurrect [rèzərékt] 動 生き返らせる；よみがえる；復活させる，復活する，復興する；死体を掘り出す.

resurrection [rèzərékʃən] 名 [the R〜] キリストの復活；全人類の復活；復興；死体の盗掘.

source [sɔːrs] (湧き上がるもと)—→名 源泉，水源地；源，出所.

resource [risɔ́ːs, -zɔ́ːs] [**re-** = again] (次から次へと湧き上がるもの)—→名 《通例複数》資源；財源；方便；機知；娯楽.

resourceful [risɔ́ːsfəl, -zɔ́ːs-] 形 工夫に富む，機略縦横の；資源に富む.

206　tang—, tact— ＝ to touch（触れる）

🟢 ラテン語 tangere（＝to touch）．過去分詞形 tactus．

tangent [tǽndʒənt]　形 接する；正接の，タンジェントの．名 タンジェント，正接；接線．

tangible [tǽndʒəbl]　形 触れて知覚しうる；明白な；実体的な．名 《複数》有体財産．

tact [tækt]　（触れる手際の妙）──→名 こつ，機転；如才のないこと．

tactics [tǽktiks]　名 戦術；策略，かけひき．

tactile [tǽktail, -til] [-ile 形容詞語尾]　形 触れて感じうる；触覚の．

tactual [tǽktjuəl]　形 触覚の．

contact [kɔ́ntækt] [con- ＝ together]　（共に触れ合う）──→名 接触；《複数》交際．動 接触する，させる．

contagion [kəntéidʒən]　（触れて感染する）──→名 接触伝染；伝染病；社会の悪習．

contagious [kəntéidʒəs]　形 伝染性の；感染する．

contiguous [kəntígjuəs]　形 接触する；隣接する．

contiguity [kɔ̀ntigjúːiti]　名 接触；接近．

contingent [kəntíndʒənt]　（偶然に触れる）──→形 偶発の；不慮の；付随的の．名 不慮の事件，偶発事．

contingency [kəntíndʒənsi]　名 偶発；不慮（の事件）；臨時の費用．

integer [íntidʒər] [in- ＝ not]　（触れられていない──→損われていない）──→名 それ自体で完全なもの；整数．

integral [íntigrəl, intégrəl]　形 完全体の；必要欠くべからざる；整数の；積分の．名 [íntigrəl] 完全体；整数；積分．

integrant [íntigrənt]　形 完全体構成上必須の．名 構成要素．

integrate [íntigreit]　動 完全体にする；合計を示す；積分する．

integration [ìntigréiʃən]　名 総合，統合，保全；積分法．

integrity [intégriti]　名 完全なる状態；保全；廉直．

attain [ətéin] [at- ＝ ad- ＝ to]　（目指した物に手が触れる）──→動 達する，至る；遂げる．

attainment [ətéinmənt]　名 到達；獲得；《複数》学識；芸能．

attaint [ətéint]　（病菌・汚物に触れる）──→動 （病気が）冒す；汚す；公権などを剥奪する．名 汚辱．

taint [teint] 動 汚す, 汚れる; 病毒などに感染させる; 堕落する, させる. 名 汚点; 堕落; 感染; 病毒; 気味.

207 │ －tain, ten－, tin－＝to hold, keep（保つ）

● ラテン語 tenere (=to hold, keep).

tenable [ténəbl, tíːn-] 形 保有しうる; 主張しうる; 守りうる.
tenacious [tinéiʃəs] (しっかり保って離れない)→形 粘り強い; 固執する.
tenacity [tinǽsiti] 名 粘り強さ; 固執.
tenant [ténənt] (保有する人)→名 不動産所有者; 借地人; 居住者. 動 (土地・家屋などを)借用する; 居住する.
tendril [téndril] (しっかりとつかむもの)→名 (植物の)巻きひげ.
tenement [ténimənt] 名 保有物; 借地; 住家; 割貸間.
tenet [tíːnet, té-] (しっかりと保つもの)→名 信条, 教義, 主義, 意見.
tenure [ténjuər] 名 保有地; 保有(権); 保有期間; 借地保有の権利・義務・期間・条件.
tenor [ténər] (含まれているもの)→名 (文書などの)趣旨; テノール, 次中音.
abstain [əbstéin] [**abs-**＝from] (～から手を離す)→動 さし控える, 慎む; 禁酒する.
abstention [æbsténʃən] 名 控えること; 投票棄権.
abstinence [ǽbstinəns] 名 節制; 禁欲; 禁酒.
contain [kəntéin] [**con-**＝with] (～を保つ)→動 容れる; 含む; (内容として)もつ; 抑える.
content [kɔ́ntent, kəntént] 名 内容; 目次; 容量; 容積; 趣意.
[kəntént] (保有しているから嬉しい)→名 満足. 形 満足して. 動 満足させる.
contentment [kənténtmənt] 名 満足.
continent [kɔ́ntinənt] (抑える)→形 節制する; 貞節の. (多くの国々を共に保つ)→名 大陸.
continue [kəntínju(ː)] (～を保ち続ける)→動 続ける, 続く; 継続する; 存続する.
continuity [kɔ̀ntinjú(ː)iti] 名 連続, 継続; 撮影台本.

continuance [kəntínjuəns] 图 連続；存続．

continual [kəntínjuəl] 形 断続的の；頻々たる．

continuous [kəntínjuəs] 形 連続した；とぎれない，間断ない．

countenance [káuntinəns] [**coun-**=**con-**=together] （顔に含まれているもの）—→图 表情，顔(色)；落着き；援助．動 (援助の色を見せる)—→後援する，賛成する．

detain [ditéin] [**de-**=away] （離れた所に保つ）—→動 抑留する；拘禁する；ひきとめる．

detention [diténʃən] 图 抑留；拘禁；遅滞．

entertain [èntərtéin] [**enter-**=among] （中に受け入れる）—→動 客として迎える，歓待する，もてなす；楽しませる；受け入れる．

entertainment [èntərtéinmənt] 图 歓待；慰み，娯楽，演芸．

lieutenant [lefténənt, ljuːténənt] [**lieu**=place] （人に代って場所を保つ人）—→图 副官，代理者；陸軍中尉・少尉；[leténənt] 海軍大尉・中尉．

maintain [mentéin, méin-] [**main-**=**manus**=hand] （手の中に保つ）—→動 保つ，維持する；支持する；主張する．

maintenance [méintinəns] 图 維持；持続；扶養(料)；生計；主張．

obtain [əbtéin] [**ob-**=near] （自身の近くに保つ）—→動 獲得する；行なわれる．

pertain [pəːrtéin] [**per-**=thoroughly] （完全に関係を保つ）—→動 属する；適切である；関係する．

pertinent [pə́ːrtinənt] 形 関係のある，適切な．图 《複数》付属物．

pertinacious [pə̀ːrtinéiʃəs] 形 執拗な；強情な．

retain [ritéin] [**re-**=back] （後方に保つ）—→動 保留する，保持する；雇っておく；心に留めておく．

rein [rein] retain の短縮形．（馬を保ち留めるもの）—→图 手綱；統御．動 手綱で御する．

retention [riténʃən] 图 保有；保持(力)；記憶力；監禁．

retinue [rétinjuː] （後に保つ—→従える）—→图 従者，随行員．

sustain [səstéin] [**sus-**=**sups-**=up] （持ち上げる）—→動 支える，支持する；維持する；堪える；受ける．

sustenance [sʌ́stinəns] 图 生命の維持，生計；食物，糧(か)．

sustentation [sʌ̀stentéiʃən] 图 維持；生計の維持；栄養．

208　−tect＝to cover（おおう）

● ラテン語 tegere (to cover). 過去分詞形 tectus.

detect [ditékt] [**de-**＝away from] (〜からおおいを取り去る)──→ 動 見つける，看破する；探り当てる．

detectaphone [ditéktəfòun] [**-phone**＝sound] (音声を探り当てる)──→名 盗聴器．

detection [ditékʃən] 名 看破，探知；発見．

detective [ditéktiv] (探り出す人)──→名 探偵；刑事．形 探偵の；検出用の．

detector [ditéktər] 名 発見者；探知器，検出器．

protect [prətékt] [**pro-**＝before] (前をおおう)──→動 保護する，防ぐ．

protection [prətékʃən] 名 保護，庇護．

protector [prətéktər] 名 保護者，後援者；保護装置，プロテクター．

tegument [tégjumənt] 名 おおい，外被．

209　temper−＝to moderate（程よくする）

● ラテン語 temperare (＝to moderate, regulate, qualify). ラテン語 tempus (＝time) と関係があり「**時に合わせる**」が原義．

temper [témpər] 動 混合して適度にする，適度になる；和らげる，和らぐ；練る；鍛える；控える．名 ほど合い；落着き；練り，鍛え；気性，気分；かんしゃく．

temperament [témpərəmənt] (人体中の四種の液の割合によって定まると考えられた)──→名 気質，気性；調律．（第2篇18参照）

temperance [témpərəns] (適度に控える)──→名 自制；節制；禁酒．

temperate [témpərit] 形 適度な；穏和な；節制した；温和な，温帯の．

temperature [témpritʃər] 名 温度；体温．

distemper [distémpər] [**dis-**＝apart] (適度でない)──→名 不機嫌；病気；政界の混乱；ジステンパー《犬の病気》．

210 tempor— = time (時)

注 ラテン語 tempus (=time; season, opportunity).

temporal [témpərəl] 形 一時の；現世の，世俗の，浮世の．名《複数》俗事．

temporary [témpəreri] 形 一時限りの，仮の；はかない．

temporize [témpəraiz] （時の動きに合わせる）──→動 世の風潮に従う；ひより見する；時をかせぐ；妥協する．

temporization [tèmpəraizéiʃən] 名 一時しのぎ；ひより見；妥協．

tempest [témpist] （時節がもたらすもの）──→名 暴風雨，嵐；騒動．

contemporary [kəntémpəreri] [**con-**=together] （時を共にする）──→形 同時代の，同年令の．名 同時代[年令]の人．

contemporaneous [kəntèmpəréinjəs] 形 同時的存在の；同時に起こる；同時代の．

extempore [ekstémpəri] [ラテン語 **ex tempore**=at the moment] 形 即席の．副 即席に，準備なしに．

extemporize [ikstémpəraiz] 動 草稿なしに演説する；即座に作曲して演奏する．

211 tempt, tent— = to try (試みる)

注 ラテン語 temptare <tentare (=to handle, touch, try). 「(手で)触れてみてためす」の意．

tempt [tem(p)t] 動 試みる；(心の強さをためす)──→誘惑する，心をそそる．

temptation [tem(p)téiʃən] 名 誘惑，試練．

attempt [ətém(p)t] [**at-**=**ad-**=to] 動 試みる；攻撃する；取ろうとする．名 試み，くわだて；未遂行為．

tentative [téntətiv] 形 試験的の，実験的の；仮の．名 試案；仮説．

tentacle [téntəkl] （ためしに触れるためのもの）──→名 触角，触手；触毛，触糸．

212 | tend—, tens—, tent—=to stretch （のばす，張る）

> ラテン語 tendere (=to stretch, extend). 過去分詞形 tensus, tentus.

tend [tend] （ある方向にのばす）——動 向う；〜になろうとする；〜を生ずる傾向がある；〜にあずかって力ある；（注意をのばす）——世話をする；手入れをする；注意する；仕える．

tendency [téndənsi] （向うこと）——名 傾向；趣向；性向；趨勢．形 傾向的な．

tender [téndər] （よくのびる）——形 柔軟な；もの柔らかな，やさしい，情にもろい；いとけない；敏感な．名 世話をする人．（のばし出す）——動 提出する，提供する；入札する．

tendon [téndən] （ぴんと張っているもの）——名 腱（けん）．

tense [tens] 形 ぴんと張った；緊張した．動 緊張させる，する．

tensile [ténsail, -sil] [-ile 形容詞語尾] 形 伸長しうる；張力の．

tension [ténʃən] 名 緊張；切迫状態；張力；圧力．動 張りつめる．

tent [tent] （張るもの）——名 天幕，テント；居住所．動 天幕に宿る；仮ずまいする．

tenuity [tenjúːiti] （うすくのばした）——名 希薄；繊細；薄弱．

tenuous [ténjuəs] 形 薄い；希薄な；薄弱な．

attend [əténd] [at-=ad-=to] （気を張りめぐらす）——動 注意する；付添う，世話をする，仕える；伴う；出席する．

attendance [əténdəns] 名 出席；列席；供奉．

attendant [əténdənt] 形 付添った；付随した；列席した．名 従者；参会者．

attention [əténʃən] 名 注意；世話；《複数》懇切．

contend [kənténd] [con-=together] （共に張り合う）——動 争う，闘う，論争する；主張する．

contention [kənténʃən] 名 論争；競争；論点．

distend [disténd] [dis-=apart] （張り拡げ分ける）——動 ふくらませる，ふくらむ．

distension [disténʃən] 名 膨脹；ふくれ．

extend [iksténd] [ex-=out] （外に張り拡げる）——動 拡げる，拡大する；延長する；さし出す；努力させる；与える；評価する．

extension [iksténʃən] 名 拡張；延長；伸張；別館；内線電話．形

継ぎ足しの；伸縮自在の；拡張の．

extensive [iksténsiv] 形 広大な；範囲の広い；大規模な；粗放な．

extent [ikstént] 名 広がり，範囲，程度；大きさ；評価；差押え．

intend [inténd] [**in-** =towards] (〜の方に心を張りのばす)──→動
〜するつもりである；〜にしようと思う；意図する．

intended [inténdid] 形 もくろまれた；故意の；予定の．名 婚約者．

intendance [inténdəns] (心を向けること)──→名 監督，管理；経理部．

intense [inténs] (心を集中した)──→形 強烈な；強度の；熱情的な．

intensify [inténsifai] [**-fy**=to make] 動 強化する；強烈になる．

intension [inténʃən] 名 緊張；強度；内包；集約的経営．

intent [intént] 名 意志，意向；目的．形 余念のない，一心不乱の．

intention [inténʃən] 名 意図，意向；概念．

intentional [inténʃənəl] 形 故意の；意図のみの．

ostensible [ɔsténsəbl] [**os-** =**ops-** =before] (前に張りめぐらす)
──→形 表向きの；うわべだけの．

ostentation [ɔ̀stentéiʃən] 名 見え張り．

ostentatious [ɔ̀stentéiʃəs] 形 見えを張った；うわべだけの．

portend [pɔːrténd] [**por-** =towards] (〜に向かってのばす──→指し示す)──→動 〜の前兆になる；予告する．

portent [pɔ́ːrtent] 名 前兆；驚くべき人[物]．

portentous [pɔːrténtəs] 形 凶兆の；驚くべき；非常な．

pretend [priténd] [**pre-**=before] (前に張りひろげる)──→動 ふりをする，装う；口実とする；熱望する；要求する．

pretentious [priténʃəs] 形 見えを張る；もったいぶった；偽りの．

pretence; -se [priténs] 名 見せかけ，ふり，まね，虚偽；口実；主張，要求．

pretension [priténʃən] 名 要求，主張；見せかけ，気取り；口実，かこつけ．

superintend [s(j)ùːpərinténd] [**super-** =above] (上から〜に注意を張りのべる)──→動 監督する；管理する．

superintendence [s(j)ùːpərinténdəns] 名 監督；管理．

superintendent [s(j)ùːpərinténdənt] 名 監督者；管理者；警視．

213 | term-＝boundary (境界, 限界) |

- ラテン語 terminus (＝boundary, bound, limit).

term [təːrm] 名 限界；(時間の限界)——→期限，期間，学期；(限界を示すための)——→条件；《複数》間柄，関係；術語，言葉. 動 名づける.

terminal [tə́ːrminəl] 形 境界の；末端の；終点の；学期の. 名 末端；終着駅；期末試験.

terminate [tə́ːrmineit] (限界で終わりになる)——→動 終わらせる；解除する；限る；終わる. 形 [tə́ːrminit] 有限の

termination [təːrminéiʃən] 名 終結；結末；廃止；満期；末端.

terminology [təːrminɔ́lədʒi] (術語の学問)——→名 術語(学)；用語法.

terminus [tə́ːrminəs] 名 終点，終着駅；到着点，出発点；末端.

conterminous [kɔntə́ːrminəs] [**con-**＝together] (境界を同じくしている)——→形 境界を相接する；同じ広さの.

determine [ditə́ːrmin] [**de-**＝down, fully] (はっきりと限界を定める)——→動 限定する，決定する；決意させる，決心する；期間がきれる，終わる；終わらす.

determination [ditəːrminéiʃən] 名 終結；限定；決定；測定；決意；果断.

exterminate [ekstə́ːrmineit] [**ex-**＝out] (境界の外へ——→無の状態にする)——→動 根絶する，絶滅する.

extermination [ekstəːrminéiʃən] 名 根絶，絶滅.

predeterminate [prìːditə́ːrminit] [**pre-**＝before] (前もって決定された)——→形 前もって定まった，予定の.

predetermination [prìːditəːrminéiʃən] 名 予定；宿命.

214 | terr-＝earth (地) | - ラテン語 terra (＝earth).

terrace [térəs] (高くなった平らな地)——→名 高台，段地；(芝生などの)壇. 動 壇にする.

terraqueous [teréikwiəs] [ラテン語 **aqua**＝water] (地と水の)

――→形 水陸から成る；水陸に生ずる；水陸にわたる．

terrene [teríːn, tériːn] 形 土の；地球の；現世の．

terrestrial [tiréstriəl] 形 地上の；現世の；陸(生)の．名 人間．

territory [téritəri] 名 地域，領土；範囲，分野．

territorial [tèritɔ́ːriəl] 形 領土の；所有地の．

inter [intə́ːr] [**in-**＝into] (地の中へ)――→動 埋葬する．

Mediterranean [mèditəréiniən] [**medi-**＝middle] (地の中の)
――→形 地中海の；陸に囲まれた．名 地中海．

subterranean [sʌ̀btəréiniən] [**sub-**＝under] (地の下の)――→形
地下の，地中の．名 穴居人；地下の洞窟．

---

215 | **test－＝witness** (証拠) | ❶ ラテン語 testis (＝a witness)．

test [test] (語源を異にするが便宜上ここに入れた．原義は「金の性質
などを試すために用いられた土製の壺」)――→名 試験(物)；試金石．
動 試す；(金銀を)分折する，精練する．

testament [téstəmənt] (証拠となるもの)――→名 遺言(状)；(神と人
間の) 契約(書)，旧[新]約聖書．

testamentary [tèstəméntəri] 形 遺言の；旧[新]約聖書の．

testate [téstit, -teit] 形 遺言状による．名 遺言者．

testify [téstifai] [**-fy**＝to make] (証拠となす)――→動 証言する，
証拠となる；表明する．

testimony [téstiməni] 名 証拠，証言；抗議．

attest [ətést] [**at-**＝**ad-**＝to] 動 証拠になる；証明する．

attestation [ætestéiʃən] 名 証明；証拠．

attester, -or [ətéstər] 名 立ち会い証人．

contest [kəntést] [**con-**＝together] (共に証拠を出し合って争う)
――→動 争う，闘う；競う；論争する．名 [kɔ́ntest] 論争；競争；戦
闘．

contestant [kəntéstənt] 名 競争者；戦闘者；(競技会の)参加者．

detest [ditést] [**de-**＝down, fully] (神という十分な証人を呼び出
すことによって悪を呪う)――→動 ひどく嫌う，忌む．

detestable [ditéstəbl] 形 いまわしい．

detestation [dìːtestéiʃən] 名 嫌忌；大嫌いな人[物]．

protest [prətést] [**pro-** =before, publicly] (公衆の前に反対の証拠を示す)——→動 抗議する；主張する，言明する．名 [próutest] 抗議；拒絶証書．

protestant [prótistənt] 名 抗議者；(P-) プロテスタント．形 異議を申し立てる；(P-) プロテスタントの．

protestation [pròutistéiʃən] 名 抗議；異議の断言．

216 | text- =to weave (織る)
注 ラテン語 **texere** (=to weave).

text [tekst] (編み織られた)——→名 字句；本文，原本；刊本．

textile [tékstail, -til] 形 織物の．名 《複数》織物(の原料)．

texture [tékstʃər] 名 織地；組織；構造；性格．

textural [tékstʃərəl] 形 織地の；組織上の．

context [kóntekst] [**con-** =together] (本文を共にする)——→名 文脈，前後の関係．

contexture [kəntékstʃər] (共に織る)——→名 織り合わすこと；構造．

pretext [príːtekst] [**pre-** =before] (目の前で言葉を織り編む)——→名 口実；かこつけ．

subtle [sʌ́tl] [**sub-** =beneath, closely] (織りの細かい)——→形 微妙な；捕捉しがたい；鋭敏な；巧妙な；陰険な．

subtlety [sʌ́tlti] 名 鋭敏；精妙；巧妙；陰険．

tissue [tísjuː, tíʃ(j)uː] 名 織物；組織．

217 | tort- =to twist (ねじる)
注 ラテン語 **torquere** (=to twist). 過去分詞形 **tortus**.

torsion [tɔ́ːrʃən] 名 ねじれ，よじれ．

torture [tɔ́ːrtʃə] (身体をねじり責める)——→名 責苦；拷問；苦痛，苦悩；圧迫．動 拷問にかける；苦痛を与える；ねじ曲げる；曲解する．

torturous [tɔ́ːrtʃərəs] 形 拷問の，苦しい．

tortuous [tɔ́ːrtjuəs] 形 ねじくれ曲った，ひねくれた，不正の；遠回しの．

tortoise [tɔ́ːrtəs, -tis] (足のねじくれた動物)——→名 かめ；べっこう．

torment [tɔ́ːrment] 名 責苦；地獄の刑罰；苦悩(のもと)．
　　動 [tɔːrmént] 拷問にかける；苦悩を与える；ねじ曲げる．

torch [tɔ:rtʃ] （麻をよじって瀝青に浸したもの）——→图 松明(たいまつ)；啓蒙.

contort [kəntɔ́:rt] [**con**-=together]　（共にねじる）——→動 ねじる；ゆがめる；曲解する.

contortion [kəntɔ́:rʃən]　图 ねじること；ゆがみ.

distort [distɔ́:rt] [**dis**-=apart]　動 ゆがめる；曲げる.

distortion [distɔ́:rʃən]　图 ゆがめること；ゆがみ；音のひずみ.

distortionist [distɔ́rʃənist]=contortionist.　图 漫画家；曲芸師.

extort [ikstɔ́:rt] [**ex**-=out]　（ねじり出す）——→動 ゆする；ねだって取る，強要する；こじつける.

extortion [ikstɔ́:rʃən]　图 強請，強要；強奪(物)，搾取.

retort [ritɔ́:rt] [**re**-=back]　（ねじり返す）——→動 仕返しをする；言い返す；さかねじを食わす. 图 さかねじ；しっぺい返し；激しい返答.

retortion [ritɔ́:rʃən]　图 そり返り；反射；報復.

218　tour—, torn—=to turn (回る)

　🈑　ラテン語 tornare (=to turn); tornus (=a lathe 旋盤).

tour [tuər]　图 回遊；観光旅行. 動 回遊する；巡業する.

tourist [túərist]　图 観光客.

tournament [túərnəmənt, tɔ́:n-]　（馬がすばやく向きを変える）——→图 馬上試合；勝抜き試合，トーナメント.

attorney [ətə́:rni] [**at**-=**ad**-=to]　（代りになる人）——→图 代理人；弁護士.

contour [kɔ́ntuər] [**con**-=together]　（共に回る）——→图 輪廓；概観，形勢. 動 等高線を描く.

detour [déituər, deitúər] [**de**-=away]　（離れて回る）——→图 遠回り，回り路. 動 迂回する.

219　tract—, treat—=to draw (引く)

　🈑　ラテン語 trahere (=to draw). 過去分詞形 **tractus.**

trace [treis]　（引いた跡をたどる）——→動 跡をたどる；由来をたどる；図面を引く；文字を書く. 图 足跡；痕跡；形跡；線，図形；(牛馬

を車につなぐ)引き革.

track [træk]　图 足跡；わだち；船跡；踏みならした路；進路；方針；慣習；軌道；競走路. 動 路をつける；追跡する.

tract [trækt]　(たどる範囲)——图 時間・空間のひろがり；地域, 区域；(宗教上・政治上の問題を論じた宣伝用の)小冊子.

tractable [træktəbl]　(引っぱり回し得る)——形 従順な；御し易い.

traction [trækʃən]　(引くこと)——图 牽引(力)；牽引車.

tractor [træktər]　图 牽引車, トラクター.

trail [treil]　動 引く, 引きずる；跡をつける；長びく. 图 引くもの；引かれた跡；引くこと.

trailer [treilər]　图 引く人[物]；追跡者；トレーラー；予告篇.

train [trein]　(人を引っぱる)——動 養成する；訓練する；修業する, 鍛錬する. (引っぱるもの)——图 裳裾, 列；導火線；列車.

trait [trei, treit]　(引いた線)——图 短い線；筆づかい；顔立ち；特性, 特質；特色, 気味.

treat [triːt]　(問題・人・事柄を引きまわす)——動 論ずる；扱う；もてなす；処理する；治療する. 图 もてなし.

treatment [triːtmənt]　图 待遇；治療；処理；論述.

treatise [triːtiz, -tis]　(論述したもの)——图 論文.

treaty [triːti]　图 条約；約定.

abstract [æbstrǽkt] [**abs-** =from]　(~から引き去る)——動 取り去る；抽象する；摘要する；抜粋する. [ǽbstrækt] 形 抽象的の；観念上の. 图 抽象；摘要, 抜粋.

abstraction [æbstrǽkʃən]　图 抽象(観念)；放心.

attract [ətrǽkt] [**at-** =**ad-** =to]　(引きつける)——動 興味・注意を引く.

attraction [ətrǽkʃən]　图 吸引；引力；呼びもの, アトラクション.

attractive [ətrǽktiv]　形 人目を引く；心をそそる, 魅力的な.

contract [kəntrǽkt] [**con-** =together]　(共に引き合う)——動 契約する；婚約する；(病気に)かかる；収縮する；制限する. 图 [kɔ́ntrækt] 契約, 婚約.

contractile [kəntrǽktail, -til]　形 縮める；縮まる.

contraction [kəntrǽkʃən]　图 収縮；縮小；(負債・病気・習慣を)負うこと.

detract [ditrǽkt] [**de-** =away]　(引き去る)——動 (声望などを)減

ずる.

detraction [ditrǽkʃən] 名 減損；悪口.

distract [distrǽkt] [**dis-** =apart] (別の方向に引く)──→動 (注意心などを)他に向けさせる；惑乱させる；気を狂わす；途方にくれさせる.

distraction [distrǽkʃən] 名 気晴らし；混乱；狂乱.

extract [ikstrǽkt] [**ex-** =out] (引き抜く)──→動 抜く；抜粋する；引き出す；抽出する. 名 [ékstrækt] 抜粋(文)；抽出；精，エキス.

protract [prətrǽkt] [**pro-** =forth] (前の方へ引きのばす)──→動 長びかす；拡げる.

retract [ritrǽkt] [**re-** =back] (後へ引く)──→動 引き戻す；ひっ込ませる；ひっ込む；撤回する，取り消す.

retractable [ritrǽktəbl] 形 撤回し得る；伸縮自在の.

retractility [rìːtræktíliti] 名 ひっ込ませ得ること；伸縮自在.

retraction [ritrǽkʃən] 名 取り消し；撤回；ひっ込ますこと.

subtract [səbtrǽkt] [**sub-** =under] (引き下げる)──→動 減ずる.

subtraction [səbtrǽkʃən] 名 控除；減法.

entreat [intríːt] [**en-** =in] (人の心を引き入れる)──→動 懇願する，切に請う.

entreaty [intríːti] 名 懇願，哀願.

maltreat [mæltríːt] [**mal-** =badly] (悪く扱う)──→動 虐待する，酷使する.

portray [pɔːrtréi] [**por-** =forward] (線を引く──→描き進める)──→動 肖像を描く；描写する.

portrait [pɔ́ːrtrit] 名 肖像画[写真]；人物描写.

retreat [ritríːt] [**re-** =back] (後へ引く)──→動 後退する；隠退する；撤回する；へこむ. 名 後退，退却；隠遁(所)；避難所.

220 | tribut- =to pay (払う), bestow (与える)

注 ラテン語 tribuere (=to assign, pay, bestow). 過去分詞形 tributus.

tribute [tríbjuːt] (贈与するもの)──→名 貢；賛辞；捧げ物.

tributary [tríbjutəri] 形 貢を納める；従属する；支流の. 名 属国；支流.

attribute [ətríbju(ː)t] [**at-**=**ad-**=to] (～に属させる)――→動 (性質・原因など)～にありとする, 帰する. 名 [ǽtribjuːt] 属性；特性；特質；持ち物.

attribution [æ̀tribjúːʃən] 名 帰すること；帰因；属性；職権.

attributive [ətríbjutiv] 形 属性の；限定的. 名 限定詞.

contribute [kəntríbjuːt] [**con-**=together] (分け前を与える)――→動 寄付する；寄稿する；寄与する；貢献する.

contribution [kɔ̀ntribjúːʃən] 名 寄付；寄稿；寄与；貢献.

distribute [distríbju(ː)t] [**dis-**=apart] (分ち与える)――→動 分配する；分布する；区分する；配電する.

distribution [dìstribjúːʃən] 名 分配；分布；区分；配電.

retribution [rètribjúːʃən] [**re-**=back] (返し与える)――→名 応報；報復；罰；報酬.

retributive [ritríbjutiv], **-tory** [-təri] 形 因果応報の.

221 | trud—, trus—=to thrust, push (押す) |

❸ ラテン語 **trudere** (=to thrust, push, urge). 過去分詞形 **trusus.**

abstruse [æbstrúːs] [**abs-**=away] (どこかへ押しやる――→隠されてはっきりしない)――→形 難解な；玄妙な.

detrude [ditrúːd] [**de-**=down] (押し倒す)――→動 打ち倒す；押し出す；投げ捨てる.

extrude [ekstrúːd] [**ex-**=out] (外に押し出す)――→動 押し出す；突き出る.

extrusion [ekstrúːʒən] 名 押し出すこと.

intrude [intrúːd] [**in-**=into] (押し入れる)――→動 突き込む；無理に押しつける；侵入する；闖入する.

intruder [intrúːdə] 名 侵入者, 乱入者；邪魔者.

intrusion [intrúːʒən] 名 押しつけ；侵入, 乱入.

obtrude [əbtrúːd] [**ob-**=against] (押しかかる)――→動 押しつける；無理に突き出す；でしゃばる.

obtrusion [əbtrúːʒən] 名 押しつけ；でしゃばり.

obtrusive [əbtrúːsiv] 形 突き出て邪魔になる；出過ぎた.

obtrusiveness [əbtrúːsivnis] 名 でしゃばること；厚かましさ.

protrude [prətrúːd] [**pro-**=forth] (前方に突き出す)――→動 突き

出す, 突き出る; でしゃばる.
protrudent [prətrúːdənt] 形 突き出た.
protrusion [prətrúːʒən] 名 突き出し; 突出部.
threat [θret] (押し迫る)——名 おどし, 脅迫; 脅かつ; 脅威; 凶兆.
threaten [θrétn] 動 おびやかす; 脅迫する; 威嚇する; 凶兆を示す.
thrust [θrʌst] 動 強く押す, 突込む. 名 急な押し; 襲撃, 攻撃.

222 | turb— = to disturb (乱す)

注 ラテン語 turbare (=to disturb); turba (=a crowd). 「**群集を散らす**」が原義.

turbid [tə́ːrbid] 形 混乱した; 濁った; (煙などの)濃い.
turbidity [təːrbíditi] 名 混乱; 濁り.
turbulent [tə́ːrbjulənt] 形 騒々しい; 騒擾をひき起す; 荒れ狂う.
turbulence [tə́ːrbjuləns], **-ency** [ənsi] 名 騒乱; 狂暴; 大荒れ.
disturb [distə́ːrb] [**dis-** =apart] (群集を散らす)——動 かき乱す; 妨害する; 邪魔する.
disturbance [distə́ːrbəns] 名 動揺, 動乱, 擾乱; 妨害.
perturb [pərtə́ːrb] [**per-** =thoroughly] (すっかりかき乱す)——動 (安静などを)大いにかき乱す; 混乱に陥らせる.
perturbation [pèːrtəːrbéiʃən] 名 混乱; 動揺; 不安; 摂動.
trouble [trʌ́bl] 動 乱す; 悩ます; 苦しませる; 困らせる; 面倒をかける; 心配する; 骨を折る. 名 悩み; 心配; 苦労; 難儀; 面倒; 動乱.
troublesome [trʌ́blsəm] 形 悩ましい; わずらわしい; 厄介な; 骨の折れる.
troublous [trʌ́bləs] 形 面倒な; (海など)荒れ立った; 騒がしい; 動乱の; 不安な.

223 | us—, uti— = to use (使用する, 利用する)

注 ラテン語 uti (=to use). 過去分詞形 usus.

use [juːz] 動 使用する, 利用する, 用いる; 実行する. 名 [juːs] 使用, 利用; 常習; 慣習; 用途; 益; 必要.

usage [júːzidʒ, -sidʒ] 名 使用；慣用；慣例；待遇.

usance [júːzəns] 名 慣習；利子；為替手形支払慣例期限.

useful [júːsful] 形 有用な, 有益な, 役に立つ.

useless [júːslis] 形 無用な, 無益な, 役に立たない.

usual [júːʒuəl] (いつも使用する)—→形 通例の, いつもの.

usurp [juːzə́ːrp] (自分が使用するために取る)—→動 横領する；強奪する；侵害する.

usurpation [jùːzəːrpéiʃən] 名 横領, 強奪；侵害.

usury [júːʒuri, -ʒəri] (金の利用が生ずる莫大な利子)—→名 高利貸；金貸業.

usurer [júːʒərər] 名 高利貸；金貸業者.

usurious [juːzjúəriəs] 形 高利の；高利貸の.

utensil [ju(ː)ténsl] (日常使用するもの)—→名 器具；什器.

utilize [júːtilaiz] 動 利用する.

utility [ju(ː)tíliti] 名 有用；効用；実益；功利.

utilitarian [jùːtilitéəriən] 名 功利主義者. 形 功利主義の；実用の.

abuse [əbjúːz] [**ab-** =from] (正しい用法からはずれる)—→動 乱用する；悪用する；虐待する. 名 [əbjúːs] 乱用；悪用；悪弊；悪口.

abusive [əbjúːsiv] 形 口ぎたない.

peruse [pərúːz] [**per-** =through] (本を用い通す)—→動 通読する；精読する.

perusal [pərúːzəl] 名 通読；精読；吟味.

224 | vac—, van—, void— =empty (空(から)の)

🔹 ラテン語 vacuus (=empty, void); vanus (=empty).

vacant [véikənt] 形 空の；欠員の；欠如した；ひまな；ぼんやりした.

vacancy [véikənsi] 名 空位, 欠員；空虚；放心状態.

vacate [vəkéit, veikéit] (空にする)—→動 空位にする；無効にする；辞職する；立ちのく；休暇をとる.

vacation [vəkéiʃən] 名 休暇；辞職；空位. 動 休暇をとる.

vacuum [vǽkjuəm] 名 真空；空虚.

vacuity [vækjúl(ː)iti] 名 空虚；空所；茫然自失.

vacuous [vǽkjuəs] 形 空虚の；真空の；ぼんやりした；無意味の；仕事のない.

evacuate [ivǽkjueit] [**e-**=**ex-**=out] （空にする）——→動 撤収する；疎開する；排出する；排泄する.

evacuation [ivækjuéiʃən] 名 撤収；排泄(物)；からにすること.

vain [vein] （中味のない）——→形 無益な；空しい，虚栄の. 名 無益.

vanity [vǽniti] 名 空しさ，空しいもの；虚栄(心).

vanish [vǽniʃ] （空になる）——→動 消えうせる；消滅する；零になる.

vanishing [vǽniʃiŋ] 名 消失；消音. 形 消え失せる；零になる.

evanesce [iːvənés, èv-] [**e-**=**ex-**=out] （外に出して空にする）——→動 消えて見えなくなる；消失する.

evanescent [iːvənésnt, èv-] 形 消えやすい，束の間の，はかない.

void [vɔid] 形 空位の，欠員の，空席の；無益な；無効の；～のない. 名 欠如；空虚，真空；空所. 動 空にする；無効にする；排出する.

voidance [vɔ́idəns] 名 空位，欠員；放逐；無効にすること.

avoid [əvɔ́id] [**a-**=**ex-**=out] （外に出て空にする）——→動 避ける；無効にする.

avoidance [əvɔ́idəns] 名 回避；空位，欠員；廃棄.

devoid [divɔ́id] [**de-**=**dis-**=apart] （取り去って空になっている）——→形 欠如した.

inevitable [inévitəbl] [**in-**=not；**e-**=**ex-**=out] 形 避け難い，不可避の；免れ難い.

225 —vade=to go（行く） ◆ ラテン語 vadere（=to go）.

evade [ivéid] [**e-**=**ex-**=out] （避けて外に出る）——→動 避ける，回避する，免れる.

evasion [ivéiʒən] 名 回避，逃避；遁辞，言い抜け.

invade [invéid] [**in-**=into] （入って行く）——→動 攻め入る，侵入する；侵害する；襲う.

invasion [invéiʒən] 名 侵入；侵害.

pervade [pəːrvéid] [**per-**=through] （ずっと行きわたる）——→動 行きわたる，普及する；滲透する.

pervasion [pəːrvéiʒən] 名 普及；滲透.

pervasive [pəːrvéisiv] 形 普及力ある；滲透性の.

wade [weid] (特に水の中を行く)──→動 徒渉する；骨折って通る. 図 徒渉(場).

waddle [wɔ́dl] 動 よたよた歩く. 図 よたよた歩き.

226 vaga—=to wander (さまよう)   注 ラテン語 vagari (=to wander).

vagabond [vǽgəbənd] 形 放浪する, 浮浪する. 図 放浪者, 浮浪者. 動 放浪する, 浮浪する.

vagary [véigəri, vəgɛ́əri] (気持のうろつき)──→図 気まぐれ, 酔狂, 奇行.

vagarious [vəgɛ́əriəs] 形 気まぐれな, 突飛な, 奇抜な.

vagrant [véigrənt] 図 放浪者, 浮浪者. 形 浮浪する；さすらいの；変わりやすい, 気まぐれな；浮浪者の.

vague [veig] (さまよう──→定まらない)──→形 漠然とした, 明確でない；ぼんやりした, あいまいな. 図 漠然とした状態.

extravagant [ikstrǽvigənt] [**extra-**=beyond] (限度を越えてさまよう)──→形 度を越えた, 途方もない；無茶な, 無法な；ぜいたくな, 奢侈な.

extravagance [ikstrǽvigəns] 図 ぜいたく, 浪費, 散財；無節制, 放縦, 乱行；途方もない考え.

extravaganza [ekstrævəgǽnzə] 図 狂想曲[劇]；狂態.

227 val—, —vail=strong (強い), worth (価値ある)

注 ラテン語 **valere** (=to be strong, to be worth).

valiant [vǽljənt] (強く勇ましい)──→形 剛勇の, 勇敢な. 図 勇士.

valid [vǽlid] (効力のある)──→形 有効な；立派な根拠のある；身体の強健な.

validity [vəlíditi] 図 有効性, 効力；価値.

validate [vǽlideit] 動 法律上有効にする；有効と認める；確証する.

validation [væ̀lidéiʃən] 図 法律上有効にすること；確認, 確証.

valo(u)r [vǽlər] 図 剛勇, 勇気；勇士.

value [vǽljuː] 図 価値；値打；尊重. 動 評価する；尊重する.

valuable [vǽljuəbl] 形 価値のある, 値打のある；貴重な. 図 《複数》有価物.

valuation [vǽljuéiʃən] 图 評価, 見積価格;品定め.
avail [əvéil] [**a-**=**ad-**=to] (価値を与える)──→動 益する;利用する. 图 益.
available [əvéiləbl] 形 役立てうる, 利用しうる;有効な.
countervail [káuntərveil] [**counter-**=**contra-**=against] (対抗する強さ)──→動 匹敵する;償う.
evaluate [ivǽljueit] [**e-**=**ex-**=out] (価値を見出す)──→動 評価する;鑑定する.
equivalent [ikwívələnt] [**equi-**=equal] (価値が等しい)──→形 等値の;同意義の;相当する. 图 等値物;等量;同意義の語.
invalid [ínvəli:d] [**in-**=not] (強くない)──→形 病弱の;廃疾の. 图 病人;廃兵. 動 [ínvəli:d] 傷病によって床につく;廃兵に編入する. 形 [invǽlid] 無効の;役に立たない.
prevail [privéil] [**pre-**=before, excessively] (強すぎる)──→動 勝つ;優勢をしめる;行きわたる.
prevalent [prévələnt] 形 有効な;優勢な;広く流行している.
prevalence [prévələns] **-ency** [-ənsi] 图 優勢;有効;流行;流布;普及.

228 │ −velop=to wrap (包む)

● ラテン語 **veloper** (=to wrap up).

develop [divéləp] [**de-**=**dis-**=apart] (包みをひろげる)──→動 発展させる[する], 発達させる[する];開発する;展開する;現像する.
development [divéləpmənt] 图 発達;成長;進展;開発;発展, 展開;現像.
envelop [invéləp] [**en-**=in] (包みこむ)──→動 包む, おおう, 囲む.
envelope [énvəloup] (包むもの)──→图 封筒;包み, おおい;外皮.
envelopment [invéləpmənt] 图 封じること, 包むこと;包囲;包み, 包み紙.

229 | ven—, vent— = to come (来る) | 🔵 ラテン語 venire (=to come).

advent [ǽdvənt] [**ad-**=to] (来ること)──→图 (A-) キリストの降臨；到来.

adventive [ədvéntiv] (外からやって来た)──→形 (動植物など) 外来の. 图 外来の動植物.

adventure [ədvéntʃər] (危険な場所にやって来る)──→图 冒険；意外な出来事；投機. 動 冒険する；賭する.

venture [véntʃər] adventure の短縮語.

adventurous [ədvéntʃərəs] 形 冒険的な；大胆な.

convene [kənví:n] [**con-**=together] (共に集まり来る)──→動 集める，集まる；召集する；召喚する.

convention [kənvénʃən] 图 召集；会合；協定；慣習；因習.

conventional [kənvénʃənəl] 形 会合の；協定の；慣習の；因習の；月なみの.

convenient [kənví:niənt] (共に集まれば何かと便利)──→形 便利な；都合のよい.

convenience [kənví:niəns] 图 便宜，便利；好都合；便利な道具，設備.

event [ivént] [**e-**=**ex-**= out] (起こり来るもの)──→图 出来事，事件（の発生）；結果，成果.

eventual [ivéntjuəl] 形 将来起こるべき；結局の.

eventuate [ivéntjueit] 動 ～の結果になる，結局～に終わる.

invent [invént] [**in-**=upon] (ある物の上にやって来る──→思いつく)──→動 創案する；発明する；(口実などを)作り出す.

invention [invénʃən] 图 発明（の才）；案出；策略；新工夫；作り話.

prevent [pri:vént] [**pre-**=before] (前に来て行手をはばむ)──→動 妨げる；未然に防ぐ；予防する.

prevention [privénʃən] 图 妨害；阻止；予防（法）.

preventive [privéntiv] 形 予防の. 图 予防策；妨害；予防薬.

intervene [intə(:)rví:n] [**inter-**=between] (間に来る)──→動 間に来る；介入する，干渉する；介在する；調停する.

intervention [intə(:)rvénʃən] 图 介入，干渉；調停.

supervene [s(j)ù:pərví:n] [**super-**=over, upon] (上に付随して来る)──→動 付随して起こる；続発する；併発する.

supervention [s(j)ù:pərvénʃən] 名 付随；続発；併発.
avenue [ǽvinjuː] [**a-** =**ad-** =to] （〜に来る道）──名 近づく道, 通路；並木道；大通り.
revenue [révinjuː] [**re-** =back] （再び戻って来る金）──名 定時収入；財源；歳入.
souvenir [súːvəniər, sùːvəníər] [**sou-** =**sub-** =under, near] （心に近く来る──想い出す）──名 みやげ；記念品；かたみ.

230　ver-＝true（真なる）　ラテン語 verus（=true）.

very [véri] 形 正真正銘の；全くの；正にその. 副 非常に；全く.
verify [vérifai] [**-fy**＝to make]（真なることを示す）──動 立証する；宣誓して証言する；確かめる.
verily [vérili] 副 真に；実際に.
verisimilitude [vèrisimílitjuːd] [**-simil-**＝like]（本当のように見えること）──名 迫真性；真らしく見えるもの.
verity [vériti] 名 真；真実；真理；実際.
veritable [véritəbl] 形 正真正銘の；真物の.
veracious [veréiʃəs] 形 常に真実を語る；誠実な；真実の.
veracity [verǽsiti] 名 誠実；真実.
verdict [vəˊːrdikt] [**-dict**＝saying]（真実の言葉）──名 陪審員の評決；判決；決定；裁決.
aver [əvəˊːr] [**a-**＝**ad-**＝to] 動 確言する；証言する.

231　vers-, vert-＝to turn（回る，変える，向く）

ラテン語 vertere（=to turn）. 過去分詞形 versus.

verse [vəːrs]（新しく行を変える）──名 詩の行；聖書の節；詩の一節；韻文. 動 詩を作る.
versed [vəːrst] 形 韻文の；（〜に自分自身をよく向けている）──精通した，通暁した.
versify [vəˊːrsifai] [**-fy**＝to make] 動 詩を作る；韻文にする.
versification [vəˊːrsifikéiʃən] 名 詩作；作詩法；詩形, 韻律.
version [vəˊːrʃən]（他の国語に転ずる）──名 翻訳；陳述；変形；胎児転位手術.

versatile [vɚ́ːrsətail, -til] [**-ile** 形容詞語尾] 形 変りやすい；多才の，多方面の．

vertex [vɚ́ːrteks] （上昇したものが下方に向きを変える点）—→名 頂点；天頂；頂．

vertical [vɚ́ːrtikəl] 形 天頂の，天頂にある；（頂点からまっすぐ下に）—→垂直の，直立した．名 垂直線，垂直面．

vertigo [vɚ́ːrtigou, vəːrtáigou] （目が回る）—→名 めまい；旋回；混乱．

vortex [vɔ́ːrteks] （回るもの）—→名 渦(巻)；旋風；興奮，歓楽．

adverse [ǽdvəːrs, ədvɚ́ːrs] [**ad-** = to] （～に対して向きなおる）—→形 逆の；反対の；不運な．

adversary [ǽdvərsəri] （反対する者）—→名 敵；反対者；(A-) 悪魔王．

adversity [ədvɚ́ːrsiti] 名 逆境；不運．

advert [ədvɚ́ːrt]（～に注意を向ける）—→動 ～に注意などを向ける；言及する．

advertise, -tize [ǽdvərtaiz] （～に人々の注意を向ける）—→動 知らせる；広告する；披露する．

advertisement, -tize- [ədvɚ́ːrtismənt, ǽdvərtáiz-, ədvɚ́ːrtiz-] 名 広告；披露．

animadvert [ǽnimædvɚ́ːrt] [**anim-** = mind] （心を向ける）—→動 批評を加える；非難する．

anniversary [ǽnivɚ́ːrsəri] [**anni-** = year] （年毎にめぐってくる）—→名 記念日；記念祭．

avert [əvɚ́ːrt] [**a-** = **abs-** = **away**] （他に向ける）—→動 そらす；回避する．

averse [əvɚ́ːrs] （回避する態度）—→形 嫌いな．

aversion [əvɚ́ːrʃən] 名 嫌悪；嫌いなもの．

controvert [kɔ́ntrəvəːrt] [**contro-** = against] （反対して向く）—→動 論争する；論駁する．

controversy [kɔ́ntrəvəːrsi] 名 論争；論戦．

controversial [kɔ̀ntrəvɚ́ːrʃəl] 形 論争の；議論のある；論争好きの．

converse [kənvɚ́ːrs] [**con-** = together] （共に向き合う）—→動 親しく交わる，談話する．[kɔ́nvəːrs] 名 談話；心霊の交わり．（共に変わり合う）—→形 あべこべの．名 倒逆．

conversant [kənvə́:rsənt, kɔ́nvərsənt] 形 親しく交わって；関係して；精通して；熟知して.

conversation [kɔ̀nvərséiʃən] 图 交わり；談話，会話；談義.

convert [kənvə́:rt] (共に変える)─→動 変換する；改宗させる；変形させる. 图 [kɔ́nvə:rt] 改宗者；改説者.

convertible [kənvə́:rtəbl] 形 転換しうる；改宗しうる；兌換しうる.

conversion [kənvə́:rʃən] 图 転換；変換；換位；改宗；回心.

diverse [daivə́:rs, dáivə:rs] [**di-** = **dis-** = apart] (別々に離れて向く)─→形 様々に変化する；性質を異にする.

diversify [daivə́:rsifai] [**-fy** = to make] 動 種々様々に変化させる.

diversity [daivə́:rsiti; di-] 图 多種多様.

divert [daivə́:rt, di-] (離れて他に向ける)─→動 脇にそらす；回避する；(心を) 他に転じさせる；気を紛らす.

diversion [daivə́:rʃən, di-] 图 脇にそらすこと；まやかし；うさはらし，娯楽.

divorce [divɔ́:rs] (妻を他に向ける)─→图 動 離婚 (する)，分離 (する).

evert [ivə́:rt] [**e-** = **ex-** = out] (外に向ける)─→動 めくり返す；外翻させる.

introvert [ìntrouvə́:rt] [**intro-** = within] (内に向ける)─→動 (心などを) 内に向ける；内翻させる. 图 [íntrouvə:rt] 内向型の人；内翻器官.

introversion [ìntrouvə́:rʃən] 图 内向 (型)；内翻.

invert [invə́:rt] [**in-** = up] (下を上に向ける)─→動 転倒する；逆にする；転化する.

inverse [invə́:rs, ínvə:rs] 形 逆の. 图 逆；反比例；逆命題.

inversion [invə́:rʃən] 图 転倒；倒置法；比の転換.

malversation [mæ̀lvə:rséiʃən] [**mal-** = badly] (悪く身を回す)─→图 汚職.

obvert [ɔbvə́:rt] [**ob-** = towards] (～の方に向く)─→動 ～に表を向ける；換質する.

obverse [ɔ́bvə:rs] (表を向け合う)─→形 相対する；他に符合する. 图 貨幣などの表面；前面.

obversion [ɔbvə́:rʃən] 图 表向き；換質法.

pervert[pərvə́ːrt][**per-**＝thoroughly] （正しい道にすっかり背を向けさす）——動 堕落させる；邪道に導く；曲解する；こじつける．
图 [pə́ːrvəːrt] 背教者；変節者；性欲倒錯者．

perversion [pərvə́ːrʃən] 图 堕落；曲解；背教．

perverse [pərvə́ːrs] 形 ひねくれた，つむじ曲りの，強情な；よこしまな．

perversity[pərvə́ːrsiti] 图 つむじ曲り；強情．

revert [rivə́ːrt] [**re-**＝back] （元に戻る）——動 復帰する；立ち返る；回想する．

reversion [rivə́ːrʃən] 图 復帰(財産相続権)；逆戻り；先祖返り．

reverse [rivə́ːrs] （後に向ける）——形 逆の；裏の．图 逆；裏面；非運，逆運．動 逆にする；裏返す；逆行させる；取り消す．

reversal [rivə́ːrsəl] 图 逆，逆にすること；取り消し．

subvert [sʌbvə́ːrt][**sub-**＝under] （下からひっくり返す）——動 動揺させる；くつがえす；転覆させる．

subversion [sʌbvə́ːrʃən] 图 動揺；転覆．

tergiversation[təːrdʒivəːrséiʃən][**tergi-**＝the back「背中」]
（背中を向ける）——图 変節，脱党；ごまかし，言いのがれ．

transverse[trǽnzvəːrs][**trans-**＝across] （まっすぐ横に向く）——
形 横の．图 横断物；横軸；横筋．

transversal [trænzvə́ːrsəl] 形 横切る；横断する．图 横断線；横筋．

traverse [trǽvə(ː)rs] [**tra-**＝**trans-**＝across] 動 横切る；あちこち往き来する；横に回転させる；頓挫させる．图 横断(路)；横木．

universe [júːnivəːrs] [**uni-**＝one] （万物が一つにまとまっている）
——图 宇宙，全世界；森羅万象；全人類．

universal [jùːnivə́ːrsəl] 形 一般の；宇宙の；全体の；多方面の；博識の；普遍的の．

university [jùːnivə́ːrsiti] （いくつかの学部が一つにまとまっている）
——图 大学．

232 | **vi－, －voy＝way**(道) | ❸ ラテン語 via (＝a way)．

via [váiə] 图 道．前 ～経由で(＝by way of)．

voyage [vɔ́idʒ, vɔ́iidʒ] （道を行く）——图 旅；航海；人の一生．動 旅行する；航海する．

convey [kənvéi] [**con-**=together] (道を共にする)──→動 運搬する；伝達する；譲渡する.

conveyance [kənvé(i)əns] 名 運搬；伝達；輸送機関；譲渡(証書).

convoy [kɔ́nvɔi] (道を共にする)──→動 名 護送(する)；警護(する).

deviation [dìːviéiʃən] [**de-**=away from] (道から離れる)──→名 脱線；逸脱度；偏差；航路変更；誤差.

devious [díːviəs] (道から離れている)──→形 正路を逸した；迂回した；辺鄙な.

envoy [énvɔi] [**en-**=on] (道の上におく──→派遣する)──→名 特命全権公使；使節，使者；あと書き.

invoice [ínvɔis] [**in-**=on] (道の上におく──→送る)──→名 動 送状(を作成する).

obviate [ɔ́bvieit] [**ob-**=against] (道でぶつかる──→通さない)──→動 未然に防ぐ；(危険，障害などを)取り除く.

obvious [ɔ́biəs] [**ob-**=near] (路上近くに横たわる──→人の目につく)──→形 明白な；一目瞭然たる.

pervious [pə́ːrviəs] [**per-**=through] (道を通り抜ける)──→形 通過し得る；透過する；明瞭な.

previous [príːviəs] [**pre-**=before] (前の道を行く)──→形 以前の；前述の.

trivial [tríviəl] [**tri-**=three] (三本道──→買物帰りの女達が出会って立ち話に興じる所──→話の内容が概してつまらない)──→形 つまらない；ささいな，平凡な，日常の. 名《複数》ささいな事柄.

233 | vid—, vis—=to see (見る) | 注 ラテン語 videre (=to see). 過去分詞形 visus.

visage [vízidʒ] (見かけ)──→名 顔；容貌；太陽または月の面；外観.

visible [vízəbl] 形 目に見える；明白な. 名 目に見えるもの.

vision [víʒən] (目に見えるもの)──→名 幻；直観；夢想；視力；光景. 動 幻に見る；見る.

visit [vízit] (見に行く)──→動 訪れる；視察する；苦しませる，悩ます；罰する. 名 訪問；往診；臨検.

visitation [vìzitéiʃən] 名 視察；検査；訪問；応報；襲来.

vista [vístə] 名 見通し；並木道.

visual [víʒuəl, víziuəl] 形 視力の，視覚の；目に見える；心に描いた.

visualize [vízjuəlaiz, vízu-] 動 目に見えるようにする；心像化する.

advise [ədváiz] [**ad**-=to] （人の為に見てやる）——→動 忠告する, 助言する；通知する；相談する.

advisement [ədváizmənt] 名 相談；熟慮.

advice [ədváis] 名 忠告, 助言；診察；通知.

devise [diváiz] [**de**-=**dis**-=apart] （見分ける——→考案する）——→動 計画する, 工夫する, 発明する；不動産を遺贈する. 名 不動産贈与.

device [diváis] 名 計画, 工夫(したもの)；策略；標語.

envy [énvi] [**en**-=on] （〜を見て羨む）——→名 羨望, 嫉妬；羨望の的. 動 羨む.

invidious [invídiəs] [**in**-=on] （〜を見てねたましい）——→形 ねたましく思わせる；不快に感じさせる.

evident [évidənt] [**e**-=**ex**-=out] （外に見えている）——→形 明白な.

evidence [évidəns] 名 明白；証拠. 動 証言する；証拠になる.

improvise [ímprəvaiz] [**im**-=**in**-=not; **pro**-=before] （前もって見ておかない——→準備しておかない）——→動 （詩などを）即席に作る.

prevision [pri(ː)víʒən] [**pre**-=before] （前もって見る）——→名 先見；予知.

provide [prəváid] [**pro**-=before] （前もって見る）——→動 あらかじめ用意する；条件を設ける；備える.

provident [próvidənt] 形 先見の明のある；将来に備える；節約の.

providence [próvidəns] 名 先見；深慮；節約；神慮；摂理.

provision [prəvíʒən] 名 用意, 準備；設備；条項, 動 食糧を供給する.

prudent [prúːdənt] provident の短縮形. [**pru**-=**pro**-=before] （先をよく見ている）——→形 用心深い；思慮分別のある；賢明な.

prudence [prúːdəns] 名 思慮；分別；慎重.

prudential [pru(ː)dénʃəl] 形 慎重な；細心の. 名 《複数》慎重な考慮.

purvey [pəːrvéi] [**pur**-=**pro**-=before] （前もって見る）——→動 （食料品を）調達する.

revise [riváiz] [**re**-=again] （見直す）——→動 校訂する；改訂する. 名 校訂；改訂(版)；再校.

revision [rivíʒən]　图 校正；改訂(本)；回顧；再審.
supervise [s(j)ú:pərvaiz, s(j)ù:pərváiz] [**super-** =above]　(上から見る)──→動　監督する.
survey [sə(:)rvéi] [**sur-** =**super-** =over]　(上から見る)──→動　観察する；概観する；検分する；測量する.　图 [sə́:rvei, sə:rvéi] 眺望；検分；測量(図).
surveyor [sə(:)rvéiər]　图　監督者；査定人；検査人；測量技師.

234　vig—, veg— =lively (生き生きとした)

　　注　ラテン語 vigil (=awake); vigere (=to be lively); vigilare (=to watch).「寝ないでいる」から「寝ずの番をする」「起きて活動している」の意となる.

vigil [vídʒil]　(夜寝ないでいること)──→图　徹夜，不寝番.
vigilance [vídʒiləns]　图　不寝番，警戒；不眠(症).
vigilant [vídʒilənt]　形　眠らずに注意している；油断のない；見張っている.
vigo(u)r [vígər]　(生き生きとさせる力)──→图　活動力；気力，精力，元気；迫力；勢力.
vigorous [vígərəs]　形　活潑な；元気な；強健な，強壮な.
invigorate [invígəreit] [**in-** =in]　(活力を注入する)──→動　活気をつける；強壮にする；鼓舞する.
vegetate [védʒiteit]　(生き生きとしている)──→動　(植物などが)生長する；植物のように生育する.
vegetation [vèdʒitéiʃən]　图　(植物の)生長；(植物の生長のような)──→無為徒食の生活.
vegetable [védʒ(i)təbl]　(生長するもの)──→形　图　植物(の)；野菜(の).

235　vict—, vinc— =to conquer (征服する)

　　注　ラテン語 vincere (=to conquer). 過去分詞形 victus.

victory [víktəri]　图　勝利；克服.
victorious [viktɔ́:riəs]　形　勝利を得た；戦利の.
victor [víktər]　图　形　勝利者(の).

vanquish [vǽŋkwiʃ] 動 打ち勝つ；克服する.
invincible [invínsəbl] [**in-**＝not] 形 打ち勝ちがたい；無敵の.
convince [kənvíns] [**con-**＝thoroughly] (相手を完全に征服する)
　——動 納得させる；確信させる；罪の意識を起こさせる.
conviction [kənvíkʃən] 名 有罪の決定；確信, 信念.
convict [kənvíkt] (罪があることを深く納得させる)——動 有罪と断ずる. 名 [kɔ́nvikt] 囚人.
evince [ivíns] [**e-**＝**ex-**＝out, fully] (疑問の余地を残さぬほど十分納得させる)——動 明白にする；実証する；あらわに示す。

236　**viv-＝to live** (生きる)　　❸ ラテン語 vivere (＝to live). 過去分詞形 victus. vita (＝life).

victual [vítl] 【発音に注意】(生命を保たせるもの)——名 《複数》食物；食料品. 動 食糧を供給する；食物をとる.
victual(l)er [vítlər] 名 食料品調達業者；飲食店営業者.
viand [váiənd] 名 《複数》食料品, 食糧；《単数》食物.
vital [váitəl] 形 生命の；枢要な；人命に関する, 致命の.
vitality [vaitǽliti] 名 活力, 生気；発芽力；活動力.
vivacious [vivéiʃəs, vai-] 形 活気に満ちた, 陽気な.
vivacity [vivǽsiti, vai-] 名 活潑；活気；(色彩なとの)鮮明.
vivid [vívid] 形 生き生きとした；生気にあふれた；敏活な；躍如たる；鮮明な.
vivify [vívifai] [**-fy**＝to make] 動 生命を与える；励ます；躍如たらしめる.
vivisect [vìvisékt, vívisekt] [**-sect**＝to cut] (生きている者を切って部分に分つ)——動 生体を解剖する.
convivial [kənvíviəl] [**con-**＝with] (共に生きるを喜ぶ)——形 酒宴の；陽気な.
revive [riváiv] [**re-**＝again] (再び生きる)——動 蘇生する[させる]；復活する[させる]；回想する.
revival [riváivəl] 名 復興；回復；蘇生；(R-) 文芸復興.
reviviscence [rèvivísns, rìːvai-] 名 生き返り, 復活；元気回復.
survive [sərváiv] [**sur-**＝above] (他に優って生きる)——動 生き残る, 生き延びる；残存する.
survival [sərváivəl] 名 残存；残存者[物]；遺物；遺風.

survivor [sərváivər] 图 残存者, 生存者；遺族；遺物.

237 | voc—, —voke＝to call (呼ぶ), voice (声)

🔸 ラテン語 **vocare** (=to call); **vox** (=voice).

vocal [vóukəl]　形 声の；声を発する；音声の. 图 声；母音.
vocalist [vóukəlist]　图 声楽家, 歌手.
vocable [vóukəbl]　(音声で構成された)→图 語, 言葉.
vocabulary [vəkǽbjuləri] [**-ary**「集合体」を示す]　图 語彙, 語集；用語の範囲.
vocation [voukéiʃən]　(神に呼び出されて命じられた職業)→图 召命；天職；職業.
vociferate [vousífəreit] [**-fer-**＝to carry]　(声を遠くまでとどかせる)→動 大声で叫ぶ；どなりつける.
vociferous [vousífərəs]　形 大声に叫ぶ；やかましい.
vouch [vautʃ]　(声に出して言う)→動 確拠する；証拠立てる, 公然と言う；保証人となる.
advocate [ǽdvəkeit] [**ad-**＝to]　(主義や人の為に叫ぶ)→動 唱道する；弁護する, 擁護する. 图 [ǽdvəkit] 唱道者；弁護士, 擁護者.
advocacy [ǽdvəkəsi]　图 唱道；弁護, 擁護.
avouch [əváutʃ]　動 公言する；保証する；承認する.
avow [əváu]　動 公言する, 承認する；自白する.
convoke [kənvóuk] [**con-**＝together]　(共に呼び集める)→動 召集する.
convocation [kɔ̀nvəkéiʃən]　图 召集；集会.
equivocal [ikwívəkəl] [**equi-**＝equal]　(どちらにも同じように言う→どちらとも決まらない)→形 両義の, あいまいな；どっちつかずの；本性のわからない.
equivocate [ikwívəkeit]　(どっちつかずの言い方をする)→動 言葉を濁す, 言いまぎらす.
equivoke,-voque [ékwivouk]　图 掛け言葉；あいまいな言葉.
evoke [ivóuk] [**e-**＝**ex-**＝out]　(外に呼び出す)→動 呼び出す.
invoke [invóuk] [**in-**＝on]　(神に呼びかける)→動 祈念する；懇願する；(法律の力に)訴える.
provoke [prəvóuk] [**pro-**＝forth]　(突ついて前に呼び出す→ひ

っぱり出す)——→動 挑発する;怒らせる;刺激する.
- **provocation** [prɔ̀vəkéiʃən] 图 刺激;挑発.
- **revoke** [rivóuk] [**re-**＝back] (呼び返す)——→動 取り消す;無効にする.

238 vol-＝will（意志,意志する）

⊛ ラテン語 voluntas (=free will).

- **voluntary** [vɔ́ləntəri] 形 自由意志による,任意の,随意の;自発的の;故意の. 图 自発的行動.
- **volunteer** [vɔ̀ləntíər] 图 義勇兵. 動 義勇兵となる;自ら進んで申し出る.
- **voluptuous** [vəlʌ́ptjuəs] （快楽に身を任す)——→形 逸楽に耽る;肉感的な;妖艶な.
- **volition** [vouliʃən] 图 意志(活動);意欲.
- **volitional** [vouliʃənəl] 形 意志活動の;意欲の.
- **benevolence** [binévələns] [**bene-**＝good] (善なる意志)——→图 慈善(心);博愛.
- **malevolence** [məlévələns] [**male-**＝ill] (悪しき意志)——→图 悪意;悪心.

239 -volve, volut-＝to roll（巻く,回転させる）

⊛ ラテン語 volvere (=to roll, turn about). 過去分詞形 volutus.

- **voluble** [vɔ́ljubl] （回転し易い)——→形 容易に回転する;(舌がよく回る)——→滔々と弁じ立てる,べらべらしゃべる.
- **volume** [vɔ́lju(:)m] （巻いた物)——→图 巻物;書籍;巻冊;多量;体積,量;音量. 動 多量に出す;一巻にする.
- **voluminous** [vəl(j)ú:minəs] 形 著作の多い;数巻に及ぶ;豊富な;かさ張った.
- **volute** [vəl(j)ú:t] 图 柱頭の渦形装飾;渦巻形のもの.
- **volution** [vəl(j)ú:ʃən] 图 旋回運動;渦巻,とぐろ.
- **circumvolute** [sə:rkʌ́mvəlu:t] [**circum-**＝around] (周囲を巻く)——→動 巻く,巻きこむ.
- **convolve** [kənvɔ́lv] [**con-**＝together] (共に巻く)——→動 ぐるぐる巻きにする,なる;絡める,絡まる.

第3篇　語根 (Root)　　　315

devolve [divólv] [**de-**=down] （下に回す）——→動 （任務などを）人に委す；回って来る；伝わる.

devolution [dì:vəl(j)ú:ʃən] 名 伝わること；退化；委任.

evolve [ivólv] [**e-**=**ex-**=out] （外に向かって回転する）——→動 展開する；（結論などを）引き出す；進化する.

evolution [ì:vəlú:ʃən, èv-] 名 展開；進化；回転，旋回.

involve [invólv] [**in-**=into] （中に巻きこむ）——→動 巻きこむ；包む；からむ；連座させる；熱中させる.

involute [ínvəl(j)u:t] 形 巻きこんだ，入り組んだ；内巻きの.

involution [ìnvəl(j)ú:ʃən] 名 入り組んだこと；複雑構文；退化，退縮.

revolve [rivólv] [**re-**=back, again] （考えを回転させる）——→動 思いめぐらす；（何度も回る）——→回転させる [する].

revolver [rivólvə] 名 回転拳銃.

revolution [rèvəlú:ʃən] 名 回転；公転；（情勢の回転）——→大変革，革命.

revolt [rivóult] [**re-**=back] （背を向ける）——→動 謀反する，そむく；（反感などを）感ずる，感じさせる. 名 反抗；変節；嫌悪，不快.

240　—vulse=to pluck （引っぱる，むしり取る）

● ラテン語 vellere (=to pluck). 過去分詞形 vulsus.

avulsion [əvʌ́lʃən] [**a-**=**ab-**=from] 名 引き裂くこと；むしり取ること.

convulse [kənvʌ́ls] [**con-**=with] （〜を引っぱる）——→動 けいれんさせる；身もだえさせる；震動させる.

convulsion [kənvʌ́lʃən] 名 《複数》けいれん，ひきつけ；《複数》笑いの発作；激動，変動；異変，動乱.

convulsive [kənvʌ́lsiv] 形 けいれん性の，発作的な.

evulsion [ivʌ́lʃən] [**e-**=**ex-**=out] （引っぱり出すこと）——→名 引き出すこと，引き抜き.

revulsion [rivʌ́lʃən] [**re-**=back] （引き戻すこと）——→名 引き戻し，回収；激変，急変；急激な反動.

INDEX

—A—

aback *1*
abandon *2*
abase *2*
abash *3*
abate *2, 133*
abbey *102*
abbreviate *5, 133*
abbreviation *133*
abdicate *4, 155*
abdication *155*
abduce *4*
abed *1*
abhor *4*
abide *2*
abject *4, 187*
abjection *187*
ablation *191*
ablaze *1*
abnegate *217*
abnormal *4*
aboard *1*
aboriginal *221*
abortion *4, 221*
abridge *2, 133*
abridg(e)ment *133*
abroad *1*
abrupt *4, 254*
abruption *254*
abscess *5*
absence *91*
absent *55*

absolute *106, 275*
absolution *275*
absolve *4, 275*
absorb *4*
abstain *5, 286*
abstention *286*
abstinence *286*
abstract *5, 296*
abstraction *296*
abstruse *5, 298*
absurdity *98*
abuse *5, 300*
abusive *300*
abyss *3*
academic *108*
accede *5, 137*
accelerate *5*
accept *5, 139*
acceptable *139*
acceptance *139*
acceptation *139*
accepted *139*
access *137*
accessible *137*
accession *137*
accident *134*
accidental *134*
acclivity *146*
accommodate *119, 212*
accommodation *212*
accompany *222*

accomplish *235*
accomplishment *235*
accord *148*
accordance *148*
according *148*
accordingly *148*
accredit *150*
accumulate *5*
accuracy *152*
accurate *105, 152*
achieve *2*
achromatic *3, 42*
acquire *5, 250*
acquirement *250*
acquisition *250*
acre *52*
act *124*
action *124*
actionable *124*
activate *124*
activation *124*
activator *124*
active *124*
activity *124*
actress *84*
actual *124*
actuality *124*
actualize *124*
actually *118, 124*
actuate *124*
acute *143*

INDEX

adapt *5, 129*
adaptable *129*
adaptation *129*
adaptive *129*
addict *6*
addition *93*
adequate *161*
adhere *6, 184*
adherence *184*
adherent *184*
adhesion *184*
adhesive *184*
adjacent *188*
adjourn *189*
adjudicate *189*
adjust *190*
adjustment *190*
administer *207*
administration *207*
administrative *207*
admirable *208*
admiration *208*
admire *6, 208*
admirer *208*
admission *209*
admit *209*
admittance *209*
admonish *122, 212*
admonition *212*
admonitor *213*
adopt *220*
adoption *220*
adoptive *220*
adoration *220*
adore *220*
adown *1*
advance *5, 127*
advancement *127*
advantage *127*
advantageous *127*
advent *6, 55, 304*
adventive *304*
adventure *304*
adventurous *304*
adversary *81, 306*
adverse *6, 306*
adversity *306*
advert *306*
advertise, -tize *306*
advertisement *306*
advice *310*
advise *310*
advisement *310*
advocacy *313*
advocate *2, 6, 81, 313*
aerial *103*
aeronautics *216*
aesthetic *8*
aesthetics *93*
afar *1*
affair *164*
affect *163*
affectation *163*
affection *163*
affectionate *106, 163*
affirm *6, 170*
affirmative *170*
afflict *6, 172*
affliction *172*
afflictive *172*
affluence *172*
affluent *172*
afloat *1*
afoot *1*
afresh *1*
afterward(s) *118*
aged *106*
agency *125*
agent *56, 71, 83, 125*
aggravate *182*
aggravation *182*
aggregate *183*
aggregation *183*
aggress *6, 180*
aggression *180*
aggrieve *6, 182*
agile *71, 83, 125*
agility *125*
agitate *125*
agitation *125*
agitator *125*
agony *10, 99, 125*
agree *182*
agreeable *182*
agreement *182*
agricultural *151*
agriculture *151*
aground *1*
ahead *1*
akin *1*
alibi *126*
alien *126*
alienable *126*
alienate *126*
alienation *126*
alight *2*
alive *1*
allegation *195*
allege *195*
allegiance *195*
alleviate *196*

INDEX

alleviation *196*
alliance *197*
allied *197*
allocate *6, 197*
allude *6, 200*
ally *197*
almighty *7*
almost *7, 115*
alone *7*
aloof *1*
altar *125*
alter *126*
alteration *126*
alternate *126*
alternation *126*
alternative *126*
altimeter *125*
altitude *94, 125*
altruism *126*
altruistic *126*
aluminium *95*
always *119*
amass *2*
amateur *84, 126*
amatory *126*
amaze *2*
Amazon *3*
ambassador *86*
ambidextrous *7*
ambient *7*
ambiguous *7*
ambit *186*
ambition *8, 186*
ambrosia *8*
amend *3*
American *79*
amiable *126*

amicable *37, 87, 126*
amity *126*
ammonium *95*
amnesia *4*
amnesty *3*
amorist *126*
amorous *84, 126*
amount *2*
amphibian *8*
amphitheater *8*
ample *234*
amplify *234*
amputate *250*
anabaptist *9*
anachronism *9, 143*
an(a)emia *8*
an(a)esthetic *8*
analogy *9, 198*
analysis *193*
analytic *193*
analyze,-lyse *193*
anarchy *8*
ancestor *9, 127*
ancestral *127*
anchorage *100*
ancient *9, 127*
anecdote *8, 159*
anew *1*
angelic *108*
anger *127*
angry *127*
anguish *127*
animadvert *306*
animal *127*
animalcule *90, 127*
animalism *127*
animate *127*

animation *127*
animator *127*
animosity *127*
animus *128*
annals *128*
annex *6*
annihilate *6*
anniversary *128, 306*
Anno Domini *128*
annotate *218*
announce *57, 218*
annual *128*
annuity *128*
annunciate *218*
annunciation *218*
anonym *219*
anonymous *219*
antagonist *10*
antarctic *10, 108*
antecede *137*
antecedence *137*
antecedent *9, 137*
antechamber *9*
antedate *9*
anterior *9*
anthropocentric *128*
anthropography *128*
anthropoid *128*
anthropology *128, 198*
anthropomorphism *128*
anthropomorphous *129*
antibiotic *9, 133*
anticipate *9, 141*
anticipation *141*
anti-communist *9*
antidote *159*
antipathy *9, 70, 225*

antique *112*
antithesis *9*
antonym
    10, 41, 69, 219
anxiety *98, 127*
anxious *127*
anyway *119*
apart *224*
apathy *4*
aphasia *4*
apiculture *151*
apologize *198*
apology *198*
apostasy *274*
apothecary *100*
apparatus *222*
apparent *72, 223*
apparition *223*
appeal *227*
appear *223*
appearance *92, 223*
appellant *228*
append *6, 229*
appendicitis *229*
appendix *229*
appetent *231*
appetite *231*
applaud *234*
applause *234*
appliance *236*
applicable *236*
applicant *236*
application *236*
apply *6, 236*
appoint *249*
appointment *249*
apposite *241*

apposition *241*
apprehend *246*
apprehensible *246*
apprehension *246*
apprehensive *247*
apprentice *247*
approve *247*
approval *91, 247*
apt *129*
aptitude *94, 129*
aquarium *102*
arabesque *112*
archangel *10*
archbishop *10*
archenemy *10*
archetype *10*
architect *10*
arctic *108*
ardent *104*
ardo(u)r *96*
arid *104*
arise *2*
aristocracy *92*
arithmetic *93*
armada *129*
armament *129*
armed *129*
armistice *129*
armory *129*
armo(u)r *129*
armo(u)ry *129*
arms *129*
army *129*
arouse *2*
arrest *7*
arrival *91*
arrogant *7, 58*

article *87*
artificial *103*
artist *85*
ascend *72, 258*
ascendant, -ent *259*
ascendancy, -ency *259*
ascension *259*
ascensive *258*
ascent *258*
ascertain *7, 143*
ascribe *260*
ascription *260*
asleep *1*
aspect *277*
aspiration *278*
aspire *278*
assail *256*
assassinate *119*
assault *256*
assemble *270*
assembly *270*
assent *264*
assentation *264*
assentient *264*
assert *7, 266*
assertion *266*
assertive *266*
assess *262*
assessor *262*
assiduity *262*
assiduous *262*
assign *269*
assignation *269*
assignment *269*
assimilate *269*
assimilation *270*
assist *270*

INDEX

assistance *270*
assistant *80, 270*
assume *7, 63, 283*
assuming *283*
assumption *283*
astrict *281*
astriction *281*
astringent *281*
astonishing *111*
astrology *198*
asylum *4*
asymptote *70*
atheism *4, 48*
athirst *2*
athletic *108*
atom *4*
attain *7, 285*
attainment *285*
attaint *285*
attempt *289*
attend *290*
attendance *92, 290*
attendant *290*
attention *290*
attest *293*
attestation *293*
attester, -or *293*
attorney *295*
attract *7, 296*
attraction *296*
attractive *296*
attribute *298*
attribution *298*
attributive *298*
auction *130*
auctioneer *82, 130*
audible *130*
audience *44, 130*
audiometer *130*
audio-visual *130*
audiphone *130*
audition *130*
auditor *130*
auditorial *130*
auditorium *102, 130*
auditory *130*
augment *130*
augmentative *131*
augur *131*
augural *131*
augury *131*
august *131*
auntie, aunty *90*
auspice *131, 277*
auspicious *131*
authentic *10, 131*
authenticity *131*
author *131*
authoritative *131*
authority *131*
authorize *131*
autobiographical *133*
autobiography
   10, 133, 181
autocracy *10*
autogenous *10*
autograph *181*
autonomy *10*
autonym *10*
avail *303*
available *102, 303*
avarice *93*
avaunt *5*
avenge *2*
avenue *2, 305*
aver *305*
averse *306*
aversion *306*
avert *3, 306*
avian *131*
aviarist *131*
aviary *131*
aviate *131*
aviation *131*
aviator *131*
avocation *3*
avoid *3, 301*
avoidance *301*
avouch *2, 313*
avow *2, 313*
avulsion *315*
awake *2*
away *2*
awkward *116*

—B—

bachelor *87*
backward(s) *116, 119*
baker *82*
bakery *101*
balcony *102*
ban *2*

INDEX

band *131*
bandage *132*
banish *122*
banishment *95*
bank *88*
bankrupt *254*
bankruptcy *92, 254*
banquet *88*
bar *132*
barbarian *79*
barbarism *94*
barely *118*
barge *18*
barium *95*
bark *18*
barometer *205*
baroness *84*
barque *18*
barrel *132*
barricade *132*
barrier *132*
barring *132*
barrister *132*
bat *132*
battalion *132*
batter *132*
battered *132*
battery *132*
battle *132*
battlement *133*
bearded *106*
bearing *93*
becalm *11*
because *11*
becloud *11*
become *11*
bedew *11*

bedrench *12*
befall *11*
befog *11*
befool *11*
befoul *11*
beggar *81*
beguile *11*
behavio(u)r *96*
behold *11*
belligerent *60, 179*
beloved *12*
bemoan *11*
bench *88*
benediction *12, 156*
benefaction *12*
benefactor *12, 41, 162*
beneficent *12*
beneficial *12*
benefit *12*
benevolence *314*
benevolent *12, 41*
benignant *41*
benumb *11*
bequeath *11*
bereave *12*
beryl *104*
beset *11*
beside *11, 118*
besides *118*
besiege *263*
bespeak *11*
bestar *11*
betroth *11*
biannual *128*
bicoloured *12*
bicycle *145*
biennial *12*

bigamy *12*
bilingual *12*
billionaire *80*
Billy *90*
bimonthly *13*
binocular *13*
biochemistry *133*
biographer *133*
biography *133, 181*
biology *133, 198*
biometry *133*
biped *226*
birdie *90*
bisexual *13*
blank *88*
blanket *88*
blaspheme *233*
blemish *122*
blessing *93*
bloody *117*
blush *122*
bodily *114*
bond *132*
bondage *132*
bonus *12*
bookish *112*
booklet *89*
boon *12*
botanical *109*
bottle *88*
bounty *12*
bouquet *88*
boyhood *92*
brace *25*
bracelet *25*
braggart *81*
bravery *97*

breadth *98*
brevity *133*
brewery *101*
bribery *97*
brief *133*
briefly *133*

brilliant *104*
brownish *112*
brutal *103*
Buddhism *94*
bullet *89*
bulletin *89*

bullock *90*
bundle *88*
burdensome *116*
burglar *81*
bushy *117*
businesslike *114*

—C—

cabbage *135*
cabinet *88*
cadence *134*
calling *93*
candidate *8, 81*
cannikin *89*
capable *135*
capacious *135*
capacity *135*
cape *135*
capital *54, 135*
capitalism *135*
capitalist *135*
capitalize *135*
capitally *135*
caprice *93*
capsize *135*
captain *80, 135*
caption *135*
captivate *135*
captivating *135*
captive *45, 85, 135*
captivity *135*
captor *135*
capture *54, 135*
car *136*
carbonic *108*
career *136*

cargo *136*
carnage *137*
carnal *137*
carnalism *137*
carnation *137*
carnival *33, 137*
carnivore *137*
carnivorous *137*
caress *122*
carriage *136*
carrier *136*
carrion *137*
carry *136*
cart *136*
carter *136*
cascade *134*
case *134*
cashier *84*
casual *134*
casualty *134*
catalog(ue) *13, 198*
catapult *13*
cataract *13*
catastrophe *13*
category *13*
caution *53*
cavalier *84, 100*
cavalry *100*

cemetry *101*
censure *99*
centenarian *141*
centenary *141*
centigrade *141*
centimeter *141*
centiped *141, 226*
central *141*
centralism *141*
centralization *141*
centrifugal *141, 232*
centripetal *142, 232*
centuple *141*
century *141*
ceremony *95*
certain *143*
certainty *98, 143*
certificate *143*
certification *143*
certify *143*
certitude *143*
chairman *85*
champion *86*
changeable *102*
chaplain *80*
charge *136*
chariot *136*
charming *111*

INDEX

chatter *120*
chemical *109*
cherish *122*
chevalier *84, 100*
chicken *89*
childish *112*
childlike *114*
Chinese *83, 107*
Christian *104*
chromatic *3, 48*
chronic *143*
chronicle *143*
chronologic *143*
chronology *143, 198*
chronometer *143, 205*
chronometry *143, 205*
chuckle *123*
cigarette *88*
circle *144*
circuit *14, 144, 186*
circuitous *144, 186*
circular *105, 144*
circulate *14, 144*
circulation *144*
circumambulate *13*
circumference *13, 166*
circumflex *171*
circumfluence *172*
circumfluent *172*
circumfuse *13, 176*
circumfusion *176*
circumjacent *13*
circumlocution *13, 199*
circumscribe *260*
circumscription *260*
circumspect *13, 277*
circumstance *14, 273*

circumstantial *273*
circumstantiate *273*
circumvolute *314*
circus *144*
citable *145*
citation *145*
cite *145*
citizen *83*
citizenship *97*
civilization *94*
civilize *122*
claim *145*
claimant *145*
clamo(u)r *56,60,145*
clamorous *146*
classics *93*
classify *121*
cloudy *117*
clumsy *117*
coeducation *14*
cogent *125*
cognition *147*
cognitive *147*
cognizable *148*
cognizance *60, 148*
cognizant *148*
cohabit *183*
cohere *14, 184*
coherence *184*
coherent *184*
cohesion *184*
cohesive *184*
coincide *14, 134*
coincidence *134*
coincident *134*
coition *186*
collaborate *15*

collapse *15, 28, 190*
collapsible; -able *191*
collate *191*
collateral *192*
colleague *15*
collect *28, 193*
collection *193*
collide *15*
collocate *197*
collocation *197*
colloquial *199*
colonial *151*
colonist *151*
colonize *151*
colony *151*
combat *14, 133*
combative *133*
combine *14*
combustion *15*
comfort *14, 175*
comfortable *175*
command *202*
commander *82, 202*
commandment *202*
commemorate *14*
commend *14, 202*
commendation *202*
commerce *204*
commercial *204*
commission *209*
commissioner *209*
commit *209*
commitment *209*
committee *82, 209*
commode *212*
commodious *212*
commodity *212*

commoner 82
commotion 14, 214
communist 85
commutation 215
commute 14, 215
compact 35
companion 86, 221
companionship 221
company 221
compartment 224
compassion 224
compassionate 224
compatible 225
compel 227
compensate 230
compensation 230
compete 231
competence 231
competent 231
competition 231
competitor 231
complement 235
complete 106, 234
completeness 234
completion 235
complex 237
complexion 237
complexity 237
compliance 235
complicate 236
complication 236
compliment 235
complimentary 235
comply 235
component 53, 238
comport 240
compose 14, 241

composedly 242
composite 242
composition 242
compost 242
compound 238
comprehend 247
comprehensible 247
comprehension 247
comprehensive 247
compress 244
compression 244
compressor 244
comprise, -prize 246
compromise 210
compulsion 227
compulsory 115, 227
compunction 248
computation 249
compute 63, 249
computer 249
concede 137
conceive 139
conceivable 139
concentrate 15, 142
concentration 142
concept 139
conception 139
concern 142
concerning 142
concernment 142
concert 266
concession 137
concessive 137
conciliate 61
concise 143
concision 144
conclude 15, 147

conclusion 147
conclusive 147
concord 15, 20, 148
concordance 148
concordant 148
concourse 15, 153
concrete 149
concretion 150
concur 15, 153
concurrence 153
concurrent 153
concuss 154
concussion 154
condescend 15, 259
condescension 259
condition 156
condone 159
conduce 159
conduct 159
conductor 159
confection 163
confectionary 163
confectionery 163
confer 15, 166
conference 167
confess 56, 168
confession 168
confide 169
confidence 92, 169
confident 169
confine 170
confinement 170
confirm 170
confirmation 171
confirmed 171
conflict 6, 172
confluence 172

INDEX

confluent *172*
conform *173*
conformance *173*
conformation *173*
conformist *173*
conformity *173*
confound *176*
confuse *29, 176*
confusion *176*
congenial *15, 178*
congenital *178*
congratulate *119, 182*
congregate *183*
congregation *183*
congress *180*
conjecture *187*
connoisseur *84*
conquer *250*
conqueror *86, 250*
conquest *250*
conscience *259*
conscientious *260*
conscious *260*
consciousness *95, 260*
conscribe *260*
conscript *260*
conscription *260*
consecrate *256*
consecration *256*
consecution *265*
consecutive *265*
consensus *264*
consent *15, 264*
consentaneous *264*
consentient *264*
consequence *265*
consequent *265*

consequential *265*
consequentious *265*
conservation *267*
conservative *267*
conservatory *267*
conserve *267*
considerate *106*
consign *269*
consignation *269*
consignment *269*
consist *270*
consistence *270*
consistent *270*
consolation *275*
console *275*
consolidate *275*
consolidation *275*
conspicuous *277*
conspiracy *279*
conspire *278*
constancy *273*
constant *273*
constituent *271*
constitute *67, 271*
constitution *271*
constitutional *271*
constrain *281*
constraint *281*
constrict *281*
constriction *281*
constringe *281*
construct *282*
construction *282*
construe *282*
consult *263*
consultant *263*
consultation *263*

consume *15, 283*
consumer *283*
consumption *283*
contact *285*
contagion *285*
contagious *285*
contain *286*
contemporaneous *289*
contemporary *81, 289*
contemptible *103*
contend *290*
content *286*
contention *290*
contentment *286*
conterminous *292*
contest *293*
contestant *293*
context *294*
contexture *294*
contiguity *285*
contiguous *285*
continent *286*
contingency *285*
contingent *285*
continual *287*
continuance *287*
continue *286*
continuity *286*
continuous *287*
contort *295*
contortion *295*
contour *295*
contract *296*
contractile *296*
contraction *296*
contradict *16, 156*
contradiction *156*

INDEX

contradictious *156*
contradictory *115*
contrast *16, 272*
contraposition *16*
contravene *16*
contribute *298*
contribution *298*
controversial *306*
controversy *306*
controvert *16, 306*
convene *304*
convenience *304*
convenient *304*
convention *304*
conventional *304*
conversant *307*
conversation *307*
converse *306*
conversion *307*
convert *307*
convertible *307*
convey *309*
conveyance *309*
convict *312*
conviction *312*
convince *29, 312*
convivial *312*
convocation *313*
convoke *313*
convolve *314*
convoy *309*
convulse *315*
convulsion *315*
convulsive *315*
co-operate *14*
cordial
   15, 61, 91, 103, 148

cordiality *148*
core *148*
coronation *94*
corporal *149*
corporality *149*
corporation *149*
corporeal *149*
corps *149*
corpse *90, 149*
corpulent *149*
corpuscule *90*
correct *16, 253*
correction *253*
correctitude *253*
correspond *280*
correspondence *280*
correspondent *83, 280*
corrupt *16, 254*
corruption *255*
corset *149*
cosmopolite *85*
costly *114*
cosy *117*
cottage *100*
council *16*
counsel *16*
counse(l)lor *86*
countenance *287*
counteract *16*
counterfeit *16, 165*
counterlight *16*
countermeasure *16*
counterpoise *230*
countervail *303*
county *102*
courage *91*
course *153*

covetous *115*
coward *81*
cowardice *93*
cowardly *114*
cowherd *84*
create *149*
creation *149*
creative *149*
creator *149*
creature *99, 149*
credence *150*
credential *150*
credible *150*
credit *150*
creditable *150*
creditor *150*
credo *150*
credulity *150*
credulous *150*
creed *150*
crescent *150*
crowned *106*
cruelty *98*
cultivable *151*
cultivate *151*
cultivated *151*
cultivation *151*
cultural *151*
culture *151*
cultured *106*
cumber *24, 151*
cumbersome *151*
cunning *111*
curate *152*
curator *152*
cure *152*
curer *152*

curio *152*
curious *152*
curiosity *152*
currency *153*

current *15, 33, 45, 61, 153*
currently *153*
customary *105*

customer *82*
cutlet *89*
cycle *144*
cyclist *145*

—D—

daddy *90*
dainty *157*
damsel *88*
daring *111*
darken *120*
darkling *118*
darling *90*
daunt *158*
dauntless *158*
dazzle *123*
death *98*
debark *18*
debase *16*
debate *16, 133*
debt *154*
debtor *154*
decade *19*
decadence *17, 134*
decadent *134*
decagon *19*
decalogue *19*
decameron *19*
decamp *18*
decapitate *17, 135*
decapitation *135*
decapod *19*
decay *17*
decease *17*
deceit *139*
deceivable *139*

deceive *17, 139*
decency *92*
deception *139*
deceptive *139*
decide *17, 144*
deciduous *134*
decimal *19*
decimeter *19*
decipher *17*
decision *144*
decisive *144*
declaim *17, 146*
declamation *146*
declare *17*
declension *146*
declination *146*
decline *33, 146*
declivity *146*
declivous *146*
decrease *33, 150*
decumbence *151*
decumbent *152*
dedicate *155*
dedication *155*
deduce *17, 159*
deduct *159*
deduction *159*
deductive *159*
deface *18*
defame *165*

defamation *165*
defamatory *165*
defeat *164*
defect *17, 163*
defection *163*
defence *166*
defend *166*
defendant *85, 166*
defer *17, 18, 167*
deference *167*
deferential *167*
deferment *167*
defiance *169*
defiant *104, 169*
deficiency *164*
deficient *164*
define *170*
definite *170*
definition *170*
deflower *17*
deform *17, 173*
deformity *174*
defrost *18*
defy *18, 169*
degenerate *178*
degradation *180*
degrade *180*
dehydrate *18*
deject *187*
delay *191*

delegacy *195*
delegate *81, 194*
delegation *194*
deliberate *17*
delinquency *17*
delivery *99*
delude *200*
delusion *200*
demagogue *155*
demand *202*
demigod *19*
demise *209*
demission *209*
democracy *10, 155*
democrat *155*
democratic *155*
democratize *155*
demolish *122*
demonstrate *18, 213*
demonstration *213*
demonstrative *213*
demotic *155*
denial *91*
denote *218*
denounce *218*
denunciation *218*
department *224*
departure *99*
depend *229*
dependant *229*
dependence *229*
dependent *229*
depict *18, 233*
depiction *233*
deplete *235*
deplorable *235*
deplore *235*

deploy *237*
deport *240*
deportation *240*
deportment *240*
depose *242*
deposit *242*
depositor *242*
depository *242*
depress *244*
depression *244*
deputation *249*
depute *249*
deputy *249*
derive *18*
descend *72, 259*
descendant *80, 259*
descent *259*
describe *73, 260*
description *261*
descriptive *261*
desecrate *256*
desecration *256*
desert *266, 267*
deserted *266*
desertion *266*
deserve *267*
design *269*
designate *269*
designation *269*
designed *269*
designer *269*
desirable *102*
desist *270*
desolate *275*
desolation *275*
despatch *21*
despise *18, 277*

despite *277*
despond *279*
despondence *279*
dessert *22*
destination *273*
destine *273*
destiny *273*
destitute *271*
destitution *271*
destroy *282*
destruction *282*
desultory *256*
detail *18*
detain *18, 287*
detect *288*
detectaphone *288*
detection *288*
detective *288*
detector *288*
detention *287*
determination *292*
determine *292*
detest *293*
detestable *293*
detestation *293*
detour *18, 295*
detract *296*
detraction *297*
detrude *298*
devastate *18*
develop *303*
development *303*
deviation *309*
device *310*
devious *309*
devise *310*
devoid *301*

devolve *315*
devolution *315*
devotee *82*
devour *18*
dexter *7*
dexterity *7*
dexterous *7*
diagnosis *20*
diagonal *20*
diagram *20, 181*
dialect *20*
dialog(ue) *20, 198*
diameter *20, 205*
diary *189*
dictate *156*
dictation *156*
dictator *156*
diction *155*
dictionary *100, 156*
didactic *158*
didacticism *158*
didactics *158*
differ *22, 167*
difference *167*
different *167*
differentiate *167*
difficult *22, 163*
difficulty *163*
diffidence *169*
diffident *22, 169*
diffuse *22, 29, 176*
diffusion *177*
diffusive *177*
digest *22, 179*
digestion *179*
dignify *156*
dignitary *157*

dignity *104, 156*
digress *180*
dilatable *191*
dilatation *191*
dilate *191*
dilemma *19,*
diligence *194*
diligent *194*
dimension *22*
diminish *22, 122, 208*
diminution *208*
diminutive *208*
diphthong *19*
diploma *19, 238*
diplomacy *238*
diplomatic *108, 238*
diplomatist *238*
direct *253*
direction *253*
director *253*
directory *253*
disannul *20*
disappoint *249*
disappointment *249*
disarm *130*
disarmament *130*
disband *20*
disbelieve *20*
discern *20, 142*
discernment *142*
discharge *136*
disciple *158*
discipline *158*
disclose *20*
discord *20, 148*
discordance *148*
discordant *148*

discourse *20, 153*
discovery *99*
discredit *150*
discreditable *151*
discreet *21, 142*
discrete *21, 142*
discretion *142*
discriminate *21*
discuss *154*
discussion *154*
disdain *157*
disdainful *157*
disease *21*
disfigure *21*
disgrace *182*
disguise *21*
disgust *21*
disinterested *162*
dislocate *197*
dislocation *197*
dismember *21*
dismiss *21, 209*
dismissal *209*
disobedient *130*
disparity *222*
dispel *227*
dispensable *230*
dispensary *230*
dispensation *230*
dispense *230*
dispenser *230*
display *21, 237*
disport *240*
disposal *242*
dispose *21, 242*
disposition *242*
disproof *248*

disprove *248*
dispute *249*
disquisition *250*
disrupt *21, 255*
disruption *255*
disssention *264*
dissent *264*
dissentient *264*
dissertation *266*
disserve *267*
dissidence *262*
dissident *262*
dissolve *21, 276*
dissolute *276*
dissolution *276*
dissuade *283*
dissuasion *283*
distance *273*
distant *273*
distemper *288*
distend *290*
distention *290*
distinct *280*
distinction *280*
distinguish *280*
distinguished *280*
distort *295*
distortion *295*
distortionist *295*
distract *21, 297*
distraction *297*
distrain *281*
distress *281*

distribute *21, 298*
distribution *298*
district *281*
disturb *299*
disturbance *299*
diurnal *189*
diverge *22*
diverse *307*
diversify *307*
diversion *307*
diversity *307*
divert *307*
divide *157*
dividend *157*
divine *111*
division *157*
divisive *157*
divorce *307*
docile *157*
doctor *157*
doctrine *157*
document *157*
documentary *158*
dodecagon *22*
domain *158*
domestic *108*
dominant *158*
dominate *158*
domination *158*
dominion *158*
donate *158*
donation *52, 158*
donee *158*

donor *158*
dormant *101*
dormitory *101*
dosage *159*
dose *159*
double *23*
doubt *23*
dower *159*
downward *116*
dowry *159*
dozen *23*
dramatize *122*
dreadful *108*
dreamy *117*
drunkard *81*
dual *23*
dubious *23*
duckling *90*
due *154*
duel *23*
duet(t) *23*
dukedom *101*
duodecimal *22*
duologue *22*
duplicate *23, 237*
duplicator *237*
duplicity *237*
during *24*
dusky *117*
dutiful *154*
duty *154*
dwindle *123*

—**E**—

earthen *107*

earthly *114*

eastern *107*

INDEX

eastward *116*
eccentric *29, 142*
eccentricity *142*
eclipse *29*
ecstasy *29, 274*
edict *156*
edifice *121*
edify *121*
edit *28*
educate *28, 159*
education *159*
educe *159*
eduction *159*
efface *29*
effect *163*
effective *163*
effectual *163*
efficiency *164*
efficient *164*
effluence *173*
effluent *172*
effort *29, 175*
effuse *29, 34, 177*
effusion *177*
egress *28, 180*
egregious *183*
Egyptian *104*
ejaculate *188*
eject *28, 187*
ejection *187*
elaborate *28*
elapse *28, 190*
elate *191*
elect *28, 65, 193*
election *193*
elegance *194*
elegant *194*

elementary *105*
elevate *196*
elevation *196*
elevator *196*
elfin *89*
eligible *194*
eliminate *28*
elocution *28, 199*
eloquence *199*
eloquent *28, 199*
elucidate *201*
elude *200*
elusion *200*
elusive *200*
emancipate *28, 141*
emancipation *141*
embank *24*
embark *24*
embarrass *24, 132*
embarrassing *132*
embarrassment *132*
embellish *25, 122*
embody *25*
embrace *25*
emerge *35, 66, 205*
emergence *205*
emergency *205*
emergent *205*
emersion *205*
emigrant *80, 206*
emigrate *35, 206*
emigration *206*
eminence *206*
eminent *57, 91, 206*
emissary *210*
emission *210*
emit *209*

emotion *215*
emotional *215*
emphasis *232*
emphasize *232*
emphatic *108, 232*
employ *237*
employee *82*
empower *25*
empress *84*
enact *24, 124*
enactment *124*
enamo(u)r *24, 126*
encase *24*
enchant *24*
encounter *24*
encumber *24, 152*
encumbrance *152*
encyclop(a)edia *145*
endeavo(u)r *24, 96*
endemic *155*
endorse *24*
endow *159*
endure *24*
enemy *37, 87, 126*
enfold *24*
enforce *175*
enforcement *175*
engineer *82*
enhance *24, 127*
enlarge *24*
enlighten *24*
enmity *126*
enquire *250*
enrage *24*
enrich *24*
enrol(l) *24*
enslave *24*

ensue *266*
enterprise *40, 246*
enterprising *246*
entertain *40, 287*
entertainment *287*
enthusiasm *94*
entitle *24*
entomology *198*
entreat *297*
entreaty *297*
envelop *24, 303*
envelope *24, 303*
envelopment *303*
enviable *115*
envious *115*
envoy *309*
envy *310*
epic *25*
epidemic *25, 155*
epigram *25, 181*
epigraph *25*
epilog(ue) *25, 198*
episode *25*
epistle *25*
epitaph *25*
epoch *25*
equal *161*
equality *161*
equanimity *128, 161*
equate *161*
equation *161*
equator *161*
equinoctial *161*
equinox *161*
equitable *161*
equity *161*
equivalent *161, 303*

equivocal *161, 313*
equivocate *313*
equivoke; -voque *313*
eradicate *251*
eradication *251*
erect *253*
erectile *253*
erection *253*
erectness *253*
erupt *255*
eruption *28, 255*
escalade *23, 259*
escalator *259*
escape *29*
escort *23, 253*
especial *23*
espial *276*
espionage *276*
espouse *23*
espy *23, 276*
esquire *23*
essence *162*
essential *162*
establish *23, 272*
establishment *272*
estate *273*
ethics *93*
etymology *198*
eugenics *25, 179*
eulogy *26, 198*
euphemism *26, 58, 233*
euphony *26, 233*
euphuism *233*
European *80, 104*
euthanasia *26*
evacuate *301*
evacuation *301*

evade *301*
evaluate *303*
evangel *26*
evanesce *301*
evanescent *301*
evasion *301*
event *28, 304*
eventual *304*
eventuate *304*
evert *307*
evidence *310*
evident *29, 310*
evince *29, 312*
evoke *29, 313*
evolve *315*
evolution *315*
evulsion *315*
exact *26, 124*
exacting *124*
exactitude *124*
exactly *125*
exaggerate *26, 179*
exaggeration *94, 179*
exalt *125*
exaltation *125*
examinee *82*
example *26, 160*
exceed *26, 137*
exceeding *138*
exceedingly *138*
except *26, 139*
eyception *139*
exceptionable *140*
exceptional *140*
excess *138*
excessive *138*
excise *144*

INDEX

excision *144*
excitable *145*
excitant *145*
excite *145*
excitement *145*
exclaim *146*
exclamation *146*
exclamatory *146*
exclude *15, 26, 33, 54, 147*
exclusion *147*
exclusionism *147*
exclusive *113, 147*
excrement *142*
excrete *142*
excursion *153*
excursive *153*
execrable *256*
execrate *256*
execration *256*
execute *26, 265*
execution *265*
executive *265*
executor *265*
exemplar *160*
exemplify *160*
exempt *26, 161*
exert *26, 267*
exertion *267*
exhale *26, 34*
exhaustive *113*
exhaust *27*
exhibit *27, 183*
exhibition *183*
exhume *27, 185*
exigent *125*
exile *263*
exist *270*
existence *270*
existent *270*
existentialism *94*
exit *27*
Exodus *52*
exotic *27, 108*
expatriate *225*
expect *27, 277*
expectation *277*
expedience *226*
expedient *226*
expedite *226*
expedition *226*
expel *27, 227*
expellant *227*
expellent *227*
expend *229*
expenditure *229*
expense *229*
expensive *229*
experience *231*
experiment *231*
experimental *231*
experimentation *231*
expert *231*
expertise *231*
expiration *279*
expire *27, 279*
explain *27*
expletive *235*
explicate *35, 237*
explication *237*
explicit *27, 237*
explode *234*
exploit *237*
exploration *236*
explore *236*
explorer *236*
explosion *234*
explosive *234*
exponent *27, 238*
export *36, 240*
expose *27, 242*
exposition *242*
expositor *242*
exposure *99, 242*
expound *27, 239*
express *244*
expressage *244*
expression *244*
expressive *244*
expulsion *227*
expulsive *227*
expunction *249*
expunge *249*
exquisite *27, 113, 250*
extant *273*
extempore *289*
extemporize *289*
extend *290*
extension *94, 290*
extensive *291*
extent *291*
exterminate *27, 292*
extermination *292*
extinct *280*
extinction *280*
extinguish *27, 280*
extort *28, 295*
extortion *295*
extra *29*
extract *297*
extraordinary *29*

extravagance *302*
extravagant *30, 302*
extravaganza *302*
extrude *28, 298*
extrusion *298*
exult *257*
exultation *257*

—F—

fabric *54*
facile *22, 110, 163*
facilitate *22, 163*
facility *163*
fact *56, 162*
faction *162*
factional *162*
factious *162*
factitious *162*
factor *162*
factory *101, 162*
faculty *163*
failure *99*
faith *169*
faithful *169*
fallacy *92*
falsehood *92*
fame *165*
familiar *105*
famine *123*
famish *123*
famous *165*
fancy *232*
fane *56*
fantasia *232*
fantastic;-tical *108, 232*
fantasy *232*
fare *165*
farewell *165*
fascinate *119*
fasten *120*
fatal *165*
fate *43, 165*
faucet *67*
favo(u)r *96*
favo(u)rite *113*
feasible *165*
feat *164*
feature *164*
federal *103*
feign *168*
feint *169*
female *111*
feminine *111*
fence *166*
fend *166*
ferry *166*
fertile *110, 166*
feverish *112*
fiction *168*
fictional *168*
fictitious *168*
fictive *168*
fidelity *169*
figment *169*
fillet *89*
filmdom *101*
final *169*
finale *169*
finance *169*
financial *170*
financier *84*
fine *169*
finish *170*
finite *170*
firm *170*
firmament *170*
fisherman *86*
flatling *118*
flattery *99*
flection *171*
flexibility *171*
flexible *61, 171*
flexion *171*
flicker *120*
flight *97*
flood *172*
Florentine *111*
floriculture *151*
florist *85*
flourish *123*
fluctuate *172*
fluency *172*
fluent *68, 104, 172*
fluid *33, 172*
flume *172*
flush *172*
flutter *120*
foliage *99*
folly *99*
forbid *30*
force *174*
forcible *175*

forecast *30*
foredated *30*
forefather *30*
forefinger *30*
foreground *30*
forehead *30*
foreknowledge *30*
foreman *30*
foremost *30, 115*
forerun *30*
foresee *30*
foretell *30*
foretime *30*
foreword *30*
forfeit *165*
forfeiture *165*
forget *30*
forgive *30*
forgo *30*
forlorn *30*
form *173*
formal *173*
formality *173*
formation *173*

formula *173*
formulate *173*
forswear *30*
fort *174*
forte *174*
forthcoming *31*
forthright *31*
forthwith *31*
fortification *174*
fortify *121, 174*
fortitude *94, 174*
fortress *174*
fortunate *106*
forward *30*
found *56, 175, 176*
foundation *175*
founder *175*
foundry *176*
fraction *175*
fracture *175*
fragile *110, 175*
fragility *175*
fragment *110, 176*
fragmentary *176*

fragmentation *176*
frail *176*
frailty *176*
fraternity *144*
fratricide *144*
freedom *92*
friendly *114*
friendship *97*
frigid *61*
frontispiece *277*
fruitful *108*
fugitive *61,85,141*
fulfilment *95*
fund *56, 175*
fundamental *175*
furious *115*
furnace *100*
furnish *123*
furniture *99, 123*
fuse *176*
fusion *176*
futile *177*

—G—

gallery *101*
gamester *87*
gangster *87*
gardener *82*
garnish *123*
gazette *88*
gender *177*
genealogy *177, 199*
general *177*
generalize *122, 178*

generate *178*
generation *178*
generic *178*
generous *178*
genesis *178*
genetics *178*
genial *103, 178*
genital *178*
genius *178*
genteel *178*

gentile *178*
gentle *179*
gentry *100*
genuine *111, 179*
genus *111, 179*
geography *181*
geology *199*
geometry *205*
gesticulate *179*
gesture *179*

gift 97
gifted 106
gigantic 109
glitter 120
glance 121
glare 121
glass 121
gleam 121
glimmer 121
glimpse 121
glisten 121
globule 90
glorious 115
glory 121
gloss 121
glottis 53
glow 121
gnosis 37
godhead 92

goodness 96
gorgeous 115
gosling 90
governor 86
grace 182
graceful 108, 182
gracile 110
gracious 182
gradation 180
grade 64, 72, 180
gradual 180
graduate 180
graduation 180
grammar 181
grammarian 181
gramophone 181
granary 101
granule 90
graph 181

grateful 94, 119, 182
gratification 182
gratify 182
gratitude 94, 182
grave 182
gravid 182
gravitate 182
gravitation 182
gravity 182
greedy 117
greeny 117
gregarious 65, 183
grief 182
grieve 182
grimace 91
grotesque 112
growth 98
gust 21
gymnasium 102

—H—

habit 27, 34, 57, 183
habitant 183
habitation 183
habitual 183
hamlet 89
happiness 96
hardship 97
harmony 95
hasheesh;-ish 119
hasten 120
haughty 125
headlong 118
heartily 118
heathen 83
heighten 120

heir 34, 184
heiress 184
helpless 114
hemicycle 31
hemisphere 31
hence 117
hereditament 184
hereditary 34, 184
heredity 184
heritable 184
heritage 34, 184
heroism 94
hesitant 185
hesitate 185
hesitation 185

heterodox 31
heterogeneous 31, 32
heteronym 31,32
hexad 31
hexagon 31
hexagram 31
hexangular 31
hexapod 31
hillock 90
hindrance 92
hither 117
homage 185
homeward(s) 116, 119
homicide 185
homocentric 32

homogeneity *178*
homogeneous *32*
homologous *32*
homonym *32, 219*
homosexual *32*
honesty *99*
horrible *103*
hospitality *98*
hostess *84*
hostile *110*
human *185*

humane *185*
humanism *185*
humanitarian *185*
humanity *185*
humankind *185*
humble *27, 185*
humid *96*
humiliate *185*
humiliation *185*
humility *185*
humo(u)r *96*

hundredfold *108*
hydrogen *18, 179*
hydrometer *206*
hyperacidity *32*
hyperbole *32*
hyperborean *32*
hypercriticism *32*
hypersensitive *32*
hypocrisy *32*
hypostasis *32*
hypothesis *32*

—I—

icicle *87*
identify *121*
idiotic *109*
ignoble *37*
ignominy *37*
ignorance *148*
ignorant *20, 37, 148*
ignore *148*
illation *35, 191*
illegal *37*
illegitimate *37*
illiterate *37*
illogical *37*
illuminate *35, 200*
illumine *200*
illusion *35, 200*
illustrate *35, 201*
illustration *201*
illustrious *201*
imaginary *105*
imaginative *113*
immaculate *37*
immature *38*

immeasurable *38*
immediate *38, 204*
immense *38*
immerge *35, 205*
immerse *205*
immersion *205*
immigrant *80, 206*
immigrate *35, 206*
immigration *206*
imminence *207*
imminent *207*
immodest *38*
immortal *38, 213*
immortality *213*
immutable *38*
impact *35*
impalpable *38*
imparity *38*
impart *35, 224*
impartation *224*
impartial *38, 224*
impartiality *224*
impatient *225*

impede *226*
impediment *35, 226*
impel *227*
impellent *227*
impend *229*
impending *229*
impenetrable *38*
impenetrate *35*
impenitent *38*
imperfect *164*
impersonate *35*
impertinent *38*
impetuous *231*
impetus *231*
impious *38*
implacable *38*
implement *35, 235*
impletion *235*
implicate *35, 236*
implication *236*
implicit *27, 236*
imploration *236*
implore *236*

imply 36, 236
import 36, 240
importance 240
important 240
importation 240
impose 36, 242
imposition 242
impotence;-cy 243
impotent 38, 243
impoverish 36
impregnate 36
impress 244
impression 244
impressionable 244
impressive 244
imprison 36, 246
imprisonment 246
improve 248
improvement 248
improvise 310
imprudent 38
impulse 227
impulsion 227
impulsive 227
impunity 228
imputation 249
impute 249
inaccessible 36
inaction 125
inactive 125
inadequate 36
inapt 129
inaptitude 129
inaudible 36
inaugurate 131
inaugurasion 131
inauspicious 131

inbeing 32
inborn 33
incarnate 33, 137
incarnation 137
incautious 36
inception 140
inceptive 33, 140
incessant 138
incidence 134
incident 33, 134
incidental 134
incipient 33
incise 33, 144
incision 144
incisive 144
incite 145
incitement 145
inclination 146
incline 33, 146
include
    15, 26, 33, 54, 147
inclusion 147
inclusive 147
income 33
incomparable 36
incompatible 225
inconsistent 37
incorporate 149
incorporation 149
increase 33, 150
incredible 103
incur 33, 153
incursion 153
incursive 153
indebted 154
indecisive 37
indefinite 170

index 155
indicate 155
indication 155
indifferent 167
indigestion 37
indignant 104, 157
indignation 157
indignity 157
indispensable 37, 230
individual 157
individualism 157
individuality 157
indivisible 157
indoor 33
induce 33, 160
induct 160
induction 160
inductive 160
indulge 33
industrial 115
industrious 115
inequality 37
inevitable 301
infallible 37
infamous 37, 165
infamy 165
infancy 165
infant 165
infantile 165
infect 33, 163
infection 163
infectious 163
infer 167
inferable 167
inference 167
inferential 167
inferior 112

INDEX

infernal *112*
infest *166*
infestation *166*
infidel *169*
infidelity *169*
infinite *113, 170*
infinitude *170*
infirm *171*
infirmary *171*
infirmity *171*
inflame *33*
inflect *171*
inflexibility *171*
inflexible *171*
inflexion *171*
inflict *172*
infliction *172*
influence *33, 173*
influent *173*
influential *173*
inform *174*
informal *173*
informality *173*
information *174*
informed *174*
infuse *33, 71, 177*
ingenious *178*
ingenuous *178*
ingest *179*
ingredient *180*
ingress *180*
inhabit *183*
inhabitation *183*
inhabitant *80, 183*
inhale *27, 34*
inhere *185*
inherence *185*

inherent *185*
inherit *34, 184*
inheritance *184*
inhibit *34, 184*
inhibition *184*
inhume *27, 185*
initial *187*
initiate *187*
initiation *187*
initiative *113, 187*
inject *34, 188*
injection *188*
injure *190*
injurious *190*
injury *190*
injustice *190*
innate *34, 216*
innocence *92*
innovate *34, 219*
innovation *219*
innumerable *103*
innutrition *37*
inquest *250*
inquire *5, 34, 250*
inquiry *250*
inquisition *250*
inquisitve *250*
insane *37, 257*
insanitary *258*
insanity *257*
insatiability *258*
insatiable *258*
insatiate *258*
inscribe *34, 261*
inscription *261*
insect *34*
insensate *264*

insert *34, 267*
insertion *267*
insidious *262*
insight *34*
insist *270*
insistence *271*
insolent *104*
inspect *34, 277*
inspector *86, 278*
inspiration *279*
inspire *27, 279*
install *274*
installation *274*
instal(l)ment *274*
instance *274*
instant *273*
instantaneous *274*
instigate *280*
instinct *280*
institute *271*
institution *271*
instruct *282*
instruction *282*
instructive *282*
instrument *282*
instrumentality *282*
insular *119, 186*
insularity *186*
insulate *186*
insulation *186*
insult *257*
insurgency *284*
insurgent *284*
insurrection *284*
integer *285*
integral *64, 285*
integrant *285*

integrate 285
integration 285
integrity 285
intellect 40, 193
intellectual 193
intelligence 40, 194
intelligent 194
intelligible 194
intend 291
intendance 291
intended 291
intense 291
intensify 291
intension 291
intent 291
intention 291
intentional 291
inter 293
intercede 138
intercession 138
intercessor 138
intercept 39, 140
interception 140
interceptor 140
interchange 39
intercourse 153
interdict 156
interdiction 156
interest 162
interesting 162
interfere 39
interfuse 39, 177
interjacent 39, 188
interject 188
interjection 188
interlocution 199
interlude 39, 55, 200

intermediate 204
intermediation 204
intermedium 204
intermission 210
intermit 39, 210
intermittence 210
intermittent 210
interpose 39, 242
interrupt 39, 255
interruption 255
intersect 39
interstellar 39
intervene 40, 304
intervention 304
intimacy 92
intoxicate 34
intra-party 40
intra-school 40
intricate 34
introduce 40, 160
introduction 160
introspect 40, 278
introversion 307
introvert 40, 307
intrude 28, 58, 298
intruder 298
intrusion 298
invade 34, 301
invalid 303
invaluable 37
invariably 118
invasion 301
invent 304
invention 304
inverse 307
inversion 307
invert 307

invest 34
investigate 34
invidious 310
invigorate 311
invincible 312
invitation 94
invoice 309
invoke 313
involute 315
involution 315
involve 35, 315
irksome 116
irradiant 252
irradiate 36, 252
irradiation 252
irrational 39
irredeemable 39
irregular 39
irrelevant 39
irresponsible 39
irrigate 36
irritable 103
irruption 36, 255
island 186
isle 186
islet 88, 186
isolate 119, 186
isolation 186
Israelite 85
issue 29
itineracy 186
itinerary 186
itinerant 72, 186
itinerate 186

—J—

Japanese *83, 107*
jealousy *99*
journal *189*
journalism *189*
journey *189*
judge *189*
judg(e)ment *95, 189*
judicature *189*
judicial *54, 189*
judicious *189*
junior *112*
juridical *190*
jurisconsult *190*
jurisdiction *156, 190*
jurisprudence *190*
jurist *190*
just *189*
justice *93, 189*
justify *121, 189*
juvenile *111, 112*

—K—

kindness *96*
kingdom *102, 158*
kitten *89*
kitty *90*

—L—

laboratory *101*
laborious *115*
labo(u)rite *85*
lady *87*
ladylike *114*
lambkin *89*
landed *106*
landscape *97*
languish *123*
lapse *190*
lasting *111*
lateral *191*
latitude *192*
launder *192*
laundress *192*
laundry *192*
lava *192*
lavatory *192*
lave *192*
lavish *192*
lawyer *87*
lax *192*
laxation *192*
laxity *192*
leaden *107*
leader *82*
leaflet *89*
league *196*
lection *193*
lecture *193*
lecturer *193*
legacy *194*
legal *195*
legate *81, 194*
legation *194*
legend *194*
legible *194*
legion *194*
legislate *195*
legislation *195*
legislator *195*
legislature *99, 195*
legist *195*
legitimate *195*
lever *62, 195*
leverage *195*
leviable *196*
levitate *62, 196*
levitation *196*
levity *196*
levy *195*
liable *197*
liability *197*
liar *81*
library *101*
lieu *197*
lieutenant *198, 287*

INDEX

ligament *196*
ligate *196*
ligature *196*
likelihood *92*
likeness *96*
likewise *119*
limit *28, 54*
lineament *95*
literal *103*
literally *118*
literature *99*
lithography *181*
litigate *195*
litigation *195*
loaf *87*

local *197*
locality *197*
locate *197*
location *197*
locomotion *197*
locomotive *197*
locus *197*
logic *70, 93, 198*
logical *198*
loiter *121*
Londoner *82*
loquacious *199*
loyalty *98*
lucid *52, 201*
lucidity *201*

Lucifer *201*
luculent *201*
ludicrous *200*
luminary *35, 200*
luminescence *200*
luminous *200*
luminosity *200*
lunar *109*
lunatic *109*
luster,-tre *35, 201*
luxuriant *104*
luxurious *104*
luxury *97*

—**M**—

machinery *100*
madness *96*
magic *93*
magician *80*
magnanimity *128*
magnanimous *128, 201*
magnate *81, 201*
magnesium *95*
magnificence *164, 201*
magnificent *164, 201*
magnify *201*
magniloquence *202*
magniloquent *201*
magnitude *94, 202*
maiden *89*
maidenhead *92*
maintain *287*
maintenance *287*
majestic *202*

majesty *202*
major *202*
majority *202*
maladjustment *40*
maladroit *40*
malady *40*
malediction *40, 156*
malefactor *41, 162*
malevolence *314*
malevolent *41*
malice *41*
malignant *41*
maltreat *41, 297*
malversation *307*
mandate *202*
manhood *92*
manifest *166*
manifestation *166*
manifesto *166*

manifold *107*
manikin *89*
manufacture *163*
manumission *210*
manumit *210*
manuscript *261*
map *89*
marine *203*
mariner *66, 82, 203*
maritime *203*
market *204*
marriage *91*
marvel *208*
marvel(l)ous *208*
Marxism *94*
masculine *111*
maternal *86, 203*
maternity *144, 203*
matriarchy *203*

matricide *144, 203*
matrimony *95, 203*
matrix *203*
matron *86, 203*
maturity *98*
maxim *202*
maximal *202*
maximum *202, 207*
meddlesome *116*
medial *203*
mediate *203*
mediation *203*
medical *62*
medi(a)eval *204*
mediocre *203*
Mediterranean *204, 293*
medium *38, 203*
menace *57, 91*
mercantile *204*
mercenary *204*
mercer *204*
merciful *108, 204*
merciless *204*
merchandise *204*
merchant *204*
mercy *204*
merge *205*
mergence *205*
merger *205*
message *209*
messenger *82, 209*
metabolism *41*
metamorphosis *41*
metaphor *41*
metaphysical *41*
metaphysics *93*
metastasis *41, 274*

mete *38*
meteor *41*
meteorology *199*
meter *205*
method *42*
methodical *109*
metonymy *41, 219*
microphone *233*
migrant *206*
migrate *206*
migration *206*
miller *83*
million(n)aire *80*
millionfold *108*
mimic *49*
mince *207*
miniature *208*
minify *207*
minikin *208*
minim *207*
minimal *207*
minimize *207*
minimum *207*
minister *87, 207*
minor *207*
minority *207*
minus *207*
minute *106, 207*
miracle *87, 208*
miraculous *208*
mirage *208*
mirror *208*
misanthrope *129*
misanthropy *129*
misapply *42*
mischance *42*
mischief *42*

misconstruction *282*
misconstrue *282*
misdeed *42*
misfortune *42*
misplace *42*
missile *21, 209*
mission *45, 51, 57, 209*
missionary *209*
misunderstand *42*
mixture *99*
mob *214*
mobile *214*
mobilize *214*
mobilization *214*
modal *211*
mode *211*
model *88, 211*
moderate *211*
moderation *211*
moderator *211*
modern *107, 211*
modernism *94*
modernize *211*
modest *211*
modesty *99, 211*
modification *212*
modifier *212*
modify *212*
modish *212*
modulate *212*
modulation *212*
Mohammedan *79*
moisten *120*
molecule *90*
monarch *8, 42*
monarchy *50*
moneyed *106*

INDEX

monition *67, 122, 212*
monitor *212*
monk *42*
monochrome *42*
monocracy *42*
monogamy *12, 42, 52*
monolog(ue) *20,42,198*
monopoly *42*
monotonous *42*
monster *62, 213*
monstrous *213*
monthly *114*
monument *212*
monumental *212*
morbid *214*
morbidity *214*
mortal *53, 103, 213*
mortality *213*
mortgage *214*
mortician *213*
mortification *213*
mortify *213*
mortuary *214*
motif *214*
motion *57, 214*
motivate *214*
motive *214*
mountaineer *82*
mournful *108*
movable *214*
move *57, 214*
movement *95, 214*
multifarious *43, 46*
multiple *238*
multiplex *238*
multiplication *238*
multiplicative *238*
multiplicity *238*
multiply *43, 238*
multitude *43, 95*
multivocal *43*
multocular *43*
murderer *83*
museum *102*
muscular *105*
mutability *215*
mutable *72, 215*
mutate *215*
mutation *215*
mutiny *215*
mutual *215*
mutuality *215*
mystery *97*
mythology *199*

—**N**—

naïve *216*
napkin *89*
nascent *62*
nation *216*
national *216*
nationality *216*
nationalization *216*
nationalize *216*
native *34, 85, 216*
natural *103, 216*
naturalism *216*
naturalization *216*
naturalize *216*
nature *216*
naught *43*
nausea *216*
nauseate *216*
nauseous *216*
nautical *216*
naval *216*
navigable *217*
navigate *119, 217*
navigation *217*
navigator *217*
navy *120, 216*
nay *43*
needs *118*
nefarious *43*
negate *43, 217*
negation *217*
negative *170, 217*
neglect *44, 193, 217*
neglectful *193*
negligence *44,194,217*
negligent *194*
negligible *103, 194*
negotiate *44, 217*
negotiation *217*
neighbo(u)r *86*
neighbo(u)rhood *92*
neither *43*
neology *199*
nescience *43*
neuter *43*
never *43*
nihil *6*
nihilism *6*
nitrogen *179*

nocturnal *189*
nominate *120*
nondescript *261*
none *43*
nonsense *264*
northern *107*
nota bene *217*
notable *217*

notary *217*
notation *218*
note *217*
notice *218*
noticeable *103, 218*
notification *218*
notify *218*
notion *218*

notorious *218*
novel *34, 219*
novelette *88*
novelist *85*
novelty *98, 219*
null *43*
nun *42*

—O—

obfuscate *44*
obedient *44, 104, 130*
obey *130*
obituary *44*
object *44, 188*
objection *188*
oblate *191*
obligatory *115, 196*
obligation *196*
oblige *44, 196*
oblique *44, 112*
oblong *44*
obscure *44*
obsecrate *256*
obsecration *256*
observance *268*
observation *268*
observatory *101, 268*
observe *268*
obsequious *265*
obsolete *106*
obstacle *44, 272*
obstetric *272*
obstinacy *272*
obstinate *45, 106, 272*
obstruct *45, 282*

obstruction *282*
obtain *45, 287*
obtrude *298*
obtrusion *298*
obtrusive *298*
obtrusiveness *298*
obverse *307*
obversion *307*
obvert *307*
obviate *309*
obvious *45, 309*
occasion *45, 134*
occasional *134*
Occident *134*
Occidental *103*
occlude *147*
occlusion *147*
occupy *45*
occur *45, 153*
occurrence *153*
octagon *46*
octave *46*
October *46*
octopus *46*
octuple *46*
ocular *13, 43*

oculist *13, 43*
odo(u)r *96*
offence *166*
offend *45, 166*
offensive *166*
offer *45, 167*
office *164*
official *164*
omissible *210*
omission *210*
omissive *210*
omit *45, 210*
omnifarious *46*
omnipotence *244*
omnipotent *46, 243*
omnipresent *46*
omniscience *260*
omniscient *46, 260*
omnivorous *46*
onomancy *219*
onomatopoeia *219*
onward *116*
operative *85*
opponent *45, 83, 239*
opportune *241*
opportunism *241*

opportunist *241*
opportunity *241*
oppose *45, 242*
opposite *113, 242*
opposition *243*
oppress *45, 244*
oppression *244*
oppressive *244*
opt *220*
optative *220*
optics *69*
optimism *94, 220*
optimist *220*
optimum *220*
option *220*
optional *220*
oracle *220*
oracular *220*
oral *220*
orate *220*
oration *220*
orator *220*
oratorical *220*
oratory *220*
organize *122*

orient *4, 120, 134, 221*
Oriental *103, 221*
orientation *221*
origin *221*
original *221*
originality *98, 221*
originate *120, 221*
originative *221*
originator *221*
orthodox *31*
ostensible *291*
ostentation *45, 291*
ostentatious *291*
otherwise *119*
otiose *44, 217*
otiosity *44*
outargue *47*
outbreak *47*
outdo *47*
outlandish *47*
outlaw *47*
outline *47*
outlive *47*
outnumber *47*
outrage *47*

outrival *47*
outrun *47*
outwit *47*
overact *47*
overburden *47*
overcome *48*
overcredulous *48*
overcrowd *48*
overcrust *48*
overdo *48*
overeat *48*
overestimate *48*
overlook *48*
overpay *48*
overpeopled *48*
overrate *48*
overseas *48*
oversleep *48*
overtake *48*
overthrow *48*
overwhelm *48*
owner *83*
oxygen *179*

—**P**—

paddock *90*
pain *123*
pair *222*
palsy *49, 193*
pamphlet *89*
panacea *48*
panada *221*
pan-American *48*
panchromatic *48*

pandemonium *48*
panorama *48*
pantheism *48*
pantomime *49*
pantry *86, 221*
par *38, 222*
parable *49*
parachute *49*
parade *222*

paradox *49*
paragraph *49*
parallel *49*
paralogism *49*
paralyse,-lyze *49, 193*
paralysis *193*
paramount *52*
paraphrase *49*
parasite *49*

parasol *49*
parboil *52*
parcel *224*
pare *222*
pardon *52, 159*
Parisian *104*
parity *222*
parody *49*
paronym *219*
part *223*
partake *223*
partial *223*
partible *223*
participate *141, 223*
participation *141, 223*
participle *141, 223*
particle *88, 224*
parting *223*
partition *224*
partnership *97*
passage *91*
passion *224*
passionate *106, 224*
passive *224*
passport *241*
paternal *86, 225*
paternity *144, 225*
pathetic *225*
pathogeny *225*
pathology *199, 225*
pathos *70, 225*
patience *225*
patient *224*
patriarch *225*
patricide *144, 225*
patrimony *225*
patriot *225*

patriotic *109, 225*
patriotism *225*
patron *86, 225*
patronage *225*
patter *121*
pause *243*
pawn *82*
peal *227*
pebble *88*
pedagogue *97*
pedal *226*
pedantry *97*
pedestal *226*
pedestrian *80, 226*
pedi-cab *226*
pedometer *226*
peer *223*
peerage *99, 223*
peerless *223*
pellucid *52, 201*
penal *228*
penalize *228*
penalty *228*
penance *228*
pendant *51, 228*
pendent *228*
pending *229*
pendulate *229*
pendulous *229*
pendulum *229*
peninsula *50, 186*
penitence *228*
penitent *63, 228*
penitentiary *228*
pensée *230*
pension *229*
pensive *230*

pentagon *50*
pentagram *50*
pentarchy *50*
penultimate *50*
penumbra *50*
penury *97*
perceive *50, 140*
per cent *141*
percentage *141*
percept *140*
perceptible *140*
perception *140*
perceptive *140*
percuss *154*
percussion *50, 154*
perennial *50, 128*
perfect *50, 163*
perfection *164*
perfidy *50, 169*
perform *50, 174*
performance *174*
perfume *51*
peril *231*
perilous *115, 231*
perimeter *206*
period *52*
periphrase *52*
periscope *52*
perish *51, 187*
perishable *187*
permission *210*
permit *51, 210*
permutation *215*
permute *215*
perpendicular *51, 229*
perpetual *51*
perplex *51. 237*

INDEX

perplexity *237*
perquisite *250*
persecute *51, 265*
persecution *265*
persevere *51*
persist *51, 271*
persistence *271*
perspective *51, 278*
perspicacious *277*
perspicuous *277*
perspiration *51, 279*
perspire *279*
personify *121*
persuade *51, 283*
persuasible *283*
persuasion *283*
persuasive *283*
pertain *287*
pertinacious *287*
pertinent *51, 287*
perturb *299*
perturbation *299*
perusal *300*
peruse *51, 300*
pervade *52, 301*
pervasion *301*
pervasive *301*
perverse *308*
perversion *308*
perversity *308*
pervert *52, 308*
pervious *309*
pessimism *94, 220*
petition *51, 62, 142, 231*
petrify *121*
petroleum *95, 121*
phantasm *232*
phantom *232*
phase *232*
phenomenal *232*
phenomenon *232*
philanthrope *129*
philanthropy *129*
philology *199*
philosopher *83*
phoneme *232*
phonetic *70, 232*
phonetics *93, 232*
phonic *232*
phonograph *181*
phonography *233*
phonology *233*
phonometer *233*
photograph *181*
phrenology *199*
physic *93*
physical *109*
physician *80*
physicist *80*
physics *93*
physiology *199*
pictograph *233*
pictorial *233*
picture *18, 233*
picturesque *112, 233*
pilgrim *52*
pioneer *82*
pirate *82*
placid *110*
plaintiff *85, 166*
plait *238*
plaudit *234*
plausible *234*
plausibility *234*
pleach *238*
pleat *238*
plenary *234*
plenipotentiary *234*
plenitude *234*
plenty *234*
pliable *236*
pliers *236*
plight *238*
plumage *99*
plumy *117*
ply *236*
poignant *249*
point *249*
poise *230*
polar *105*
polite *113*
polygamy *42, 52*
polyglot *53*
polygon *53*
polyhedron *53*
polytheism *53*
ponder *230*
ponderable *230*
ponderous *230*
pony *90*
populace *239*
popular *239*
popularity *239*
popularize *239*
popular *105*
populate *239*
population *239*
populous *239*
porch *241*
port *239, 241*
portable *72, 239*

portage *239*
portal *241*
portculis *241*
portend *291*
portent *291*
portentous *291*
porter *239, 241*
portfolio *239*
portico *241*
portion *224*
portly *240*
portray *297*
portrait *297*
Portuguese *83, 107*
pose *241*
posit *241*
position *241*
positive *241*
possess *262*
possessed *262*
possession *262*
post *241*
postdate *53*
posterior *9, 53*
posterity *9, 53*
posthumous *53, 186*
postlude *53, 55, 200*
postmeridian *53*
postman *86*
post-mortem *53*
postpone *53, 239*
postscript *53, 261*
posture *241*
potable *70*
potence;-cy *243*
potent *243*
potential *243*

potentiality *243*
potentialize *243*
poultry *100*
pounce *249*
poverty *98*
precaution *53*
precede *53, 56, 138*
precedence *138*
precedent *138*
precedented *138*
preceding *138*
precept *54, 140*
preceptor *140*
precession *138*
precipice *54*
precise *144*
precision *144*
preclude *54, 147*
preclusion *147*
precocious *54*
predecessor *54, 86*
predeterminate *292*
predetermination *292*
predicate *155*
predication *155*
predict *54, 156*
prediction *156*
predilection *54*
predominance;-cy *158*
predominant *158*
predominate *158*
prefabricate *54*
prefect *164*
prefecture *164*
prefer *54, 167*
preferable *167*
preference *167*

preferential *167*
pregnant *54, 179*
prehistoric *54*
prejudice *54, 189*
preliminary *54*
prelude *39, 53, 55, 200*
premature *55*
premier *84, 246*
premise *210*
preoccupy *55*
preparation *222*
preparatory *115, 222*
prepare *55, 222*
prepense *230*
preponderant *230*
preponderate *230*
prerequisite *55*
prescient *260*
prescribe *55, 261*
prescript *261*
prescription *261*
prescriptive *261*
present *55*
presentiment *264*
preservation *268*
preservative *268*
preserve *55, 268*
preside *55, 262*
president *83, 263*
press *244*
pressing *244*
pressure *99, 244*
presumable *283*
presume *55, 283*
presuming *283*
presumption *283*
presumptuous *284*

INDEX

pretence;-se *291*
pretend *55, 291*
pretension *291*
pretentious *291*
pretermission *210*
pretermit *210*
pretext *294*
prevail *55, 303*
prevalence *303*
prevalent *303*
prevent *55, 304*
prevention *304*
preventive *304*
previous *55, 309*
prevision *310*
prey *246*
priceless *114*
primacy *245*
prima donna *245*
primal *245*
primary *245*
prime *245*
primer *245*
prim(a)eval *245*
primitive *245*
primogenitor *245*
primogeniture *245*
primordial *221, 245*
primrose *245*
primus *245*
prince *246*
princess *84*
principal *246*
principle *246*
prison *246*
prisoner *83, 246*
privilege *195*

prize *40, 246*
probable *247*
probability *247*
probably *247*
probate *247*
probation *247*
probative *247*
probe *247*
probity *247*
problem *56*
proceed *56, 138*
proceeding *138*
proceeds *138*
process *138*
procession *138*
proclaim *56, 146*
proclamation *146*
proclivity *146*
procumbent *152*
procurable *152*
procuration *152*
procurator *152*
procure *56, 152*
procurememt *152*
prodigal *56, 125*
produce *56, 160*
producer *83,160*
product *160*
production *160*
productive *160*
profane *56*
profess *56, 168*
profession *168*
professional *168*
professor *168*
proffer *59, 167*
proficiency *164*

proficient *56, 105, 164*
profit *56, 105, 164*
profitable *164*
profound *56, 175*
profundity *175*
profuse *56, 177*
profusion *177*
progenitive *178*
progenitor *178*
program(me) *57, 181*
progress
    6, 28, 57, 61, 180
progressive *180*
prohibit *57, 184*
prohibition *184*
project *57, 188*
projector *188*
prolocutor *199*
pronoun *57*
prolog(ue) *25,57,198*
prolong *57*
promenade *57*
prominence *207*
prominent *57, 207*
promise *57, 210*
promising *111, 210*
promote *57, 215*
promoter *215*
promotion *215*
prompt *161*
promptitude *161*
promptly *161*
pronoun *57*
pronounce *57, 218*
pronouncement *218*
pronunciation *218*
proof *247*

propel 57, 227
propellent 227
propeller 227
propensity 230
prophecy 58, 92, 233
prophesy 233
prophet 233
propinquity 63
proportion 58
proposal 243
propose 58, 243
proposition 243
propriety 98
propulsion 227
propulsive 227
prorogue 58
proscribe 261
proscription 261
prosecute 58, 59, 265
prosecution 265
prosecutor 265
prospect 58, 278
prostitute 58, 271
prostitution 271
protect 58, 288
protection 94, 288
protector 288
protest 58, 294
protestant 294
protestation 294
protocol 59
protomartyr 59
protoplasm 59
protoplast 59
prototype 59
protract 297
protrude 58, 298
protrudent 299
protrusion 299
prove 247
provide 58, 310
providence 310
provident 310
provision 310
provocation 314
provoke 58, 313
prudence 310
prudent 59, 105, 310
prudential 310
pseudonym 219
psychology 199
public 239
publication 239
publicity 239
publicize 239
publish 123, 239
pulsate 226
pulsatile 226
pulsasion 227
pulse 57, 63, 226
pumpkin 89
punch 249
punctilio 248
punctilious 248
punctual 103, 248
punctuality 248
punctuate 248
punctuation 248
puncture 248
pungent 248
punish 123, 228
punishment 228
punitive 228
purchase 58
purify 121
purport 59, 240
purpose 59, 243
pursuance 266
pursue 58, 59, 266
pursuit 266
purvey 59, 310

—Q—

quadrangle 59
quadrennial 59
quadricentennial 60
quadruped 60, 226
quadruple 60, 238
quadruplicate 238
qualify 121
quarrelsome 116
quash 50, 154
query 27, 250
quest 27, 63, 250
question 250
questionable 250
quintessence 162
quiver 121
quotation 94

—R—

racial *104*
radial *251*
radiance *252*
radiant *104, 251*
radiate *251*
radiation *251*
radiator *251*
radical *109, 251*
radicle *251*
radish *251*
radius *251*
radix *251*
rally *197*
ransom *161*
rapacious *252*
rape *110, 252*
rapid *110, 252*
rapidity *98, 252*
rapt *252*
raptorial *252*
rapture *252*
ravage *252*
raven *252*
ravish *252*
ravishment *252*
react *125*
reaction *125*
readily *118*
reality *98*
realm *254*
reasonable *103*
rebel *60*
rebuke *60*
recall *60*

recede *60, 138*
receipt *140*
receivable *140*
receive *60, 140*
receiver *140*
receptacle *140*
reception *140*
receptive *140*
recess *138*
recession *138*
recessive *138*
recipient *140*
recital *145*
recitation *145*
recite *60, 145*
reckless *114*
reclaim *60, 146*
reclaimable *146*
reclaimant *146*
reclamation *146*
recline *33, 60, 146*
recluse *147*
reclusion *147*
reclusive *147*
recognition *148*
recognizable *148*
recognizance *148*
recognize *60, 148*
recoil *60*
recollect *193*
recollection *193*
recommend *202*
recommendation *202*
recompense *230*

reconcile *61*
record *61, 149*
recourse *154*
recreate *150*
re-create *150*
recreation *61, 150*
rectangle *252*
rectify *252*
rectilineal *252*
rectitude *252*
rector *253*
recumbency *152*
recumbent *152*
recur *61, 153*
recurrence *153*
recurrent *153*
redden *120*
redeem *64, 161*
redeemer *161*
redemption *161*
redintegrate *64*
reduce *61, 160*
reduced *160*
reduction *160*
refer *61, 167*
referable *167*
reference *167*
referential *167*
refine *170*
refined *170*
refinement *170*
reflect *61, 171*
reflection *171*
reflective *171*

INDEX

reflex *171*
reflexive *171*
refluence *173*
refluent *173*
reform *61, 174*
reformation *174*
reformatory *174*
reformer *174*
refrain *176*
refresh *61*
refreshing *111*
refrigerator *61*
refuge *61*
refusal *91, 177*
refuse *29, 61, 177*
refute *177*
regal *103, 253*
regalia *253*
regality *253*
regency *253*
regenerate *178*
regent *103, 253*
regicide *253*
regime *253*
regiment *253*
Regina *254*
region *194, 254*
Regius *254*
regnal *254*
regnant *254*
regress *61*
regular *254*
regularity *254*
regulate *254*
regulation *254*
rein *287*
reign *254*

reject *61, 188*
rejection *188*
relapse *190*
relate *191*
relation *191*
relative *85, 191*
relator *191*
relax *62, 192*
relaxation *192*
release *192*
relegate *195*
relegation *195*
relevance;-cy *196*
relevant *62, 196*
relocate *197*
relocation *197*
relief *196*
relieve *62, 196*
reluctant *62*
remand *202*
remedy *62*
remission *211*
remit *62, 210*
remittance *210*
remittee *211*
remittent *211*
remitter *211*
remonstrance *213*
remonstrant *213*
remonstrate *62, 213*
remonstrative *213*
remorse *62*
remote *215*
remoteness *215*
removable *214*
removal *214*
remove *214*

Renaissance *62*
render *64*
renegade *217*
renew *62*
renounce *62, 218*
renouncement *218*
renovate *219*
renovation *219*
renown *62*
renunciation *218*
repair *222*
reparation *222*
reparative *222*
repatriate *225*
repatriation *225*
repeal *228*
repeat *62, 231*
repel *63, 227*
repellent *227*
repent *63, 228*
repentance *228*
repentant *228*
repercussion *154*
repetition *231*
replenish *235*
replete *235*
replica *236*
replicate *236*
replication *236*
reply *63, 236*
report *63, 240*
reportage *240*
reposal *243*
repose *243*
repository *243*
reprehend *247*
reprehension *247*

INDEX

representative *113*
repress *244*
repressible *245*
repression *245*
repressive *245*
reprieve *248*
reproach *63*
reprobate *248*
reprobation *248*
reproof *248*
reprove *248*
republic *239*
republican *104, 239*
republication *239*
republish *239*
repulse *227*
repulsion *227*
repulsive *227*
reputable *250*
reputation *250*
repute *63, 250*
request *251*
require *5, 63, 251*
requirement *251*
requisite *251*
requisition *251*
rescript *261*
resemblance *270*
resemble *63, 270*
resent *264*
resentment *264*
reservation *268*
reserve *268*
reserved *268*
reservoir *268*
reside *263*
residence *263*

resident *83, 263*
residue *263*
resign *269*
resignation *269*
resigned *269*
resile *257*
resilience *257*
resilient *257*
resist *63, 271*
resistance *271*
resolvable *276*
resolve *276*
resolvent *276*
resolute *276*
resolution *276*
resource *284*
resourceful *284*
respect *63, 278*
respectable *113, 278*
respectful *278*
respective *113, 278*
respire *279*
respond *279*
response *279*
responsible *279*
responsibility *279*
restitution *271*
restless *114*
restoration *274*
restorative *274*
restore *63, 274*
restrain *63, 282*
restraint *97, 282*
restrict *282*
restriction *282*
result *257*
resume *63, 284*

resumption *284*
resumptive *284*
resurge *284*
resurgence *63, 284*
resurgent *284*
resurrect *284*
resurrection *63, 284*
retain *287*
retention *287*
retinue *287*
retort *63, 295*
retortion *295*
retract *64, 297*
retractable *297*
retractility *297*
retraction *297*
retreat *297*
retribution *298*
retributive *298*
retrocede *138*
retrocession *139*
retrograde *64, 180*
retrogress *57, 180*
retrospect *64, 278*
reveal *64*
revenue *64, 305*
reversal *308*
reverse *308*
reversion *308*
revert *308*
revise *64, 310*
revision *311*
revival *312*
revive *64, 312*
reviviscence *312*
revoke *64, 314*
revolt *64, 315*

revolution *315*
revolve *315*
revolver *315*
revulsion *315*
riddle *88*
righteous *115*
rigid *254*

rigidity *254*
rigo(u)r *254*
ringed *106*
rivalry *97*
rivulet *89*
robbery *97*
route *255*

routine *255*
royal *254*
royalty *254*
rupture *28, 254*
rural *104*
rustic *109*

—S—

sacrament *255*
sacred *255*
sacrifice *164, 255*
sacrilege *194, 255*
sacrilegeous *255*
sacrosanctity *255*
saint *256*
salesman *86*
salience *256*
salient *256*
sally *256*
salmon *256*
saltant *256*
saltation *256*
salubrious *257*
salutary *257*
salutation *257*
salutatory *257*
salute *257*
sample *29*
sanatorium *102, 257*
sanatory *257*
sanctification *255*
sanctify *255*
sanction *255*
sanctity *256*
sanctuary *256*

sane *105, 257*
sanguine *111*
sanitarian *258*
sanitarium *257*
sanitary *105, 257*
sanitate *257*
sanitation *257*
sanity *257*
sate *121, 258*
satiable *258*
satiate *121, 258*
satiation *258*
satiety *258*
satire *258*
satisfaction *258*
satisfactory *115, 258*
satisfy *121, 258*
saturate *258*
saturation *258*
savio(u)r *86*
savo(u)r *96*
sawyer *87*
scale *259*
scan *258*
scansion *258*
scanty *117*
scenery *100*

scent *264*
scenic *109*
sceptic *93*
scholar *81*
scholarship *97*
science *43, 46, 259*
scientific *259*
scientist *259*
sciolism *259*
sciolist *259*
scope *277*
scornful *108*
scribble *123, 260*
scribe *66, 260*
scrip *260*
script *53, 260*
scripture *260*
scrivener *260*
seaward *116*
secede *65, 139*
seceder *139*
secession *139*
secernent *143*
seclude *65, 147*
secluded *147*
seclusion *147*
seclusive *147*

INDEX

secret *65, 142*
secretary *81, 142*
secrete *65, 142*
secretion *143*
section *34*
secure *65, 152*
security *152*
sedate *262*
sedative *262*
sedentary *262*
sediment *262*
sedimentation *262*
seduce *65, 160*
seducer *160*
seduction *160*
seedling *90*
segregate *65, 183*
segregation *183*
select *65, 193*
selection *194*
selfish *112*
semblance *270*
semiannual *65*
semicircle *65*
semidiameter *65*
semifinal *65*
seminal *101*
seminary *101*
semitropical *65*
senate *112*
senior *112*
sensation *264*
sensational *264*
sense *15, 263*
senseless *114*
sensible *263*
sensibility *263*

sensitive *264*
sensorium *264*
sensory *264*
sensual *264*
sensuous *264*
sentence *264*
sententious *264*
sentiment *15, 264*
sentimental *264*
separate *65, 222*
separation *222*
septangle *66*
septenary *66*
septuple *66*
sequel *265*
sequence *51, 58, 265*
sequent *265*
serial *266*
seriate *266*
sericulture *151*
series *7, 26, 266*
serf *267*
sergeant *267*
serried *266*
servant *80, 267*
serve *267*
service *93, 267*
servile *267*
servitude *267*
sessile *262*
session *262*
sever *65*
several *65*
shameful *108*
shapeless *114*
sharpen *120*
shepherd *84*

sheriff *85*
shiver *121*
shortage *91*
shortly *118*
sideling *118*
sidelong *118*
siege *263*
sign *268*
signal *268*
signature *268*
signet *268*
significance *269*
significant *268*
signify *121, 268*
similar *63, 105, 269*
simile *105, 269*
similitude *269*
simple *237*
simpleton *237*
simplicity *237*
simplify *122, 237*
simulant *269*
simulate *269*
singularity *98*
slavery *97*
sluggard *81*
soil *258*
sojourn *189*
solace *91, 275*
solar *49*
soldier *84*
sole *274*
solemn *275*
solemnity *275*
solicit *145*
solicitation *145*
solicitor *145*

INDEX

solicitous *145*
solicitude *145*
solid *84, 110, 275*
solidarity *275*
solidify *275*
solidity *275*
soliloquy *199, 275*
solitary *95, 274*
solitude *95, 274*
solo *275*
solstice *271*
soluble *275*
solution *275*
solve *275*
solvent *275*
sometime *118*
sometimes *118*
someway *119*
songster *87*
soprano *68*
source *284*
southern *107*
souvenir *305*
sovereign *68*
spacious *115*
Spaniard *81*
sparkle *123*
special *276*
specialist *85*
specialize *122*
species *276*
specify *276*
specimen *276*
specious *276*
speckle *88*
spectacle *277*
spectator *277*

spectre,-er *277*
spectrum *277*
speculate *120, 277*
speculation *277*
spend *22, 229*
spice *276*
spicy *117*
spinster *87*
spiracle *278*
spirit *51, 278*
spiritual *278*
splendid *110*
splendo(u)r *96*
sponsion *279*
sponsor *279*
sport *240*
sportsman *86*
sprightly *278*
sprinkle *123*
spy *276*
stability *272*
stabilization *272*
stabilize *272*
stable *272*
stage *272*
stain *22*
stall *274*
stardom *102*
startle *123*
state *272*
stately *114, 272*
statement *272*
statesman *86*
static *272*
station *272*
stationary *272*
stationer *272*

stationery *273*
statist *273*
statistics *273*
statue *273*
stature *273*
status *273*
stead *273*
steadfast *273*
steadily *118*
steady *273*
stealth *98*
stenography *181*
stereoscope *116*
sterile *111, 166*
steward *81*
stewardess *84*
stigma *280*
stigmatic *280*
stimulate *280*
stimulus *280*
sting *280*
stoic *93*
straight *281*
straightway *119*
strain *281*
strait *281*
strangle *281*
streamlet *89*
strength *98*
strengthen *120*
strenuous *115*
stress *281*
stretch *281*
strict *281*
stricture *281*
striking *111*
string *281*

INDEX

stringent *63, 281*
structure *45, 282*
student *83*
stupendous *110*
stupid *110*
suasion *51, 283*
suasive *283*
subconscious *66*
subdue *66, 160*
subjacent *188*
subject *66, 188*
subjection *188*
subjective *188*
submarine *66, 203*
submerge *66, 205*
submergence *205*
submersible *205*
submersion *205*
submission *94, 211*
submissive *211*
submit *66, 211*
subscribe *66, 261*
subscriber *261*
subscript *261*
subscription *261*
subsequence *265*
subsequent *265*
subserve *268*
subservient *268*
subside *66, 263*
subsidence *263*
subsidiary *263*
subsidy *263*
subsist *66, 271*
subsistence *271*
substance *66, 274*
substantial *274*

substitute *67, 271*
substitution *272*
subterranean *293*
subtle *294*
subtlety *294*
subtract *297*
subtraction *297*
suburb *67*
suburban *104*
subversion *308*
subvert *308*
succeed *67, 139*
success *139*
successful *139*
succession *139*
successive *139*
successor *54, 86, 139*
succour *153*
succumb *152*
sue *59, 266*
suffer *67, 168*
sufferable *168*
sufferance *168*
suffering *168*
suffice *67, 164*
sufficient *164*
suffocate *67*
suffrage *176*
suffuse *67, 177*
suffusion *177*
suggest *67, 179*
suggestion *179*
suicide *17, 144*
suit *266*
suitable *266*
suite *266*
summon *67, 213*

sumptuous *283*
superb *68*
supercilious *68*
superficial *68*
superfluity *173*
superfluous *68, 173*
superintend *68, 291*
superintendence *291*
superintendent *291*
superior *112*
superlative *191*
supernatural *68*
superscribe *68, 261*
superscription *261*
supersede *263*
supersession *263*
superstition *68, 272*
superstructure *282*
supervene *68, 304*
supervention *305*
supervise *68, 311*
supplement *235*
suppliant *237*
supplicate *237*
supply *235*
support *67, 240*
supportable *240*
supporter *240*
suppose *243*
supposition *243*
suppress *67, 245*
supression *245*
surface *68*
surge *284*
surgical *109*
surgy *284*
surmise *68, 211*

surpass *69*
surplus *69*
surprise *246*
surrender *69*
survey *59, 69, 311*
surveyor *311*
survival *91, 312*
servive *69, 312*
survivor *313*
susceptibility *140*
susceptible *67, 140*
susceptive *140*
suspect *67, 278*

suspend *229*
suspense *229*
suspension *229*
suspensive *229*
suspensory *229*
suspicion *278*
suspicious *278*
suspire *279*
sustain *67, 287*
sustenance *287*
sustentation *287*
syllogism *70*
symbol *70*

symbolize *122*
symmetry *70, 206*
sympathy *9, 70, 225*
symphony *70, 233*
symposium *70*
symptom *70*
synchronism *69*
synonym
  10, 32, 41, 69, 219
synopsis *69*
syntax *69*
synthesis *69*
system *69, 274*

—T—

tablet *88*
tact *285*
tactics *69, 285*
tactile *285*
tactual *285*
tailor *18, 86*
taint *286*
talented *106*
talkative *113*
tangent *285*
tangible *285*
tardy *117*
technical *10*
tegument *288*
telegram *70, 181*
telegraph *70, 181*
telepathy *71*
telephone *71, 233*
telescope *71*
television *71*
temper *288*

temperament *288*
temperance *288*
temperate *106, 288*
temperature *288*
tempest *289*
temporal *289*
temporary *105, 289*
temporization *289*
temporize *289*
tempt *289*
temptation *289*
tenable *45, 51, 68, 286*
tenacious *286*
tenacity *286*
tenant *80, 286*
tend *290*
tendency *290*
tender *290*
tendon *290*
tendril *286*
tenement *286*

tenet *286*
tenfold *107*
tenor *286*
tense *290*
tensile *290*
tension *290*
tentacle *289*
tent *290*
tentative *289*
tenuity *290*
tenuous *290*
tenure *286*
tergiversation *308*
term *27, 292*
terminal *292*
terminate *292*
termination *292*
terminology *292*
terminus *292*
terrace *100, 292*
terraqueous *292*

INDEX

terrene *293*
terrestrial *293*
territorial *293*
territory *101, 293*
test *293*
testament *293*
testamentary *293*
testate *293*
testify *58, 293*
testimony *95, 293*
tetragon *71*
tetrahedron *71*
tetrarch *71*
text *294*
textile *294*
textural *294*
texture *10, 294*
thanksgiving *93*
theatrical *109*
theism *53*
thence *117*
theology *199*
thither *117*
thoroughfare *165*
thoroughly *118*
thoughtful *108*
thousandfold *108*
threat *299*
threaten *120, 299*
thrift *97*
thrust *299*
ticket *88*
tilth *98*
timely *114*
timid *110*
timorous *110*
tiresome *116*

tissue *294*
Tokyoite *85*
Tommy *90*
torch *295*
torment *294*
torsion *28, 64, 294*
tortoise *294*
tortuous *294*
torture *28, 294*
torturous *294*
totter *121*
tour *295*
tourist *85, 295*
tournament *295*
trace *295*
track *296*
tract *296*
tractable *296*
traction *296*
tractor *296*
tradition *72*
trail *296*
trailer *296*
train *296*
trainee *82*
trait *296*
traitor *72*
tranquil *72*
transact *125*
transaction *71, 125*
transcend *72, 259*
transcendence *259*
transcendent *259*
transcendental *259*
transcribe *72, 261*
transcript *262*
transcription *262*

transfer *71, 168*
transferee *168*
transfigure *71*
transform *71, 174*
transformation *174*
transference *168*
transferor *168*
transfuse *71, 177*
transgress *72, 180*
transient *187*
transit *72, 187*
transition *187*
transitive *187*
transitory *187*
translate *72, 191*
translation *191*
translucent *201*
transmigrant *206*
transmigrate *206*
transmigration *206*
transmission *211*
transmit *72, 211*
transmutation *215*
transmute *72, 215*
transparent *72, 223*
transpicuous *277*
transpire *73, 279*
transport *72, 240*
transportation *240*
transpose *243*
transposition *243*
transversal *308*
transverse *308*
traverse *72, 308*
treasury *102*
treat *296*
treatise *93, 296*

INDEX

treatment 95, 296
treaty 99, 296
tremulous 116
trespass 73
trial 91
triangle 73
tribe 73
tribune 73
tributary 297
tribute 297
trickle 123
tricycle 73, 145
trigonometry 73, 206
trio 73
triple 73, 238

triplicate 238
triplicity 238
tripod 73, 226
triumphant 104
trivial 73, 309
tropical 109
trouble 299
troublesome 116, 299
troublous 299
trustee 82
trying 112
turbid 299
turbidity 299
turbulence 299
turbulent 299

tutor 86
twentyfold 107
twice 74
twig 74
twilight 74
twill 74
twin 74
twine 74
twinkle 123
twist 74
twitter 121
twofold 107
typical 109
tyranny 99

—U—

ultra 74
ultramarine 74
ultramodern 74
ultratropical 74
umbrella 50
umpire 223
unambiguous 74
unanimity 128
unanimous 77, 128
unattainable 74
unbelief 74
unbind 76
unblemished 74
unbosom 76
unbury 76
unbutton 76
uncage 76
uncertainty 75
unchangeable 75

unchaste 75
unclose 76
uncomely 75
unconformity 75
uncork 76
uncultivated 75
underage 77
undercurrent 77
underdeveloped 77
underestimate 77
undergo 77
underlie 78
underling 90
undernourishment 78
undertake 78
undescribable 75
undo 76
unexhausted 75
unfold 76

unforgettable 103
ungenerous 75
ungird 76
ungrateful 182
unhinge 76
unicorn 77
uniform 77, 174
uniformity 174
uninterested 162
union 77
unique 77
unit 77
unite 77
unity 77
universal 77, 308
universe 308
university 308
unjust 190
unjustifiable 190

INDEX

unknowingly *75*
unmerciful *75*
unpack *76*
unprecedented *75*
unquestionable *75*
unrest *75*
unroll *76*
unsanitary *75*
unseal *76*
unseam *76*
unseasonable *75*
unsophisticated *75*
untangle *76*
untidy *75*
untie *77*

unwarrantable *76*
unwholesome *76*
unwrap *77*
unwrinkle *77*
upend *78*
uphold *78*
upland *78*
upright *78*
uproot *78*
upset *78*
upward(s) *119*
urban *67*
usage *91, 300*
usance *300*
use *299*

useful *300*
useless *300*
usual *300*
usurer *300*
usurious *300*
usurp *300*
usurpation *300*
usury *300*
utensil *122, 300*
utilitarian *300*
utility *300*
utilize *122, 300*
utmost *115*
utterance *92*

— V —

vacancy *92, 300*
vacant *300*
vacate *300*
vacation *300*
vacuity *300*
vacuous *301*
vacuum *300*
vagabond *30, 302*
vagarious *302*
vagary *30, 302*
vagrant *302*
vague *302*
vain *301*
valiant *55, 96, 302*
valid *302*
validate *302*
validation *302*
validity *302*
valo(u)r *96, 302*

valuable *302*
valuation *303*
value *302*
vanish *301*
vanishing *301*
vanity *301*
vanquish *312*
variety *98*
vegetable *311*
vegetate *311*
vegetation *311*
vehicle *88*
venture *68, 304*
veracious *305*
veracity *305*
verdict *156, 305*
verify *305*
verily *305*
verisimilitude *305*

veritable *305*
verity *305*
versatile *111, 306*
verse *305*
versed *305*
versification *305*
versify *305*
version *305*
vertex *306*
vertical *306*
vertigo *306*
very *305*
vessel *88*
veteran *104*
via *308*
viand *312*
vibrate *120*
vice-consul *78*
vice-president *78*

vice-principal *78*
vicious *116*
victor *311*
victorious *311*
victory *311*
victual *69, 110, 312*
victual(l)er *312*
vigil *311*
vigilance *311*
vigilant *311*
vigo(u)r *311*
vigorous *311*
village *100*
villain *80*
violently *118*
violin *89*
violinist *85*
virtuous *116*
visage *309*
viscount *78*

visible *309*
vision *29, 58, 64, 309*
visit *309*
visitation *309*
vista *309*
visual *309*
visualize *310*
vital *312*
vitality *312*
vivacious *312*
vivacity *312*
vivid *64, 110, 312*
vivify *312*
vivisect *312*
vocable *313*
vocabulary *100, 313*
vocal *313*
vocalist *313*
vocation *29, 58, 313*
vociferate *313*

vociferous *313*
voice *64*
void *301*
voidance *301*
volition *314*
volitional *314*
voluble *314*
volume *314*
voluminous *314*
voluntary *12, 41, 82, 105, 314*
volunteer *82, 314*
voluptuous *314*
volute *314*
volution *314*
voracious *46*
vortex *306*
vouch *313*
voyage *55, 308*
vulgar *105*

—W—

wade *34, 52, 302*
waddle *302*
warden *83*
warfare *166*
warlike *114*
waver *121*
wayward *117*
weaken *120*
wearisome *116*
weight *98*

welfare *165*
western *107*
whence *117*
whither *117*
wholesome *116*
wilderness *96*
willing *112*
wisdom *92*
withdraw *78*
withdrawal *91*

withhold *78*
withstand *78*
wooden *107*
wool(l)en *107*
wordiness *96*
worldly *114*
worship *97*
worthy *117*
wreckage *91*

—Y—

yearling *90*

yellowish *112*

youngster *87*

—Z—

zoological *109*
zoology *199*

著者紹介
田代正雄（たしろ まさお）

1932年、名古屋市生まれ
南山大学英文科卒
名古屋商科大学教授を経て
現在、四日市大学教授
著書に『実用英単語の覚え方』（南雲堂）
『倦きない英単語』（主婦と生活社）
『北米旅行記』（英潮社新社）
などがある。

語源中心英単語辞典　（改装版）

2005年 3 月 9 日　改装 1 刷
2021年 6 月 22 日　改装10刷

著　者	田代正雄
発行者	南雲一範
発行所	株式会社　南雲堂

〒162-0801　東京都新宿区山吹町361
電話　　　（03）3268-2384（営業部）
　　　　　（03）3268-2387（編集部）
FAX　　　（03）3260-5425（営業部）

印刷所　恵友印刷　　製本所　松村製本

URL　https://www.nanun-do.co.jp/　　＜D-42＞
e-mail　nanundo@post.email.ne.jp
乱丁、落丁本はお取替いたします。
注意　本書を無断で複写・複製して使用すると著作権法違反
　　　となります。
Printed in Japan　　＜検印省略＞
ISBN 978-4-523-31042-6 C1082

10日間完成英検準1級　一次試験対策 (解答付)　[CD付]
ECC編　A5 (176)　本体1600円

最新出題傾向に合わせ、オリジナル問題を収録した問題集。短期間で自分の弱点を発見し、補強できるよう構成。最終章は模擬試験形式なので試験前の仕上げ学習に最適。

7日間完成英検準1級　二次試験対策 (解答付)　[CD付]
ECC編　A5 (128)　本体1500円

面接問題にターゲットを絞った教材。面接で多く用いられる題材を取り上げ、丁寧な解説をつけた。付属のCDでリスニング力を上げつつ、本番さながらの試験を体験できる。

英検準1級対策模擬テスト　1次・2次試験 (解答付)　[CD付]
神田 弘慶　A5 (140)　本体1400円

4回分のテストと詳しい解説をつける。
筆記テストの傾向と対策・リスニングテストの傾向と対策・面接テストの傾向と対策。

英検準1級サクセスロード (解答付)　別売CD1 (本体1614円)
尾崎 哲夫　A5 (154)　本体1243円

「黒板」や「メモ」を使い、授業のような語り口調で丁寧に説明。文法項目ごとの章立てで、苦手な項目を何度もチェックでき、ムリムダのない効果的な学習ができる。

英検準1級エクスプレス (解答付)
尾崎 哲夫　四六 (170)　本体952円

短期間に総仕上げができるように、出題されやすい問題をパターン別に列記した問題集。巻末の頻出ポイントは試験の直前に必読。自分の実力を試したい方におすすめ。

10日間完成英検2級　一次試験対策 (解答付)　[CD付]
ECC編　A5 (182)　本体1600円

最新出題傾向に合わせ、オリジナル問題を収録した問題集。短期間で自分の弱点を発見し、補強できるよう構成。最終章は模擬試験形式なので試験前の仕上げ学習に最適。

7日間完成英検2級　二次試験対策 (解答付)　[CD付]
ECC編　A5 (128)　本体1500円

面接問題にターゲットを絞った教材。面接で多く用いられる題材を取り上げ、丁寧な解説をつけた。付属のCDでリスニング力を上げつつ、本番さながらの試験を体験できる。

英検2級対策模擬テスト　1次・2次試験 (解答付)　[CD付]
神田 弘慶　A5 (140)　本体1400円

4回分のテストと詳しい解説をつける。筆記テストの傾向と対策・リスニングテストの傾向と対策・面接テストの傾向と対策。

英検2級合格マニュアル [改訂版] （解答書着脱可）
市村 憲太郎　A5 (222)　本体1165円

合格の秘訣を短期間で取得できるよう、工夫された攻略本。英検の「急所」をポイント解説。問題演習で確実に力をつけることができる。英検のリーディング対策には最適の書。

英検2級サクセスロード（解答付）　　　別売CD1（本体1650円）
尾崎 哲夫　A5 (158)　本体1146円

「黒板」や「メモ」を使い、授業のような語り口調で丁寧に説明。文法項目ごとの章立てで、苦手な項目を何度もチェックでき、ムリムダのない効果的な学習ができる。

英検2級エクスプレス（解答付）
尾崎 哲夫　四六 (216)　本体951円

短期間に総仕上げができるように、出題されやすい問題をパターン別に列記した問題集。巻末の頻出ポイントは試験の直前に必読。自分の実力を試したい方におすすめ。

10日間完成英検準2級　一次試験対策（解答付）　CD付
ECC編　A5 (192)　本体1600円

最新出題傾向に合わせ、オリジナル問題を収録した問題集。短期間で自分の弱点を発見し、補強できるよう構成。最終章は模擬試験形式なので試験前の仕上げ学習に最適。

7日間完成英検準2級　二次試験対策（解答付）　CD付
ECC編　A5 (112)　本体1500円

面接問題にターゲットを絞った教材。面接で多く用いられる題材を取り上げ、丁寧な解説をつけた。付属のCDでリスニング力を上げつつ、本番さながらの試験を体験できる。

英検準2級対策模擬テスト 1次・2次試験（解答付）　CD付
神田 弘慶　A5 (140)　本体1400円

4回分のテストと詳しい解説をつける。筆記テストの傾向と対策・リスニングテストの傾向と対策・面接テストの傾向と対策。

英検準2級合格マニュアル（解答書着脱可）
市村 憲太郎　A5 (204)　本体971円

合格の秘訣を短期間で取得できるよう、工夫された攻略本。英検の「急所」をポイント解説。問題演習で確実に力をつけることができる。英検のリーディング対策には最適の書。

英検準2級サクセスロード（解答付）　　　別売CD1（本体1650円）
尾崎 哲夫　A5 (142)　本体1049円

「黒板」や「メモ」を使い、授業のような語り口調で丁寧に説明。文法項目ごとの章立てで、苦手な項目を何度もチェックでき、ムリムダのない効果的な学習ができる。

英検準2級エクスプレス (解答付)

尾崎 哲夫　四六 (160)　本体951円

短期間に総仕上げができるように、出題されやすい問題をパターン別に列記した問題集。巻末の頻出ポイントは試験の直前に必読。自分の実力を試したい方におすすめ。

10日間完成英検3級　一次試験対策 (解答付)　CD付

ECC編　A5 (172)　本体1600円

最新出題傾向に合わせ、オリジナル問題を収録した問題集。短期間で自分の弱点を発見し、補強できるよう構成。最終章は模擬試験形式なので試験前の仕上げ学習に最適。

7日間完成英検3級　二次試験対策 (解答付)　CD付

ECC編　A5 (86)　本体1500円

面接問題にターゲットを絞った教材。面接で多く用いられる題材を取り上げ、丁寧な解説をつけた。付属のCDでリスニング力を上げつつ、本番さながらの試験を体験できる。

英検3級合格マニュアル (解答書着脱可)

市村 憲太郎　A5 (178)　本体971円

合格の秘訣を短期間で取得できるよう、工夫された攻略本。英検の「急所」をポイント解説。問題演習で確実に力をつけることができる。英検のリーディング対策には最適の書。

英検3級サクセスロード (解答付)　別売CD1 (本体1553円)

尾崎 哲夫　A5 (126)　本体951円

「黒板」や「メモ」を使い、授業のような語り口調で丁寧に説明。文法項目ごとの章立てで、苦手な項目を何度もチェックでき、ムリムダのない効果的な学習ができる。

英検3級エクスプレス (解答付)　別売CD1 (本体1845円)

尾崎 哲夫　四六 (154)　本体951円

短期間に総仕上げができるように、文法項目ごとにわかりやすく簡潔に説明。ユニークでユーモア溢れる解説で、楽しく学習できるよう工夫されている。

TOEIC 600点突破！　パーフェクト英単熟語

小池 直己　四六 (250)　本体1165円

過去に出題された問題の中から、特に実力アップのカギを握っている標準レベルの英単熟語を厳選。短期間で習得できるよう、語源等を示し、学習の効率化を図った。

TOEIC 730点突破！　パーフェクト英単熟語

小池 直己　四六 (246)　本体1165円

過去に出題された問題の中から、特に実力アップのカギを握っている標準レベルの英単熟語を厳選。短期間で習得できるよう、語源等を示し、学習の効率化を図った。

500点突破　TOEFL完全模試 (解答付) 別売テープ1 (本体1942円)

ポール・スミンキー／坂本 育生　A5 (136)　本体1165円

TWE(Test of Written English)の無料添削指導用紙つきの画期的なトーフル対策問題集。リスニング向上のためのReading Comprehensionをテープに収め、全訳の解答・解説も付。

Word Up! –Advanced Learner's Wordbook

カセットテープ全3巻 (90、90、60分)
定価 (本体4369円＋税)

高山英士　A5 (216)　本体1748円

英文雑誌・新聞・二カ国語放送の必須1050語の学習効率を極限まで高めた上級者のためのベストな単語・熟語集。耳から取得できるカセットテープと併用すると効果的。

TOEFL攻略の英単語　語彙力増強編 (解答付)

永田 元義　A5 (208)　本体1553円

TOEFL試験に頻出する語彙を厳選。頻出英単語、重要単語・難単語等、必要な単語を効率的に学べるような形式。各章に確認テストを設け、チェックできるようにした。

はじめてのウィスパリング同時通訳　別売テープ2 (各本体2000円)

柴田バネッサ　A5 (192)　本体1900円

集中力訓練・記憶力訓練・即時反応のための訓練・ノート取りの練習など、英検準2級レベルよりスタート。リスニングとスピーキング能力強化のトレーニングを紹介。

実践ゼミ　ウィスパリング同時通訳　別売テープ1 (本体2400円)

柴田バネッサ　A5 (190)　本体1900円

同時通訳養成法を利用。聞き取れるスピードで耳からメガトン・インプット。スピーチ表現力の強化。会話の初歩から実用までを集中練習。

ハイディ矢野のスラングェージ　超役に立つ日常スラング講座

ハイディ 矢野　A5 (178)　本体1900円　CD付

スラングは決して下品で野蛮な表現ばかりではありません。本当に役に立つ、生活感のある英語をマスターするためには、スラングを身に付けるのがいちばんの近道。

ハイディ矢野の Colorful Language　動物・色・果物で英会話編

ハイディ 矢野　A5 (178)　本体1900円　CD付

ピンクの象って？ 緑の親指って？ 文化や社会の違いで、動物・色・果物の持つイメージもこんなに違う！ 日常会話によくでてくる「動物」「色」「果物」を使った表現を一挙公開！

ハイディ矢野の Getでこんなに話せる英会話

ハイディ 矢野　A5 (178)　本体1800円　CD付

Getを使った画期的英会話攻略のテクニックを満載。発音のコツを随所に盛り込んだネイティヴになれる一冊！

アメリカ暮らしと英会話
別売CD 1 （本体2019円）
川滝 かおり　四六 (208)　本体1165円
　著者自らのアメリカ暮らしの体験をもとに書かれたナマ体験の英会話本。アパートの探し方や銀行で口座を開く方法など日常生活の細部を解説と具体的会話例で取り上げる。

アメリカ人の心がわかる英会話
別売テープ2 （各本体2019円）
D．セイン／鈴木 衣子　四六 (216)　本体1456円
　言いたいせりふを英語で言う。これを読めば文字通りの表の意味のウラに隠された本当の意味がわかる。これを理解すれば、会話にもリスニングにも効果を発揮する。

アメリカでホームステイする英語
別売テープ1 （本体1942円）
田村 智子 監修　四六 (240)　本体1165円
　留学体験をもつ著者が、ホームステイに必要なノウハウを全ページにちりばめた英会話集。高校英語からより上のレベル（英検2級から準1級程度）への確かな足がかりを提供。

イキイキ英語表現フレーズブック
遠藤 隆／J．V．モーエン　四六 (280)　本体1748円
　How are you? Fine, thank you. からの脱却。効果的なコミュニケーション能力が身につく！　外国人と同じ波長で知的会話ができるよう開発されたフレーズ集！

英語っぽくしゃべる英語
別売CD 1 （本体2019円）
森 まりえ／ワイルド・ビル・グッドマン　四六 (208)　本体1165円
　基礎単語と基本表現を使い回すコツのコツ。知ってる単語と表現だけで、あなたの英語がもっと英語っぽく聞こえるコツを満載！

仕事英会話フレーズ800
別売テープ2 （各本体2019円）
マイケル・フィッツヘンリー 著　古山 真紀子 訳　四六 (208)　本体1165円
　ネイティブが仕事で使う、もっとも簡単でもっとも基本の言い回し。自己紹介からプレゼンテーションまで幅広い範囲のフレーズを集約しているので、様々な場面で応用可能。

リスニングするネイティブフレーズ
別売テープ1 （本体2019円）
ダニエル・ブルーム　四六 (208)　本体1165円
　ありきたりの英語学習はもうたくさんという方におすすめ。耳から学ぶように構成されているので、ネイティブ同士の会話をもっと楽しみたい英語マニアには必読の書。

旅行でしゃべる英会話
別売テープ1 （本体2019円）
マイケル・ブラウン　四六 (208)　本体1165円
　ホントはこんなに簡単だった通じる旅行英会話。よく使われるフレーズを数多く集め、また日本では知られていない習慣の違いのアドバイスもあり、旅行者必携の本。

和魂英才　英語超独学法
吉 ゆうそう著　四六 (256)　本体1456円
　秘中の秘 34 のノウハウ　海外留学を体験しないで英語の会話能力を独学でモノにした著者が、秘中の秘を大公開。英会話学校に通わなくても、これを実践すれば英語が話せる。

先生に聞けない英語の疑問
太田垣 正義　B6 (214)　本体1456円
　英語の先生に質問したくても余りに低次元すぎると思いこんでとまどっている質問恐怖症候群の中・高生の疑問にわかりやすく答えた疑問解消の 77 章。

トーフルで650点 ―私の英語修行
日野 信行　B6 (226)　本体1165円
　一度の渡航歴もなく、トーフルで最高点を取得した著者が、その秘訣を披露する。

日本語の意味　英語の意味
小島 義郎著　四六 (286)　本体1942円
　日英の意味の比較を具体的・実践的に論じる。辞書には盛り込めないような問題も随所に入れ、日英両語の意味のずれを解き明かす。

ハイディ矢野のスラングェージ　超役に立つ日常スラング講座
ハイディ 矢野　A5 (178)　本体1900円　　**CD付**
　スラングは決して下品で野蛮な表現ばかりではありません。本当に役に立つ、生活感のある英語をマスターするためには、スラングを身に付けるのがいちばんの近道。

ハイディ矢野の Colorful Language　動物・色・果物で英会話編
ハイディ 矢野　A5 (178)　本体1900円　　**CD付**
　ピンクの象って？　緑の親指って？　文化や社会の違いで、動物・色・果物の持つイメージもこんなに違う！　日常会話によくでてくる「動物」「色」「果物」を使った表現を一挙公開！

英語再入門 ―読む・書く・聞く・話す―
柴田 徹士／大阪大学 藤井 治彦　四六上製 (252)　本体1748円
　英語の基本をもう一度きちんと固めたいと思っている社会人や主婦、どうすれば授業を面白く出来るだろうと悩んでいる先生にぜひ読んでもらいたい本。(対談)

あなたの英語・英会話勉強法は間違っている
市橋 敬三著　四六 (144)　本体1200円
　英語を話せるようになりたい人、TOEIC・TOEFL・英検受験生、留学生、大学受験生の方々へ。英語学習をわざわざ難しくしていませんか？